刑法总论的理论构造

〔日〕井田良 著

秦一禾 译

中国政法大学出版社

2021·北京

声　明	1. 版权所有，侵权必究。
	2. 如有缺页、倒装问题，由出版社负责退换。

图书在版编目（ＣＩＰ）数据

刑法总论的理论构造/（日）井田良著；秦一禾译. —北京:中国政法大学出版社,2021.3
ISBN 978-7-5620-9849-2

Ⅰ.①刑… Ⅱ.①井…②秦… Ⅲ.①刑法－研究－日本 Ⅳ.①D931.34

中国版本图书馆CIP数据核字(2021)第022226号

出 版 者	中国政法大学出版社
地　　址	北京市海淀区西土城路 25 号
邮寄地址	北京 100088 信箱 8034 分箱　邮编 100088
网　　址	http://www.cuplpress.com（网络实名：中国政法大学出版社）
电　　话	010-58908586（编辑部）58908334（邮购部）
编辑邮箱	zhengfadch@126.com
承　　印	北京鑫海金澳胶印有限公司
开　　本	720mm×960mm　　1/16
印　　张	26
字　　数	430 千字
版　　次	2021 年 3 月第 1 版
印　　次	2021 年 3 月第 1 次印刷
定　　价	99.00 元

当代日本刑事法译丛编辑委员会

主　　编：贾　宇　西原春夫
副 主 编：黎　宏　本乡三好
执行主编：付玉明
委　　员：赵秉志　陈兴良　张明楷　贾　宇　刘明祥　冯　军
　　　　　胡学相　张绍谦　谢望原　黎　宏　莫洪宪　林亚刚
　　　　　李邦友　夏　勇　陈泽宪　陈子平　齐文远　李　洁
　　　　　卢建平　张　旭　刘艳红　于改之　陈家林　付立庆
　　　　　付玉明　王昭武　王　充　郑军男　黄明儒　程　红
　　　　　钱叶六　周振杰　李立众　李立丰　刘建利　张光云
　　　　　车　浩　劳东燕　何荣功　高　巍　江　溯　陈　璇
　　　　　田文昌　李贵方　李传敢　尹树东

　　　　　西原春夫　山口厚　曾根威彦　高桥则夫　松原芳博
　　　　　石川正兴　甲斐克则　井田良　盐见淳　佐伯仁志
　　　　　田口守一　川出敏裕　只木诚　金光旭　松宫孝明
　　　　　星周一郎　十河太朗　桥爪隆　川本哲郎　本乡三好

编 辑 部：付玉明　张小宁　周啸天　苏明月　谢佳君　秦一禾
　　　　　吕英杰　黎其武　李　强　李世阳　于佳佳　储陈城
　　　　　赵姗姗　陈建军　陈少青　张梓弦　姚培培

学术助理：杨智宇　汪萨日乃　姜天琦　翟艺丹

总序一[*]

经西北政法大学贾宇校长的提议与努力，《当代日本刑事法译丛》开始得以出版发行。值此之际，承蒙贾宇校长力邀，我亦有幸得享主编之誉，想必这是对我近25年来为中日刑事法学术交流所做微薄贡献的肯定。

早在1988年，由我提议发起召开了首届"中日刑事法学术研讨会"，此后隔年一次定期举行，迄今已历经27载，共计召开了14届。并且，第15届与第16届研讨会的会议日程与承办学校也已经确定。在此期间，尽管中日之间的关系令人遗憾地出现了一些负面情况，迄今仍尚未得到完全修复，但是这丝毫未影响到两国之间的刑事法学术交流。这足以说明，至少在刑事法学术交流的领域，中日关系已经坚如磐石；刑事法学界的两国同仁也不止于单纯的学术交流，而是已经超越国界，达至心心相连的境界。于我而言，没有比这更值得欣慰的事情了。

在这里，我又情不自禁地想起了马克昌先生。虽然马先生已于2011年仙逝，但我们两人之间的深厚友情，正象征着承担中日两国刑事法学术交流的同仁之间的牢固纽带。1998年，正在东京创价大学访问的先生第一次拜访了我。自此之后，我就与先生成为肝胆相照的学术知己！2002年，在武汉大学召开的第7次"中日刑事法学术研讨会"上，日方与会者均惊叹于"马家军"的威势，此后，中国刑法学界的"马家军"作为一种传说流传至今。包括那次会议在内，我曾十数次访问武汉，对先生的敬仰之

---

[*] 本序文由付玉明移译校对。

情弥深。在先生患病住院期间，曾两度去医院探望的外国人，想必除我之外别无他人。可以说，我与先生之间惺惺相惜已然不分国界。

先生早年曾在河南省周口市就学，亦曾深受日本军国主义之毒害，但作为一名刑法学者，却仍能对日本刑法学中的可取之处毫不犹豫地给予积极评价，一想到这一点，我便不由得在与先生交往之初即向其由衷地表达敬意。这样说来，从先生的角度来看，想必早已完完全全看透了我内心对那些不堪回首之往事的强烈纠结，并理解了我此后的所言所行。我想，我与先生之间的友情正是因为相互跨越了过去，才能得以超越国界。

在贾宇校长邀请我一同担当主编之际，我之所以能欣然接受未曾有丝毫犹豫，其理由正是在于，这次的《当代日本刑事法译丛》有"纪念马克昌先生"之意，而且，从该丛书的中方编委名单中，也能看到"马家军"的成长壮大。这次的出版计划赋予了中日刑事法学术交流以新的形式，在这一点上，我以为意义重大。以贾宇校长为首的相关人员为实现本出版计划付出了相当努力，在此，谨表达我衷心的敬意与谢意，同时，也深切祝愿本丛书进展顺利。

是为序。

早稻田大学名誉教授、原校长
中日刑事法研究会名誉会长
西原春夫
2015年2月8日于日本东京

总序二

法律是人类的微缩历史。法律既是人类文明的成果积淀，也是多元文化的综合汇聚；不同的国家虽然可能采用不同类型的法律制度，但是都大致共享着同样的法治伦理。因此，不同国家的法律思想和法律制度需要并且可以相互进行交流与借鉴，甚或移植。

众所周知，中华法系起于先秦，盛于唐宋，解于清末，曾经一度是世界领先的法制文明，覆盖了泛东亚儒家文化圈。日本在公元八世纪初开始学习和接受唐朝的律令，成为律令制国家，之后直至明清时期，日本的律令制度一直深受中华法系的影响。但是明治以后，日本开始维新政治，转向西学，取法欧陆，勖行法治，成为亚洲最早转型成功的近代国家。清末时期，修律大臣沈家本邀请日本东京帝国大学的冈田朝太郎博士担任顾问，日本法学的思想理念开始回馈襄助中华。自此之后，中日两国的法律交流，出现了"师襄彼此，各有优长"的局面。

在当代，中日两国刑事法的交流与合作，主要是由日本早稻田大学前任校长西原春夫先生与中方的马克昌先生、高铭暄先生联合确立推动的。西原先生是日本杰出的刑法学家、教育家以及社会活动家，曾经入选福田政府的顾问团，是立场鲜明的"和平主义者"，也是我们眼中的"知华派"。马克昌先生是新中国第一代刑法学家，是武大刑法学的领军人物，与高铭暄先生并称中国刑法学界的"南马北高"，马先生能够广纳天下英才而育之，门下弟子众多，被学人戏称为刑法学界的"马家军"。马先生虽未出国留学，但是精通日语，能够通畅交流。因此于1998年与西原先生在东京相逢之后，两人一见如故，彼此引为知己。两位先生志趣相合，心意相连，高山流水遇知音，肝胆相照两学人。因为马先生的关系，西原先生曾经十余次访问武汉，并亲自出席马先生八十华诞学术研讨会，尤其是在马先生生病住院期间，西原先生更是曾经两度越洋探访，这在两国学界都十分鲜见。两位先生的学术友情，实不让于管鲍之交、钟伯之谊，业已成为中日学术史上的传奇美谈。

马克昌先生是我的授业恩师，不仅引领我踏入法学研究的学术殿堂，而且对我更有人生际遇上的知遇之恩。先生高风雅量，宽厚待人，爱才惜才，醉心学术，在古稀之年，仍然用手工书写的方式完成了80余万字的鸿篇巨制——《比较刑法原理——外国刑法学总论》一书，震动学界。先生看重学问，常怀克己之心、追贤之念，秉学人高格、务法律之实，对我等弟子亦各有期许。

2011年6月22日，先生因病不治，驾鹤仙游。学门弟子，悲痛心情，无以言表。我曾以诗纪念先生："先生累矣，溘然长眠；学门兴盛，师心所牵。吾侪弟子，克勤克勉；事业有继，慰师安然。师恩难忘，一世情缘；恩师音容，永驻心间。"为了告慰先师，身为弟子，理应承继先生志业，竭尽绵力于一二。

中日刑事法的交流圈子，是先生亲自将我领入。早在2002年的中日刑事法学术研讨会上，马先生就将我郑重介绍给西原先生，并嘱我日后要多多参与、支持中日刑事法的学术交流活动。因此，在2007年我专门邀请西原先生赴西安讲学，并为西原先生举办了八十华诞学术研讨会。此后，常常在各种不同的学术会议的场合与西原先生遇见，相知益深，被先生引为忘年之交，不胜荣幸。

2011年10月1-5日我受日本中央大学的邀请访学东京，期间专门择时拜访了西原先生，先生在东京日比谷公园著名的松本楼接待了我。松本楼是中国民主革命先行者孙中山先生的挚友梅屋庄吉的故居，是孙中山先生与宋庆龄女士的结发场所和旅居之地；在当代，则一向是日方对华友好人士接待中国来宾的重要场所，具有很强的文化意象。其时，恰遇中日关系出现了些许波折，又逢我的恩师马克昌先生新近离世，西原先生设宴松本楼，深具厚意与情怀。席间念及马先生，西原先生不禁肃穆满怀，把酒遥祭，深情追忆了与马先生相识相交的详细过程，言之谆谆，意之切切，令我深为感动。因此，我当场向西原先生提出合作主持出版一套《当代日本刑事法译丛》的意向，一来以此纪念马克昌先生，二来为中日刑事法学的继续深入交流做些实事。西原先生毫不犹豫，欣然应允，答应联署译丛主编并愿意承担一些组织工作。

本套译丛的编委会委员，邀请了部分日方著名的刑法学家，特别是译著的作者；中方编委会成员主要是马克昌先生的部分学生，也邀请了中国刑法学界热心此项工作的部分专家学者。副主编则由黎宏教授与本乡三好先生担任：黎宏教授是马先生的高徒，早年留学日本，如今已成长为中国刑法学界的青年领军人物；本乡三好先生长期担任久负盛名的成文堂出版社的编辑部长，协助西原先生为中日刑事法学的交流发展做出过大量工作，对中国学界有巨大贡献。我的学生付玉明担任本套译丛的执行主编。玉明聪明好学，治学刻苦，曾受马克昌先生与西原先生的惠助，留学日本。他为这套丛书的联络、组织、翻译、出版付出了巨大努力。译丛编辑部主要由留日归来的青年刑法学者组成，他们精研刑法，兼通日文，是中国刑法学界的后起之秀，其中大多也是本套译丛的译者。

北京京都律师事务所的田文昌先生、北京德恒律师事务所的李贵方先生、西北政法大学校友汪功新先生，以及西北政法大学刑事辩护高级研究院，为本译丛慷慨解囊提供出版经费，在此致谢！感谢他们心系学界，关爱学问。

中国政法大学出版社的前社长李传敢先生及现任社长尹树东先生为本译丛提供出版支持，编辑部主任刘海光先生、丁春晖先生具体负责方案落实，辛苦备至，他们勤勉认真的工作态度令我们敬佩有加！

法律的故事就是人类的故事，法治的历史实际上就是法律人奋斗的历史。坚硬的法律背后，更多的是温情的人间故事。让我们记住这段当下史，记住这些名字。

是为序。

西北政法大学教授、校长

中国刑法学研究会副会长

贾　宇

2015年2月8日于古城长安

前 言

　　自立志研究刑法学以来，已经过 25 年的光阴。到目前为止获得的最高成就，就是写下了这本书。尽管我开始研究刑法学的目的是试图在理论上克服目的行为论并且超越它，但同时我也意识到这是不可能的。直到今日，我依然确信在那个理论体系中应该还有很多用之不尽的价值。通过两次到德国留学，在德国经受了目的行为论的洗礼，通过理解犯罪论的体系性理论构造之后，使我逐渐意识到日本的刑法学研究还不太充分。无论是赞成还是反对，确认内容的正确性应该是必要的前提。本书如果能够具有为此而做的投石问路意义的话，那么它的目的也就达成了。

　　如果本书是值得出版的，那是拜我的恩师中谷瑾子先生和宫泽浩一先生常年的指导所得。两位先生即使在从庆应艺塾大学退休后，也对我给予了文字上的大力支持。如果没有两位先生经年累月的指导和熏陶，我是很难独立自主完成的。非常遗憾的是中谷瑾子先生 2004 年（平成 16 年）6 月 23 日逝世，享年 81 岁，没有能够看到在此期间作为研究报告书的本书书稿。带着我无限感谢的心情，将现在已经完成的本书呈现给已在天国的恩师。

　　这本书的原稿，原本是以中山研一先生的《刑法总论的基本问题》以及吉冈一男先生的《刑事政策的基本问题》等名著（都为成文堂出版）为模型，作为内容充实的小型论文书出版而成的。强力劝诱执笔、辛苦地等待原稿、在休假日反复几次将修改稿件送到我家中，并且一直督促我写作的是成文堂编辑部部长土子三男氏。尽管几次推迟完成，而且书稿分量大幅度增加，但是最终得以践约。怀着充满着喜悦和安逸的心情，真诚地向土子氏表达给予这次机会的深切谢意。另外，在原稿完成到八成时，接受了来自月刊杂志《现代刑事法》（现代法律出版，目前休刊中）关于刑法总论连载文章执笔的邀请。虽然以一旦印刷客观化的文字就会变得更好的随意想法接受了连载，但是在连载过程中，仍获得了在当初想也不敢想的、来自各方面的鼓励和很多建设性的批评，从而给予了我作为单行本出版的勇气。这里向在连载之际给予我诸多亲切关照的现代法律出版（当时）的伊藤健生氏和田中伸治氏，表示深切的感谢。另外，总结成书之际，虽然也意识到接受批评之后，应该研究最新文献，更加彻底地修改书稿，但最终还是在半途而废中听到了时间已到的哨声，只能祈祷将来有修订的机会。

　　本书有何价值，客观而言，我并不知。虽然这是通过在德国刑法中学到的思考方法和概念来理解刑法（学）并将此语言化的书，但现在日本继承的德国传统，无论是学者还是实务家，即便存在程度上的差异，也都可以看到共有的方法论已濒临危险。不是将各种各样的问题解决分别切割开来孤立地探讨，就是置于相互的关联之内，使用抽象的概念保障全体问题解决的体系整合性，那样的方式与法判断的公平性、平等性，乃至正义性的实现相关联。立足于这种确信的德国体系性思考方式，虽然是宁静的，但是我认为这已经逐渐丧失了自明性。那使得日本法从德国法中决定性地叛离，也意味着美国法的影响已经波及日本法体系的细枝末梢。积累每一个不同的问题，以适合每一个不同的案件的思考性解决方案，弹性地应对社会急速发展的变化，作为整体富有起伏的、精彩的拼凑细工那样的法系统，对日本将来的印象存在诸多的理由。就我个人而言，对法系统的拼凑细化，无论如何都想抵抗，在这个意义上，我认为应该继续坚持日本的法律已经学到的德国的体系性思考。不仅如此，通过继承德国法以及德国法学，我确信仍然存在阻止法与法律学的近代化"未完成的工程"的欠缺部分。很幸运在"日本的德国年"出版本书，希望不要奏起在日本的德国刑法学的安魂曲。

2005年（平成17年）5月
井田良

凡　例

一、引用的主要文献及其略称

阿部纯二《刑法总论》，日本评论社 1997 年（阿部《总论》）

［阿部純二『刑法總論』、日本評論社、1997 年（阿部・總論）］

井田良《犯罪论的现在与目的行为论》，成文堂 1995 年（井田《犯罪论》）

［井田良『犯罪論の現在と目的的行為論』、成文堂、1995 年（井田・犯罪論）］

井田良、纫山雅夫《案例研究刑法［第 2 版］》，日本评论社 2004 年（《案例研究》）

［井田良＝丸山雅夫『ケーススタディ刑法「第 2 版」』、日本評論社、2004 年（ケーススタディ）］

植松正《再订刑法概论 I 总论》，劲草书房 1974 年（植松《总论》）

［植松正『再訂刑法概論 I 総論』、勁草書房、1974 年（植松・総論）］

内田文昭《刑法概要・上卷》，青林书院 1995 年（内田《概要上卷》）

［内田文昭『刑法概要・上卷』、青林書院、1995 年（内田・概要上卷）］

内田文昭《刑法概要・中卷》，青林书院 1995 年（内田《概要中

卷》）

[内田文昭『刑法概要・中巻』、青林書院、1995年（内田・概要中巻）]

大越义久《刑法总论［第3版］》，有斐阁2001年（大越《总论》）

[大越義久『刑法総論「第3版」』、有斐閣、2001年（大越・総論）]

大塚仁《刑法概说（总论）［第3版增补版］》，有斐阁2005年（大塚《总论》）

[大塚仁『刑法概説（総論）「第3版増補版」』、有斐閣、2005年（大塚・総論）]

大塚裕史《刑法总论的思考方法》，早稻田经营出版1999年（大塚裕史《思考方法》）

[大塚裕史『刑法総論の思考方法』、早稲田経営出版、1999年（大塚裕史・思考方法）]

大谷实《新版・刑法讲义总论》，成文堂2000年（大谷《总论》）

[大谷實『新版・刑法講義総論』、成文堂、2000年（大谷・総論）]

冈野光雄《刑法要说总论》，成文堂2001年（冈野《总论》）

[岡野光雄『刑法要説総論』、成文堂、2001年（岡野・総論）]

香川达夫《刑法讲义［总论］第3版》，成文堂1995年（香川《总论》）

[香川達夫『刑法講義「総論」第3版』、成文堂、1995年（香川・総論）]

川端博《刑法总论讲义》，成文堂1995年（川端《总论》）

[川端博『刑法総論講義』、成文堂、1995年（川端・総論）]

木村龟二《刑法总论》，有斐阁1959年（木村《总论》）

[木村亀二『刑法総論』、有斐閣、1959年（木村・総論）]

齐藤信治《刑法总论［第5版］》，有斐阁2003年（齐藤《总论》）

[齐藤信治『刑法総論「第5版」』、有斐閣、2003年（齐藤・総論）]

佐伯千仭《四订刑法讲义（总论）》，有斐阁1981年（佐伯《总论》）

[佐伯千仭『四訂刑法講義（総論）』、有斐閣、1981年（佐伯・総論）]

曾根威彦《刑法总论[第3版]》，弘文堂2000年（曾根《总论》）

[曾根威彦『刑法総論「第3版」』、弘文堂、2000年（曾根・総論）]

团藤重光《刑法纲要总论·第3版》，创文社1990年（团藤《总论》）

[団藤重光『刑法綱要總論·第3版』、創文社、1990年（団藤・総論）]

内藤谦《刑法讲义总论（上）》，有斐阁1983年（内藤《总论上》）

[内藤謙『刑法講義総論（上）』、有斐閣、1983年（内藤・総論上）]

内藤谦《刑法讲义总论（中）》，有斐阁1983年（内藤《总论中》）

[内藤謙『刑法講義総論（中）』、有斐閣、1983年（内藤・総論中）]

内藤谦《刑法讲义总论（下）Ⅰ》，有斐阁1983年（内藤《总论下Ⅰ》）

[内藤謙『刑法講義総論（下）Ⅰ』、有斐閣、1983年（内藤・総論下Ⅰ）]

内藤谦《刑法讲义总论（下）Ⅱ》，有斐阁1983年（内藤《总论下Ⅱ》）

[内藤謙『刑法講義総論（下）Ⅱ』、有斐閣、1983年（内藤・総論下Ⅱ）]

中义胜《讲述犯罪总论》，有斐阁1980年（中《总论》）

［中義勝『講述犯罪總論』、有斐閣、1980年（中・総論）］

中野次雄《刑法总论概要·第3版》，成文堂1992年（中野《总论》）

［中野次雄『刑法総論概要・第3版』、成文堂、1992年（中野・総論）］

中山研一《刑法总论》，成文堂1982年（中山《总论》）

［中山研一『刑法総論』、成文堂、1982年（中山・総論）］

中山研一《概说刑法Ⅰ［第2版］》，成文堂2000年（中山《概说》）

［中山研一『概説刑法Ⅰ「第2版」』、成文堂、2000年（中山・概説）］

西原春夫《刑法总论》，成文堂1977年（西原《总论》）

［西原春夫『刑法総論』、成文堂、1977年（西原・総論）］

野村稔《刑法总论·补订版》，成文堂1998年（野村《总论》）

［野村稔『刑法総論・補訂版』、成文堂、1998年（野村・総論）］

林幹人《刑法总论》，东京大学出版会2000年（林《总论》）

［林幹人『刑法総論』、東京大学出版会、2000年（林・総論）］

平野龙一《刑法总论Ⅰ》，有斐阁1972年（平野《总论Ⅰ》）

［平野龍一『刑法総論Ⅰ』、有斐閣、1972年（平野・総論Ⅰ）］

平野龙一《刑法总论Ⅱ》，有斐阁1975年（平野《总论Ⅱ》）

［平野龍一『刑法総論Ⅱ』、有斐閣、1975年（平野・総論Ⅱ）］

福田平《全订刑法总论［第4版］》，有斐阁2004年（福田《总论》）

［福田平『全訂刑法総論「第4版」』、有斐閣、2004年（福田・総論）］

藤木英雄《刑法讲义总论》，弘文堂1975年（藤木《总论》）

[藤木英雄『刑法講義総論』、弘文堂、1975年（藤木·総論）]

堀内捷三《刑法总论（第2版）》，有斐阁2004年（堀内《总论》）

[堀内捷三『刑法総論「第2版」』、有斐閣、2004年（堀内·総論）]

前田雅英《刑法总论讲义［第3版］》，东京大学出版会1998年（前田《总论》）

[前田雅英『刑法総論講義「第3版」』、東京大学出版会、1998年（前田·総論）]

町野朔《刑法总论讲义案Ⅰ［第2版］》，信山社1995年（町野《总论》）

[町野朔『刑法総論講義案Ⅰ「第2版」』、信山社、1995年（町野·総論）]

松宫孝明《刑法总论讲义［第3版］》，成文堂2004年（松宫《总论》）

[松宮孝明『刑法総論講義「第3版」』、成文堂、2004年（松宮·総論）]

山口厚《问题探究·刑法总论》，有斐阁1998年（山口《探究》）

[山口厚『問題探求·刑法総論』、有斐閣、1998年（山口·探求）]

山口厚《刑法总论》，有斐阁2001年（山口《总论》）

[山口厚『刑法総論』、有斐閣、2001年（山口·総論）]

山口厚、井田良＝佐伯仁志《理论刑法学的最前沿》，岩波书店2001年（《最前沿》）

[山口厚＝井田良＝佐伯仁志『理論刑法学の最前線』、岩波書店、2001年（最前線）]

山中敬一《刑法总论Ⅰ》，成文堂1999年（山中《总论Ⅰ》）

[山中敬一『刑法総論Ⅰ』、成文堂、1999年（山中·総論Ⅰ］

山中敬一《刑法总论Ⅱ》，成文堂1999年（山中《总论Ⅱ》）

［山中敬一『刑法総論Ⅱ』、成文堂、1999年（山中・総論Ⅱ）］

二、判例集、杂志等的略称

最高法院刑事判例集（刑集）

［最高裁判所刑事判例集］（刑集）

大审院刑事判例集（刑集）

［大審院刑事判例集］（刑集）

大审院刑事判决录（刑录）

［大審院刑事判決録］（刑録）

高等法院刑事判例集（高刑集）

［高等裁判所刑事判例集］（高刑集）

下级法院刑事判例集（下刑集）

［下級裁判所刑事裁判例集］（下刑集）

现代刑事法（现刑）

［現代刑事法］（現刑）

判例时报（判时）

［判例時報］（判時）

判例时讯（判夕）

［判例タイムズ］（判夕）

法学教室（法教）

［法学教室］（法教）

目 录

总序一 …………………………………………………………… 1
总序二 …………………………………………………………… 3
前　言 …………………………………………………………… 7
凡　例 …………………………………………………………… 10

第一章　结果无价值与行为无价值 ……………………………… 1
　第一节　违法性与有责性（不法与责任） ……………………… 1
　第二节　结果无价值论（因果性违法论） ……………………… 2
　第三节　结果无价值论与构成要件概念 ………………………… 4
　第四节　结果无价值论与对道德伦理的排斥 …………………… 6
　第五节　结果无价值论与基于规范的一般预防 ………………… 8
　第六节　违法二元论的根据 ……………………………………… 11

第二章　行为论的意义与机能 …………………………………… 14
　第一节　行为能力与责任能力 …………………………………… 14
　第二节　行为概念的机能 ………………………………………… 16
　第三节　行为论的体系性地位 …………………………………… 17
　第四节　行为论的争论 …………………………………………… 18
　第五节　作为与不作为的区别 …………………………………… 23

第三章　所谓的不真正不作为犯 ········ 26
第一节　"不真正"不作为犯的问题性 ········ 26
第二节　保证者说 ········ 29
第三节　不作为的因果关系 ········ 31
第四节　不真正不作为犯的构成要件 ········ 32
第五节　逃逸与不作为杀人 ········ 36

第四章　因果关系 ········ 38
第一节　实行行为与因果关系 ········ 38
第二节　作为前提的条件关系 ········ 40
第三节　根据"相当性"的限定 ········ 44
第四节　相当因果关系说与客观的归属论 ········ 48

第五章　故意论 ········ 53
第一节　故意的本质与事实认识的对象 ········ 53
第二节　故意中的事实认识的程度 ········ 55
第三节　故意的体系性地位 ········ 59
第四节　确定的故意与不确定的故意 ········ 60
第五节　未必的故意 ········ 62

第六章　具体事实的错误 ········ 67
第一节　事实的错误与违法性的错误 ········ 67
第二节　法定符合说与具体符合说 ········ 70
第三节　修正的具体符合说 ········ 76
第四节　故意的"个数" ········ 78

第七章　抽象事实的错误 ········ 81
第一节　犯罪论的"例外性"场面 ········ 81
第二节　构成要件的符合说与抽象符合说 ········ 84

| 第三节 | 作为通说的法定符合说 | 86 |
| 第四节 | "构成要件的重合"有必要吗？ | 89 |

第八章 过失犯 … 92
第一节	主观性要素还是客观性要素？	92
第二节	过失的体系性定位	93
第三节	过失与预见可能性	96
第四节	过失违法要素说的理论构成	100

第九章 违法性阻却事由 … 105
第一节	构成要件与违法性阻却事由的关系	105
第二节	作为行为规范的违法性阻却事由	110
第三节	违法性阻却的实质性原理	114
第四节	关于主观的正当化要素	115
第五节	违法性的相对性——可罚的违法性	117

第十章 违法性阻却事由的错误 … 120
第一节	问题所在	120
第二节	各学说的探讨	123
第三节	误想防卫的类型与误想过剩防卫	128

第十一章 正当防卫 … 131
第一节	正当防卫的正当化根据	131
第二节	正当防卫中的行为与结果	133
第三节	侵害的不正性——对物防卫论	137
第四节	紧迫性——打架与正当防卫	140
第五节	自招侵害	142

第十二章 紧急避险的理论 … 144
| 第一节 | 正当防卫与紧急避险 | 144 |

第二节　紧急避险的法的性质 ……………………………… 147
第三节　《刑法》第 37 条的解释 …………………………… 153
第四节　所谓的强制紧急避险 ……………………………… 155

第十三章　被害者同意 ……………………………………… 157
第一节　违法化根据与体系的地位 ………………………… 157
第二节　同意伤害的违法性 ………………………………… 160
第三节　基于错误同意的效果 ……………………………… 163
第四节　同意的认识是否必要 ……………………………… 167

第十四章　安乐死与尊严死 ………………………………… 169
第一节　问题所在 …………………………………………… 169
第二节　作为违法性阻却事由的安乐死？ ………………… 170
第三节　治疗中止的法的评价（所谓尊严死的问题）…… 177

第十五章　责任的基础 ……………………………………… 182
第一节　责任判断的构造与责任概念的实质 ……………… 182
第二节　相对的非决定论与道德责任论 …………………… 183
第三节　以决定论为前提的自由与责任 …………………… 185
第四节　回顾性责任的根据·标准·正当化 ……………… 188

第十六章　责任要素的理论 ………………………………… 192
第一节　责任要素 …………………………………………… 192
第二节　责任能力 …………………………………………… 194
第三节　违法性意识的可能性 ……………………………… 196
第四节　合法行为的期待可能性 …………………………… 203

第十七章　未遂犯与实行的着手 …………………………… 205
第一节　未遂的处罚根据 …………………………………… 205
第二节　实行的着手时期 …………………………………… 207

第三节　间接正犯与实行的着手 …………………………………… 213

第十八章　不能犯论与危险概念　217
　　第一节　不能犯的意义——不能犯论的课题 …………………… 217
　　第二节　危险判断的构造 …………………………………………… 219
　　第三节　危险判断的基础事情 ……………………………………… 221
　　第四节　应该适用的法则性知识 …………………………………… 228

第十九章　中止犯　230
　　第一节　刑的必要性减免的根据 …………………………………… 230
　　第二节　中止犯中的违法减少 ……………………………………… 236
　　第三节　中止犯中的责任减少 ……………………………………… 241

第二十章　正犯与共犯　245
　　第一节　正犯的概念 ………………………………………………… 245
　　第二节　共犯的概念 ………………………………………………… 250
　　第三节　间接正犯论 ………………………………………………… 255

第二十一章　共犯的处罚根据与从属性　261
　　第一节　共犯的处罚根据 …………………………………………… 261
　　第二节　处罚根据的归结 …………………………………………… 267

第二十二章　原因自由行为　274
　　第一节　讨论的现状 ………………………………………………… 274
　　第二节　学说上的探讨 ……………………………………………… 277
　　第三节　适用法理的意义与界限 …………………………………… 284

第二十三章　共同正犯的基础理论　289
　　第一节　共同正犯的本质 …………………………………………… 289
　　第二节　犯罪共同说与行为共同说 ………………………………… 292
　　第三节　作为构成要件问题的共同正犯 …………………………… 295

　　　　第四节　关于共谋共同正犯 …………………………………… 296

第二十四章　共同正犯的构成要件 ……………………………… 300
　　　　第一节　共同正犯的构成要件 …………………………………… 300
　　　　第二节　承继的共同正犯 ………………………………………… 303
　　　　第三节　预备罪的共同正犯 ……………………………………… 306
　　　　第四节　过失犯的共同正犯 ……………………………………… 308

第二十五章　教唆犯与帮助犯 …………………………………… 312
　　　　第一节　教唆犯的构成要件 ……………………………………… 312
　　　　第二节　帮助犯的构成要件 ……………………………………… 315
　　　　第三节　共犯中的结果与因果关系 ……………………………… 318

第二十六章　共犯与身份 ………………………………………… 323
　　　　第一节　问题所在 ………………………………………………… 323
　　　　第二节　《刑法》第 65 条第 1 款与第 2 款之间的关系 ………… 326
　　　　第三节　《刑法》第 65 条的适用范围 …………………………… 334

第二十七章　关于共犯的诸问题 ………………………………… 339
　　　　第一节　共犯与错误 ……………………………………………… 339
　　　　第二节　共犯的中止与共犯关系的脱离 ………………………… 346

第二十八章　结果加重犯论 ……………………………………… 351
　　　　第一节　问题所在 ………………………………………………… 351
　　　　第二节　结果加重犯的构造与成立要件 ………………………… 354
　　　　第三节　结果加重犯的共犯 ……………………………………… 360

第二十九章　围绕不作为犯的未遂论/共犯论 ………………… 362
　　　　第一节　不作为犯的未遂 ………………………………………… 362
　　　　第二节　不作为犯的正犯与共犯 ………………………………… 365

第三十章 罪数与犯罪竞合 ················· 372
第一节 "罪数"论的意义与本质 ············ 372
第二节 一罪（本来的一罪）的样态 ··········· 377
第三节 合并罪（合并的一罪）与处刑上的一罪 ····· 384

第一章 结果无价值与行为无价值

第一节 违法性与有责性（不法与责任）

根据现在的通说，犯罪是指该当构成要件的、违法的并且有责的行为。尽管在这里可以区别出是对第一阶段的构成要件该当性的判断还是对第二阶段的违法性阻却事由存否的判断，但是因为无论哪一个都是对违法性的判断，所以，实质性的刑法评价只能在大体上区分为违法性判断和有责性判断两种。换言之，犯罪论体系的支柱是不法与责任两个范畴。

如此，现在的犯罪论体系承袭了区别违法性与有责性两个评价，从而形成了以作出的违法性评价为前提，探讨责任有无的理论顺序。于是，在恪守"不法，而且之后有责任"的判断顺序的同时，不法是责任的论理前提中就不可能存在"没有不法的责任"。在对违法性的判断中，确定实行处罚的对象（明确以什么理由处罚）。对此，责任可以说是对具有哪种违法性行为的行为者的意思决定（因此，对动机的制御）的非难。在这个意义上，责任判断不能与不法分离而独立存在，这可以称为"责任的不法关联性"。责任与不法不同，不是处罚的根据，而是被单独限定的[1]。

违法判断只能是确定处罚对象的判断（因此，明确以什么理由处罚）。譬如说，它像是犯罪论的发动机。因为责任不过是被单独地限定处罚的，所以

---

[1] 关于"从属违法的责任"的思想，参照内田《概要中卷》，第190页以下。但是，关于这一点，责任不同于违法，以刑为基础可以独立地加重遗弃者的刑罚，这种见解的流传也相当的广泛。作为一例可以列举，主张虽然单纯的遗弃罪与保护责任者在违法程度上相同，但后者因为责任重大而加重刑罚的见解。比如，近来，神山敏雄《关于职权滥用罪的一考察》载于《井户田侃先生古稀祝贺论文集·转换期的刑事法学》，1999年，第803页以下（神山敏雄「職権濫用罪の法益についての一考察」『井戸田侃先生古稀賀論文集·転換期の刑事法学』、1999年、803頁以下）。特别公务员职权滥用罪（《刑法》第194条）、特别公务员暴力凌虐罪（《刑法》第195条）的刑罚，比照一般的逮捕监禁罪、暴行罪加重处罚，完全是由于责任加重的。

它只能像是车闸。这是考虑到购车人注意的是发动机的性能,并没有以车闸的灵敏度作为选择标准。关于犯罪论也完全与此相同。如何考虑违法的内容,那么对犯罪论的理论构造则是最有决定性意义的问题。决定违法性实质的态度,可以说是决定犯罪论整体的色彩。这是处罚根据的问题,也被称为是犯罪的本质问题[1]。

第二节 结果无价值论(因果性违法论)

根据关于违法性的实质的结果无价值论(因果的违法论或者物的违法论),作为责任非难的论理性前提,必须承认法律上不期待的状态是被因果性所惹起的事实。违法评价不过是指与人的行为没有关系(在那个意义上不是"人"而是"物")的、对一定事态本身的单纯性的评价。由于某种原因,譬如说,无过失的人类行为所致的情形当然如此,即便是不能称为"行为"的人的身体活动或者自然现象或者动物行为,如果存在对保护法益的侵害或者对此有客观危险的话,换句话说,存在对一定的生活利益的侵害以及由于侵害所致的客观事态的话,在这里就可能进行所谓的违法评价(即,承认所谓的"违法状态")。根据该见解,也会肯定为了保护不受基于那样的客观事态的法益侵害的正当防卫(所谓的对物防卫)[2]。

用具体的例子来思考一下。X驾车在交叉路口正准备停车时,由于信号灯变绿,于是直进,同时Y所驾驶的车无视自己车前的红灯信号,从左侧进入交叉口并与X的车相撞,导致Y死亡。根据结果无价值论,既然X因果性地惹起了法益侵害的结果,那么X的行为就是违法(但是,由于没有对结果发生的预见可能性,从而否定了他的责任)。为什么结果无价值论这样思考

---

[1] 关于本章中明确的基本见解,在以下的论文中进一步详细展开,从而明确了批评反对论的批判论据。井田《围绕所谓的违法二元论的一考察》载于《阿部纯二先生古稀祝贺论文集.刑事法学的现代的课题》,2004年,第125页以下(井田「いわゆる違法二元論をめぐる一考察」『阿部純二先生古稀賀論文集.刑事法学の現代の課題』、2004年、125頁以下)。
[2] 但是,从因果性的或者物的违法论的立场来看,主观的认识、意思,理应成为一个因果作用,只要在那个限度内,"主观的违法要素"也可以得到承认。关于这一点,参照山口厚《危险犯之研究》,1982年,第90页(山口厚『危険犯の研究』、1982年、90頁)中明快的分析。另外,在正犯/共犯论中,论者也否定犯人以外的第三者的主观的认识/意思可以得到因果性的作用。

呢？那是鉴于确定处罚范围的违法判断的重要性，从而要求判断的明确性、可见性，而且考虑严格区别违法判断与责任判断的必要性。

即，根据结果无价值论，无论主观的认识如何，必须承认违法或者合法。在以上所述的交通事故的案件中，从行为无价值论的立场来看，即便外在的事实完全相同，认为X是预先知道Y无视红灯进入交叉路口的事情依然直进导致相撞的话，当然也认为是违法（可以肯定故意杀人的违法性）。但这是通过行为者的主观认识左右了违法性判断。而从结果无价值论的立场来看，只以行为者是否知道某种事情的不同并不能肯定行为是违法还是合法。如果承认那种情形的话，就丧失了判断的明确性、可视性，违法判断与责任判断之间的区别也会变得暧昧起来。

而且，首先，支撑结果无价值论的是刑法与道德之间应有的区别，伦理的考虑应该是被从刑法的判断中排除的思想。如后述的那样，我也认为这是妥当的思考方法。但是，论者根据这个妥当的思考方法，并没有从违法性判断中得出对国民行动标准的机能，而是导出了刑法与道德相间的主张的混杂。这确实是令人惊讶的主张。对国民而言，在行动的时点上，刑法是最应该以能够提示合法或者违法界限为其存在理由的。在以上的交通事故中，无论多么注意的人（不能成为神，只能成为人）都不可能预见Y的行为结果并加以回避，所以不能将此作为汽车驾驶者的义务。从以刑法提示行动标准的（以及信赖性的确保）角度来看，将结果惹起的行为作为违法行为的主张，应该说是相当可笑的。但是，结果无价值论反而以那样的行动标准的提示不是刑法的作用为由而特意放弃。也许可以说，那是为了符合排斥道德至上命题的"切肉带骨"的理论[1]。

在以下，从种种观点所示本书为什么不采用以上所述意义上的结果无价值论理由的同时，也想明确本书采用的以行为无价值论（规范的一般预防论）为核心的违法二元论的立场。

---

[1] 的确，从正面考虑对行为无价值的警戒具有历史性的理由。譬如说，参照平野龙一《从日本的角度看到的德国刑法学》载于《警察研究》61卷4号，1990年，第3页（平野龍一「日本からみたドイツ刑法学」警察研究61巻4号、1990年、第3頁）。但是，只在理论上，其内容是否正确还存在问题，在那"具有可能实行危险方法"的异议中讨论也存在疑问。那是因为有很多无能的研究者、法学实务家，建立了不能给予有滥用可能性的理论的无理前提，可以说那是暗示以自己的特权性、例外性为前提的学术模式建立的立场。

第三节 结果无价值论与构成要件概念

的确，违法性判断（甚至所有的法的判断）在可能的范围内必须是明确的，并且是可视性的，对此并不存在异议。但违法性判断不可能有像数字那样的明确，这也是非常清楚的。无论什么样的刑罚法规都有复数解释的可能，也必定存在迷失在是否可以说是构成要件该当行为（类型性的违法行为）的判断中的事例。为了划定符合违法类型的构成要件范围，从法益保护的观点来看，用目的论对刑罚法规进行解释的话，扩大文言或者相反缩小文言也是必要的，但是，那就意味着需要与关于构成要件该当性判断相符的、不可欠缺的、非常实质性的价值判断。

以以上的观点为前提，根据通过排除主观性要素的"明确化"，必然提出到底想达成什么目的的疑问。围绕构成要件该当性的判断（即类型性、违法性的判断），如果不考虑一切主观要素的话，的确构成要件的外延可能更加明确，但是其代价也会大幅度地提高。那样的无限定的构成要件概念，对国民而言并不能起到明确处罚范围的机能作用，参照的条文也不能起到限定处罚范围的机能。那是不能符合罪刑法定主义要求的。如果看一下关于"窃取"（《刑法》第235条[1]）、"欺骗"（《刑法》第246条）等罪的构成要件要素的话，就会看到其概念本身也包含了主观要素。如果将想着是自己的雨伞却把他人的雨伞拿回家的行为作为"盗窃"、将在请求付账之时计算出错多算1万日元的行为认为是"欺骗"，从而承认构成要件该当性的话，就会出现违反罪刑法定主义的怪论。

结果无价值论，无非是因果违法论，在违法范围无限定（但是在责任上限定）之处具有特色。从作为法益侵害的结果惹起捕捉违法性本质的因果违法论来看，没有必要要求违法性评价的对象是人。因此，刑法的构成要件预定为人的行为，理应不是违法的要求。虽然狗将人咬死也该当杀人罪的构成要件，但是狗并没有责任能力。即便对此加以修正，以某种理由（本来，以什么理由都有问题）"限定该当构成要件的行为只能是人的行为"，但是，关于哪种情况下的行为，除开"根据意思"（人）的要件外，只能纯客观地、

---

[1] 本书中法律条文，若无特别说明，均指日本法律，后不赘述。

因果性地作为"人的身体的动静"来捕捉。如果是这样，就不可能实行根据行为性要件的构成要件的限定。譬如说，对被突然跳出来的 X 撞倒损坏了 A 财物的 Y，就会得出：虽然违法地实行了财物损坏的行为，但可以没有责任能力为理由否定其责任的结论（而且，为了回避这样的理论构成，以根据积极的动作产生的直接性结果惹起为要件的话，一般来讲，就变得不可能处罚不作为犯、间接正犯）。而且，如果不能考虑对普通人（不是神）来讲的可能性的话，应该也不可能限定因果关系。对人而言，在预测可能并且回避可能的事件的范围内，X 就不能出现限定不法范围的想法本身。X 制造某物，半年后 Y 到商店购买，正要拿起该物之时，Z 将该物损坏掉的情形，X 的行为也完全变成了实行该当财物损坏罪的构成要件的行为。从因果违法论的立场来看，在这个事件中并不存在可能否定 X 财物损坏罪的构成要件该当性的标准。虽然是毫无意思的结论，但是在那个时候，不得不想到结果无价值本身就是一门毫无意义的学说。

在采用结果无价值论的部分学者看来，可能认为认定主观的构成要件很困难，因而不能确定，所以重视它是危险的。但是，关于犯罪的认定，既然不可能完全排除主观要素，只要不是违法要素，就只能作为责任要素予以考虑。伴随认定主观要素的程序法上的问题，也不是通过对实体法上的要素进行把握就可以回避的。

而且，主观的要素能够还原客观的事实，可以说应该能够将那样的客观要素作为违法要素来修正[1]。但是将主观的要素还原为客观的事实，也不过是主观的要素（相当于客观的事实）通过状况证据被认定的诉讼法上认定方式的另一种说法。实体法上的要件确实表示应该是通过那样的状况证据被证明的对象，即便某种事实通过从其他不同的别的客观事实推定得到认定，那些客观事实本身也不能成为实体法上的要件（如果主观的要素全部可以还原为客观要素的话，作为责任要素的故意也会成为客观要素，理应也不可能存在大概作为犯罪要素的、相当于主观的要素）。的确，譬如说，故意杀人的行为，作为以人的杀害为目标的高度危险的行为与单纯地以伤害为目的的行为等，在其客观的样态方面能够被区别的情形居多。但是不能因此就说，在对

---

[1] 参照曾根《总论》，第 240 页；内藤《总论》，第 221 页；中山《总论》，第 242 页；中山《刑法的论争问题》，1991 年，第 76 页以下（中山『刑法の論争問題』、1991 年、76 頁以下）。

杀人罪的构成要件该当性的判断上，有必要探讨是否表示了作为故意杀人行为的客观样态[1]。那是以将故意作为构成要件要素定位为前提的。如此，将故意作为构成要件定位，可以说与实务性的思考是一致的。

学说上，认为构成要件是违法类型的同时，也是有责类型（或者责任类型）（违法、有责类型说），所以，将故意作为构成要件要素定位的见解也很有说服力[2]。的确，在构成要件中能考虑到责任非难的可能性，从而限定解释构成要件的范围［譬如说，可列举证据销毁罪（刑法第 104 条）］，在违法、有责类型说中好像也有道理。但是，首先，即便是像责任能力那样重要的责任要素，将它作为构成要件要素考虑也是不可能的，仅仅承认构成要件该当性就施以责任，在理论上没有推定关系。其次，如果承认构成要件与违法性之间存在密不可分的关系，那么犯罪的成立与否可能就会接近只有一次性的判定，这样就淡话了犯罪要件三分的意义。再次，如果在构成要件该当性的阶段上不仅考虑违法要素，而且也考虑责任要素的话，就会产生违法性与有责性的混淆，在体系上就不相当，在责任的存否与独立上确定违法性的有无（客观的违法性论），主张虽然构成要件是违法性类型但不能说是有责类型的见解就是妥当的。

第四节　结果无价值论与对道德伦理的排斥

结果无价值论的主张者，强调区别刑法与道德的重要性。我认为在这一点上论者的主张是正确的[3]。的确，历来的行为无价值论将道德规范所具有的效力作为社会存续的基本条件，而且将此作为刑罚的手段，以让人们必须遵守的思考方式为基础的情形居多。但是，行为无价值论的本质不在于此，因为只有人的行为能成为通过法规范控制的对象，离开通过规范的人的行动的控制并不能实现法益保护，所以，行为无价值论的本质在于重视行为的时

---

[1] 如果对故意杀人、伤害致死、过失致死以及无过失致人死亡的行为，共同地设定为是"因果性地惹起生命侵害的行为"就足够了的话，（在这里也）就完全丧失了构成要件的处罚限定机能。
[2] 大塚《总论》，第 118 页、第 140 页；大谷《总论》，第 91 页、第 113 页、第 325 页以下；团藤《总论》，第 98 页以下、第 118 页以下、第 136 页以下；前田《总论》，第 49 页以下、第 96 页以下、第 280 页以下等。
[3] 详细研究，请参照井田《案例研究》，第 1 页以下。

点明确违法、合法的界限的提示、告知机能。与结果无价值论的"物的违法论"相反，行为无价值论是将人的行为规范违反性置于评价基础之上的"人的违法论"[1]。无论是将刑法作为义务规范的内容（的一部分）与道德规范重叠考虑，还是为了遵守刑法所保护的法益而规范性地限定的考虑，都另当别论，行为无价值论与道德伦理之间的结合不过是偶然的事情。结果无价值论如果在"法益"的内容中包含了道德性要求的话，也可能成为道德的伦理主义。如本书所主张的那样，刑法的任务也能从限定法益保护的立场主张行为无价值论（这是德国的通说）。为了排斥道德伦理主义，牺牲罪刑法定主义或者一般预防所要求程度的结果无价值论，可以说是"将脏水和孩子一起倒掉"的学说。

结果无价值论从将刑法的任务限定在法益保护的前提下出发，刑法的判断是穷尽"该行为带来的法益侵害或者危险"的判断（换句话说，虽然刑法的任务是法益保护，但正因如此，产生不可预期的法益侵害或者危险的事情才是违法判断的核心）。但是，即便是不影响该当行为的法益侵害或者危险的事情，从法益保护的角度来看，对刑法的判断也存在必须考虑进去的其他事情。如果排除了"大概那种行为一般被允许，从而在社会上产生什么样的负面效果""为了防止那样的负面效果的发生应该禁止哪种行为（以什么方式）"的考虑（基于这样的考虑给予或强或弱的否定评价时，该评价只能是行为无价值的评价），就不可能有合理的刑法判断。

举例说明，让我们考虑一下只处罚具有一定身份的人或者加重处罚身份犯的情形。从保护责任者的遗弃（《刑法》第218条）与单纯遗弃（《刑法》第217条）的比较来看，前者被评价为重刑（加重的刑罚评价），从法益保护的观点来看完全是合目的性的（因此，不同刑罚以道德、伦理的义务违反为根据，给予这种理由当然不妥当）。但是，譬如说，遗弃病重不起、日常生活不能自理的被害者A的行为，无论是有义务照料A的儿子X（身份者）的行为还是邻居Y（非身份者）的行为，在被害者法益侵害这一点上（对A的生

---

[1] 另外，根据犯罪论的内部独立的、纯粹的法理性分析，以首尾一致的形式表示规范性一般预防论的基本思想的是，Reinhold Zippelius, Erfolgsunrecht oder Handlungsunrecht? NJW 1957, S. 1707f.; ders., Die Rechtswidrigkeit von Handlung und Erflog, Archiv für civilistische Praxis, 157. Bd., 1958/1959, S. 390ff.; ders., Varianten und Gründe rechtlicher Verantwortlichkeit, Jahrbuch für Rechtssoziologie und Rechtstheorie, Bd. XIV. 1989, S. 257ff.

命或者身体的危险的有无、程度）完全是相同的。如此，对以行为的具体法益侵害性或者危险性这一点并不能区别任何不同的行为，从法益保护的角度来看，也有许多合理性的区别。

是否将既遂犯中的一般故意解释成为违法要素，可以说是所谓的行为无价值论与结果无价值论的分水岭。于是，就有"既遂情况下，如果故意是违法要素的话，那是因为故意存在自身的值得进行社会伦理性的非难，所以才成为违法"的判断[1]。但是，从解释刑法的任务在于法益保护的立场来看，也可认为将故意作为违法要素进行把握的方向更加合理。刑法作为保护法益的手段，只能是向国民明示禁止一定行为的规范（或者为了保全法益，命令一定行为的规范），对违反规范的人，通过科处刑罚以维持规范的效力，从而使每一个人按照规范行动（即，通过行为规范控制行动），除此之外，它基本上不可能存在。那么，为了更加有效地法益保护，与非故意行为相比应更加有力地对故意行为加以禁止，对意图侵害法益的故意行为应当加以更强的规范性制止。正因为立足于法益保护的思想，故意作为更为重大的规范的违反，才必须被当作违法要素。故意的行为规范与过失的行为规范，"对人而言，要求本来个别性的、外部性的态度，作为本来个别性的社会规范规制人的社会生活。虽然前者的规范在日常生活中不妨碍大致的推断，但后者的规范却必须放置于日常生活经验中得知"[2]。而且，即便假设废除处罚过失致死罪的规定（委任于民事性的制裁等），对维持社会秩序而言也不可能是致命性的，但是废除了作为故意犯的杀人罪之规定，终究是不能想象的。考虑到这一点，也就出现了作为各种不同的刑法规范在本质性上的不同。如此，完全从法益保护的角度来看，作为刑法规范就应该加以区别禁止故意行为的规范与禁止过失行为的规范。因此，故意一般来讲（即，不只是未遂犯的情形）必须作为具有影响违法性强度的违法要素来理解。

第五节　结果无价值论与基于规范的一般预防

结果无价值论，从法的立场来看，具有事后确认不期望发生的客观事态

---

[1] 平野龙一《从日本的角度看到的德国刑法学》载于《警察研究》61卷4号，1990年，第6页（平野龍一「日本からみたドイツ刑法学」警察研究61巻4号、1990年、6頁）。

[2] 西原《总论》，第154页。另外也参照藤木《总论》，第69页以下、第92页以下。

发生之时的违法判断的意思。在该背景下的刑法是为了事后处理而存在的这种见解，与不考虑将来的犯罪预防而只考虑对应过去发生的事情的刑罚论直接相关[1]。与此相反，行为无价值论重视在行为的时点明确违法、合法的提示机能、告知机能，顺应罪刑法定主义要求，达到一般预防的见解[2]。虽然可以说在责任阶段也考虑行为规范[3]，但是，如罪刑法定主义不像责任程度的问题那样，行为规范违反也不可能是责任问题。譬如说，刑法第39条的规定（与《刑法》第36条不同）不是对国民设定行动基准的条款（那不过是与关于民法的时效、赠与规定相同的裁判规范）。结果无价值论的违法概念，作为"违法判断的明确化"与"道德、伦理主义的排斥"的代价，不得不丧失对国民事前提示、告知行为许诺性界限的机能，从而构想出在行为的时点行为者（或者置于那个立场的人）不能知道是否合法的那种的违法概念，这就不能与罪刑法定主义的原则以及通过刑法规范的一般预防的要求相结合。为了遵守罪刑法定主义，而且为了通过遵守规范达到一般预防的目的，行为无价值论是认为必须能在行为的时点告知合法与否的理论。因此，行为时的判断（事前判断）被视为是决定性地重要的判断，不应该成为事后才开始明确考虑的那种事情。以上述列举的交通事故为例，无论多么注意、谨慎的人也不能预见Y在交叉口行进的结果而采取回避措施，将此作为应该遵守的行

---

[1] 从结果无价值论的立场，即便从预见性的角度理解责任，那也只是达到了特别预防论是理论性的归结那种程度。在这一点上，从特殊预防的观点来看故意，然后从非难可能性的观点来看违法性意识的可能性，作为各自不同的责任要素定位的高山佳奈子的《故意与违法性的意识》（1999年）（高山佳奈子『故意と違法性の意識』，1999年），的确在理论性上是首尾一致的。结果无价值论的根本缺陷是在违法论的内部，然后是在犯罪论的内部，它完全没有容纳以一般人为基准的行动准则违反判断的场所。就这一点，参照井田《犯罪论》，第19页以下。

[2] 作为违法判断的行动基准的意思，即便是从关于刑事诉讼法上的证据排除与抑制搜查的关系来看，也是极其明白的。参照天宫裕《刑事法的理论与现实》，2000年，第263页（田宫裕『刑事法の理論と現実』、2000年、263页）。另外，作为以根据行为规范的一般预防为支柱，构想刑法体系的新的研究，有尾崎道明《关于刑法的政策性基础的一考察——以基于决定论的规范性抑制以及自由保障为基础的刑法体系的构想》载于《河上和雄先生古稀祝贺论文集》，2003年，第77页（尾崎道明「刑法の政策の基礎に関する一考察—決定論に基づく規範の抑止および自由の保障を基礎とする刑法体系の構想—」『河上和雄先生古稀祝賀論文集』、2003年、77页以下），与我的观点相符合的部分居多。

[3] 譬如说，小林宪太郎《因果关系与客观的归属》，2003年，第179页以下（小林憲太郎『因果関係と客観の帰属』、2003年、179页以下）、松原芳博《犯罪结果与刑法规范》载于《三原宪三先生古稀祝贺论文集》，2002年，第331页（松原芳博「犯罪結果と刑法規範」『三原憲三先生古稀祝賀論文集』、2002年、331页以下）等。

为规范的内容告知一般的国民,根据刑法的目的和机能,大概也是无意义的。

的确不能否定结果无价值论与日本历来的法律存在方式之间具有整合性。无论如何,法的内容对非专业人士的普通国民而言,是"不可视性的规范",作为行为规范的性质也很稀薄。因为它是对法官而言的、解决事例的规范。这样的思考方法与在承认国家存在巨大裁量余地之上期待适正判断(也是日本社会历史的特质)的"官僚主义"倾向如影相随。在日本结果无价值论能变得如此有力,与依从上帝、依从官僚的日本社会的本质不无关系。但是,那样的法的存在绝不是安稳的,在21世纪应该从这样的倾向中脱离出来,将成文法作为手段可视化,必须意识到通过作为国民、国家机构的行为规范,从通过官僚的裁量型规制向以个人自我责任为基础的、提高可视性的"规则型规制"转换才是时代的要求。

根据行为无价值论,不能肯定对作为行动基准的规范的违法行为,反过来讲,符合社会生活中必须要求的行为已经不属于违法。换言之,该见解认为如果祛除对社会生活的规制这一视点,在刑法上的违法判断将成为不可能。举一个极为简单的案例加以说明。读者因他人的突然冲撞而导致受伤,那么他人的行为很明显是犯罪。但是,即便是完全相同的受伤,在上班高峰期的电车内快乐锻炼的时候、热烈地拥抱恋人的时候、与小孩拥抱的时候所发生的伤害等,就不会被看成为犯罪。不仅不能忽视受伤这种物理性的事实,也不能无视社会生活中具有的那种意义上的行为所产生的结果。我们的生活利益不是像"在博物馆的玻璃柜中装饰"的那样被形式地加以保护的利益。现代社会充满了法益侵害以及危险,但是,不能以事后结果的发生为理由,将此全部作为违法。刑法不得不在考虑社会生活的现实之上,从对国民要求的规制中超越(行为无价值性)成为重要的判断标准。合法与否不能通过观念性的利益衡量作出"超历史性"的判断,在这里也要求考虑社会的现实〔1〕存在。以行为无价值论为立足点的本书,在这里从经验科学、社会科学之间的连接点出发进行思考〔2〕。

---

〔1〕 关于这一点,参照盐见淳《违法性、违法性阻却的一般原理》载于《法教》265号,2002年,第82页、266号,2002年,第104页[塩見淳「違法性・違法性阻却の一般原理」、法教265号(2002年)82頁、266号(2002年)104頁]。

〔2〕 但是,在这里是根据"社会相当性"那样的一般条款的判断就可以呢,还是应该还原于具体的判断呢?这是另一个问题。

第六节 违法二元论的根据

　　违法性判断的核心是对行为规范违反的评价，即便对具有行为能力以及行为自由的人来讲，不能回避的那种行为与结果的违法性也是无意义的（另外，违法性判断的对象是通过个别行为者意思的因果过程的制御，主观性的行为能力不是责任要素，而是违法要素）（本书第二章第一节）。而且，如以上所述的交通事故的事例那样，即便将行为者的立场置于普通人之上，根据不能在那里遵守的行动标准肯定其违法性，人们也不能将那样的判断作为未来的行动标准起作用，从一般预防的角度来看也毫无意义。这样的话，刑法就获得了作为为了肯定违法性的最低要求而遵守规范的可能性（那就是作为要求最低的行为无价值的要素）。

　　但是，不仅如此，即便有法益侵害（由于种种理由），但只要没有符合法预定的一定的行为样态，刑法就只能限定不能够肯定违法性处罚范围的行为无价值性（那是为处罚框架内的行为无价值性的要素）。譬如说，即便是妨碍他人业务的行为，只要不是"散布谣言"或者使用"诡计"或者"使用暴力等手段"，就不构成业务妨害罪（《刑法》第233条以及第234条）。而且，譬如说，胁迫罪（《刑法》第222条）只有在实行对自己或者亲属的法益威胁的情形下才被处罚。因此，譬如说，以杀害恋人或者伤害朋友的口头威胁不构成胁迫［不过，恐吓罪（《刑法》第249条）的情形不在此列］。这样的限定也不是以结果无价值为由，而是从犯罪成立范围的明确性角度的限制，是现行法在那个范围内设定的刑法规范（即承认行为无价值性）。关于共犯处罚（原则性）的罪名从属性以及对故意的从属性也是对共犯"行为"的"类型性"的要求（本书第二十章第二节三、第二十一章第一节四）。

　　当然，即便具备了一定的行为样态，如果不具备对条文预定的法益的侵害性（法益侵害性）的行为，也不能成为处罚的对象。法只对具备实质违法的行为，才给予规范违反的评价。但是，在这个意义上的结果无价值，即对法益的侵害性，只要是对作为"行为的性质"提出问题，就只能是行为无价值的一个要素。行为无价值中也包含了客观的要素，就应该在这个限度内客观地（根据事后判断）确定。譬如说，从刑法第20条的处罚规定导出的暴行罪的规范，应该解释为现在以作为被害人的人在那个场合的存在作为前提的规范。如果作为被害人的人不存在的话，暴行罪的规范就不可能指向行为者。行为人将假人误当作真人实行的行为，即便是无论谁看到都会当成是真人的情况下，也不能承认是暴行罪的规范违反，只存在现行法上否定可罚的违法性的"暴行未遂的行为不法"〔1〕。当行为无价值论在主张"规范违反性的有无，必须以行为时的判断（事前判断）决定"时，以法客观设定的行为规范的现实存在为前提判断是否可以称之为规范违反，则是以事前判断来决定的。以行为时的判断不能肯定是"可见的违法性"的话，就不能全部肯定为可罚的违法性。

另一方面，结果无价值不能消除行为无价值。即便现在也不能无视在刑罚论上存在的报应性的侧面，以一定的结果发生为开端，肯定当罚性（那对处罚范围的外形的明确性的保障起作用）的情形也以此为基础〔2〕。与未遂相比，既遂的违法性更重，犯罪但不处罚的未遂（《刑法》第44条）、关于共犯处罚、以实行从属性要求正犯行为的实行（本书第二十章第二节二）等都是此例。像这样，只要不能否认一般预防的核心重要性，行为无价值就是违法的根本，如果有它，处罚就可获得根据，如果没有它，就不能处罚，作为附加的要素，或者为了限定处罚，也存在要求结果无价值的情形〔3〕。这就是本书的核心主张，本书以在这样的意义上的违法二元论，展开犯罪论的全部。

---

〔1〕 对此，即便在主张人的违法论的论者中，譬如说野村稔《未遂犯之研究》，1984年，第241页、第243页以下注（7）、第266页［野村稔『未遂犯の研究』、1984年、第241页、第243页以下注（7）、第266页］，关于保护责任，即便事后判明了客体是尸体，只要是一般人误信的状态，就可以承认同罪的成立。那也可以称为主观的行为无价值论。

〔2〕 松泽伸《违法性的判断形式与犯罪抑止》载于《早稻田法学》78卷3号，2003年，第242页、第247页（松澤伸「違法性の判断形式と犯罪抑止」早稲田法学78卷3号、2003年、第242頁、第247頁）从行为规范论的立场，提出了对承认结果无价值中不法构成意义的首尾一贯性的疑问。如本书所述的那样，被要求的结果无价值性的根据在于具有刑罚的报应性的侧面。在这种意义上，行为无价值（对应刑罚的一般预防的侧面）与结果无价值（对应刑罚的报应性的侧面）具有相互制约的关系。但是，本章主张的核心不过是只用行为不法就可以使得处罚正当化这一点，不能否定根据结果无价值论处罚的限定也被认为可能是妥当的情形。

〔3〕 尾崎道明《关于刑法的政策性基础的一考察——以基于决定论的规范性抑制以及自由保障为基础的刑法体系的构想》载于《河上和雄先生古稀祝贺论文集》，2003年，第95页以下（尾崎道明「刑法の政策の基礎に関する一考察—決定論に基づく規範の抑止および自由の保障を基礎とする刑法体系の構想—」『河上和雄先生古稀祝賀論文集』、2003年、95頁以下），作为限定既遂情形的处罚的理论，我认为列举了作为自由保障、裁判规范的刑法的公平的适用必要性、要处罚性、社会性费用的考虑等三个内容，是妥当的。

支持本书的规范性的一般预防思想，对应报应的要求完全是在处罚根据的情形下（即，不是在责任的阶段，而是在违法性的阶段）从合理性的角度所加的限定。在社会的报应情感中，那个内在的限界完全不是最初就具备的（可以原封不动地接受），我们必须通过根据规范的一般预防的思想对此加以制约，然后精炼，向着更为合理化的方向改善。

　　这样的违法论不得不是二元论的，它在反映了刑法以社会的现实作为前提达成合理性的犯罪预防的目的的同时，也必须考虑处罚范围的限定与社会报应处罚的要求[1]。虽然存在对于违法二元论是否首尾一贯的异议，但是，犯罪与刑罚是对偶性概念，必须认识到离开对刑罚的思考，就不可能明确犯罪的本质。

---

[1] 为了一定社会的刑事政策不可能是比该社会更合理的东西。关于这一点参照 Karl-Ludwig Kunz, Kriminologie, 3. Aufl. 2001, S. 320.

第二章 行为论的意义与机能

第一节 行为能力与责任能力

实质刑法的评价大致可分为违法性判断和有责性判断,不法和罪责两个范畴构成犯罪论体系的支柱(本书第一章第一节)。违法判断,本质上是对规范违反性(即行为无价值)的评价。与此相反,责任判断是对做出规范违反行为的意思决定的非难可能性的判断,换言之,它以根据规范可以控制动机但又没有能控制的法的非难为内容。不法成为责任的前提,就是这个意义之所指。违法要素与责任要素的根据以及行为规范违反性相关,还与根据规范的意思形成或者动机制御的可能性相关而有所区别(违法要素和责任要素,不是通过相关行为的客观方面,而是相关行为的主观方面而加以区别,以一般人作为基准还是以个别行为者作为基准,并不是区别不法与责任的本质[1])。对于判断对象来讲的话,违法判断也好、责任判断也好,无论哪一个都是指向个别行为(者)的,违法判断的对象是通过制御个别行为者的意思的因果过程而实现,而责任判断的对象是通过制御个别行为者的规范意识的动机而实现。

刑法是使用"规范"的手段,控制人的意思行动的法(动物、自然现象从起初就被排除了)。规范违反性的评价以人的意思行动为对象[2]。"禁止杀人"的规范在于某人想杀他人的行为,即实行有意识的杀人行为的时候,

---

[1] 关于这一点,譬如说参照平野龙一《从日本的角度看到的德国刑法学》载于《警察研究》61卷4号,1990年,第7页(平野龍一「日本からみたドイツ刑法学」警察研究61巻4号、1990年、7頁以下)。

[2] 但是,应该注意的是规范内容本身,以及它的具体化,从一般预防的角度看(忽视了个别行为者的规范意识),是在考虑对一般人而言的规范遵守可能性之上被决定的。只要在这个限度内,作为就一般人而言的行动是不是相符的观点,在违法性的判断上就具有重要意义。

就开始被侵犯了。没有意识的行动不可能是规范违反,没有意识行动的人也不可能成为规范违反者。在这个意义上,行为能力,即制御根据意思的行动的可能性(那种能力),是违法的要素。与此相反,即使制御根据意思的行动是可能的,但根据规范意识不能制御自己动机的人也不可能被追究责任。责任能力,即根据规范意识赋予动机的可能性(那种能力)的是责任要素,必须像这样区别行为能力和责任能力(特别是制御能力)。

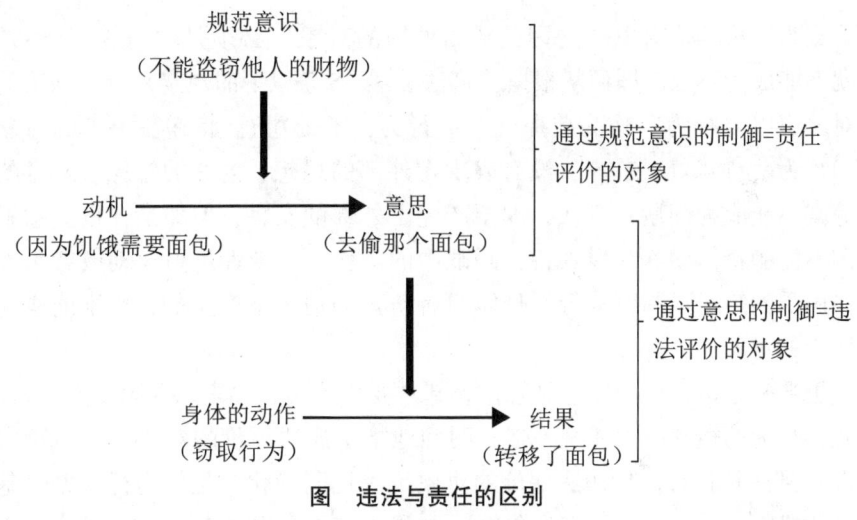

图　违法与责任的区别

虽然经常被误解,但不是说在违法阶段就可以忽视个人的能力或个人的可能性。如果不能以行为人作为标准肯定行为能力以及行为自由的话,就不能作出违法性判断。能不能持有法所要求的规范违反的意思是责任的问题,但是即便假定持有规范遵守的意思,对像那些不能作出符合规范要求的规范(刑法对一般国民普遍要求的行动基准)的行动那样的内部的或者外部的状况下的身体动作或不动作,也不能否定违法性(即便对那样的行为作出了违法评价,参照法益保护的目的也无意义)。在否定意思行动的能力的情况下,因为是例外中的例外,所以不能成为实际中的问题。在作为的情形下,是指只要不做那样的行为就可以,然而不能停止那种行为的情形首先就是不可能的。这个问题从正面提出就是不作为的情形。行为能力在作为的情况下是"不作为的能力",在不作为的情况下就是"作为能力"。对落入河中的孩子,在岸上的父母不会游泳的情况下,不仅仅是否定了父母的责任,而且是既然否定行为的能力，就不可能肯定规范违反行为[1]。与即便在那种情形下的一般人有可能，而当该行为者没有行为能力时（譬如说，手腕患有反射性不能控制之症），可以否定其行为性的情形完全一样，以上的案例中没有那种作为能力的人的不作为就不是行为，从那个理由来看也不该当构成要件。

第二节　行为概念的机能

成为违法评价对象的（因此成为处罚的对象）必须是"行为"，不是行为就不能成为不法。即便从根据《刑法》第35条以下的规定来看，刑法的评价对象也以"行为"作为前提（……行为，不处罚）。将违法评价的对象限制为行为就意味着：首先，没有表现在外部的思想、内心的意思、恶意的情绪等就不能成为问题；其次，即便产生了外部的实害，但那是在根据意思的制御不能的身体动静（譬如说，睡眠中的动作、单纯性反射运动或者生理的反作用受到绝对强制而实行的身体的活动）的情形下产生的，也不能成为违法评价的对象。

更严密地讲，行为概念具有作为基本要素、结合要素、界限要素的机能。首先，行为的概念必须能统一地、明确地指出违法评价的对象（或者事实的基础）到底是什么。将违法评价的对象统一地明确化，是作为行为概念基本要素的机能。其中必须平等地包含（如果不能全部包含的话，就不能将犯罪应该实行的行为作为犯罪）全部的可罚性的行为样态（因此，无论故意行为还是过失行为或者作为还是不作为）。其次，不但要通过犯罪成立要件的全部对同一行为的评价与犯罪成立要件相结合，而且在内容上要相关联。即，该当构成要件的行为，它的违法性就会成为问题，该当构成要件并且违法的行为，它的责任就会成为问题。这就是作为行为概念结合要素的机能。最后，行为概

---

[1] 参照林《总论》，第32页。与此相反，参照大谷《总论》，第160页；山口《总论》，第86页，关于不真正不作为犯中的"作为可能性"的要件，自己孩子溺水的情形，父母不会游泳，特别是行为者救助的作为，事实上不可能时，只不过是否定了责任。但是，不作为犯中的作为可能性，是在构成要件阶段上的"作为义务的前提"，那是行为能力的问题。作为情形下，即便置于那种情形下的一般人也是可能的，对那个"具体的行为者"在没有行为能力的时候，完全可以等同于否定了（因此，不该当构成要件）行为性，没有作为能力的人的不动作并不是行为（因此，不该当构成要件）。另外，即便在德国那也是被理所当然地理解的。譬如说，参照Claus Roxin, Strafrencht, Allgemeiner Teil, Band Ⅱ, 2003, S. 629ff.

念大约从一开始就排除了不能成为违法评价的对象的要素（因此，不可能成为被追究刑事责任的对象的要素），所以必须能够限定处罚范围的外延。行为概念也就具有了限定可罚范围的外延的、作为限界要素的机能。行为论的争论，是围绕着到底如何妥当地运营这三种机能的行为概念而展开的（本章第四节）。

第三节　行为论的体系性地位

犯罪论的出发点是行为论还是构成要件论，存在不同观点的对立。第一个观点[1]认为："行为"是先于构成要件该当性判断的、独立的犯罪成立要件。第二个观点[2]认为：应将行为作为构成要件该当性的一个要素或者部分的问题定位。第一个观点的基础是，行为的存在理论上先行于对构成要件该当性的判断，并且行为论超越构成要件论，具有制约它的意思的认识。即，不可能处罚行为之外的原则，是超越通过立法者设定的构成要件的超实定法性的原则，实定刑法规定作为行为之外的处罚对象时，从埋没于构成要件论中的行为论的角度，就不可能对此进行批判。

但是，刑罚法规作为处罚对象能否将构成要件类型化，如果脱离该问题必须独立探讨"相当于行为"的存否，该见解是妥当的吗？在我们试图解决刑法事例的时候，首先，是不是要选出哪一个是该当构成要件的、行为的部分？可以无数次地认识到相当于行为（作为以及不作为）的存在，但逐个地确认可称得上是与构成要件没有任何关系的行为不仅是无用的，而且也是不可能的。行为只有作为"该当构成要件的行为"，才能成为犯罪成立的构成要件。在这个意义上，构成要件该当性，是第一位的犯罪要件，行为（性）是其中一个要素，只不过是部分问题而已。

稍微进行哲学性讨论的话，为了从现实的事项中认识到作为行为的一定的行动，譬如"走路"或者"坐在凳子上"等语言的铸型，本来就是必要的[3]。

---

[1] 曾根《总论》，第49页；内藤《总论》，第144页以下；西原《总论》，第67页以下；野村《总论》，第82页以下、第113页以下等。

[2] 大塚《总论》，第110页；木村《总论》，第125页以下；福田《总论》，第55页以下等。

[3] 参照大森壮藏《思考与理论》载于《大森壮藏著作集·第7卷·知的构造及其诅咒》，1998年，第278页（大森莊藏「思考と論理」『大森莊藏著作集第7卷．知の構築とその呪縛』、1998年、278頁以下）。

那样的"语言铸型"是根据构成要件所给予的。在那之前不可能讨论行为，即便从构成要件之外的某个地方取出那样的"语言铸型"，那样地得到的"行为"，对刑法的判断而言，也不具有任何意义。

另外，确如第一个观点所说，不能处罚行为以外的原则，是超越通过立法者的构成要件设定的超实定法的原则。但是，也不至于因此就必须将犯罪论中的行为作为先于构成要件之前的独立性的犯罪要件。譬如说，责任主义，即便说如果没有故意或者（至少）过失就不能科处刑罚的原则是超实定法上的原则，也不能因此而必须将故意、过失事先确定为构成要件的独立的犯罪要件。

第四节　行为论的争论

所谓的因果行为论，是在以人的意思为起点的因果过程中把握行为，根据作为（某种）意思的身体动作或者不动作来定义行为。因为必须是外部体现的"动作或不动作"，所以，如思想、心情那样的存在，就被从刑法的评价对象中排除了。而且，因为要求是"根据某种意思"的行为（有意性），所以反射性的运动、睡眠中的动作、绝对强制下的举动等行为就被否定了。

因果行为论的问题点，首先在于，只要停留在对因果性的考察上，就不能说明不作为的行为性。不作为不是单纯的不动作（"什么都不做""一直在静止状态"），而是以思考之上设定的作为为基准，不实行行为（以根据《刑法》第130条后段所处罚的不退却行为为例的话，就是以"退却"的作为为基准，不实行退却的行为），所以不能从自然的、物理的角度来把握不作为。因此，作为与不作为的区别，并不是与身体的动作与静止的区别相对应的[1]。而且，所谓的忘却犯（以根据无认识的过失的不作为犯作为典型事例，如扳道岔的人忘记扳道岔而导致事故发生的，或者完全忘记呈报时期，到那个时期忘记提出的行为）的行为性，既然不能看出具有特定的"意思"，根据因果行为论就不能加以说明。委托他看护的幼儿在河边游泳造成溺死的，

---

[1] 如果将不作为犯与作为犯一样收纳在范畴之内的话，那只有在如社会行为论所言的那样的"意义"的世界中才有可能。比喻地讲，因果的行为论就是将桌子作为木块来认识的，所以在这个程度上不能作为"桌子"的意义来把握。

第二章 行为论的意义与机能

而他在那个时候完全忘记了孩子,而自己横躺在河岸上的情形,在这种情形下承认存在什么"意思"是很困难的。

应该注意的是,因果行为论是作为法益侵害的因果所惹起而捕捉违法性本质的因果违法论,即对应的是结果无价值论的理论。如果评价的对象不必是人的话,构成要件预定为人的行为就不是违法性的要求(狗咬人也是违法,只因为没有责任能力而不处罚),即使将人限定为对象,除去"根据意思"的要件之外,纯客观地、因果地捕捉作为人的"身体的动静",也是彻底的一种观点[1]。但是,如果是这样,根据行为性的要件就不可能限定构成要件。譬如说,被飞奔过来的 X 撞倒、导致财物 A 被损害的 Y,因实行的器物损害行为也是违法行为,只是以没有责任能力为理由否定了他的责任。而且,在否定起点的意思要件时,也不可能以那个时点为基准限定所看到的因果关系。X 制造某物,Y 半年后来商店购买,这时 Z 将该物破坏,X 的行为也应该变成实行损坏财产罪的该当构成要件的行为。从因果行为论、因果违法性论的立场来看,在这个案件中否定 X 构成财物损坏罪的构成要件的可能性标准一个都不存在。从结果无价值论的立场来看,如果与对应"损坏"的行为样态不一致的就不该当构成要件的话,那就成为违法评价是对人的评价的自白。即便限定"在最初的行为时点,一般性地预测可能的事件的范围"为不法的范围,那种构思完全也是基于行为无价值论[2]。

现在最有力的主张是社会行为论。根据该理论,行为是指"根据意思的具有支配可能的、社会性意义的态度"[3]。不作为也不是指"什么都不做",而是指在不做社会生活中被"期待"的一定作为时,才具有了(法的存在以前的)社会性的实在性,在"具有社会意义的人的态度"这一点上不同于作

---

[1] 平野《总论Ⅰ》,第 109 页以下;前田《总论》,第 119 页;町野《总论》,第 122 页以下等。进一步而言,以结果无价值论的立场为前提,采用后述的社会行为论,一概排除从行为概念出发的意思要素,如果大概是持在社会性意义的某种态度的话,就包含了行为概念,也有这种见解。佐伯《总论》,第 144 页以下;内藤《总论上》,第 155 页以下;中山《概说》,第 37 页;米田泰邦《行为论与刑法理论》,1986 年(米田泰邦『行為論と刑法理論』、1986 年)等。

[2] 总的来讲,因果行为论、因果违法论可以说与条件说相结合。虽然在这里通过将构成要件为有责类型来把握,尝试回避以上所述的那样的困难,但是,却引起了其他问题。关于将构成要件当作为有责类型的见解,参照本书第一章第三节。

[3] 作为这种形式的社会行为论的主张者,可以列举曾根《总论》,第 54 页以下;西原《总论》,第 74 页以下;野村《总论》,第 113 页等。

为。而且，该理论并不要求"有意性"，因为缓和了"根据意思的支配可能性"（控制可能性）的主观要件，所以也可以说明忘却犯的行为性。另一方面，纯粹的反射性运动、无意识的举动、绝对强制下的动作等，因为没有意思支配的可能性，所以就从行为中被祛除了。如此，社会性的行为概念，因为其所要求的行为概念的诸机能妥当地起到了作用，从而获得了多数的支持者。该见解无论从结果无价值论的立场，还是行为无价值论的立场，都有同样被采用的可能性。换句话说，在不必先进入一定的基本立场的这一特色之处，可以说具有魅力。

包括具有社会行为概念的问题点。现实中所主张的其他行为论的定义，譬如说与"根据目的性意思统制/支配的范围内的人的积极的/消极的态度""作为行为者的主体性现实化的身体动静"等的概念相比，并不是更为明确的、优异的概念。相反，在什么情况下可以肯定是"社会生活上的期待"的不作为性的要件则完全不明确。它也存在是不是必须与是否具有应该起到作为义务作用的构成要件阶段上的法的判断相同（如果不是的话，那是在道德上、伦理上判断吗？）的疑问[1]。

但是，比社会行为论更为本质性的问题点，在于行为概念的捕捉方法。应该被置于因果行为论以及更为完善的目的行为论[2]之间的比较中讨论。在这里必须认识到围绕行为概念的问题核心，即对违法评价而言，是在因果过程中更重要还是在社会性的意义上更重要，或者还是根据意思的因果过程的制御上重要。目的行为论承认根据人的意思的因果过程的支配/统制上的重要性，从而把握作为朝着自己设定的目标实现，制御因果性的过程的、追求目的活动的行为。在因果行为论中以意思为起点的因果过程这一点上，故意行为或过失行为都是相同的，虽然意思的内容在行为论上被忽视，但是根据目的行为论，与以一定的犯罪结果的实现为目的的故意行为相比，过失行为在其构造上是相异的，作为违法评价的对象也根本不同。即，过失结果的惹起，是关联目的以外的事情，不是行为的一部分。因此，对不能成为行为要素的结果，就被否定成为违法判断的对象（进一步而言，只要不是根据实现意思

---

[1] 另外，在主张社会行为论的论者中，虽然也有从行为概念中一概排除意思要素的见解，但是与此相反，作为与对纯客观性的因果行为论的批判一样的见解，也是妥当的。
[2] 特别参照福田《总论》，第59页以下。

而覆盖的,达到结果的因果经过也要从违法判断的对象中被排除)。如此,在目的行为论中,因果性结果惹起的过程,只有在取得根据实现意思覆盖的关联目的的限度内,才可能成为违法判断的对象。

在这样考虑的情况下,就完全变成不能对过失犯的违法性的重要部分(结果惹起的部分)作为处罚对象捕捉,我想这是不妥当的。对目的行为论的批判,也完全集中在这一点上。这一点才是目的行为论主张的真谛,是革命性的部分。即,那是所谓的行为者不知道的不能成为违法评价(行为不法的评价)的对象的思想。如果问为什么那样思考的话,当根据我们的意思制御我们的行动与由此产生的结果惹起的时候,只有以当时能认识的事情为前提才能制御。如果不以行为者所认识的事情为前提给予规范的话,就不可能控制根据规范产生的意思性行为。"不要杀人"的故意犯的规范,只具有禁止目的性的杀人行为(即有意思的杀人行为)的意味。为了让把站在眼前的人误当熊射击的人远离该行为,即便指向禁止"不要杀人"的故意行为的规范,那也是无意义的[1]。既然那个行为人欠缺对人的认识,根据他本人认识的事情,"不要杀人"只是一个不能被理解的命令。如果将行为者的认识事情作为前提考虑成规范,在这样的情形下举枪射击的话,只有不能够确认客体的规范才可能被设定。那无非是为了禁止过失行为而有必要设定禁止在该情况下的不注意行为的其他规范。总的来讲,刑法只能够禁止有意思的行为。譬如说,有意思的杀人行为只有在结果实现中波及目的性的意思的情况下才能被承认。只有与那样的行为之间有关系,禁止"不要杀人"的故意杀人的规范才具有意义。对故意行为与过失行为所禁止的规范内容各有不同,因为在以上的意义上分别对应的行为构造也不相同。

关于不作为犯,如果说因为目的行为论提出了作为在其因果关系认定过程中支配的并无完全不同,所以作为与不作为不能以相同的概念对待,将作为与不作为统一起来的上位概念是"在根据目的意思可以统制/支配的范围内的人的态度"的包括性的概念[2]。的确,作为与不作为在行为构造上不同,分别与禁止规范、命令规范的规范内容的差异相对应。即便以"社会性的有意义性"统合在同一的上位概念上,也没有任何实质性的意思。虽然两种行

---

[1] 关于这一点,参照井田《判例教材》,第118页以及本书第六章第一节。
[2] 参照福田《总论》,第62页。

为的构造不同，但其本质都以包含通过意思的制御可能性态度为理由，得以成为刑法性的评价对象。

因果行为论是对应法益侵害结果的因果惹起为犯罪本质的结果无价值论的行为论，而目的行为论是对应将违反规范要求的行为的这一点为犯罪本质的行为无价值论的行为论。围绕这样的行为论的争议点，只能是围绕犯罪本质论的争论。通说认为：讨论犯罪论中的行为的意义在于，明确划定了成为刑法评价对象的范围在上位概念中的统一。根据这样的基本见解，关于目的行为论的概念，受到了得出以包括全部可罚性的、行为样态的、统一性的上位概念的批判。但是，只要行为概念的机能作为一个（形式上的）上位概念，能够尽可能明确刑法评价的对象，那么它对犯罪论的内容就不具有影响力，只能说具有极少的理论价值（最多不过具有"美的价值"）。

当然，作为目的行为论而言，也存在划入刑法评价对象框架内的上位概念。即是"根据目的性意思统制/支配可能的范围内的人的态度"。在明确作为法规制对象的人类行动的方式的时候，如社会行为论那样，与注意社会行为的有意义的目标相比，不得不说注意目的性的统制/支配因果对象的人的行动特性，更符合目的性。而且，作为上位概念的明确性，它与诸多概念相比并不劣等。然而，作为目的行为论首要关心的问题，不是形成统一的上位概念，而是在于实体性地解明作为法规范对象的人的行为的存在构造，并表示它不同于单纯的因果经过。在目的行为论的主张者中，也有完全否定作为统一的上位概念的行为概念的机能（即，作为如前所述的基本要素、结合要素、界线要素的机能），只承认划定违法评价对象要素的机能为行为概念的学者[1]。违法判断的合理性内容，不是无视相当于判断对象的行为是否存在存在论的认识而规定的。对目的行为论而言，行为概念的问题，无论如何都是违法论的事实性基础的问题，不法概念基础定位的问题。虽然行为论被认为是不毛理论，作为上位概念，它的确没能包括忘却犯等实益的少的理论。但是，行为论是违法论的问题，是法本身的捕捉方法的问题。如何捕捉法，

---

[1] 即，Armin Kaufmann, Die Funktion des Handlungsbegriffs im Strafrecht, 1962, in: ders., Strafrechtsdogmatik zwischen Sein und Wert, 1982, S. 23ff.; ders., Zum Stande der Lehre vom personalen Unrecht, 1974, in: Strafrechtsdogmatik zwischen Sein und Wert, S. 151 ff. 进一步详细展开关于 Armin Kaufmann 见解的是 Klaus Otter, Funktionen des Handlungsbegriffs im Verbrechensaufbau? 1973.

不能与如何捕捉作为它的对象的行为的问题相分离[1]。如果说它是不毛问题的话，法学的问题中就不存在不是不毛的问题。那么，在考虑刑法的机能与目的（即，通过根据规范的行动控制的法益保护）时，行为的社会性意义等（当前）并不重要，根据意思制御因果过程的行为构造的方法，才具有本质性的意义。

第五节　作为与不作为的区别

行为论的课题从如上所述之处来讲，其本身完全是具有优秀实践性意义的。在这里尝试提取区别作为犯与不作为犯的问题。在这个关系上经常被讨论的是医生切断晚期患者所装有的人工呼吸器的开关，从而导致心脏停止跳动的行为，是通过作为的生命侵害，还是中止继续治疗、不再实行在此之上的救命治疗的不作为的问题[2]。

根据社会行为论，这就成为探讨在依照行为的社会性实体进行观察时指向哪一个的问题。尽管切断自动化的治疗行为与将来完全不实行治疗的行为是等价的，可以将帮助将要死亡的人的行为当作以上那样没有实行的消极行为来捕捉，但是，停止、取下人工呼吸器的行为本身毫无疑问是"身体的动作"[3]，无论如何不能否定这个动作惹起了心跳停止的结果。如此，即便以这样的"社会的有意义性"为标准，结果也并不是完全明确的。

在这里沿着行为的构造分析刑法规范的内容时，也可以开始找到解决的途径。禁止杀人行为的刑法规范，不是指以某种理由禁止一定的身体动作所持有的因果性作用，而是从"通过根据规范的行动控制的法益保护"的角度，注意该动作所持有的机能性的、规范性的意义，并禁止它。开枪行为正因为符合一般地禁止这种行为而保护生命的规范性目的，才该当了杀人禁止的规范。去掉人工呼吸器的行为，该行为本身并不具有立即断绝人的生命的意思

---

[1] 这不过是极其当然的主张，不能与法哲学的一定的立场（特别是自然法论）相结合来把握。关于这一点参照 Hans Joachim Hirsch, Zum 100. Geburtstag von Hans Welzel, ZStW Bd. 116, 2004, S. 4 f.

[2] 就该问题的详细研究，参照井田《生命维持治疗的界限与刑法》载于《法曹时报》51卷2号，1999年，第13页以下（井田「生命維持治療で限界と刑法」法曹時報51卷2号、1999年、13頁以下）。

[3] 参照堀内《总论》，第55页。

（如果考虑医师更换呼吸器的情形的话），最终是指通过中断、妨害医院实行治疗的措施，从而危及生命的行为。停止人工呼吸器的行为，如果成为禁止对象的话，最终所禁止的只能是通过确保治疗的继续而保障生命的禁止。因此，作为治疗主体的医师如果实行了该行为，那就是"治疗中止"；而第三者实行的话，就具有"治疗妨害"的、机能性/规范性的意思。

那么，去掉人工呼吸器在规范构造上，应该具有通过作为的不作为犯的性质吧[1]。譬如说，负有救助被害者义务的人通过自己身体受伤做出的不能救助状态，则与负有在一定时点扳道岔的义务的人由于在这之前故意陷入酩酊大醉不能实行扳道岔从而引发事故的那样的案件，本质上是相同的。行为者通过各种不同的"身体的动作"（在它与结果之间可以肯定条件关系）怠慢履行作为义务，如果在这些情况下，行为者最初就不存在作为义务的话，如果不禁止该作为，就会否定构成要件该当性。去掉人工呼吸器，在能否定作为主要的治疗继续的义务时，也就不能禁止身体的动作了。更加抽象地讲，"通过作为的不作为犯"的理论，从以不作为犯为前提的主要命令规范出发，应该二次性地产生以应当命令的、作为成为不可能的、一定的作为为对象的禁止规范，通过违反后者的规范（禁止规范）而违反了前者的规范（命令规范）来思考。在通过否定本来就是主要的命令规范的义务定位的情况下，否定通过二次性禁止规范的义务定位。

在德国，作为具有几乎同样目的的理论构成，将去掉人工呼吸器，当作切断了向着救命方向的因果经过的"作为"来捕捉。切断通向救命方向的因果流程，只有在本来能够存在救命可能的限度内才可能成为法禁止的对象，在救命不可能的时候，就可以否定禁止规范违反[2]。譬如说，在被害者因交通事故身负重伤、濒临死亡，即便立即送进医院也不可能救活的事态中，救助者将被害者运往医院的行为，即便受到第三者的故意伤害，该妨害者的行为也不该当杀人既遂的构成要件。于是，关于妨害者的作为就可以否定禁止

---

[1] 在德国这种见解的有力主张者是：Roxin, An der Grenze von Begehung und Unterlassung, in: Festschrift für Karl Engisch zum 70. Geburtstag, 1969, S. 380 ff., insb 395ff., ders., Strafrecht, Allgemeiner Teil, Band Ⅱ, 2003, S. 664 ff.

[2] 参照 Hans Joachim Hirsch, Behandlungsabbruch und Sterbehilfe, Festschrift für Kart Lackkner, 1987, S. 605 f., Kristian F. Stoffers, Die Formel. Schwerpunkt der Vorwertbarkeit bei der Abgrenzung von Tun und Unterlassen?, 1992, S. 457 ff.

违反性。根据该见解，尽管去掉人工呼吸器，也可以当作"作为"来捕捉，但是只要没有救命的可能性，就可以否定禁止规范违反，从而成为欠缺杀人罪的构成要件该当性。这与"通过作为的不作为犯"的理论构成实质上是相同的，我想实际上也不会产生不同的结论。但是，在去掉具有救命可能性的人工呼吸器的情况下，负有作为义务的医师本身实行了这种行为的话，主要规范是命令规范违反，禁止该作为的禁止规范不过是二次性的、非独立的规范而已，因此应该认为成立不作为犯。如果是这样的话，就应该采用"通过作为的不作为犯"的理论构成。

无论如何，在这里明确行为的社会性意义等并不重要，对应不同行为构造的刑法规范的内容才是决定性的。由于行为构造的差别不同，违法评价的方法就会不同，在有助于解明沿着该差别的违法性评价的方法之处具有行为概念的本质性的意义[1]。所谓"目的性"的命名问题姑且不论，在方法论上只有目的行为论才能显示正确方向。

---

[1] 目的行为论，追求成为刑法性评价对象的实体构造，是以"对这种对象的构造，给予一定方向和框架的认识"[福田《作为犯罪概念规定的人的形态》载于《东海法学》19号，1998年，第14页（福田平「犯罪概念の規定としての人間の行態」、東海法学19号、1998年、14頁）]为基础的。

第三章　所谓的不真正不作为犯

第一节　"不真正"不作为犯的问题性

以作为，即一定的身体的动作，当作处罚对象的是作为犯，那是犯罪的普遍形态。但是，作为例外的犯罪形态，也存在没有做一定的动作而成为犯罪内容的不作为犯。在不作为犯中，又分成两种情形：一种是在法规中将该行为当作可罚的行为来记述的不作为的情形（譬如说，处罚"不退去"的《刑法》第130条后段、处罚"不给与生存必要的保护"的《刑法》第218条后段、《处罚不告知的爆炸物取缔法》第7条、第8条等），将这种情形称为真正不作为犯。另一种情形是将规定存在表现上预定通过作为的方式实行的犯罪，通过不作为的方式而完成的情形（特别是在杀人罪、放火罪中成为问题），称为不真正不作为犯[1]。关于真正不作为犯，在什么样的情形下成为不作为的处罚的对象，在条文上有具体记述[2]，与此相反，不真正不作为犯因其在条文中完全没有明确规定成为处罚对象的不作为要件，所以围绕其成立界限展开了激烈的争论。

不真正不作为犯是指，将在法律文本上表现为预定通过作为实行的刑罚法规适用于不作为犯的情形。因为那是处罚刑罚法规没有预定的行为的情形，所以产生了是不是违反罪刑法定主义原则的疑问。但是，母亲不给刚出生的婴儿喂奶，从而导致饿死的行为，与用刀刺杀人的行为一样，只能是"杀人"

---

[1] "不真正"不作为犯一词，本来具有作为犯的语气。但是，通过不作为实行的作为犯，如果理解成不真正不作为犯的话，如本书所论述的那样，是不妥当的。在本书中，根据一般的惯例，不真正不作为犯也必须是真正不作为犯。

[2] 但是，关于保护责任者遗弃罪（《刑法》218条），因为也使用了"对老年者、幼年者、身体障碍者或者患病者保护的责任人员"的包括性文言，所以，犯罪的成立与否并不是那么明确，欠缺关于主体范围的明确度，从而与不真正不作为犯一样产生了问题。

第三章　所谓的不真正不作为犯

的行为。譬如说，X 与 Y 在人很少出现的湖中游玩，因湖水不稳 X 误致 Y 从船上落入水中，而平日抱有杀意的 X 不可能轻易救助 Y。将这种导致 Y 溺死的 X 的不作为，当作"杀人"行为，我想是没有疑义的。杀人罪的规定（《刑法》第 199 条）不仅对作为加以预定，对一定的不作为也应该从开始就加以预定。在这个限度内，不真正不作为的处罚就不能说是没有根据的处罚（把作为犯的处罚当作原则的刑罚法规，不仅只有禁止规范，也可以包含命令规范在内）〔1〕。

关于这个问题，诈骗罪中"欺骗他人让其转移财产"（《刑法》第 24 条第 1 款）、放火罪中的"放火"（《刑法》第 108 条以下）更为清晰地可解读为预定了作为。在允许不处罚作为的扩张解释的框架内能否覆盖已经成为问题。在找零钱的诈骗案件中，店员 A 算由于计算错误多找了钱，客人 X 立即注意到了，但 X 将多找的钱放入钱包带回家，承认 X 的诈骗罪成立的见解较多，但是说"骗人让其转移财物"是相当微妙的。即便关于放火罪，X 深夜侵入 A 的住所，在从桌子的抽屉中盗窃现金时，因为硬币落入床下便用卷纸点火照明，在拾起失落的硬币时，火将桌子上的纸屑引燃而引发火灾的案件中，X 容忍火灾的发生，能够灭火却放置不管而逃跑，从而导致 A 家被全部烧毁的情形，X 的行为能不能认定为现住房建筑物放火罪（《刑法》第 108 条）的成立也有问题。同罪带着犯意实行了放火行为，烧毁该建筑物时是成立的。但是，X 不是以放火意思放火的，在这个意义上，不能说故意实行了放火的行为。X 是由于自己的重大失误引起火灾，而且能够简单地灭火，并且在没有能够立即灭火的他人在场的情况下，认识到该事情而放置不管导致全家烧毁，也不能构成失火罪（《刑法》第 116 条第 1 项、第 117 条第 2 项后段），以最初放火的意思没有任何变化为理由，承认现住宅放火罪成立的话〔2〕，虽然在条文预定之处是指其他行为，但是与此能够同价地评价而适用条文，就会产生是否类推适用第 108 条规定的疑问。

---

〔1〕 关于这一点，参照西田典之《不作为犯论》载于芝原邦尔等编《刑法理论的现代性展开·总论 I》，1988 年，第 71 页（西田典之「不作為犯論」芝原邦爾ほか編『刑法理論の現代的展開・総論 I』、1988 年、71 頁）。更为详细的是镇目征树《刑事制造物责任中的不作为犯论的意义及其展开》载于《本乡法政纪要》8 号，1999 年，第 345 页以下（鎮目征樹「刑事製造物責任における不作為犯論の意義と展開」、本郷法政紀要 8 号、1999 年、345 頁以下）。
〔2〕 广岛高岗山支判昭 48.9.6 判时 743 号 112 页，与此基本相同，在本案中肯定了《刑法》108 条罪的成立。

那么，只要法律上宣布不真正不作为犯也是可罚的（参照修正刑法草案第12条），疑虑就可以消除吗？实际上，只有它解决不了半点问题。罪刑法定主义的原则，因为是保障预测刑罚权发动的原则，什么样的不作为可成为处罚的对象，条文上如果没有相当程度的明确性，就不能说是符合同原则的要求。如前所述，即便认为假设杀人罪的规定不能从最初就预定作为处罚对象的不作为，而且，即便通过扩张解释诈骗罪、放火罪的规定可以覆盖处罚不作为，但是在什么范围内的不作为可成为处罚的对象，如果条文不清楚规定的话，仍然不能消除违反罪刑法定主义的疑虑。

另一方面，也不能完全取消对不真正不作为犯的处罚。在社会生活中，对重要法益的保护不仅通过禁止由于作为的法益侵害起作用，同时也通过命令积极的法益的维持，并且履行它而实现。该倾向因社会文明的高度化、复杂化而增加。在现代社会中，虽然伴随法益侵害危险的种种活动不可欠缺，但可以说那样的活动在危险变为现实化的时候，是以履行了结果回避义务为条件而被允许的。譬如说，从汽车的运行来看，当然应该控制法益侵害的动作，但同时必须不断地要求通过实行一定的动作以回避结果发生。如果否认不真正不作为犯的可罚性的话，现代社会中的法益保护可以说就不可能实现了。

于是，作为立法技术的问题，必须被提及的是在某种程度上可能存在具体地记述当作处罚对象的不作为吗？从结果犯来看，如果是作为犯，只要通过故意、过失限定因果关系，就可以大致确定应该归属结果的人的范围，也可以确定犯罪成立的界限。与此相反，关于不作为犯，只有这些并不能完全限定处罚范围。由于积极作为的结果惹起与面向实现结果的因果的不介入，不能单纯地同日而语。为了与作为的情形一样的结果归属，只用故意、过失确定因果关系，绝对是不充分的。而且，必要的"附加部分"的要件，因为依从于不同事件中的个别诸事，很难具体地表示。再次，即便从通过刑法义务干涉国民自由这一点来看，如果是作为犯的情形的话仅仅禁止结果惹起的行为（其他无论出现什么样的行为都不妨碍）赋予作为义务时，由于完全排除了其他行为选择的自由，对国民自由的干涉程度可以说更高，因为存在必须慎重地划定可罚的不作为的范围，所以要件的明确化就更为困难（另外，在不作为存在一定正当利益的情况下，就变成了违法性阻却事由的存否问题）。

如此，不作为处罚界限的不明确性可以说是原理性的。立法者不是怠慢可能性的努力，而放置不管处罚界限的不明确性。违反罪刑法定主义的批评在这里并没有立即获得具有绝对说服力的理由。当然，那并不是通过解释就能免除将不真正不作为犯的构成要件的内容尽可能地明确化的判例、学说所科处的责任义务。相反，它将不得不成为判例、学说的重大课题。

另外，在对于不真正不作为犯成立与否的判断中，当普通的实行行为被预定为作为，从而与作为义务违反的不作为进行比较时，不得不从正面作出能否大致当作同时的行为评价的判断。那就是提出所谓的不能承认刑罚法规的类推适用的疑问的最初原因。但是，在什么样的情况下，通过不作为的实行可以被视同为通过与作为一样的实行呢？既然这样的可罚性不作为的要件没有被法规的文言所特定，只要在这个限度内，判断从正面就不得不成为类推，这是当然的事情（因为预先文言中并不存在）。尽管因为对不真正不作为犯的成立与否的判断是类推性的，就会存在作为刑法解释应该承认一般性的类推的见解，但是那就难免存在将例外的现象一般化时反而动摇主干的批判。

第二节　保证者说

关于不真正不作为犯在犯罪体系论中的定位，通说采用了保证者说（或者保证人说）。这是将行为者置于保证者的地位，即从应该合法地保证不发生结果的立场对构成要件要素进行解释，认为只有保证者的不作为才该当构成要件[1]。保证者说认为，对只根据故意不能限定因果关系的不真正作为犯的构成要件，通过保证者地位的要件进一步加以限定，在构成要件（即刑法的不法的选择）的程度上划定可罚的不作为的范围。

已经认识到限定可罚的不作为的范围，是"作为义务违反"的要素。但并不能将它当作构成要件要素。是否存在能够与通过作为的实行行为一样同等评价的作为义务违反的不作为，已经是成熟的规范性判断，那不是构成要件该当性的类型性判断所能容纳的。本来不能将"作为义务违反"当作构成

---

[1] 植松《总论》，第143页以下；大塚《总论》，第146页以下；大谷《总论》，第154页以下；川端《总论》，第220页以下；木村《总论上》，第229页以下；山口《总论》，第76页以下等。不过，日本的主要的教科书中所主张的保证人说的理解，与本书所论述的是否同一，并不明确。我想与本书同一理解而立证的，是福田《总论》，第88页以下。

要件要素，关于作为犯，同样不能将"不作为义务的违反"当作构成要件要素。构成要件要素必须以能得出违反法的义务（作为犯的话是不作为义务，不作为犯的话是作为的义务）的结论为前提要件。不是因为违反法的义务该当构成要件，而正因为从该当构成要件出发才导出作为或者不作为的法的义务。但另一方面，很明显，即便对不负有作为义务的人（譬如说，看到有人昏倒但却假装没看到的多数过路人）的不作为也能肯定构成要件该当性，但不能参照构成要件的机能而承认。因为构成要件原则上必须是只能作为违法的行为（即只要没有因为违法性阻却事由被正当化，就是违法行为）捕捉的要件（本书第九章第一节）。

在保证者说理论的发展过程中，成功地消解了这种矛盾。保证者说通过将不作为犯的构成要件当作限定主体范围（具有保证者地位的人）的构成要件（因此，一种身份的构成要件[1]）的理解，从而将不真正不作为犯的问题定位在构成要件该当性的阶段上[2]。不应该将"作为义务违反"当作构成要件要素，尽管说对作为犯不能同等地将"不作为义务违反"当作构成要件要素，但以能够导出违反作为义务为前提，可以理解要求主体所具有的保证者地位的构成要件。这里作为要件的保证者的地位，与从那里导出的作为义务（保证义务）本身应当加以区别，只有前者才是构成要件要素，后者的作为义务（与作为犯的不作为义务一样）是"在犯罪体系的任何地方都不存在"[3]的。我想这在错误论中可得出妥当的结论[4]，但它不过是理论性的归结，不能成为在错误论中采用能够导出妥当结论之类的理论构成的理由。

以上所述，与保护责任者遗弃罪（《刑法》第218条）比较来思考更为容易（保护责任者遗弃罪虽然也包含不作为犯，但也是作为犯）。同样，"保护责任者"限定为主体的身份犯（但为不真正身份犯），但该当那个构成要件，产生"保护义务"本身，既不是构成要件要素也不是违法要素。根据保证者

---

[1] 参照 Hans Welzel, Das Deutsche Strafrecht, 11, Aufl. 1969, S. 208 f.
[2] 根据保证人说，以肯定具有保证人地位为开端，承认与作为的实行具有相同价值，从而该当构成要件。保证者的地位是不真正不作为犯固有的正犯要素。
[3] 福田平《刑法解释学的主要问题》，1999年，第72页以下（福田平『刑法解釈学の主要問題』、1990年、72頁以下）。
[4] 参照林《总论》，第158页以下。

说，不真正不作为犯的构成要件，应该当作"保证者"是限定主体的构成要件要素来理解。在以上这种的意义上所理解的保证者说才是妥当的。

第三节 不作为的因果关系

因为法不能将不可能的事当作规范的内容，行为能力（作为能力）或者作为的事实的可能性是行为性的要件（本书第二章第一节）。那么，如果可以防止结果发生的事实性的可能性不能被肯定的话，就可以否定因果关系。不作为是不做一定的动作。如果实行该动作就能防止该结果发生的关系，是不作为的因果关系（条件关系）[1]。譬如说，孩子A将要被海水溺死，在不会游泳而不能救助的状况下，如果说父亲X不会游泳，就是欠缺不作为的行为，相反，即便X会游泳，但如果救助A并将其送往医院，由于太迟没有生还可能性的情况下，该不作为与A死亡的结果发生之间也欠缺因果关系[2]。

但是，能否以"如果实行了作为"的假定作为基础回避结果，这是个很难得出确定性答案的问题。这种有关概率的判断，几乎不能消除小部分残的情形。另一方面，在刑事裁判中，"在不能容忍合理性怀疑的程度"上，必须证明犯罪事实。如果残留忽视犯罪事实的全部或者一部分存在的疑问的话，必须认定有利于（因此，以该事实不存在）被告人的事实（"怀疑是对被告人有利"的原则）。如果这符合因果关系认定的话，关于不作为的因果关系，在多大程度上要求结果回避（100%）呢？这就会成为问题。

日本最高法院在救助行为被认定为"十有八九可能救助被害者"的事例中，以结果防止行为"在超过合理性怀疑程度上确定而承认"，从而肯定了因果关系（日本最高法院判决，平成1.12.15刑集43卷13号879页）。但是，"十有八九"这种语言，本来在该事件的鉴定结果中被使用，就意味着具

---

[1] 如后述的那样（本书第四章第二节），对同说的条件公式（如果该行为必须实行的话，该结果没有发生的假定的消除法公式），从称为合法则的条件关系说的见解来看，存在可批判性，但是从合法则的条件说得出的结论，可以解释为不是不同于适用通说的条件关系公式的情形。另外，为了肯定刑法上的因果关系，以进一步要求因果关系的相当性作为要件。尽管实行了通常能够防止结果发生的作为，因为介入了稀有事情，从而导致结果发生时，就否定了相当性。

[2] 但是，如果是没有救命可能性的情形的话，不仅是因果关系，不作为的实行行为性，也可能成为是不是欠缺的问题（本书第十二九章第一节二）。

有非常高的救命可能性，而不是以100%中有80%～90%概率的意思而使用的[1]。于是，关于不作为，判例认为，不应该被理解为只要确定了有"80%～90%"的结果防止可能性，就可以承认因果关系的一般性准则，但尽管如此，与普通的事实证明不同，不能否认这一要求接近100%的心证在性质上是困难的。

在这里不得不提出，为了回避法益侵害结果，刑法能做什么的问题。刑法不能物理性地阻止结果发生。为了回避结果，刑法所能使用的手段，不可能在让国民遵守的一定范围之外适用。刑法只能通过禁止国民惹起结果的行为，或者通过让其遵守命令阻止结果行为的规范，回避法益侵害的结果。因此，在考虑不作为犯中的结果归属的要件时，应参照刑法的一般预防目的，让其在将来遵守本事件中违反的命令规范，为了防止在将来可能发生的同样事例中的法益来决定合理与否的判断才是决定性的。于是，如果实行这样的行为可回避具有高度盖然性的结果的话，作为为了结果回避的行为基准，就可以要求遵守该规范。我认为这是有道理的。如果这样，回避该当结果的高度盖然性的存在，就可成为在将来要求遵守与现在发生的那样的结果之间的关系中的规范的根据，即，为了肯定不作为犯中因果归属的根据。即使是关于不作为的因果关系，虽然作为只要求结果回避，（不是100%确定性的）高度盖然性的见解，主张危险增加说，但是在上述那种的意思上导出该理论的结论，我认为也是妥当的。

第四节　不真正不作为犯的构成要件

为了成立不真正不作为犯，行为者必须应该具备保证结果不发生的地位（保证者的地位），在符合要件时产生的义务必须是法的作为义务，而且是在违反时可以承认是该当刑法上的处罚规定的、高度的作为义务。学说上，作为承认保证者的地位的情形，可列举的有法令、契约、负责救助、先行行为、作为所有者／管理者的地位或者支配领域性、贸易上的信义诚实义务、危险共同体（登山队）等情形。到目前为止的主流学说，可以说是多元地理解保证

---

[1]　参照原田国男《最高法院判例解释说刑事篇（平成元年度）》，1999年，第385页（原田國男『最高裁判所判例解説刑事篇（平成元年度）』、1991年、385頁）。

义务的发生根据的,并且在具体事例中采用了是否以刑法上的(即该当构成要件的预定)高度作为义务为基础的综合性判断的立场[1]。

即,①成为以上所述的那样的作为义务的发生根据的要素存在一个或者多个(譬如说,先行者的行为与排他性支配领域);和②在一起考虑作为的容易性之上;③只有在可评价与作为实行在构成要件上同价值(譬如说,被害者被刀刺杀的行为,与用枪射杀的行为是一样的)时,才能肯定不真正不作为犯的构成要件该当性。但是,该①与③是互动的,必须注意,他们不能彼此剥离,不具有或肯定或否定的性质。①与②本身可以被肯定,但是③应该被否定,这样的主张是有疑问的。相反,在不能肯定③的情况下,同时也应该考虑否定①[2]。

但是,对于这样历来的多元说的思考方式,可能存在对以保证者的地位为基础的事实关系或者行为构成的分析不充分的批判[3]。而且,如多元说那样,不是分散地表示应该考虑的杂多的要素,而是能够看出保证者地位的实质性原理的话,就可得到判断不真正不作为犯的构成要件该当性的相当明确的指针。于是,在学说上也有表示根据事实分析的实质性根据的各种各样的见解[4]。

---

[1] 大塚《总论》,第148页以下;大谷《总论》,第165页以下;曾根《总论》,第227页以下;团藤《总论》,第149页以下;内藤《总论上》,第230页以下;平野《总论Ⅰ》,第151页以下;福田《总论》,第91页以下;前田《总论》,第137页以下等。

[2] 镇目征树《刑事制造物责任中的不作为犯论的意义及其展开》载于《本乡法政纪要》8号,1999年,第374页以下(鎮目征樹「刑事製造物責任における不作為犯論の意義と展開」、本郷法政紀要8号、1999年、374頁以下)。一直承认在同一个刑罚法规中可以包含禁止规范违反和命令规范违反,或者尖锐地批判为了将不作为犯可以看作作为犯而追求"价值论性的补偿"的首尾不一惯性。但是,只有能看作作为犯那样的不作为犯,能够考虑当作不作为犯在条文上预定才是可能的,而且,同时可能性作为为了处罚限定的一种"形式性制约"(即在条文的文言上具有,而且在实质上也未必不能消解的制约),我想是必要的。

[3] 在考虑违法评价的方法之际,可以说能够实证行为构造的分析是不可欠缺的。将如所说的社会性行为论那样的"社会性意思"作为问题,不能认为没有任何的实质性意义。

[4] 关于理论的状况,参照佐伯仁志《论保障人地位的发生根据》载于《刑事法学的课题与展望.香川达夫博士古稀祝贺》,1996年,第95页以下(佐伯仁志「保証人の地位の発生根拠について」『刑事法学の課題と展望.香川達夫博士古稀祝賀』、1996年、95頁以下);佐伯仁志《不作为犯论》载于《法教》288号,2004年,第56页以下(佐伯仁志「不作為犯論」、法教288号、2004年、56頁以下);镇目征树《刑事制造物责任中的不作为犯论的意义及其展开》载于《本乡法政纪要》8号,1999年,第348页以下(鎮目征樹「刑事製造物責任における不作為犯論の意義と展開」本郷法政紀要8号、1999年、348頁以下);岛田聪一郎《不作为犯》载于《法教》263号,2002年,第113页以下(島田聰一郎「不作為犯」法教263号、2002年、113頁以下);山口《总论》,第82页以下。

见解大致相同之处作为大前提，该根据中，必须有与法益的维持、存续具体的并且排他的依存关系，反过来说，必须具有支配达到结果的因果过程的关系[1]（但是，对溺水的孩子，除了父母之外的10个人都没有救助意思的情况下，就可以说孩子的生命，具体地、排他地依存于父母的作为吗）。但是，只有它是不充分的（路上倒下的生命也可以具体地、排他地依存于路过的行为人的救助行为）。问题是在这之上，附加什么样的事情才可以肯定保证者的地位。如果类型化能承认保证者的地位大致不存在疑义情况，就有以下三种[2]。

首先，(a) 在继续到目前的事实上的保护状态中，法益与此依存，并且可以在强烈的期待中继续。譬如说，实行了给婴儿的哺乳、对病人的看护的情形。其次，(b) 一旦接受保护，就转移到根据自己意思的排他性支配下，在不能出手的状态下，就成为成立保证者的理由（即，既然自己将自己置于排他性支配时他人不能出手的状况中，就应该保证结果的不发生）。最后，(c) 如果是自己通过故意或者过失创造或者维持了法益侵害的危险，那么，就可以强烈地期待实行作为（尤其，与作为的容易性相适应，可同样看作为通过作为的结果惹起）。本章开头所列举的船舶的事例就是这一事例之一。

如果将承认保证者地位的情形能够限制在以上三种的话，不真正不作为犯的构成要件就相当明确了。但是，那样的限定是不是可能，则令人怀疑。譬如说，母亲产下婴儿后放置不管的情形，以上的三个要素中的任何一个都必须承认吧。是否应该绝对地被否定[3]不作为的杀人罪或者保护责任者遗弃

---

[1] 参照大谷《总论》，第157页；西田典之《不作为犯论》载于芝原邦尔等编《刑法理论的现代性展开·总论Ⅰ》，1998年，第71页（西田典之「不作為犯論」芝原邦爾ほか編『刑法理論の現代の展開．総論Ⅰ』、1988、71頁）；山口《探求》，第41页以下等。

[2] 岛田聪一郎《不作为犯》载于《法教》263号，2002年，第113页以下（島田聰一郎「不作為犯」、法教263号、2002年、116頁以下）中，对肯定保证人地位的情形限定在 (1) 物理性的危险创出行为，(2) 法益或者 (3) 对危险源的意识性接受的任何一个情形。虽然本章中所陈述的几乎相同的限定都成为可能，但问题是实际结论的妥当性。

[3] 林《总论》，第161页以下认为"自己设定了对危险源或者法益的排他性支配的情形下"产生作为义务，但是一旦那样考虑，即便在本章的案例中，或者即便在船舶案例中，一律可以否定作为义务，我想那就太严格了。

罪的成立，也存在疑问[1]。而且，父亲偶然遇到自己的孩子落水，能够简单地救助，但放置不管导致死亡的情形，如果正好溺水的孩子的父亲完全不会游泳的话，尽管（a）或者（c）的要素哪一个都不能被承认，但也应该肯定保证者的地位。而且，在汽车远行中，道路上奔出一个行人时，如果司机不踏刹车一定会撞死行人的情形下，即便不承认与（a）或者（c）的任何关系，仍然应该肯定保证者的地位（那么，允许实行危险行为的反面，就从那时开始具备了阻止危险实现的义务，而且，可以说也应该考虑到作为的容易度）。

作为更为微妙的事例，陌生人在自己家的门前将婴儿放置后逃离的，是不是就产生了一定的作为义务呢，这是一个问题[2]。的确，（a）或（c）的要素在这里哪一个都不能被承认[3]，但是，作为住宅的占有者具有管理者的地位或者（排他性的）支配领域性，而且因为有充裕的时间能报告的话，也会变得容易，负有这种程度的作为义务，从失去一个婴儿的生命这样的法益的重大的关系来看，是合理的。如果是这样的话，（排他性的）支配性的要素与（a）或者（c）的要素无关，与作为的容易性相关，可以承认作为保证者地位的位置[4]。

就这样，保证者的地位以上述的（a）或者（c）的要素来限定，做了最大的相关性的实验，其结局还是没有成果。通过事情的偶然性的差异无理地加以限制，就会导致左右处罚可否的结果[5]。当然，根据以上那样的行为构

---

[1] 堀内《总论》，第60页以下主张"作为义务的实质性根据从事实上的接受行为中获得"的同时，肯定了即便在本章中也提及的案例的作为义务。佐伯仁志《不作为犯论》载于《法教》第288号，2004年，第61页以下（佐伯仁志「不作為犯論」、法教288号、2004年、61頁以下）也主张，将"排他性支配的设定与危险的创出、增加"作为不可欠缺的要件，从而肯定了即便在本文中也主张的那些要件。这些主张最大限度地稀薄化了曾经订立的要件的内涵。
[2] 另外，参照井田《案例研究》，第82页的"小偷案例"。
[3] 根据《轻犯罪法》第1条第18号，虽然在自己占有的场所内发现有伤病者的情形下，秘密地将产生"向公务员提议"的义务，但那也不是为了肯定由于不作为杀人罪的作为义务而能够给予基础的。
[4] 对此的批判，有岛田聪一郎《不作为犯》载于《法教》263号，2002年，第119页（島田聰一郎「不作為犯」、法教263号、2002年、119頁）。
[5] 镇目征树《刑事制造物责任中的不作为犯论的意义及展开》载于《本乡法政纪要》8号，1999年，第352页以下（鎮目征樹「刑事製造物責任における不作為犯論の意義と展開」、本郷法政紀要8号、1999年、352頁以下）从刑法的谦抑性、法益保护的效率性、行为选择的自由的事前保障的角度来看，导出了为了限定主体的要件。特别是行为选择的自由的事前保障要求，虽然根据行为者自身的意思实现结果的危险与行为者自身之间必须接受减少了他者介入的可能性的关系的事情，但是，可罚的不作为的范围不得不变得相当狭窄。在前述的船舶事例

造的分析探讨实质性根据是很重要的，具有弥补作为通说的多元说的意义。但是，那不可能是多元说的判断框架内完全不可替代性的存在。

第五节 逃逸与不作为杀人

交通事故中的"逃匿"是否能成立不作为的杀人罪呢？在学说上，为了能够承认不作为杀人，认为只有先行行为（譬如说，不注意而导致重伤）或者只有道路交通法上的义务（《交通法》第72条第1项前段）并不充分，事实上负责事故后的救助并且将自己置于排他性的支配领域内（譬如说，一旦收容到车内，离开现场），在肯定其注意证者的地位之上，才是决定性的[1]，因此，只是撞出去放置现场，即便是在没有人的场所，也不能成立杀人罪。那可见是沿着上述的（c），而且重视（b）的思考，但从欠缺作为的容易度、时间的充裕度来看，只有（c）不能肯定保证者的地位的理由。

另外，如前所述，为了肯定不真正不作为犯的构成要件该当性，保证者的不作为必须是通过作为的构成要件的实现与"构成要件同价性"。于是，尽管已经负责救助，但由于恐惧而逃匿的案件，该不作为就不能说具有与作为杀人行为相同的价值，最多能够承认是以保护责任者遗弃、致死罪（《刑法》第218条、第219条）为基础的保护责任（这样也可以说是与常识相等的意见）。如该案件那样，可理解成作为义务违反的强度未满80%的话是保护责任者遗弃（致死）罪，强度是80%至100%的就成为杀人（未遂）罪（当80%未满时，即便具有非常多的杀意也只能达到保护责任者遗弃的程度）。然而，以对生命侵害的杀人罪为基础的作为义务违反与不过是以对生命危险的危险犯的保护责任者遗弃罪为基础的作为义务违反之间的区别（观念上就不论了，实际上），伴随着极大的困难。而且，在不能确定行为者是否具有杀意的情况下，能否承认作为保护责任者遗弃致死罪的加重犯也会成为问题。而且，一旦

（接上页）中，父亲的不救助事例，也不得不成为不可罚。另外，作为对镇目说的批判，参照岛田聪一郎《不作为犯》载于《法教》263号，2002年，第116页（島田聰一郎「不作為犯」、法教263号、2002年、116頁）。

[1] 作为承认杀人（未遂）罪成立的裁判例有：东京地判昭40.9.30下刑集7卷9号，第1828页、东京高判昭46.3.4高刑集24卷1号，第168页，都是关于过失导致被害者伤害，将被害者用车拉走后，怠慢了救助行为的事例。

承认这样的区别，就有可能扩大保护责任者遗弃罪的成立范围，如果能够肯定生命保护的刑法上的作为义务的事例的话，既然是故意，也不是不可能承认杀人罪的成立[1]。

---

[1] 参照大越《总论》，第53页。

第四章　因果关系

第一节　实行行为与因果关系

财物损坏罪（《刑法》第261条）的构成要件，可以认为由"行为""因果关系"以及"结果"三个要素构成。但是，某个行为导致了损坏财物的结果，而且它们之间存在某种因果关系，只用它们就承认构成要件的充足性，我认为并不充分。换句话说，这里的"行为"与"因果关系"并不是完全无限定的。X制造高级手表，Y在商店购买，Z引起交通事故给Y造成伤害的同时损坏了Y的手表，如果X对财物损坏罪的构成要件该当性完全没有问题的话，财物损坏罪的构成要件就会要求具有特定属性的"行为"与特定属性的"行为与结果之间的关系"。

首先，构成要件该当行为，是指为了对应该当刑法法规要求告知国民并且为了一般预防的法益保护，指向国民的违法行为，将此行为称为实行行为。规范违反的行为，只能是社会生活中不允许的危险行为。换言之，必须是超过一般社会生活之上的风险，并且被法律所禁止的风险行为。在这里所指的危险是社会心理学上的危险，超过社会生活上一般地被允许的风险，譬如说，是类似于即便低于科学结果发生的概率，但也相当于实行行为（在这个意义上，实行行为性的判断就是一般极为优秀的规范）的危险。虽然只是想象获得俄罗斯转盘（Russan roulette），即便是假设数发子弹只能打出一颗那样的精工手枪，将它放在他人头上扣动扳机的行为，也相当于杀人的实行行为。实行行为，以超过社会生活中一般地被允许的风险为内容。与此相反，即便在科学上结果的发生概率相同（譬如说，万分之一），刑法也不能禁止社会生活中一般地被允许的风险，即"一般的生活危险"[1]。譬如说，让其乘坐飞机（存在坠毁的危险）、乘坐汽车（如出租车等）（交通事故的危险）、让其饮食（也有食物哽噎等危险），虽然伴随各种不同的一定的风险，也不能因此就承认"故意"的杀人罪、伤害罪的实行行为性[2]。

行为与结果之间的关系，是在其延长线上被考虑的。如实行行为性不可能像自然科学的结果发生可能性的问题（如果不是那样，什么时候是法所禁止的，即什么时候是承认违法性的规范性问题）那样，刑法上的因果关系论，也不可能以确认自然科学的事实相关性而终结。刑法上，将结果能否归责于行为，更加严密地讲，以行为引起的结果为理由，越是能够给予加重的违法评价可能性的关系，就越是必须提出行为与结果之间的关系的问题。因为是以结果发生为理由能否肯定加重违法性的问题，所以正是在这里才直接地反映违法论的对立（本章第三节）。

以结果的发生为理由加重评价行为，是报应性处罚的要求（本书第一章第六节）。但是，刑法被用来作为回避结果发生的手段，就不可能是通过规范控制人类行为以外的法律。因此，无论是以报应为基础，还是以行为的时点为基准，以对行为人还是一般人都不能预测的事件的展开为理由做出加重违法评价都没有意义[3]。与此相反，从以回顾性的报应刑论为基础的结果无价值的立场来看，尽管归结到条件说（本章第三节一）很自然（本书第二章第四节），但最多不过是根据作为刑法的谦抑性的外在性原理所主张的相当性（但是，如后述的那样，是以所谓的客观性的相当因果关系说的事后判断为基础的相当性）的限定。

---

[1] 附带说一下，关于"一般性生活危险"的概念学说在不同的意义上使用，参照小林宪太郎《关于所谓的"一般性生活危险"》载于《千叶大学法学论集》16卷3号，2001年，第67页以下（小林憲太郎「いわゆる「一般的生活危険」について」、千葉大学法学論集16巻3号、2001年、67頁以下）。

[2] 不可能表示的实行行为的判断，这里是指脱离那个时代的社会方法的超历史性的判断。

[3] 譬如说，比照伤害罪的处罚，伤害致死罪的加重处罚，无论是否是基于报应性的考虑，至少可以通过要求在行为时点的预见可能性，从一般预防的角度，要求必须得到重的科刑效果。与此相反，铃木左斗志《因果关系的相当性——规定结果归责判断的若干视点的探讨》载于《刑法杂志》43卷2号，2004年，234页以下（鈴木左斗志「因果関係の相当性─結果帰責判断を規定してきたいくつかの視点の検討─」、刑法雑誌43巻2号、2004年、234頁以下）认为，虽然从事前判断的立场不能说明事后的事情能够获得一般预防角度的意义，但是即便是事后的事情，只要它在行为的时点具有预见可能性，通过一般预防的考虑，也可能成为相当重要的事情。

第二节 作为前提的条件关系

一、条件关系论的本质

条件关系的存在是肯定刑法上的因果关系的事实性前提[1]。譬如说，在东京都调布市多摩川，X向A举枪射击，同时，在兵库县川边郡猪名川町B被Y射死。X的行为是违法评价，与B的死亡，大家都认为"没关系"。但是，真的没有关系吗？（事实上的关联性的有无）确认到哪种程度是必要的（不能说因为是自明的，所以不必确认）呢？条件关系的判断，在这个意义上就是确认"有关系"或者"无关系"的判断。在这里否定条件关系的情形，在不介入刑法的评价就立即能够否定结果归属的这一点上，应该承认有重要的意义。

当然，刑法的条件关系论在与刑法的目的关系上具有一定的机能作用。即，刑罚通过禁止这种行为（规范违反行为）并防止这种结果而存在，所以，如果说通过不实行规范违反行为就可以回避该当的结果的话，也就欠缺将行为与结果相联结加重评价行为的前提，如果能确定条件关系的话，就可以确定"不实行该行为就不产生该结果"的结果回避可能性[2]。

---

[1] 成瀬幸典《关于条件关系》载于《大野真义先生古稀祝贺·刑事法学的潮流与展望》，2000年，第120页（成瀬幸典「条件関係について」『大野眞義先生古稀祝賀·刑事法学の潮流と展望』、2000年、120頁）主张："通过事实性条件关系的确定，成为刑法上的因果关系的存否判断的对象的行为筛选，确保当该判断的事实性的基盘，而且相反，在没有承认事实性的条件关系的情形下，鉴于只以此为理由就否定该当行为与该当结果之间的刑法上的因果关系的话，将事实性的条件关系的存否作为'归责限定的第一阶段的条件关系论'，就具有独自论述的意义"。

[2] 但是，在过失犯中（虽然故意的情形下也不是没有相同的问题）讨论的作为"合义务的行为的代价"的问题，与此可能不同。还没有实行行为时，是否发生结果是一个条件关系的问题，只要在这限度内，就是一个结果回避可能性的问题，但是与此相反，当替代义务的行为时，结果是否依然发生就成为作为过失犯要件的结果回避可能性的问题。必须区别这两个问题（反对者，林《总论》，第122页以下）。详细的也参照，井田《关于药害艾滋病帝国大学医院事件第一审无罪判决》载于《法律时讯》1204号，2001年，第30页以下、第37页注解（11）（井田「薬害エイズ帝京大学病院事件第一審無罪判決をめぐって」、ジュリスト1204号、2001年、30頁以下、37頁注「11」）。另外，关于这一点也参照，成瀬幸典《关于条件关系》载于《大野真义先生古稀祝贺·刑事法学的潮流与展望》，2000年，第121页、第125页（成瀬幸典「条件関係について」『大野眞義先生古稀祝賀·刑事法学の潮流と展望』、2000年、121頁、125頁）的分析。

根据现在的通说，条件关系在假定没有该行为时，是以认为不存在那样的经过，从而没有产生那样的结果的假定消去法的公式来表现的。用手枪射击被害者，就是"没有射击就不会发生子弹射死的结果"，从而肯定其条件关系。譬如说，即便行为者给予被害者致命的杀害，在结果发生前，发生了由于其他原因导致的死亡的结果，如果行为与结果发生不存在一个条件的话（即便在如果不存在介入事情，确实地就不会产生结果的情形下），就可以否定条件关系。X 在给被害者施加致死量的毒药时，在毒性发作之前出现了完全无关系的 Y 射杀被害者 A 的情形下，即便没有投毒 A 也同样会被射死，所以 X 的行为与 A 的死亡结果之间本来就没有条件关系（即，所谓的因果关系断绝）。

二、结果的具体化/抽象化

在适用假定的消去法的公式时，行为、结果都不是抽象的，必须进行具体地/个别地把握。对给将在 1 小时后会病死的重病患者投毒时，不能说"即便没有给予毒药，仍然会死亡，因此可否定条件关系"。人的生命的法益是在时间的经过中一刻一刻地被保护的。即便重病患者在不到 1 小时的时间内死亡，将该患者当下毒死的行为，也是明显的生命侵害。在适用条件关系的公式时，不能将结果抽象地当作"大概死亡"，而必须具体地当作"在那个时点、那个场所、以那样的样态死亡"来把握，这是因为在法益的性质上，法排除所有形态的侵害保护法益，即便其他样态的侵害确实存在可能性或盖然性，也不能就以此为由放弃法益的保护。譬如说，在 X 正要射击 A 的时，被 Y 早 1 秒射杀了 A 时，"Y 现实地发生的结果"与"X 可能产生的结果"不同，是另一个结果，则不能否定 Y 的行为与结果之间的条件关系[1]。

---

[1] 关于这个问题的详细研究，有铃木左斗志《刑法上结果归责判断的构造——犯罪论的机能的考察》载于《学习院大学法学会杂志》38 卷 1 号，2002 年，第 109 页以下（鈴木左斗志「刑法における結果帰責判断の構造―不犯罪論の機能的考察―」学習院大学法学会雑誌 38 巻 1 号、2002 年、109 頁以下）。另外，高山佳奈子《死因与因果关系》载于《成城法学》63 号、2000 年，第 171 页以下（高山佳奈子「死因と因果関係」成城法学 63 号、2000 年、171 頁以下），主张以作为杀人结果本身的属性捕捉死因，形成死因的行为是杀人，提早死期的行为就不过是伤害行为。虽然那是构成要件解释的问题，即使不是死因的行为也必须当作杀人行为来捕捉。譬如说，不作为的情形如此，即便不过是妨碍死因形成时也必须承认不作为犯的成立。而且，即便在作为犯的情形下，有意图地促进向死亡过程的行为者，譬如说，对患有由于心脏病发作就死亡的被害者，给予诱发心脏病时机的行为者，尽管不能说形成死因但确实是实行了杀人行为的人。对死亡结果的寄予程度越是减少，就越是不能接近所谓的伤害。

但是，结果的具体化是否没有限度，也存在问题。譬如说，正当 X 对着 A 的头部射杀时，与此无关系的 Y 早一秒也射杀 A，但射歪了，听到枪声 A 改变了脸的方向，导致 X 的子弹从与当初预期的相反方向射穿 A 的头部死亡的情况下，Y 的行为与 A 的死亡结果之间的条件关系能被承认吗？因为如果没有 Y 的行为，死亡结果的具体样态就会不同，只要在这个范围内，条件关系就应该被肯定。但是，既然刑罚法规通过规范回避的是法益侵害的结果，如果不是说没有该行为就不会发生"以在法上有意义的形式所特定的该结果"（反过来，正因为出现了法的评价的其他结果的事态）的话，就缺乏加重违法评价的前提。因此，作为构成要件解释的问题，如果说"现实发生的事态"与"可能发生的事态"是同价值的，没有差异（或者不能特定差异）的话，就可能否定条件关系。只有在产生"法的有意义的变更"的情况下，才能开始肯定条件关系（在那样的情况下，"它发生的事态"的原因的法的性质并不重要。那是违法行为、合法行为还是自然现象都没有关系）。在以上的案件中，被害者脸的转向的结果变更，从杀人罪保护的目的来看，没有任何意义，因而可以否定条件关系（当然，肯定杀人未遂）。

三、附加的禁止说还是合法则的条件关系说

因此，行为者用双枪中的右手的手枪射杀了被害者，以即便没有右手手枪的射击，左手手枪的射击也会产生相同的结果为理由，并不能否定右手射击的行为与发生的结果之间的条件关系[1]。虽然在 X 将要射杀 A，但在 X 还没有射杀的瞬间，偶然阻击了 B 的 Y 也会射杀 A 的案件中，也不能否定条件关系。从这里出发，与假定性消去法公式的适用相结合，以现实中的事实为原封不动的前提，只有除去实际实行的行为才能作出判断，"附加"假定的事情（在前面的事例中，行为者左手的枪实行的行为，在后例中，已经开始阻击的 Y 的射杀行为）就不能作出判断（所谓的附加禁止说）。但是，在确定不作为的条件关系之时，因为有必要取消该当的"不作为"（实际实行的），所以，虽然其结果是"附加作为"（实际上没有实行的），但其作为情形的理论构造却相同。父母应该救助溺水的孩子 A，却没有救助从而导致溺死时，假设存在即便救助了，但救助之后 Y 立即将 A 射杀的事情，也不能否定 X 的

---

[1] 山口《探究》，第 12 页。

不作为与 A 的死亡之间的条件关系。禁止假定事情的附加，无论是作为还是不作为完全是一样的。

但是，一旦专断地思考作为犯产生的问题时，不能附加假定的事情的原则，就会产生导致不当结论的情形。譬如说，A 被毒蛇咬伤，在救助义务者（譬如说医师）B 正要注射血清时，X（假定没有救助 A 的义务）通过损坏了安瓿导致不可能注射，从而致使 A 死亡的事例（毒蛇事例）。如果禁止"注射血清"的假定性的附加判断，即便没有 X 的损坏行为，因为也会发生完全相同的结果，所以就会不当地否定条件关系。附加禁止说正因为存在这样的问题，才促成其失势。在德国，所谓合法则的条件关系说成为通说，即便在日本也受到了有力的支持[1]。根据该学说，应该顺次地探讨行为与结果之间相关的事实经过，分别根据自然法则，以能够说明的形式，在相互关联的情形下肯定条件关系。根据该理论，即便在毒蛇事例中，安瓿的损坏行为与被害者死亡之间就是根据自然法则也存在能够说明的事实的相关性（破坏盛放血清的安瓿—医师不能注射血清—被害者死亡的流程，能够沿着自然法则来说明），所以也能够肯定条件关系。附带说一下，尽管存在被称为择一的竞合的案例，但那应该说该当行为对结果具有什么具体影响的详细情形是不明确的[2]。在这种情形下，即便根据合法的条件关系说，也可以否定条件关系。如果能明确地证明是否存在成为问题的各自不同的行为与结果之间的因果相关性的情形的话，条件关系通过公式无论是应该肯定或者否定，都不会产生任何问题。不应该将此称为择一竞合的事例吧。

只要理论上适用于严密的理解，通说的条件的公式就不会出现缺陷。在条件关系的探讨中，因为存在是否会产生该当行为对现实的因果经过和具体

---

[1] 详细的参照林阳一《刑法上的因果关系理论》，2000 年，第 66 页以下（林陽一『刑法における因果関係理論』、2000 年、66 頁以下）。

[2] 在所谓的择一竞合案件的情形下不应该肯定条件关系，参照井田《案例研究》，第 88 页以下（井田・ケーススタディ、88 頁以下）。在这里让我们举出以下案例来探讨："X 与 Y 偶然地各自独立地对被害者 A 下能够致死量的毒药，在毒药的作用下被害者立即死亡。虽然毒的种类相同，但是 X 与 Y 任何一方的毒药在哪种程度上波及致命的作用并不明确"。另外，作为详细的分析，有成濑幸典《关于条件关系》载于《大野真义先生古稀祝贺·刑事法学的潮流与展望》，2000 年，第 121 页、127 页以下（成瀬幸典「条件関係について」『大野眞義先生古稀祝賀・刑事法学の潮流と展望』、2000 年、121 頁、127 頁以下）（具体结果的样态，虽然与单独实行的情形没有不同，但是，双方的行为同时在结果上起作用的事例在理论上可得到一种观念。的确，假设那样的案件存在，而且能证明各自的贡献的话，应该是可以肯定条件关系的吧）。

的结果（法律上有意义）具有因果性影响的问题，所以只有用假定性消去了该行为并无视最终不影响结果的假定性事情才是当然的。问题是毒蛇事例，它不是纯粹的作为犯的案件，而是使他人的救助介入成为不可能，并且强制他人（这里是医师）不作为的情形，是通过介入医师不作为，从而实现死亡结果的事例，所以，关于条件关系的判断"附加"是必要的。

通说的条件关系说与合法则的条件关系说，在结论中常常归结为同一[1]。但是，应该说后一观点的明快性超越了通说，在假定消去法的公式中，如从关于对毒蛇事例的适用的混乱性所看到的那样，可能存在会招致误解的问题。尽管也追问因果关系存否的确定方法，然而以根据因果法则具有的能否说明的准则的回答，就只能是循环论证法，存在对合法则的条件关系说的批判。但是，通说的假定消去法的公式，正因为预先知道根据因果法则能够说明行为与结果之间的关系，所以也有可能被适用[2]。在条件关系论中，以存在关于行为与结果的关系的因果法则的知识为前提，适用它对确定事实性的相关关系或者结果回避可能性的存否的方法就成为问题。不能否定有比根据合法则的条件关系说的判断方法更为直截了当的判断方法了[3]。

第三节 根据"相当性"的限定

一、相当因果关系的本质

肯定条件关系就是指确认如果没有规范行为，也可以回避该结果。但是，

---

[1] 与此相反，石川友佳子《刑事判例研究·承认在不请求急救医疗的不作为与被害者死亡的结果之间存在因果关系的事例》载于《法学》65卷2号，2001年，第176页以下（石川友佳子「刑事判例研究・救急医療を要請しなかった不作為と被害者の死の結果との間に因果関係が認められた事例」法学65巻2号、2001年、176頁以下）认为，合法则的条件关系说，通过通说的条件关系公式，能够在更加广泛的范围内承认条件关系。
[2] 在确定a与b之间的因果关系时，如果两者之间的关系根据一定的自然法则是否能够说明并不明确的话，并不能得出结论，即便考虑到加入消除a的时候，是不是b也不会发生。
[3] 成濑幸典《关于条件关系》载于《大野真义先生古稀祝贺. 刑事法学的潮流与展望》，2000年（成瀬幸典「条件関係について」『大野眞義先生古稀祝賀・刑事法学の潮流と展望』、2000年）虽然也主张应该采用合法则的条件关系说，但是担心对通说的条件公式是不是可能被误解，我想可以以几乎决定性的形式加以说明。另外，合法则的条件说，即便对关于在共犯理论中成为问题的心理性因果关系使用心理法则的形式，也具有能够合理地对应的优点。

与此相比，以结果发生为理由对规范违反行为是否可能有更重的违法评价却是另一个问题。以结果发生为理由，进行更为重大的违法评价是否合适的想法，是主张通过规范禁止行为，回避实现该结果的观点。换言之，作为规范违反行为的实质的危险性（成为通过规范禁止根据的行为危险性），通过现实的结果的发生而被确证。让我们思考一下，X 对 A 实行了故意伤害，被害者 A 在乘急救车去医院的途中卷入交通事故死亡的事例。虽然伤害行为与死亡结果之间存在条件关系，但那样的死亡结果与当初的伤害行为所具有的危险性之间并无关系，不过是偶然的伴随物，并不包含根据刑法上的伤害禁止规范设定回避的那样的结果。以那样的形式卷入交通事故的死亡，与乘坐出租车回家一样，完全有与日常的行为同样偶然地伴随的可能性（这些不过完全是一般性生活的危险的实现）。刑法上如果也希望回避那种结果的话，就不得不禁止那些日常的行为。如果对这些行为不应该给予结果发生的违法评价的话，即便对以上案件中的伤害行为，也不应该归属于死亡结果。

实行行为与结果之间的因果关系，在以上的意义上是以能够加重违法评价为根据的密切关系。如果是这样的话，只要有条件关系就承认刑法上的因果关系的条件说则是不正确的[1]。于是，通说就采用了相当因果关系说，只要是"在一般经验上那种行为发生了那种结果"，就可以承认刑法上的因果关系。换句话说，达到结果的因果流程，从行为的时点来看，只要是经验上可预测的，就可以肯定因果关系。相反，只要介入了大致偶然的、稀有的、异常的事情时，就可以否定因果关系[2]。譬如说，在以上的事例中，被害者在被急救车送往医院途中遭遇交通事故死亡的，不是经验上的普通事件，大概可以说是偶然的、稀有的事件，因此就可以从脱离于我们日常生活经验的因果流程中否定因果关系的相当性（但是，为了肯定"相当性"，没有必要要求结果发生的高度盖然性，只要沿着那种经历而发生结果的程度的可能性就够

---

[1] 现在还支持条件说的，有冈野《总论》，第 51 页以下。但是，理论的、体系的问题另当别论，在相当因果关系中论述结果归责的限界的问题（譬如说，后述的大阪南港事件中肯定结果归责还是否定结果归责，在共犯的事例中，是否能肯定共犯行为和正犯行为以及最终结果之间的因果关系），即便是在责任阶段上论述，也必须根据判断基准解决那种实质性的根据。

[2] 作为关于相当因果关系说的详细研究，参照小林宪太郎《因果关系与客观性归属》，2003 年，第 104 页以下（小林憲太郎『因果関係と客観の帰属』、2003 年、104 頁以下）；林阳一《刑法上的因果关系理论》，2000 年，第 104 页以下（林陽一『刑法における因果関係理論』、2000 年、104 頁以下）。

了，结果的发生在"异常""大概稀有""极其偶然"的情况下，不过是否定了因果关系）。

通过刑法规范禁止行为/回避的结果，因为首先可以说是"从行为的时点来看的经验性的预测可能范围内的结果"，所以相当因果关系说基本上是妥当的。但是，应该注意的是，如后述的那样，可以说没有必要要求因果经过和结果发生的样态达到详细程度为一般的预测可能性。即便能看到该当因果过程的详细程度及其本身稀有、异常的案例，在能够对行为加重评价的正当化程度上，也可以说是行为寄予了结果的发生（因此，可以通过结果发生的危险性来确证）。如此来看，现在就需要不可避免地再探讨相当因果关系的判断框架（本书第四节）。

二、相当性的判断构造

作为相当性判断的本质，是基于什么范围的事情判断相当性呢？如果现存的结果发生以因果的全部事情为基础进行判断的话，那么所有结果的发生可能都是具有相当性的。为了能够在相当性的判断上具有其意义，只需要考虑现实存在的事情中的一定的事情，而不必考虑除此之外的事情的操作。此时，因果关系的判断，因为是能否将结果归属于人的行为的判断，所以必须站在行为的时点决定考虑达到哪种程度的事情。

在围绕作为判断基础的所有事情的范围上，所谓的折中说（折中的相当因果关系说）与客观说（客观的相当因果关系说）是对立的。折中说（不同于主观说所主张的那样，不仅仅只考虑本人的认识事情，而且还不同于客观说所主张的那样不考虑客观存在的全部事情，它是在这个意义上被称呼的），在行为的时点应该以一般人/通常人认识可能的事情为基础判断，但是，也应该考虑存在作为普通人不知道的事情而行为者偶然知道的事情[1]。与此相反，客观说，关于在行为实行完之后所加的事情与折中说一样，只考虑一般人/通常人预见的事情，但关于行为当时存在的事情，无论普通人能否认识到，都

---

[1] 譬如说：植松《总论》，第156页以下；大塚《总论》，第176页以下；大谷《总论》，第229页以下；川端《总论》，第150页以下；木村《总论》，第183页以下；齐藤《总论》，第134页以下；团藤《总论》，第176页以下；福田《总论》，第104页以下；藤木《总论》，第100页以下等。

应该以客观地存在的所有事情为基础进行考虑[1]。

从结论上来说，如客观说那样考虑以行为时点存在的所有事情的话，能够承认的因果关系的范围可能就过于宽泛了。让我们思考一下，X为了杀害A，在A的咖啡中投入超过致死量的毒药，A喝它时因感到很苦幸而得救，但正外出时遇到想要杀A、与X无关系的Y，Y看到A并射杀的事例。如果A不外出的话，就不会被Y在那个场所射杀，就可以肯定X的行为与死亡结果之间的条件关系。但是，因为Y的故意杀害行为的介入完全是偶然的，所以否定相当因果关系也是妥当的。然而，根据客观说，因为要考虑行为时点存在的全部事情，所以也应该考虑在X的行为时点带着杀意的Y，向着A而来的事情。如果是这样的话，通过介入Y的杀害行为的结果的发生就也在相当性的范围内。提倡客观说的马克斯·吕梅林（Max Rümelin）也承认：身负重伤的被害者在铁路上赶往医院的途中，遭遇桥梁坍塌事故的情况下，在伤害行为的时点，如果桥梁已经变弱的话，不得不承认伤害行为与死亡结果之间的相当因果关系，所以采用客观说就必须进行一定的"修正"[2]。

对折中说来讲，受到了违反本来客观说的因果关系的本质批判。但是，如前所述（第一节），刑法上的因果关系的问题是通过以发生结果为理由能否肯定加重违法性的问题。从行为无价值的立场来看，以行为的时点为标准，以处于行为人立场的一般人不能预测事故的发生为理由，作出加重违法评价，参照以规范作为手段的法益保护的刑法目的/机能，则欠缺合理性。从通过规范的行为控制的角度来看，通过行为者的主观性认识的内容如何左右违法评价，当然是自然的事情，这种学说就是以这样的立场为前提的（另外，它与构成要件是否是责任类型的问题完全无关）。

相反，客观说是对应仅以存在结果的因果性惹起为由，无论对"人"而言的预测可能性/制御可能性为问题，肯定违法性的结果无价值论的学说（从结果无价值论的立场来看，即便是关于行为后介入的事情，通过预见可能性

---

[1] 譬如说：曾根《总论》，第83页；内藤《总论》，第268页以下；中山《概说》，第47页以下；林《总论》，第139页以下；平野《总论Ⅰ》，第141页以下；前田《总论》，第180页以下；松宫《总论》，第74页；山口《总论》，第55页以下等。

[2] 关于Max Rümelin说，参照山中敬一《刑法中的客观性归责的理论》，1997年，第119页以下（山中敬一『刑法における客観的帰属の理論』、1997年、119頁以下）。

的界限中的理由，也可归结为条件说）。但是，客观说一边肯定宽泛范围内的因果关系，一边又在故意论或者过失论中限制结果的归责。在如伤害致死罪那样的结果加重犯的情形下，由于被害者所隐藏的特殊病变而产生重结果的话，即便肯定因果关系，也会以对结果发生没有过失为由，否定重结果的刑事责任。因此，折中说与客观说的对立，对实际性的结论几乎没有影响，只存在是在违法的程度上限定处罚范围、还是在责任程度上确认限定之间的不同，其结果是，它们的对立不过是以作为各自不同基础的行为无价值论与结果无价值论的对立的再现。

第四节 相当因果关系说与客观的归属论

一、围绕大阪南港事件最高法院决定的讨论

在日本的学说中，特别明确地意识到相当因果关系说的问题点，是在即便于因果过程中稀有地介入异常的事态否定因果关系也是不妥当的案例中。引起激烈争论的最决平 2.11.20（刑集 44 卷 8 号 837 页［大阪南港事例］）的事例，如下所示[1]。被告人 X 用洗脸盆、皮带多次殴打被害者 A 头部等的暴行结果，引起 A 脑出血陷入意识消失状态后，将 A 用汽车搬运到深夜堆放材料的仓库后离去。卧躺状态倒下的 A，在其存活时又受到 Y 用角材对准头部的数次殴打。A 在第二天黎明前死亡。被害者的死因是脑出血，那是由于 X 最初的暴行形成的，材料仓库 Y 的暴行只是扩大了已经发生的脑出血，

---

[1] 最近的日本最高法院判例，是关于由于行为后的介入事情发生结果的案件，根据条件说一边表示限制性的要件，一边又与相当因果关系说保持距离，并且没有使用相当因果关系说的判断标准，就确定了因果关系的存否。最决平 16.2.17 刑集 58 卷 2 号 169 页与最决平 2.11.20 一样，可以说比较最初行为对结果的贡献的程度大小，以介入事情的贡献大小为理由肯定了因果关系。与此相反，最决平 4.12.17 刑集 46 卷 9 号 683 页以及最决平 16.10.19 刑集 58 卷 645 页，关于与介入事情相伴随发生结果的案件，以最初的行为具有危险性、介入事情是被告人的行为惹起的"诱发"为理由，肯定了因果关系。而且，最决平 15.7.16 刑集 57 卷 7 号 950 页，关于介入事情发生结果的案件，可以说将最初行为以开始因果流程的相当性、通常性为理由，肯定了因果关系。作为关于一系列的日本最高法院的判例的详细的探讨，参照铃木左斗志《因果关系论》载于《法教》261 号，2002 年，第 53 页以下、同 262 号，2002 年，第 62 页以下（鈴木左斗志「因果関係論」、法教 261 号、2002 年、53 頁以下、同 262 号、2002 年、62 頁以下）。

给予了提前几分钟死期的影响。

　　根据历来的相当因果关系说的判断标准，Y 故意暴行的介入不得不说是偶然的、异常的事态。因此，如果提前了死期的话，可能会简单地否定在与提早死亡之间的关系中的因果关系。但是，关于这个事例，我想肯定因果关系承认伤害致死罪成立的日本最高法院的决定结论是正确的（理论上，几乎没有反对这个结论的学说）。即便根据相当因果关系说，也并不要求关于因果过程与结果发生的样态的详细程度的所有事情都具有预测可能性。就连作为过失犯罪要件的预见可能性，也不要求具体的因果经过的详细程度上的预见可能性，所以当然允许关于应该预见的结果的样态以及因果过程的一定的抽象化。当然，如果当初的行为十分危险，既然没有介入事情，而且存在确实发生大致相同种类的结果的状态，就可以承认既遂吧[1]。但是，在某种程度上将因果过程以及结果发生的样态抽象化，只要在这个限度内，忽视具体的介入事情就可以承认，而且必须承认对经验性的、通常性的判断[2]。

　　如前所述，以结果发生为由，加重违法评价是否合适的思考发生在通过规范禁止行为回避该结果的实现之时，换句话说，作为规范违反行为的实质的危险性（成为通过规范禁止的行为危险性）是通过现实性中的结果发生得到确证之时。成为通过相当因果关系说的判断基准的因果流程的经验的通常性／一般性的预测可能性，其自身并不是本质性的，可以说不过是推测存在危险确证关系的事情。如果是这样，即便在因果过程中介入了稀有的、异常的事情，当可以解释为行为的危险性[3]在发生的结果中直接实现的情形的话，在将结果归属行为能够被正当化的程度上，就可以说能够确证行为的危险性。譬如说，如上述的大阪南港事件的案件中，虽然由于实行行为成为死因的伤害已经形成，但是在介入预测不可能的事情，促使伤害的致命性作用以提前死亡的形式导致被害者死亡的情形下，可以看到行为的高度危险直接实现了

---

[1] 平野龙一《犯罪论的诸问题》（上），1981 年，第 42 页（平野龍一『犯罪論の諸問題（上）』、1981 年、42 頁）。

[2] 参照佐伯仁志《因果关系（2）》载于《法教》287 号、2004 年、第 51 页（佐伯仁志「因果関係（2）」、法教 287 号、2004 年、51 頁）；林《总论》，第 142 页以下。

[3] 关于这种情形下的判断，不应该孤立地只考虑行为。只要是根据通常预想的医师等的妥当的治疗，在没有结果发生危险的情形下或者只要被害人注意就不会发生危险的情形下，就不能说行为是危险的。

作为具体的结果。换言之，结果发生样态的抽象化，只要在死因是同一的限度内，就可以解释为可能。只要如以上那样思考，前述的由最高法院作出的仔细观察的相当因果关系说的难点本身，我想就不能说是致命的（但是，关于"抽象化的程度"的不明确性，如下所述，可以说关系到同一学说所存在的根本的问题性）。

二、相当因果关系持有的问题以及克服的方向性

当然，"相当因果关系说的危机"可以说是孕育在更深层次中。相当因果关系说在以"相当性"或者"经验上的通常性"为基准时，则不是单纯的统计上的概率或者事实上的盖然性的问题，譬如说，雇用他人"杀死 A"的人，其结果，尽管被雇用人实行的杀人行为的事实的/统计的盖然性并不高，但通常认为教唆行为与死亡结果的发生之间存在相当因果关系。死亡结果应该归责于教唆行为是从特别的规范性判断中产生的结论，那可以说是刑法第 61 条所预定的[1]。

相反，也存在某种程度上能承认事实结果发生的高度可能性，从而否定结果归属的情形。譬如说，X 为了杀害被害者 A 加入了足量的毒药，如果一旦注射解毒剂，确实存在能够救命的可能性，然而知情的 Y（与 X 无关系）也有杀意，从而妨害了解毒药的注射。在这个事例中，X 的行为本身是高度危险的，我想不能否定因果关系。如果事态按计划进展，通过注射解毒剂确实能够挽救 A 的生命的状况存在的话（譬如说，Y 是治疗的医师，清楚地考虑到故意地不注射解毒剂那样的情形），可以认为通过 Y 进一步接受，实现了

---

[1] 但是，必须区别正犯性的有无问题与因果关系存否的问题。就这一点而言，参照林《总论》，第 148 页。辰井聪子《不妥当的医疗的介入与因果关系》载于《上智法学論集》43 卷 1 号，1999 年，第 161 页以下（辰井聡子「不適切な医療の介入と因果関係」、上智法学論集 43 卷 1 号、1999 年、161 頁以下），在支配可能性中寻求因果关系的基准的同时，应该将"人的自由意思是不能受他者支配的"的规范性课题作为其考虑的中心。这里可以看到因果关系与正犯性的基准的混同。首先，行为者不可能完全支配结果发生的过程（在严密的意义上 beherrschen），而且，那也不可能成为既遂处罚的要件。行为者，根据以完成的结果发生的形式"舍弃"事项，在因果过程的经脉在预见可能性的范围内，即便在发生结果的情形下，也值得被评价为既遂。辰井认为在"利用具有绝对不能允许妻子不贞，持有如果妻子不贞就应该杀的信念的丈夫，通过告诉他妻子不贞的事实，使得发生杀死妻子"的情形下，就可以否定因果关系。但是，这种情形下，即便可以否定正犯性，但也不能否定因果关系吧。

作为结果的，应该只能归属于 Y 的个别危险[1]。但是，在这样的案例中，以历来相当性的基准就能解决，借助以下的案例可更为确切显示。在现行刑法中，可以解释为对他人自伤行为的教唆/帮助不可罚（对应关于杀人的刑法第202条的规定，并不存在关于伤害的规定，尤其是对应第202条前段的关于自杀干预的自伤干预行为不可罚，这没有异论），因为即便是故意也是不可罚，所以在过失的情况下就更应该是不可罚了。至少关于被害者自伤的结果存在"故意"的事例也是这样。同样，从作为关于对自杀的教唆/帮助（故意）的特别处罚规定的刑法第202条导出，对自杀的"过失的教唆/帮助"的不可罚性可能性（而且，即便事实上有自杀的预见可能性，将给予自杀原因为一般的刑事责任追究的对象的话，就会产生难以忍耐的社会性归结）。对后者的行为创造了某种程度的危险，尽管可以充分地预见到那样的死亡结果的发生，但也能否定结果的归属，在这里即便创造出了危险，不过是法没有禁止的危险[2]。

如此，与实行行为的判断完全相同，因果关系的判断，也是特别的规范性的判断。相当因果关系说，不仅没有提供实质性的标准，而且在将事实的/统计的可能性作为一个手法并给予导出拔去了实质性评价结论那样表面性的问题这一方面，还是具有根本性的问题[3]。在德国，以这样的理由，相当因果关系说没有得到广泛的支持，取而代之，主张分析该规范性判断的内容的客观性归属理论反而变成了通说。它提示①行为招来（危险创造出）法所禁止的危险，并且②以该危险是否实现了结果（危险实现）作为基本的判断框架，

---

[1] 同样，在因为实行治疗行为的医师的措施的不妥当从而发生结果的事例中，这种过失的大小决定结果归属的有无。在这里实行单纯结果发生的可能性或者不妥当措施的事实的可能性并不是问题，当初的行为者的贡献很大，因为是否将归属正当化的程度也是决定性的。关于这一点，参照辰井聪子《不妥当的医疗的介入与因果关系》载于《上智法学论集》43卷1号，1999年，第161页以下（辰井聰子「不適切な医療の介入と因果関係」、上智法学論集43巻1号、1999年、161頁以下）的分析。

[2] 另外，在被害者自身不甘心接受结果发生的情形下（关于死伤结果发生不存在"故意"的情形），是否可以不处罚背后者（或者，根据某种理论可以不处罚吗）的问题，参照井田《危险的接受》载于西田典之、山口厚编《刑法的争点》（第3版），2000年，第78页以下（井田「危険の引受け」西田典之＝山口厚編『刑法の争点』第3版、2000年、78頁以下）。

[3] 关于这个问题，我想在山中敬一《刑法中的客观性归责的理论》，1997年，第一章、第二章（山中敬一『刑法における客観的帰属の理論』、1997年、第1章、第2章以下）中已经详细地得以论证。

以应该归属的结果（或者应该否定归属）的实质性、规范性理由作为事例群而类型化[1]。其内容与在日本的学说中将实行行为性（以及共犯行为性）的判断和因果关系的判断合在一起的理论相对应。在战后德国刑法中（与日本不同）没有培育出"实行行为"的概念[2]，一般性的见解将构成要件的客观方面作为相当无限定来考虑，在这样的学术状况下，客观性的归属理论，集中支持主张在客观方面的构成要件，只要在这个限度内就可以承担与日本的"实行行为"概念相同的机能。德国的客观归属论，由于率直的规范性和实质性，具有在①的危险性创出的判断上为"实行行为性"（以及共犯行为性）的判断基准的具体化提供了参照的内容，在②的危险实现的判断上为相当因果关系说的判断标准的具体化提供了参照的内容。即使放弃日本学说中的实行行为概念与相当因果关系说之间的相关联性，也没有一举通过"客观归属论"取代的必要性。如果将实行行为通过结果归属的概念进行置换的话，就会忽视所谓明确规范违反行为的内容，而提示行动标准的要求。犯罪不仅有结果犯也有举动犯（单纯行为犯），本来实行行为性的判断理应就不可能通过结果归属的判断来置换。客观归属论的主张，在历来的理论框架内，参照具体化判断基准就足够了（如果由于该规范的性质，所谓的"相当因果关系"的名称不能表达实体的话，也可以称为"法的因果关系""结果归属关系"）。

---

[1] 详细的参照山中敬一《刑法中的客观性归责的理论》，1997年（山中敬一『刑法における客観的帰属の理論』、1997年）以及山中《总论》，第266页以下。

[2] 关于这一点，井田《犯罪论与刑事法学的历史进展——战后50年的回顾与展望》载于《法教》179号，1995年，第17页以下（井田「犯罪論と刑事法学の歩み―戦後50年の回顧と展望」、法教179号、1995年、17頁以下）。

第五章 故意论

第一节 故意的本质与事实认识的对象

因为刑法的目的在于抑制法益侵害以及危殆化，所以对法益侵害以及危殆化的意思行动加以特别重的规范性评价是符合刑法目的的。但是，刑法所要抑止的不是所有的法益侵害/危殆化，而是限制在一定的"量与质"的范围内的法益侵害/危殆化。以在刑罚规范中作为处罚的对象没有被类型化的法益侵害为理由肯定刑法性违法违反罪刑法定主义，以对没有条文化的法益侵害的意思决定为理由肯定重的不法也是违反同原则要求的。而且，因为刑法是为了规范性地抑止以刑罚法规作为处罚对象而类型化的违法行为而存在的，所以即便强烈地禁止没有被条文化的法益侵害的意思的实现，参照刑法的目的也没有任何意义。故意行为必须是以构成要件的违法性（即，可罚的违法）的事项为意思内容的行为，因此，作为故意（在事实认识的程度上）的要件，导出了对该当构成要件的客观事实的认识。构成要件的"故意规制机能"[1]，以罪刑法定主义及以规范为手段的一般预防的要求为基础。

关于所要求的事实认识的范围存在学说上的对立，即围绕只要有构成要件该当事实的认识就足够了，还是有必要认识到该当构成要件而违法的事实（即，以不具备违法性阻却事由的构成要件该当事实）才可以。我认为一定的违法阻却事由也应该被作为消极意义上的构成要件要素来捕捉，在如误想防卫那样的误信存在违法性阻却事由的事实的事例中，虽然阻却了构成要件的故意，但由于不同的情形不过只是承认了过失犯的构成要件该当性（所谓的消极的构成要件要素的理论），关于这一点，我想在之后详细讨论（本书第九章第一节、第十章第二节）。

---

[1] 譬如说，内藤《总论》，第172页；平野《总论》，第192页等。

故意中事实认识的对象，应该是相当于构成要件客观性要素的事实。构成要件的客观性要素，虽然能够分析行为的主体、客体、行为样态、行为状况等，但在此之上，有必要认识到关于包含行为具有的一定的危险性（本书第四章第一节）的行为要素（即，实行行为的要素）的全部，而且在具体的危险犯中必须预见到危险发生（与此相反，在抽象的危险犯中，危险的发生不是构成要件要素，所以不能成为认识的对象）、在结果犯中必须预见到结果的发生。如果将行为者认识的事实投射在荧屏上的话，该当犯罪构成要件的客观事实就是必要的。

关于构成要件要素中的因果关系，围绕它是否属于故意中的认识对象，存在对立见解。历来通说的见解是认识必要说，不要求对现实因果关系的详细性过程的认识，只要对它的主要脉络上的基本部分有认识就足够了。与此相反，认识不要说也得到了有力的支持[1]。当然，这样的认识不要说并不是承认不包含以因果关系的预见作为内容的故意。只以结果的发生为意图，并不可能存在完全没有达到那种程度的心理状态的表象，如果行为者在浮现出非合理的/非现实的因果流程（那作为构成要件要素的因果关系的要件，本来就是不合适的）时（如诅咒杀人的情况等），那种心理状态并不能称为故意。认识不要说主张虽然行为者必须表现出一定的因果经过，但是并不要求有外界的对应物，在探讨故意存否之际，也不要求参照关于因果经过的客观方面与主观方面，而只是酌量与此不同的程度。

但是，我并不认为只有存在因果关系才能区别其他构成要件要素。虽然行为者没有必要正确地预见因果的流程，不必达到预见细微之处的正确认识/预见与其他的构成要件要素完全相同。即便作为实际问题，围绕以关于因果流程的主观性认识与客观性事实的不一致，也存在是否可以全部排除的疑问[2]。作为否定故意的可能性的最大理由，根据客观性的相当性因果关系说（本书第四章第三节二），虽然行为者准备用刀刺杀被害者，但只在被害者手腕造成

---

[1] 譬如说，大越《总论》，第121页；堀内《总论》，第112页；前田《总论》，第305页、第324页以下；町野《总论》，第244页以下；山中《总论Ⅰ》，第284页、第330页以下等。

[2] 关于对认为一旦承认故意阻却，就不得不否定故意未遂犯成立的批判性错误，参照井田《因果关系的错误》载于松尾浩也等编《刑法判例百选Ⅰ总论》（第4版），1997年，第33页（井田「因果関係の錯誤」松尾浩也ほか編『刑法判例百選Ⅰ総論〔第4版〕』、1999年、33頁）；山口《探究》，第132页。

了很小的伤害，出人意料的是，该被害者为白血病患者，因此流血不止而死亡的情形；或者虽然行为者准备用手枪射杀被害者，但没有射中，而被害者意外地患有严重心脏病，因被枪声惊吓突发心脏病死亡的情形，都可以肯定因果关系。但是，在这些事例中，以错误为理由，应该都可以否定发生结果的故意吧[1]。在这里我并不认为可能存在应受肯定的故意既遂犯结论的必然理论。的确，根据折中的相当因果关系说（本书第四章第三节二）表明，以错误为理由必须阻却故意的、强烈的、必要性的事例并不那么多。但是，那样的事情不能成为故意中不要因果关系认识的论证。如果采用法定符合说（本书第六章第二节）的话，由于方法的错误不能阻却故意，它也不能成为故意中不需要客体认识的论证。

第二节　故意中的事实认识的程度

以下所应该探讨的问题，是对关于构成要件该当的事实必须在哪种程度上进行认识的问题。为了确定杀人罪的故意，行为者必须把客体当作"人"来认识。虽然行为者看到了那个对象，但是如果认为是"动物"的话（譬如说，即便一般人看到那个对象，立即就能注意到是人的情形下），也可否定杀人罪的故意。为了故意的成立，对该当构成要件的物理性的/外部性对象的知觉，即"裸的事实"的认识就是必要的，但只有它是不够的。那么，必须认识与刑罚法规所规定的概念（譬如说，《刑法》第199条的"人"）相适应的事实吗？一旦要求具有与刑罚规范的概念相适应的认识，在以下三种情形下就会产生不合适的问题：①为了使事实与条文上的概念相适应，刑罚法规以及相关解释的特别知识成为前提的情形（譬如说，可考虑"文书""烧毁"等概念）；②为了使事实与条文上的概念相适应，刑法的评价或者刑法的价值判断成为必要的情形（所谓的规范性构成要件要素的情形）；③事实的意思是多义的，存在同一的"裸的事实"与复数的法的概念来适应的可能性的情形（譬如说，如那种物质是兴奋剂、大麻、还是毒品并不清楚的情形，在与毒品相关的事实认识中就成为问题）。

①以及②的情形，对行为者而言，如果要求具备与刑罚法规上的概念相

---

[1] 参照内藤《总论下Ⅰ》，第952页以下。

适应的认识的话，只有对熟知法解释的法学家犯罪时才可能被处罚，这是不妥当的。行为者对法解释程度上的误信结果，即便考虑到自己的行为不该当刑罚法规的条款（称为与此相适应的误信），毫无疑问也不能否定该犯罪故意的成立（作为该见解的判例、最大判昭 33.3.13 刑集 11 卷 3 号 997 页）。另一方面，即便知道正确的法律上的概念也不能说就是故意。譬如说，海洛因是二乙酰吗啡（diacetylmorphine），海洛因盐或者这些物质中都含有毒品（参照《毒品以及向精神毒品取缔法》第 12 条以下，第 64 条以下），即便行为者知道该物品是二乙酰吗啡，如果认为那是无害的化学药品的话，也可否定故意。如此，通说认为故意的成立，对是否认识到与条文相适应的事实并不重要，关于构成要件该当事实的意义或者性质的外行理解，即，有意思的认识才是重要的，而且只要有这种认识也就足够了[1]。

如下所述，是可以换言而论的。即当条文上的概念与我们平时所用的日常概念之间存在间隙时，有必要将条文上的概念翻译成日常概念。如果行为者认识到与在日常世界中对应概念相适应的事实，就可以承认故意的成立。归根到底，我认为可以从以下角度进行思考。刑罚法规是第一次性的裁判规范，它本身不必被一般国民所认识。但是，在这里存在作为前提的行为规范。那就是将裁判规范的一部分翻译成日常用语（以国民所能理解的形式）转向国民。人们通过那种意思的行为违反行为规范的，才是违法的本质部分，因此，故意作为规范违反要素之一，也有必要在日常用语的程度上把握。刑法发动作为规范违反意思的故意，通过放弃它而保护法益。为了承认故意的成立，意思的认识是必要的，并以此作为充分理由，故意的问题只能是这种行为规范程度的问题。如果是这样的话，杀人罪的情形要求具备客体是"人"的认识，虽然并不要求与法的概念相一致的认识，故意的成立只要是有意思的认识就足够了，但是关于杀人罪的客体，因为法的概念与日常概念是一致的，所以有必要要求具备作为"人"的认识。

③的情形也产生了同样的问题，那种物体可能是类似兴奋剂或者海洛因、可卡因那样的毒品，也有可能是大麻。这样的事实本身在行为的时间点是多义的情形，要求正确认识到客体须与其中特定的概念相一致，从通过规范对

---

[1] 作为关于意思认识的详细研究，有高山佳奈子《故意与违法性的认识》，1999 年（高山佳奈子『故意と違法性の意識』、1999 年）。

行动控制的角度来看就太过严苛了。虽然这里也要求对意思的认识，但这些足矣。即，问题是那个具体的内容，关于毒品犯罪，围绕对客体属性的认识程度，可得出以下三种思考方法。即①认识到某种违法的物质就足够了；②要求认识到它为严格的法规制的对象，是具有依赖性药物作用的有害物品；③譬如说，虽然是"兴奋剂"，但有必要认识到其能使"行为者的头脑沉醉"。

其中，③的见解是否定有意思的认识理论，对故意的承认过于严格。如果一般地采用这个基准，不利于处理那些对客体的性质无认识的行为者。相反，①的基准只需要根据文字理解，则太无限定，作为毒品犯罪中有意思的认识过于不特定。譬如说，只要没有达到作为违反药品法、食品卫生法的客体的认识程度，就不能肯定违反兴奋剂取缔法、毒品以及兴奋剂取缔法的犯罪。一旦这样考虑，关于药物犯罪的故意，②的见解就是妥当的。此时，不应该要求[1]具有对药物的高度有害性或者法益侵害的认识。如果以法的"评价"或者与此相近的评价作为故意要件，那么关于涉及犯罪行为的影响，就太容易否定无关心者或者具有反社会性的规范意识者等的故意。

尽管这样，还是存在悖论，在对依赖性有害药物的认识这一点上，如共同种类的药物 A 与 B 中只有 A 是被刑法所规范的情形，客观地讲，如果有对 A 的违反事实而行为者草率地误信为是 B 时，即便行为者有对依赖性有害药物的认识，并且知道 A 与 B 共同的性质，但也不能认为存在违反事实的故意[2]。既然有对 B 的积极认识，行为者就欠缺对于可罚的违法事实的认识。但是，如果达到了具有对依赖性有害物的认识，但不能确认在此之上的特定性，作为行为者如果没有排除 A 的意思的话，我认为就应该肯定对 A 的故意[3]。当然，有必要注意到这样的悖论反映了立法论上对规制药物的困难性。立法

---

[1] 譬如说，作为那样的见解，有石井徹哉《故意责任的再构成》载于《刑法杂志》43 卷 2 号，2004 年，第 220 页以下（石井徹哉「故意責任の再構成」、刑法雑誌 43 巻 2 号、2004 年、220 頁以下）。

[2] 高山佳奈子《故意与违法性的认识》，1999 年，第 83 页、第 213 页（高山佳奈子『故意と違法性の意識』、1999 年、83 頁、213 頁）；中森喜彦《错误与故意》载于《西原春夫先生古稀祝贺论文集》（第 1 卷），1998 年，第 437 页（中森喜彦「錯誤と故意」『西原春夫先生古稀祝賀論文集第 1 巻』、1998 年、437 頁）。

[3] 关于这一点，参照井田《兴奋剂进口罪以及持有罪中对兴奋剂的认识程度》载于《判例评论》384 号，1991 年，第 215 页以下（井田「覚せい剤輸入罪および所有罪における覚せい剤であることの認識の程度」、判例評論 384 号、1991 年、215 頁以下）。

者在区别可罚的领域与不可罚的领域进行规制时，虽然应该界别可罚领域中的违法内容的事实的特定性，但在原理上越是困难，客观上就越难设定差别化的构成要件，为此，作为那种故意论的反映，故意的内容本身也不得已存在差别化的困难性。

同样地，还有关于"猥亵文书、图画等物"（《刑法》第175条）那样的构成要件要素。关于对客体的意思/属性什么程度的认识是必要的这一问题，明确只有客体的物理性存在的知觉是不够的[1]，可能还有（a）只要有对其内容为所谓的"黄书"种类的认识就足够了的见解；也有可能存在（b）只有对其内容在市场上泛滥的"黄书"种类的那种程度的认识并不充分，有必要要求在对社会的有害程度上的刺激达到"非常强烈"的认识的见解。如果认为必须是故意中的认识内容就一般人而言当然会放弃实行的（从那里直接达到违法性的意识）事实认识的话，如（b）所述，可能应该要求超过了对普通"黄书"种类的有害性的认识。但是，违法性的意识是关于有动机的制御的责任问题，与作为违法要素的故意没有关系[2]。而且，一旦要求对社会有害性、法益侵害性的一定的评价，就完全阻碍了具有更为反社会性的规范意识，偏离通常人的规范意识者的故意。不仅如此，无视将该犯罪作为抽象的危险犯规定的立法者的意图，会将此作为具体的危险犯来处理。作为文书伪造罪的故意，譬如说，有"制作伪证书"的认识就足够了，并不要求能产生动摇文书公共信赖性的认识。如此，如果以所谓的抑止从做出的同种行为的一般预防的考虑为基础的话，作为故意的事实认识，以（a）的程度的认识，因此而知道成为刑法评价前提的客体意思或者性质就应足够，关于误信社会性的有害性、法益侵害性的法评价这一点，应看作责任程度的问题（譬如说，事实上同种的图画被社会所容认，如果存在不取缔的事实的话，就不能否认故意，但可能存在相当于欠缺违法性意识的相同理由）。

---

[1] 当然那是必不可少的。虽然行为者知道书的存在及其性质，但是如果没有看到成为问题的该当部分的话，就要否定其故意。

[2] 井田《兴奋剂进口罪以及持有罪中对兴奋剂的认识程度》载于《判例评论》384号，1991年，第215页以下（井田「覚せい剤輸入罪および所有罪における覚せい剤であることの認識の程度」、判例評論384号、1991年、215頁以下）中，虽然主张"构成要件的故意，如果是一般人的话，考虑达到从那里直接认识到该当具体行为的违法性的内容的事实的认识"，但是并不深刻，在考察上也不充分。作为对那样的理解的批判，有高山佳奈子《故意与违法性的认识》，1999年，第78页（高山佳奈子『故意と違法性の意識』、1999年、第78頁）。

第三节　故意的体系性地位

关于故意的体系性定位，传统通说主张它完全是责任要素。责任本来是以"心理责任论"为基础，是指对外界的事实（特别是法益侵害的惹起）的行为者的心理关系，通过"责任形式"或者"责任的种类"区别为故意与过失。在实行规范责任论的转换之后，将故意（于是，违法性的认识）作为主观的责任要素来把握，与作为客观的责任要素的期待可能性相并列（没有故意不法与过失不法的区别）。与此相反，责任说主张将规范责任论彻底化，从责任中排除心理的要素，故意完全是违法要素，而且是作为违法要素的构成要件要素，（不区别故意责任与过失责任）。作为中间说，故意是责任要素的同时也是违法要素（所谓的"双重地位"），也存在从那里出发主张作为构成要件要素地位的见解（但是，构成要件完全是作为违法类型来捕捉，还是作为违法/有责类型来捕捉，在见解的详细之处产生了差异）。

如前所述，必须是在构成要件该当性的判断阶段考虑故意（本书第一章第三节、第四节）。故意作为构成要件要素的定位是基于它是类型性的违法要素。从规范的一般预防论的立场来看，直接以法益侵害为目标的故意行为与非故意行为相比较，并不能更强烈地被禁止。故意犯与过失犯所禁止的规范不同，前者的规范违反更值得加重违法评价。故意行为、过失行为都是同样的违法行为，不是说不能在违法性的程度上进行区别，而是说故意是以加重的违法评价作为基础的违法要素，而且原则上是以加重违法性为基础类型性的违法要素，所以作为（积极的）构成要件要素来定位。无论是故意还是过失，作为民法上的不法行为来考虑都没有意义，但在刑法上故意是以加重的违法评价为基础，成为原则性的主观犯罪要件（参照《刑法》第38条第1款）的。而且，可以说是可罚的违法要素的典型。正因为故意行为是刑法所要抑止的本来的刑事不法，所以故意是具有不法特征的本质的要素。刑法是通过放弃促进规范违反意思来保护法益，相当于规范违反意思的故意具有作为发挥一般预防效果时的"促进对象"的意思。

所残留的问题是，无论故意是不是责任要素，即便可能通过存在故意加重责任非难，那也只是不同于违法性加重的反映。对故意责任的影响，不过是通过违法性的间接影响。故意作为规范违反要素是违法评价对象的本质部分，不是与动机制御相关的责任问题。必须认为故意完全是违法要素而不是责任要素。

与此相反，将故意作为责任要素来定位的话，就有主张表明不再存在将违法的分量介入责任分量中〔1〕。但那是难以理解的理论。责任不同于不法，不是处罚的根据，只不过是一种限定，它本身并不具有独立的分量。不法不过是处罚的基础（发动机），责任是处罚的限定（刹车闸）（本书第一章第一节）。于是，就会产生以下这种问题。在违法的阶段以 10 个不法为基础，在责任阶段中有多少可以主观地归责，（如所说的归责是限定在 1/2 还是 1/3 那样）布伦斯（Hans-Jürgen Bruns）对"责任"所给予的"归责可能性不法"的古典性的定义完全就是那个宗旨〔2〕。那样思考的时候，在责任阶段完全不必"将违法的分量介入责任的分量中"。以通过将故意作为违法要素，将违法性的意识作为责任要素定位为开端，实行将各自不同的作用/机能与犯罪论的基本原理（即，罪刑法定主义、规范的一般预防、规范的责任概念）相结合，就能成为首尾一致的说明。

第四节 确定的故意与不确定的故意

故意分为确定的故意与不确定的故意。如在德国流行的那样，前者大致能分成两种〔3〕。一是"第一层级的确定的故意"，意图以构成要件的实现为目的的心理状态（譬如说，以杀害站在 50 米处的仇人为目的，举枪射击的情形）。另一个是"第二层级的确定的故意"，虽然目的不是为了追求构成要件的实现，但是确定地认识到会发生那种事实的情形（譬如说，为了得到保险金而放火时，必须认识到在屋内的老人必然被烧死的事例，在与杀人罪的关系上能够肯定这层意义上的确定的故意）。这种区别对应于作为故意要素的

---

〔1〕 佐伯《故意·错误论》载于《最前线》，第 101 页以下（佐伯「故意・錯誤論」、最前線、101 頁以下）；高山佳奈子《故意与违法性的认识》，1999 年，第 71 页（高山佳奈子『故意と違法性の意識』、1999 年、第 71 頁）。

〔2〕 譬如说：参照 Bruns, Das Recht der Statzumessung, 2. Aufl. 1985. S. 145.

〔3〕 参照前原宏一《关于故意概念上的意的要素》载于《行动科学研究》51 号，1999 年，第 163 页以下（前原宏一「故意概念における意の要素」、行動科学研究 51 号、1999 年、163 頁以下）；伊藤亮吉《目的犯中的目的的违法性加重机能 4·完》载于《早稻田大学大学院法研论集》90 号，1999 年，第 80 页以下（伊藤亮吉「目的犯における目的の違法性加重機能 4. 完」、早稲田大学大学院法研論集 90 号、1999 年、80 頁以下）。

"意思"与"认识"（本章第五节）。

作为不确定故意的种类有未必的故意、择一的故意、概括的故意，关于任何一个都可以在与客观发生的事实之间的关系上肯定故意的成立（在以所有被害者的客体以及陷入危险的客体之间的关系上成立故意）。这种区别可以客体的个数为基准。特定客体是1个的情形，称为未必的故意（第五节）。客体为2个（以上）具有择一侵害意思的情形，是择一的故意。譬如说，在A与B中，射死哪一个都没有关系而开枪的情形就是此例。与此相反，客体的数在这之上，行为者没有特定对应该产生结果的客体个数的情形，是概括的故意。譬如说，在数人中投入炸弹那样的事例，以对哪一个人或者何人会受害死亡并不在意的意思实行行为的情形就是此例。在择一的故意与概括的故意的情形下，即便对实行结果自身的认识是确定的，但对不同的个别客体的侵害，仍然只存在未必的认识。这些从结局上看都只能看作是伴随客体个数变化的未必的故意的变种[1]。

但是，历来有关未必的故意的学说，都承认包含对客体属性的不确定的认识的情形。譬如说，具有"可能是他人的财物""说不定是赃物，但……"的认识的情形。如此在注意到客体属性时，没有不承认伴随客体属性变化的未必的故意的变种的理由。譬如说，在拿走放在电车行李架子上的他人的包时，对于那是不是他人的所有物而言（根据它来决定是盗窃还是占有）是不确定的心理状态，在这里成立的犯罪，因为是择一的，也可以称为关于客体属性的择一的故意（如果客观上是实现了财物占有罪的事实的话，在观念的竞合关系上就能成立同罪的既遂与盗窃罪的未遂）。行为者对毒品是依赖性有害毒品中的某一个具有确定的认识，但对哪一个是不确定的认识的情形（包含在此之上没有更明确的心理状态）也是一样，本质上都是未必故意的变种[2]。

---

[1] 因此，这种分类并没有网罗一切。譬如说：虽然三个客体中的两个确实能够看到产生结果，但是哪两个并不是特定的，也有可能存在这样的心理状态。

[2] 内田《概要上卷》，第242页以下，将此称为"汗鲁玛的概括的故意"，反对将择一的故意进行分类。的确，这种情形下，在与各自不同的个别的有害药物之间的关系中，没有明确的认识，不符合未必的故意的要件（至少它不能分别证明），所以，在这个意义上，与通常的概括的故意的情形是共同的。将此作为概括的故意的一个事例，可以说是一个妥当的理由。与此相反，如果重视将只是侵害一个客体的故意在量刑上考虑的必要性这一点的话，也有可能是择一的故意的分类。町田《总论》，第206页以及 Claus Roxin, Strafrecht, AT 1, 3. Aufl. 1997. S. 402f., Rdn. 84f. 将此称为择一的故意。

第五节　未必的故意

一、问题所在

未必的故意是与过失（严格地讲，其中的有认识的过失）接近的概念。刑法上以故意犯的处罚为原则（参照《刑法》第 38 条第 1 款），即便在过失犯被处罚的情形下，法定刑也相当的轻，所以，故意与过失之间的区别实际上很重要。举例说明，在席勒的剧本《威廉·退尔》中，退尔对准自己孩子头上的苹果射击的情形，立即让人想起这是一个典型事例[1]，但在德国，以下的事例却成为讨论的对象。如果将少女手中持有的玻璃球顺利射落的话，就可以获得奖金，以此为赌注，认识到可能会射伤少女的手腕，但期望得到奖金而发射，其结果将少女的手腕射伤的案例。行为者的伤害故意能够被承认吗？（根据日本的现行法，既然不能否定对被害者实行暴行的故意，即便没有对伤害结果的故意也能成立伤害罪）。

存在故意的本质是"意思"还是"认识"的对立，这也是未必故意论的根底。在前述"第一层级的确定的故意"中，虽然没有对结果发生的确定性的认识，但希望结果发生的意思是清楚的。在"第二层级的确定的故意"中，意思较弱，却清楚地认识到对结果发生的确定性。因此，如果站在意思或者认识的任何一方，都可以肯定确定的故意。与此相反的是，未必的故意对任何一方都是很弱的情形。

当然，"故意是意思还是认识"并不是好的对置的方法。因为认识与意思是不同程度的问题。关于相当于构成要件要素的各事实，虽然是否对此认识/预见到的问题具有意义，但它却不能成为意欲的问题（不可能"意欲"自己是公务员、买卖的客体是赃物、强奸之时对方 13 岁未满[2]）。意思或者意欲的对象是构成要件该当行为（的遂行）本身，不是相当于构成要件要素的各事实，是对相当于构成要件的事实的实现。当然，行为的意思与构成要件该当事实的认识不能相互隔离。故意的本质（如后述的那样）是实现意思，如

---

[1] 参照植松《总论》，第 258 页。
[2] 关于这一点，参照高山佳奈子《故意与违法性的认识》，1999 年，第 147 页（高山佳奈子『故意と違法性の意識』、1999 年、第 147 頁）。

果没有认识到相当于构成要件要素的各事实,就不可能实现构成要件该当事实客体的意思。

二、学说上的探讨

根据作为故意的要件有构成要件该当事实的认识就足够了的认识说,并不能区别未必的故意与有认识的过失(不能认为一旦可能相当的话就是故意)。但实行行为时,因为最终作出某一方的结论的情形很多,所以,就有可能"在结局中以是否产生结果"来区别[1]。但是,在虽然可能性只是通过大脑但还是以"判断停止"而实行了行为的或者完全无关心的情形,也存在不可能得出结论的难题(在这种情况下,常常可能解释为故意成立,不过那样太宽泛)。与此相反,在认识到结果发生的盖然性的情况下承认故意的盖然性说[2],对知道结果发生的可能性很低,但仍积极地、有意图地实行行为结果的情形(譬如说,希望杀死50米以外的人,尽管击中的概率很低,但仍希望进行射击的情形),承认其故意就变得更困难[3]。

历来的通说,为了承认故意的成立,采用了至少对犯罪事实的实现的"认容是必要的认容说的立场"[4]。根据该学说,以存在实现犯罪事实时的认识为前提,存在那种认容的情形是未必的故意,欠缺它的情形为有认识的过失。但是,对认容说而言,在以有无肯定违反法的事态作为基准这一点上,它与作为"恶意"的故意理解(严格故意说的故意理解)是不可分的,因为也有可能将故意与恶的心情、应该非难的心理的状态视为同一,所以就会产生对将故意作为违法要素定位的矛盾的批判(在威廉·退尔的事例中,如果考虑心情不过是过失的话,那是一种"心情刑法"的立场)。而且,如果认容也有"可以""无所谓"的积极的认容或者肯定性的认容的情形的话,也会有人举出以"不得已""没办法"为标准判断的情形(将此是不是可以称为"消极的认容"呢)、甚至还有"不介意""随便""无关心"等情形,对这

---

[1] 参照平野《总论Ⅰ》,第187页以下。
[2] 齐藤《总论》,第107页以下;林《总论》,第249页以下;前田《总论》,第285页等。
[3] 福田《总论》,第113页注(二)。
[4] 植松《总论》,第247页以下、第255页以下;大塚《总论》,第228页以下;木村《总论》,第209页以下;团藤《总论》,第295页以下;西原《总论》,第159页以下等。判例基本上也可以一般地被理解为是从认容说立场上看的一种观点。最判昭23.3.16刑集2卷3号227页之外,也参照福冈高判昭45.5.16判时621号106页。

些内容极其暧昧的批判也很重要。其中，特别是在"不介意""随便""无关心"的情形下，立即认为存在故意也是有疑问的，只有在以更为明确的形成听取实现意思时才应该承认故意。而且，对认容说也存在没有以确定的故意与包含未必故意的故意全领域为统一的基准评判。

因为刑法是为了抑止法益侵害以及危殆化而存在的，所以有法益侵害或者危殆化的实现意思的情形就会作出特别加重的违法评价，故意就是以实现意思为其本质的，换言之，那就是法益侵害或者危殆化实现的意思决定，构成要件该当事实作为整体能否收取为意思实现的对象，才是包含确定的故意在内的贯穿故意全领域的统一的基准[1]。首先，①以该当事实的实现作为全体的目的意图实行时，明确地承认实现意思；②在确定地认识到确实的事实而作出该行为的情形下，可以说该事实采纳了实现的意思；再次，③在认识到相当程度的可能性，即盖然性（相当于结果不发生是不合理程度的可能性）时，只要没有采用回避措施，因为可以说结果的发生接受了实现意思，所以也能够承认故意。在醉酒不能很好驾驶的状态下，认识到可能会撞到人但仍以相当高速度驾驶的行为，可以肯定伤害或者杀人，是未必的故意。同样，威廉·退尔事例、前述的玻璃球的事例，都可以肯定其故意。与此相反，④低程度的可能性［那有必要要求超过了社会生活中的风险。（本书第四章第一节）的认识，只要不是对该事实的实现，不是有意图的追求，就不能说是故意，即便是意识到某种程度的盖然性的行为，对一定的法益的保全起作用的（譬如说，医生为了救助患者的紧急手术等），通过回避措施可以控制危险，行为者对于该利益实现的认识是在可容许程度的风险认识范围的也不能说具有故意。在以上那样的意义上，实现意思的有无，可以通过意思的强烈程度与所认识到的事实实现的确定度之间的平衡来判断。

---

[1] 采用实现意思说的，有川端《总论》，第182页以下；野村《总论》，第171页；山中《总论Ⅰ》，第300页以下。另外，虽然该见解也称为"动机说"（譬如说，大谷《总论》，第182页；曾根《总论》，第180页；内藤《总论下Ⅰ》，第1091页以下；中山《概说》，第169页以下；町野《总论》，第197页以下；山口《总论》，第180页以下等，支持在动机说名称下的见解），但是，在违法阶段依然存在根据意思性行为是否存在规范违反的问题，因为动机说没能成为问题，所以该名称上存在疑问。

三、附条件的故意

作为不确定故意的一种样态，附条件的故意也成了讨论的对象[1]。作为问题性案例，首先是共谋共同正犯的情形。共谋的内容在现场被害者不答应支付金钱就将其杀害的情形，就共谋者而言能否用与实行正犯实行的杀害结果的关系肯定故意呢？在这种情况下，如果适用上述的未必故意的基准，在共谋的时点，可预测达到杀害结果具有在某种程度上很高的可能性，在此之上，既然没有回避的手段，就可以说结果采纳了实现意思，可以肯定杀人的故意。判例与学说的主流，都以预先确定产生一定条件后的对应（如果是以上的事例，支付拒绝后的杀害）作为要件。但那种程度并不必要，能预测达到杀害结果在某种程度上具有很高的可能性这一点也就足够了。

附条件故意的问题中心是，为了实现结果，处理行为者本人进一步实行的一定行为附加什么条件的情形[2]。作为这样的情形，有预备罪的案例。以"如果被害者抵抗的话就杀了他"的意思准备凶器时或者以"如果看到就抢劫"的意思准备抢劫工具时，是不是就成了杀人预备或者抢劫预备呢？这里在条件成熟后，再一次从行为者自身介入判断和意思决定上，与以上所述的共谋共同正犯的事例就不一样了。虽然条件成熟后的对应，是否要求最终决定性的确定成为问题，但是即便决意是在固定化了（但是，在这个阶段上残留了再次考虑的余地）的程度上，应该也不妨碍预备罪故意的成立。

解决困难的是关于从自己本身实行的故意，在其内容附有一定条件的情形下应该如何考虑。关于实行故意，从将杀人罪、伤害罪那样的结果犯的情形加以考虑的一般论来讲，共犯、共谋共同正犯情形的故意与预备罪情形的故意不同，自己现在正在实行的行为（但是，因为行为不能一个镜像、一个镜像的分段分析，所以一个实行行为的射程到哪里为止，广泛地思考的话，也可以加入规范性评价），有必要认识到是持有侵害客体的充分的原因力（因此，自己即便不实行在此之上的行为，也有发生结果的可能性）的行为。正

---

[1] 关于德国学说的状况，宫川基《关于条件的故意》载于《法学》63 卷，1999 年，3 号，第 35 页以下、4 号，第 39 页以下（宫川基「条件の故意について」、法学 63 巻、1999 年、3 号 35 頁、4 号 39 頁以下）有详细的论述。

[2] 关于这一点，参照西村秀二《附条件的故意》载于《刑法判例百选Ⅰ总论》（第 4 版），1997 年，第 85 页（西村秀二「条件付故意」『刑法判例百選Ⅰ総論「第 4 版」』、1997 年、85 頁）。

因为这样，譬如说，X 正准备将 A 所有的高价花瓶带出屋进行破坏的时候，途中碰掉而损坏了的情形，想着"损坏"的 X 的意思并不能说是财物损坏罪的故意。在预定进一步由行为者自身实行行为的情形，以最终行为的时点为开端的实行行为成为问题是一个原则，我想在那个限度内就会产生附条件的故意问题了。但是，越在当初的行为的时点就承认实行的着手，在与最终行为之间的时间性、场所性的隔离只有一点的情形、实行行为具有一定的时间段的情形（譬如说，盗窃罪）、实行行为由复数行为构成的情形（譬如说，抢劫罪、强奸罪）等，在承认实行着手的行为时点上，就越可能以之后的行为附加一定的条件来考虑。譬如说，首尾一致，在被害者在断气时立即通过注射药物就可以考虑毒杀、在殴打被害者头脑的情况下就可以承认杀人未遂〔1〕、以如果发现能够找到容易换钱的财物就是盗窃的意思，从他人的桌子的抽屉中物色财物的情况就可以承认盗窃未遂。而且，扬言"如果女的就强奸，如果男的就抢劫"，从长头发的行人背后开始实行暴行的时候，我想可以肯定抢劫罪与强奸罪双方的实行行为及其故意。另外，这里毒杀行为、盗取行为、抢劫或者强奸行为的实行决意本身，即便不是最终确定性的，也充分地达到了固定决意的程度。无论是哪一个，在这里如何捕捉实行行为（主观方面与客观方面的统合体）才是决定性的〔2〕。

---

〔1〕 在这里所产生的错误的问题，参照关于（《过早的构成要件的实现》），第六章第三节。
〔2〕 虽然通过导入溯及禁止论尝试排斥实行行为的概念（山口《总论》，第64页以下），但是，该理论的狭路在于，不得不在黯然中预定实行行为的概念。如果预定事后独立的意思决定的话，不是溯及立即变得困难，而是通过一系列的行为中应该在哪个范围内作为一个"实行行为"被观念化，故意的成否也不得不受到左右。

第六章　具体事实的错误

第一节　事实的错误与违法性的错误

事实的错误，即由于对事实方面的误信达到欠缺评价可罚性违法事实（那是构成要件该当性的事实）认识的情形（即，如果将行为者的事实认识投射在银屏上的话，那与构成要件该当的客观是不一致的情形），即便那是很容易就犯的，故意能立即被阻却，但也最多不过残留了作为过失犯的处罚的可能性（法定的那种宗旨是《刑法》第38条第1款、第2款）。与此相反，通说认为行为者的违法性错误，即便是由于对可罚的违法评价的误信，将刑法作为违法的行为误认为是"被允许"的情形，故意也不能被阻却（规定该宗旨的是《刑法》第38条第3款）[1]。总的来说，关于欠缺事实认识的情形，无论那是多么轻微的误解，都会立即被否定故意。与此相反，对违法性的错误（以存在特别的理由的情形作为例外），也不能承认免责。

与这样结论显著相反，如果没有明确区别事实的错误与违法性的错误处理的理论性根据的话，最终也不能正当化。但是，为什么刑法对"事实认识的错误"可以宽容，对"评价的错误"必须严格对待呢？围绕这一问题，即便有论述该政策的妥当性，但也没有展示理论性的根据。于是在这里可以说残留了需要解决的大问题。为了论证区别这两个错误的合理性就必须明确：①故意行为与过失行为相比，有加重评价的理由；②违法性意识的有无本身，不能立即成为左右作为故意行为的加重评价理由。

---

[1] 但是，如果几乎所有的学说都认为，关于欠缺违法性的意识存在"相当性的理由"的话，就不能对行为者进行非难而追究其责任。与此相反，判例从正面并不承认那样的免责可能性。第38条3项的但书只规定了任意的刑的减轻的可能性，可以推测是对此判例的一个强有力的支持。

根据将故意完全作为责任要素定位的见解（以下，称为责任要素说），故意行为与过失行为的违法性完全没有变化，只是在责任的加重（即，对意思决定的非难程度）上不同。这里所指的"故意责任"与"过失责任"的不同，是对应于以心理状态的否定性评价为内容的非难可能性的程度上的不同。当以这样的理解为前提时，欠缺错误的违法性对责任程度的认定能有怎样的影响呢？在没有达到违法但实行了对违法行为的意思决定之时，如果该行为者认为违法而不会实行该行为的话，就不能承认以加重非难为基础的"法的敌对意思的发现"。一般而言，欠缺违法性意识的行为者，没有对法的敌对意思，该行为是"善意"地实行行为，只要将对心理状态的否定性评价作为责任的内容来解释，就可认为不得追究重责任。曾有对不知道省公安委员会规定的"禁止穿拖鞋驾驶"的规则而对穿拖鞋驾驶的人科处道路交通法上的罚则的案例（京东高判昭 38.12.11 高刑集 16 卷 9 号 787 页），在这样的情况下，能看出以什么样的"恶意"可称为心理状态并不明确。以心理状态的恶性为理由的重非难，只要理解为"故意责任"，就只能采用将违法性的意识作为故意要素的严格故意说[1][2]。

责任要素说（结果无价值），直接与严格故意说相结合。至少从责任要素说来看，得不出将本质上不同地处理故意与违法性的意识在理论上正当化的视点（因此，只能当作完全是基于政策性考虑来区别对待）[3]。以责任要素说为前提，虽然也有一部分主张将违法性的意识问题消解为故意中事实认识的问题，通过政策性考虑决定免责界限的见解[4]，正因为以故意与违法性的意识在理论上不能区别的立场作为基础，才有可能存在将它们一体化的思想。对这样的学说，从责任要素说来看也提出了强烈的批判[5]，这无疑说是在这

---

[1] 譬如说，大塚《总论》，第 442 页以下；中村《总论》，第 40 页以下；中山《概说》，第 188 页以下；松宫《总论》，第 174 页以下等。

[2] 从故意作为责任要素为前提的立场，支持严格故意说的长井长信《故意概念与错误论》，1998 年（長井長信『故意概念と錯誤論』、1998 年），可以说在理论上很彻底。

[3] 根据回顾性的报应型论，以结果无价值为前提，不区别作为责任要素的故意与违法性的意识，将故意的内涵只作为"法益侵害性的意识"来论的石井徹哉《故意责任的再构成》载于《刑法杂志》43 卷 2 号，2004 年，第 220 页以下（石井徹哉「故意責任の再構成」、刑法雑誌 43 卷 2 号、2004 年、220 頁以下），提示了首尾一贯的理论构成。

[4] 参照前田《总论》，第 291 页以下、第 302 页以下。

[5] 特别是山口《探究》，第 148 页以下。

里提示了将责任要素说彻底化的一个姿态。

区别事实的错误与违法性错误的理由，只根据（不是政策性的）完全将故意作为违法要素的见解（以下称为违法要素说），就可得出理论性说明。违法判断，本质上是对行动的规范违反性的判断，与此相反，责任判断是通过发动规范意识，对应该得到动机制御而没有得到进行非难为内容的判断。违法性与责任是通过意思的行动制御对规范违反性的判断，还通过规范意识的意思形成、动机制御的判断进行区别（本书第二章第一节），但故意只能是通过意思制御行动的违法要素，而不是影响通过规范意识制御动机的责任要素。在责任的阶段产生，通过意识能否制御动机、在哪种程度上可能制御等此类问题（在这里只有可能性的程度才是问题，不存在可能性的质的不同）时，才开始考虑违法性意识的可能性[1]。

通过规范设定法所保护的法益时，故意行为才是直接地动摇规范效力的行为。譬如说，禁止杀人、禁止盗窃等的规范效力，是通过知道是人仍然要杀害的行为、知道是他人的财物仍然要盗窃的行为开始被动摇的。通过攻击熊的行为、以为是自己的伞拿而将伞回家的行为，并没有动摇对杀人、盗窃的规范效力。对通过维持行为规范效力的法益保护（规范的一般预防论）的思想而言，"认识程度的错误"，从对（在纯客观上看到的法益威胁这一点上即便并不重要）规范效力的影响来看，本质上很重要，因为它真正地剥夺了重规范反作用的根据。对此，在知道符合规定的事实而实行行为时，该行为人无论是否知道刑法规定（即，有无"评价的错误"），都能引起规范的动摇，从规范保护的角度来看并没有区别。

为什么禁止杀人行为、禁止盗窃他人财物的行为的规范效力，如果没有故意的违反就不会动摇呢？那是因为尽管法能够根据规范对人们进行教育，但不知事实就是无力的，在这里存在合理根据。即使法能够教导"禁止杀人"，但不能让其注意到站在那里的不是"熊"，而是"人"[仅仅能够教育的是，如由于不知事实而不能产生重大法益侵害的结果那样，应该慎重地实行其他规范（过失的规范）]。法以通过规范语言性的交流手段的行动的控制作为其本质，但"禁止杀人"的行动指示，也不可能解释即使指向将人误认为熊而射击的行为者。只有具有事实认识的行为才能被规范所抑止，而且以

---

[1] 关于这一点，参照井田《犯罪论》，第30页以下。

具有事实认识的行为为开端，规范才能被动摇，所以事实认识是本质的违法要素，事实的错误是欠缺可罚性的故意不法。另一方面，如果刑法是"教导规范，为纠正对规范的误解而存在"的话，对违法性的错误就不能是宽容的，因此，违法性的错误不能立即成为免责的理由。但如果没有违法性意识的可能性，因为根据规范意识制御动机是不可能的，所以只要在这个限度内责任就会被阻却[1]。

如上所述，只有在占据以通过规范的人类行动的控制为理论中心的违法要素说为前提时，才能对事实的错误与违法性的错误的本质的不同加以说明。这表示了责任说只能是作为规范的一般预防论的行为无价值的别称。作为理论前提，没有使用行为无价值就不可能采用责任说，相反，作为结果无价值论归结的责任要素说，与严格故意说在理论上也不可分离。在日本，即便从结果无价值立场支持责任说时，也可以说，到目前为止没有充分地理解对责任说的理论构造。

第二节　法定符合说与具体符合说

一、"大概是人"还是"那人"？

在由于事实的错误欠缺构成要件该当事实的认识时，故意就能被否定。在事实错误的事例中解决最为困难的，是行为者无论如何都认识到了某种构成要件该当事实的情形。在这里可以考虑到有两种情形。首先，行为者为了实现相当于P事实的实行行为，虽然实现了相当于与P罪相同的事实，但是，存在关于详细的同罪的构成要件该当事实的错误情形。其次，行为者为了实现相当于P罪事实的实行行为，现实中却实现了相当于Q罪事实的情形。将前者称为具体事实的错误（同一构成要件内的错误），将后者称为抽象事实的错误（跨越不同构成要件的错误），在这里所存在的问题是主观方面上的那个

---

[1] 高山佳奈子《故意与违法性的认识》，1999年（高山佳奈子『故意と違法性の意識』、1999年），分别从特别预防的观点，作为责任要素定位效应，从非难可能性的观点作为责任要素定位违法性意识的可能性。但是，在存在故意但不存在违法性意识的可能性时，即便不能进行非难，也可以肯定特别预防（行为者的再社会化）的必要性，这种主张是某种奇异的结论。论者主张，在刑法的次元，如果能够立足于一般预防论（规范的一元论）的话，就完全可以把故意作为违法要素、违法性意识的可能性作为责任要素来定位。这种主张与本书的立场可以归属同一。

认识能不能评价为对应客观事实的故意[1]。

作为具体事实的错误的事例，是杀人罪的案例。①具有代表性的以下两种 X 想杀 A 并对其射击，但确认中枪倒下的人的时候，发现不是 A 而是 B 的"人的错误"的情形；②X 杀害 A 对其开枪，A 并没有中弹，而是打中了偶尔从背后通过的 B，打死 B 的"打击错位"的情形。前者的错误是客体的错误，后者的错误为方法的错误（打击的错误）（除此之后，后述的因果关系的错误也很重要）。

关于具体事实错误的处理的判例（作为代表的是，最判昭 53.7.28 刑集 32 卷 5 号 1068 页）[2]、多数说，对①与②的任何一个情形发生的事实（即 B 发生的结果）都承认其故意，从而肯定了 B 杀人既遂的成立。其理由在于任何情况下都可以说是"以杀人的打算而进行的杀人"。杀人罪的构成要件是"杀人的行为"，是 A 或是 B 的客体不同在法律上并不重要。既然是"以大概打算杀人而实行了大概的杀人的"，就存在完全符合构成要件的事实。如此，主观的认识与客观的事实，在同一的构成要件的范围内一致或者符合的话就足够了，以这样的理由承认故意成立（但是，在行为与结果之间肯定相当因果关系是当然的前提）的见解，称为法定符合说[3]。

与此相反，有力的反对说要求认识与事实之间的具体的一致，关于①的客体错误，以杀了站在那里的"那个人"的意思，可以承认来自行为者发出的故意的成立，但在②的方法错误的情形下，是打算杀"那个人"A，由于没有打算射击现实结果发生的"某一个人"B，所以就可以阻却发生了

---

[1] 另外，在某种情形下，关于发生的结果，只有在实际上不能认定未必的故意的情形才会产生错误的问题。把错误论消解成未必的故意的问题的见解，虽然是根深蒂固的主张，但并不能解决问题。

[2] 作为判例最富有彻底的分析所暗示的是，佐佐木和夫《方法的错误中的判例理论》载于《专修大学法学院研究所纪要 23》，"刑事法的诸问题 V"，1998 年，第 135 页以下（佐々木和夫「方法の錯誤における判例理論」、専修大学法学研究所紀要 23、『刑事法の諸問題 V』、1998 年、135 頁以下）。

[3] 譬如说，大塚《总论》，第 206 页以下；大谷《总论》，第 192 页以下；木村《总论》，第 222 页以下；团藤《总论》，第 298 页以下；林《总论》，第 256 页以下；福田《总论》，第 115 页以下；藤木《总论》，第 152 页以下；前田《总论》，第 317 页以下等参照。中村《总论》，第 119 页以下，从抽象的符合说的立场得出了相同的结论。

结果的故意。这是具体符合说[1]。应该认为行为者对每一个特定的"那个人"独立地实现构成要件,在方法的错误中,"那个人"或者"某个人"的不同是构成要件上重大的不同,对 A 的故意与对 B 的故意不能在同列中讨论。

如此,具体符合说要求在"那个人"的程度上的(更具体的)符合,是在构成要件独立地保护其他的客体的限度内考虑对每一个客体构成要件的实现。反过来讲,一个构成要件在"概括地"保护的范围内,即便存在错误,那对法而言也并不重要。因此,即便根据具体符合说,意图伤害被害者 A 的"手指",而误伤了 A 的"脚"时,因为《刑法》第 204 条没有给予对应身体部位的独立保护,那个错误就不能阻却故意(与此相反,如果刑法设计了对不同的身体部位实施伤害的构成要件的话,可能就会产生阻却故意的可能性)。关于财物损坏罪(《刑法》第 26 条),以占有的个数为罪数的基准,只要占有者相同,无论损毁几个都认为是一罪,占有者的被害人在同一的范围内,即便有方法的错误也可以承认故意的成立[2]。这样,法定符合说与具体符合说的对立,是关于是否将故意的认识对象在什么程度上抽象化的对立,是关于解释构成要件在什么程度上抽象化可被容许的见解的不同。法定符合说称为抽象的法定符合说,具体的符合说称为具体的法定符合说,不是没有理由[3]。

二、两说的缺陷

我认为根据具体符合说对法定符合说的批判,已冲击到它致命性的弱点。《刑法》第 199 条并不是无限定地将"大概是人"作为保护对象的,因为生命的法益对各种各样的人独立于他人进行保护。杀人罪的罪数根据被害者的数

---

[1] 参照大越《总论》,第 119 页以下;佐伯《故意·错误论》载于《最前线》,第 104 页以下(佐伯「故意·錯誤論」、最前線 104 頁以下);内藤《总论下Ⅰ》,第 899 页以下;中山《概说》,第 176 页以下;平野《总论Ⅰ》,第 174 页以下;堀内《总论》,第 102 页以下;町野《总论》,第 237 页以下;松宫《总论》,第 184 页以下;山口《总论》,第 184 页以下;山中《总论Ⅰ》,第 306 页以下等参照。

[2] 参照曾根《总论》,第 207 页以下。

[3] 包括性地探讨围绕两说对立的观点,作为加入尖锐分析的果断措施的研究,重要的有铃木左斗志《关于方法的错误》载于《金泽法学》37 卷 1 号,1995 年,第 69 页以下(鈴木左斗志「方法の錯誤について」、金沢法学 37 巻 1 号、1995 年、69 頁以下)。

来决定完全就是对这种理念的表示（本书第三十章第一节三）。因此，在方法错误的案件中，指向 A 的行为承认有一个构成要件该当行为，不同于为了保护 B 所承认的构成要件该当行为，该差异是真正"对构成要件最重要的"。将"指向 A 的故意"作为"指向 B 的故意"来评价，不意味着在构成要件流用内承认符合，可以说只能真正超越构成要件成为其他构成要件流用的故意。在那个意义上，法定符合说对作为前提的构成要件的理解不得不说是过度抽象的[1]。

于是，那种学说就清楚地出现了在结论上的不妥当。法定符合说，关于构成要件上的同种结果，虽然存在只有在相当因果关系的范围内发生的故意，但是也过分无限定地肯定了故意的成立。即便是在故意行为之际偶然地产生过失结果，但也是由故意引起的。而且，实际上连过失的要件都不要求充足，只要明确所谓的因果关系相当性（根据客观的相当因果关系说，尤其如此，根据折中的相当因果关系说也是如此）的极其缓和的要件，在能够接受根据故意的结果惹起的评价这一点上，存在重大问题。举例说明，行为者为了杀害眼前这个人，无知地认为使用的是小型爆炸，但实际上是强力性的小型炸弹，所以将相当远的、预想之外的人也炸死的情形，只肯定相当因果关系，并不能看出其死亡的结果是由故意产生的。

与此相反，历来的具体符合说的问题点在于不能提示一个区别阻却故意情形的妥当性标准。本来，无论是客体的错误还是方法的错误，都是行为者把其他的客体当作特定的客体产生结果的情形。因此，区别客体的错误，如果主张只有方法的错误才阻却故意的话，就必须明确判断什么样的样态以及程度上的特定性才能影响故意成立的客体特定的标准。的确，在行为者对眼前的客体能够直接用视角进行捕捉的情况下，只有对"那个客体"才承认有故意，而除此之外的客体都不涉及故意，这大致可以成为一个基准。但是，如果不是这种情况，譬如说，间接正犯、隔离犯，进一步讲，在共犯的情形下，区别不阻却故意的客体的错误与阻却故意的方法的错误时常常是困难的（即便在支持具体符合说的内部，关于各种不同的事例，围绕是客体的错误还是方法的错误都存在深刻的对立），而且，即便可以考虑一定的区别基准，使

---

[1] 关于以上的旨意，山口《探究》，第 119 页表现为法定符合说，"构成要件的评价没有联动对故意而言的认识的事实的重要性的评价"。

用它区别这两个错误，但只考虑一方就承认故意阻却的话，其结论就会产生欠缺具体的妥当性的情形[1]。

具体符合说的主张者，在行为者不能视觉性地特定客体的情形下，因为"那个人"的视觉特定不起机能作用，所以说应该根据法益主体同一性的特定，即应该以 A 或者 B 的"名称"的特定为标准[2]。的确，如前所述，具体的符合说是最多只能在同一法益主体的范围内才允许"故意的抽象化"解释的见解，既然行为者发生了特定的法益主体不同于其他客体的结果，那么，阻却故意在理论上就是首尾一贯的结论。如果这样思考的话，X 教唆 Y 杀 A 之时，正犯者 Y 陷入客体的错误杀死了 B 的时候，X 的故意就不能波及结果。而且，譬如说，X 为了以杀害 A 为目的赠与 A 毒酒，但 A 没有喝，而后 A 的妻子让 B 饮用了受赠的毒酒，导致 B 死亡，产生 B 死亡的结果是 X 全然不能预想到的（关于该案例，东京高判昭 30.4.19. 高刑集 8 卷 4 号，505 页，承认杀人罪的成立）、X 要杀 A，在 A 的家用车上装置了炸弹，第二天 A 的妻子 B 开车去购物，意外地被炸死亡，X 一直认为 A 是一个人生活，他完全没有预想到他人会乘用。在这样的事例中，对 B 的死亡，X 的故意是不能覆盖的。

但是，这样的标准无论在理论上还是实践上都很困难。以眼前的视角特定客体时，A 或者 B 的名称并不重要，如果看不到客体的话，忽然以"命名"成为重要的基准是不可理解的，根据任何的理论使其成为可能都不明确。而且，通过"命名"特定的，以杜撰形式特定地承认其意思的，教唆者在指定日期、场所的情形下优先于它，与在符合日期、场所的范围内不过是客体的错误之间产生了不均衡。教唆者越是用杜撰的形式特定客体，就越容易阻却故意。即便从实质上考虑，如以上所述的事例那样，既然任何一个同种的客体产生结果（具有某种程度上的盖然性）都存在被保证的状态，结果发生就

---

[1] 关于共犯错误的情形，在井田《被教唆者的客体的错误与教唆者的故意》载于《法学研究》65 卷 12 号，1992 年，第 43 页以下（井田「被教唆者の客体の錯誤と教唆者の故意」、法学研究 65 巻 12 号、1992 年、43 頁以下）已经加以探讨。

[2] 但是，"同一性的特定"，即"通过名称的特定"不能说是必然的。就这一点而言，参照专田泰孝《具体事实的错误中特定的攻击客体与故意的范围》载于《早稻田大学》74 卷 4 号，1999 年，第 519 页以下（専田泰孝「具体的事実の錯誤における攻撃客体の特定と故意の範囲」、早稲田法学 74 巻 4 号、1999 年、519 頁）。但是，多数情况下，感觉上不能确定特定时的特定，不得不通过"名称"加以确定。

只不过是实现该危险的变种之一,我认为好像没有通过根据在那个范围内的行为者对客体重要性的特定承认从而否定故意的理由。(换言之,存在在法上能够忽视"即便认为在那个客体中产生结果也看不到"的行为者的辩解的状况)。而且,所导出的结论也欠缺妥当性。在共犯错误的情况下,因为教唆未遂不可罚(与此相反,在德国刑法中,只要是关于重罪,即便是教唆的未遂也可罚),杀人预备罪、过失致死罪就成为问题,杀人预备罪的共同正犯可以成立的情形另当别论,根据对杀人罪的教唆不可罚的见解,最多只是为过失致死罪成为问题。在盗窃罪等财产犯的共犯事例中,完全不能处罚行为者。在间接正犯、隔离犯的情形下与所阻击的客体之间的关系,只要能够肯定实行的着手就可以肯定杀人未遂,不过是作为与过失致死罪的观念竞合来处断的。

让我们考虑一下,具体符合说的客体特定基准,欠缺明确原理性的理由。这一点只要考虑以下的设例就能明白。即,X听说与其存在敌对关系的A(只有A)住在那个房间,并打算投出小型炸弹杀害A之时,实际上该房间还有B与C两人,以致引起其他两人也死亡的事例;Y对准从一个拐角来的D进行投石伤害时,意外地因为一对情侣E与F也来了,从而也引起了两人都受伤的事例;Z正准备瞄准射击站在眼前的胖子G时,近视眼的Z想着的是"胖子G",实际上是两个男人H和I,两个人正站在那里讲话的事例。如在这种案例中明确的那样,行为者认为"在那里"的客体并不是只限于在那里、那样的状态以及个数的存在,所以朴素地只以"行为者所侵害的那个客体才承认故意"的方式的解决是不可能的。根据关于实行行为的通说之见解,就是在现实中客体不存在的情况下,在一定条件下也可以肯定实行行为。在这里,现实中具体存在的客体,首先被切割的时候,就可以实施对实行行为的判断。行为者以一定的客体为表象的话,只要从一般人的见解来看有充分根据,无论现实中存在什么样的样态、个数的客体,都可以被设定"禁止侵害被设定的该客体"的规范命令,在那里就可以肯定规范违反行为。

这样,忽视具体符合说,就必须理论地区别对实行行为的判断,即区别对未遂犯成立与否的判断、关于发生结果故意的成立与否的判断。实行行为的判断,是在行为者将表象的、具体的、个别的客体作为假设的前提之上实行的,对这样确定的实行行为,可以归属于现实中发生的结果(作为故意地惹起的结果)。以这种思考为开端,给予了以上三个事例解决问题的头绪。譬如说,必须以与Y认为从拐角来的那个具体的客体之间的关系来考虑实行行为的成立与否，但是对现实中产生伤害 E、F 的结果的故意的成立与否，却要进行进一步探讨。如果是这样，如具体符合说主张的那样，不存在只有行为者对在现实中认识的特定的客体产生的结果才能承认故意的理论必然性，而且，只有行为者头脑中特定的客体所产生的结果就承认故意，也不能成为充分的判断基准。

第三节　修正的具体符合说

即便故意的实行行为存在与结果之间的相当因果关系，如果能看到附随故意行为的偶发性结果的话，就可以承认故意未遂犯的成立，最多以与过失结果犯之间的观念的竞合（或者两罪的合并罪）就足够了。但如果超越它，为了承认故意既遂犯，就必须对故意惹起结果给予更积极的理由。在那个意义上要求相当因果关系以上的密切的具体性符合关系的具体符合说，就是妥当的。但是，如历来的具体性符合说所主张的那样，以所谓的"那个人"的简陋的并且无规范的基准就很不充分（历来的具体符合说忽视了故意的规范性性质，这样的批判在这个意义上仍然是中肯的）。在这里为判断对发生的结果能否承认故意的基准，必须找出能够给予故意处罚的法的规范性基准。

对以上所举的事例再思考一下。X 想杀害认为是一个人生活的 A，于是在 A 的汽车上设置了炸弹，A 的妻子 B 驾驶，并意外地导致其死亡的事例。在这个事例中，关于 B 死亡的结果，认为可以承认故意，即便以行为者 X 的认识事情为前提，最终也不能排除 A 以外的人遇害的结果。即，行为者如果认识到这种程度的事情，尽管是通过行为者特定的客体，也不妨碍做出对发生的结果波及实现意思的重规范违反的评价[1]。共犯错误的情形也一样，被教唆者即便由于客体的错误导致发生其他的客体的结果，教唆行为存在所产生的任何一个同种的客体结果（在某种程度上具有盖然性）也是被保证的状况，

---

[1] 铃木左斗志《关于方法的错误》载于《金泽法学》37 卷 1 号，1995 年，第 135 页以下（铃木左斗志「方法の錯誤について」金沢法学 37 卷 1 号、1995 年、135 頁以下），当把现实的经过假设为行为者的表象时，从行为者的立场来看，"能够给予结果发生的预见性"就成为基准，但是可以解释为与根据本书的标准得出相同的结论。在以上的事例中，虽然这样的标准怎样适用并不明确，但是即便在 X 认为 A 一个人生活的情形下，大概也认为是不能阻却故意的宗旨吧。而且，安田拓人《错误论（上）》载于《法教》273 号，2003 年，第 71 页（安田拓人「錯誤論（上）」法教 273 号、2003 年、71 頁）的标准也可以解释为归于同一。

既然它被行为者认识到,那么,行为者即便产生了对没有意图的客体的结果,作为波及的实现意思也应该肯定其故意。相反,就发生的结果而言,应该认为没有波及故意,从行为者认识的事情来看,那个结果的发生首先可以说是被排除的情形。譬如说,行为者认为在除了 A 没有任何人的空地上向 A 投石之时,投歪导致突然出现的孩子 B 受伤(但是,如果注意的话,当然应该发现 B 的存在)的事例等就是这类情形。在与 B 的关系中,应该承认达到了过失犯的程度。

以上那种基准的优点是,可以对所有具体事实错误的诸类型给予一个统一的标准,不仅是客体的错误与方法的错误,即便是关于因果关系的错误(本书第五章第一节)也可提供整合性的解决。在因果关系的错误中,客体的错误、方法的错误的事例成为共同问题在于如何区别结果完全由故意实现的情形,与根据故意犯实行的、但是偶然地产生过失结果的情形之间的标准的问题。如果适用以上所述的基准,即便在实行行为时只以行为者认识到的事情为前提,大概发生那种结果作为完成事态不能被排除的情形的话,是达到了在现实中所产生的那样的因果经过呢,还是达到了行为者所预定的那样的因果经过呢?这不过是所谓的结果发生样态的变种问题,关于那个范围内的结果,可以说都波及行为者实现的意思,所以可以承认那种关系。在那个限度内,行为者引起的结果样态的特定性,在法律上可能是无意义的。根据这样的标准,即便以折中的相当因果关系说为前提,就发生的结果而言,应该承认故意阻却的情形绝不是很少的事[1]。

另外,作为因果关系错误的特殊类型,也有称为过早的构成要件实现的情形。譬如说,行为者殴打被害者的头部导致其气绝,然后用注射毒品(第二行为)的方式杀害的,最后判断为由殴打死亡的事例就是这种情形[2]。为

---

[1] 详细的参照:井田《因果关系的错误论》载于松尾浩也等编《刑法判例百选Ⅰ总论》(第4版),1997年,第32页以下(井田「因果関係の錯誤」松尾浩也ほか編『刑法判例百選Ⅰ総論(第4版)』、1997年、32頁以下)。

[2] 最决平 16.3.22 刑集 58 卷 3 号 187 页中,现实的这种案件产生了问题,结论上肯定了故意既遂犯(杀人既遂罪)的成立。关于判例和学说,详细的有佐藤拓磨《关于过早的构成要件的实现》载于《法学政治学论究》63 号,2004 年,第 225 页以下(佐藤拓磨「早すぎ構成要件実現について」、法学政治学研究 63 号、2004 年、225 頁以下)。在学说中,不能肯定杀人既遂的见解也相当有力。参照山口厚《实行的着手与既遂》载于《法教》293 号,2005 年,第 109 页以下(山口厚「実行の着手と既遂」、法教 293 号、2005 年、109 頁以下)以及被引用的文献。

了肯定故意既遂犯，在已经开始实行行为后，也可以说以已发生该当结果为前提，虽然在"第一行为"的时间点必须肯定实行的着手（如果不是的话，不能进入因果关系错误的范畴），但成为这种情形基准的结果实现的意义也不能被抽象化，而且必须被真正具体地把握[1]。虽然能肯定在这个意义上的实行的着手（它本身完全就是一个大问题，本书第十七章第二节四中有相关探讨），在进一步承认存在结果之间的相当因果关系之上，因果关系的错误才成为问题，但根据以上的基准，如果是以"即便只以实行行为时行为者认识到的事情为前提，大概那种结果的发生无论是哪一个作为既成事态都可能被排除"的情形为开端的话，就可以肯定故意既遂犯。然后，为了能够这样主张，行为者所计划的"第二行为"，作为所意图的行为的一环就是必要的，而且我认为，为了"作为既成事态能够被排除"，"第一行为"与"第二行为"之间的时间性的、场所性的接近性也可能成为问题，不过，只要是在"第一行为"的时点可以肯定实行着手的事例中，这一点的要件就可以解读为是清楚的[2]。

第四节 故意的"个数"

根据法定符合说，因为在与构成要件同价值的任何客体之间的关系上都可以承认故意，所以，即便在方法错误的情形下只有一个"故意"，在与复数客体之间的关系上也可以肯定故意犯的成立（即，所谓的数故意犯说）。在法定符合说的主张者中，有人主张确定承认行为者所认识的客体的数以上的故意犯的成立，然后将故意的成立只限定在与某一个客体之间的关系中（所谓

---

[1] 如前所述，实行行为性的判断，即未遂犯的成否的判断（行为的危险性的判断）中的故意的内容，与关于发生的结果的故意既遂犯的成否的判断中成为问题的故意的内容不同。关于这一点，详细的参照井田《关于故意中的客体的特定以及"个数"的特定的考察（1）》载于《法学研究》58卷9号，1985年，第39页以下（井田「故意における客体の特定および「個数」の特定に関する一考察」、法学研究58卷9号、1985年、39頁以下）。因此，在第一行为的时点，以大概存在犯意，也存在结果发生的危险性为由，当然地肯定实行行为的着手［譬如说，关于前揭最决平16.3.22，参照吉川崇《实务刑事判例评释［118］》载于《警察公论》2004年9月号，第112页（吉川崇「実務刑事判例評釈（118）」、警察公論2004年9月号、112頁）］，这是错误的。

[2] 从该思考方法来看，前揭最决判16.3.22的结论，我想可以给予支持。

的一故意犯说）[1]。但是，限定哪一个客体可以承认故意的标准众说纷纭，并没有统一[2]。理论上，因为法定符合说是指只要在构成要件的相同价值范围内，在与任何一个客体的关系上都可以承认故意的见解，所以既然从以"大概是人"的标准肯定故意的前提出发，只用其中任何一个客体限定故意成立的标准，就不可能是并存的，那样的要求标准与法定符合说的出发点会产生矛盾。

另一方面，关于故意个数的问题，虽然具体符合说完全能看到，但即便根据这种学说，也存在不可能解决的案件[3]。前面的事例，譬如说，X在与其存在敌对关系的A（只有）屋里投放炸弹之时，实际上在同屋中还有B与C两人，从而也被炸死的事例中，即便根据具体符合说的标准，故意的对象也不能被限定为特定的一个客体。

如根据上所述的"被修正"的具体符合说的标准，就会发生作为行为者只有一个故意是特定的，反而要以与复数客体之间的关系承认故意的情形。当然，将以一个故意杀害复数的人的情形与在量刑上从最初就想杀害复数的人的情形进行完全相同地处理，那（作为量刑原则）是违反责任主义的。在这里首先成立复数的故意犯，在具体地决定刑的阶段（量刑的阶段）上考虑一个故意时，只有在不能过重处罚上下功夫，因此，这在理论上并没有问题[4]。关于一个行为，作为构成要件要素的一部分，承认共通复数的犯罪成立，因此，关于同一的事实给予重复评价的形式自身，并不意味着对责任主义的违反。譬如说，如伤害了执行公务中的警察的情形那样，一个行为符

---

[1] 譬如说，阿部《总论》，第113页；大塚《总论》，第207页以下；福田《总论》，第120页以下注（八）等。作为沿着批判再次拥护这种见解的论文，有福田《关于方法的错误与故意的个数的备忘录》载于《东海法学》17号，1997年，第157页以下（福田「方法の錯誤と故意の個数についての覚書」、東海法学17号、1997年、157頁以下）。

[2] 详细的参照：井田《构成要件该当性事实的错误》载于阿部纯二等编《刑法基础讲座》（第2卷），1994年，第237页（井田「構成要件該当事実の錯誤」阿部純二ほか編『刑法基本講座第2巻』、1994年、237頁）。

[3] 参照佐伯《故意·错误论》载于《最前线》，第115页以下（佐伯「故意·錯誤論」、最前線，115頁以下）。岂止如此，故意个数的问题正是在具体的符合说中带来了困难性的问题。持这种主张的是铃木左斗志《关于方法的错误》载于《金泽法学》37卷1号，1995年，第104页以下（鈴木左斗志「方法の錯誤について」、金沢法学37巻1号、1995年、104頁以下）。

[4] 从具体符合说的立场，不得不承认这种处理方式的是安田拓人《错误论（上）》载于《法教》273号，2003年，第71页（安田拓人「錯誤論（上）」、法教273号、2003年、71頁）。

合公务妨碍罪与伤害罪时，不得不以一个"暴行"的违法要素，承认作为相同暴行要素的两个犯罪。观念竞合（或者牵连犯）就是为了解决这样的违法评价的重复（正确地说，是作为违法要素的量刑事情的重复）的问题（本书第三十章第三节二）而设的。关于一个违法要素，如若承认以那个违法要素为内容的复数的犯罪，如果不违反责任主义的话，即便以"一个故意"的一个违法要素承认复数的故意犯，也不会立即违反责任主义[1]。

---

[1] 专田泰孝《具体事实的错误中"故意的个数"——从具体的符合说的立场》载于《早稲田大学大学院法研论集》83号，1997年，第111页以下（專田泰孝「具体的事実の錯誤における『故意の個数』-具体的符合説の立場から—」早稲田法学大学院 83号、1997年、111頁）以下，主张在故意既遂犯的"二罪分"的内容的情形下，承认两罪的概念的竞合违反责任主义。但是，复数故意的归属在可能的情形下，将行为与各种不同的结果相结合，任何一种关系都可以承认故意犯，因为这已成为一个前提，所以对应各自不同结果的"二罪分""三罪分"的内容就在那里存在了。另外，林《总论》，第263页，虽然主张应该将此作为包括的一罪，但是在那种情形下，只停留在包括的一罪上，并不能认为妥当。

第七章 抽象事实的错误

第一节 犯罪论的"例外性"场面

行为者为了实现符合犯罪 P 的事实而实行行为，现实中却实现了符合 Q 罪的事实时（但是，以承认行为与发生事实之间的相当因果关系为前提），承认在那里跨越不同的构成要件的错误，通常把这种错误称为抽象事实的错误。这不仅存在于单独犯的情形下，也存在于共犯错误的案例中。譬如说，X 教唆 Y 从被害者 A 骗取财物那样的诈骗、Y 恐吓 A 获得钱财（实行了恐吓的事实）那样的事例，都可能产生问题（本章第四节、本书第二十七章第一节三）。而且，背后者认识到的是间接正犯的事实，但现实中却实现了教唆犯的事实，那样的正犯与共犯之间的错误（只要关于正犯与共犯是在各自不同的构成要件的概念的范围内），可以说是一种抽象事实的错误（本书第二十七章第一节四）。另外，这是当然的事，既然可以存在与客体的不同、因果关系的不同相对应的不同的构成要件，即便是在与抽象事实的错误之间的关系中，客体的错误、方法的错误、因果关系的错误的错误种类也会产生各种各样的问题。从所谓的具体符合说的立场来看，在产生方法错误时，不能承认结果的故意与具体事实的错误的情况就是相同的。

在抽象事实的错误中，打算实现 P 罪，但却发生了相当于 Q 罪的事实，那么，承认阻止 P 罪的未遂罪与过失的 Q 罪的成立，就不会发生原则性的疑义。可见可以确保"处罚的最低限"。但是，有不得处罚 P 罪未遂的可能性，却不存在 Q 罪的过失犯的处罚规定（即便有刑罚也极轻）。尤其是在共犯的情况下，因为启动了实行从属性的原则，就发生的事实而言不成立故意，作为教唆未遂或者帮助未遂不可罚（本书第二十章第二节二），在不能追求关于那个事实的过失罪责时（譬如说，财产犯的情形就是这样），就完全不能处罚。

因此，在这里刑法第 38 条第 2 款的制约（即，并不允许处罚在行为者所能认识之上的重犯罪）的范围内，只要在理论上不发生不合理性，那么就不得不产生能不能承认故意既遂犯的问题。

实际上尤其不合时宜的是①主观上意图实现的犯罪比客观上所实现的犯罪更为严重的情形（《刑法》第 38 条第 2 款，完全预定了这种情形）。与此相反，②主观意图上实现的为重罪［譬如说，想着是人而杀害的，但实际上，那是一个人体模型，从而实现了财物损坏罪（《刑法》第 261 条）］，但如果不可能处罚比承认主观意图的犯罪（上例中的杀人罪）的未遂更重的话，所发生的事实（该案例中的财物损害罪）就不必讨论故意的成立与否。尽管如此，即便在主观意图犯罪的方面是重的情形，没有处罚未遂或者即便处罚未遂，因为所意欲的犯罪作为不能犯处罚，所以，关于发生的结果就会产生探讨（轻的）故意犯的成立与否的必要性。而且，③不能处罚意欲犯罪的未遂各自不同的犯罪的法定刑的轻重，因为对既遂会给予比未遂更重的评价（如果是未遂，刑罚减轻的可能性是存在的），所以就实现的事实而言，故意的既遂犯能否成立就必然成为问题。

抽象事实错误中的本质的问题，如下所述。故意中事实认识是"意思的认识"（本书第五章第二节）。刑罚法规本身是判断规范，将它"翻译"给国民的是行为规范。行为者用"被翻译的语言"认识构成要件的意思内容的话（换言之，以特定的处罚规定针对行为状态具体化的规范与以行为者所理解的事情为前提，将此一般化的规范一致的话〔1〕），就可以承认故意。举一例，关于公文伪造罪（《刑法》第 155 条）的客体，行为者无论以"公务员所作的文件"还是"政府所出的证明书"的形式，只要认识到的话，故意就可以成立。的确，在法的程度上，伪造公文罪与伪造私文罪（《刑法》第 159 条）的构成要件不同，而且，理解它们为相互排斥的关系也是自然的，不应该有以私文书作为一种形态包含在公文书中的关系（法条竞合的特别关系、吸收关系）。但是，在有意思的认识的程度上，私文书也可能存在包括公文书的关系。即，在普通人的意识中，"即便在他人所作的文件中，也有市政府所作的

---

〔1〕福田平《行政犯中事实的错误与法律的错误之间的界限》，判夕 1004 号，1999 年，第 10 页（福田平「行政犯における事実の錯誤と法律の錯誤との限界」、判夕 1004 号、1999 年、10 頁）也主张故意的成立要求必要的事实认识的程度，也是"规范的问题具体地被给予"的程度。

特别的"公文文件。于是，譬如说，X 伪造了一桥大学法学院的成绩证明书（那是该当公文文件伪造罪的客观的构成要件的行为），这时，X 认为一桥大学为私立大学，那么在与私人文件伪造罪的关系中，可以说存在关于构成要件该当事实的意思认识。换言之，行为者以那样的意思内容实行行为的话，至少可以肯定私人文件伪造罪的规范违反性。

如上所述，构成要件要素，即，在裁判规范的程度上，即便 P 罪与 Q 罪存在相互排斥的关系，看作为 P 罪的故意要件的认识内容，与看作为 Q 罪的故意要件的认识内容，在作为行为规范违反成为问题的意思的认识程度上，可认为是重合的。那可以说是产生了裁判规范程度上的可罚领域的幅度与行为规范程度上的行动基准的类型化之间的错误情形。在这里，如果在重合的限度内可以承认故意犯成立的话，客观上存在重犯罪（以上之例，伪造公文罪）的事实，但却让行为者的故意对应轻犯罪（以上例中指私文书的伪造罪）的成立。即，相当于那个犯罪（私文书伪造罪）的客观事实不存在，但却因在主观方面有故意，不得不实行承认该犯罪成立的特别的处理。《刑法》第38 条第 2 款规定："不能根据重罪（上例中的公文伪造罪）处罚"，但是可作为解释论解读成"并不妨碍承认根据轻罪（上例中的私文书伪造罪）的成立（如果不能这样考虑的话，上例大概就不能给予处罚了）。因此，以第 38 条第 2 款为根据，容许构成要件的扩张"，就只能承认将重犯罪（公文伪造罪）的客观构成要件作为轻罪（私文书伪造罪）的客观构成要件来代用。以上这种抽象事实错误的问题，不仅是故意论例外的情形，而且也不得不考虑包含应该说犯罪论所有例外情形的内容[1]。

---

[1] 关于这一点，参照中森喜彦《错误与故意》载于《西原春夫先生古稀祝贺论文集》（第 1 卷），1998 年，第 435 页以下（中森喜彦「錯誤と故意」『西原春夫先生古稀祝賀論文集第 1 巻』、1998 年、435 頁）；安田拓人《错误论（上）》载于《法教》273 号，2003 年，第 72 页（安田拓人「錯誤論（上）」、法教 273 号、2003 年、72 頁）。而且，日高义博『刑法上的错误论的新展开》，1991 年，特别是第 2 页以下、第 41 页以下、第 250 页以下（日高義博『刑法における錯誤論の新展開』、1991 年、特に 2 頁以下、41 頁以下、250 頁以下），将这种见解彻底化，认为错误论适用的领域是正面的故意论不发挥机能的特别的犯罪领域，完全主张纠正处罚不均衡的思考是从正面发出的，支持后述的抽象符合说（其第二种学说）。

第二节　构成要件的符合说与抽象符合说

一、（严格的）构成要件符合说

关于抽象事实错误问题的一个彻底化的立场，是将相当于故意认识对象的事实，根据各个构成要件完全地个别化。这称为（严格的）构成要件符合说[1]。根据该学说，在几乎所有的情形下，就只能承认 P 罪的未遂与过失的 Q 罪的成立。在特别例外的情形下，在有意图的 P 罪与实现了的 Q 罪之间，存在刑罚法规（裁判规范）程度上的完全包摄关系（一方包含另一方的关系）时，就承认轻罪的故意犯的成立。譬如说，具有单纯的受贿罪（《刑法》第 152 条）的故意，而实行了业务上的受贿（《刑法》第 252 条）事实的情形下，不是成为无罪（单纯受贿的未遂和过失的业务上的受贿都不可罚），而是承认单纯的受贿罪的成立。

根据该见解，譬如说在盗窃罪（《刑法》第 235 条）与遗失物占有罪（《刑法》第 254 条）之间，并不存在后者包含前者的关系（当盗窃罪成立时，就是相同事实也不能成立遗失物占有罪。在这个意义上，两罪之间存在相互刑罚法规的程度上的排斥关系），所以，以遗失物占有罪的意思实现盗窃的事实，不能承认轻罪故意犯的成立。因此完全不可罚。但是，从实质上看，这个结论是有问题的。行为者以将他人的财物占为己有的意思实行行为，其结果就是实现了那个意思，而且，就是无意图地侵害了他者的占有。从遗失物占有罪（为单纯地禁止将他人的财物占为己有的行为的犯罪）的行为规范的程度来看，可以说在主观方面与客观方面都是完全符合的（将刑罚法规具体化的行为规范，与以行为者所认识的事情为前提并将此一般化的行为规范是一致的）。尽管如此，我并不认为存在通过附加由于过失占有的侵害而不可罚的理由。如在这里明确的那样，构成要件符合说的缺陷在于没有注意它是在行为规范程度上的认识内容，而要求在刑罚法规（裁判法规）程度上的事实与认识的重合。故意的不法本质存在于认识与将该刑罚法规导向国民具体化的行为规范相一致的事实，并且意图实现它。在这样思考的时候，就不能

---

[1] 譬如说，大越《总论》，第 116 页；香川《总论》，第 265 页以下；松宫《总论》，第 180 页以下。

支持构成要件符合说。

二、抽象符合说

在反对的意思上，作为彻底化了的学说，无限制地肯定故意既遂犯成立的见解，称为抽象符合说[1]。经常出现的案例是在以实现财物损坏罪的事实为意图，但实行了杀人的事实的情形（譬如说，以损坏人体玩偶的意图对人体玩偶开枪，但那是一个真人的情形）。财物损坏罪的未遂因为可罚，所以就发生的结果只能认为是过失犯的话，所能成立的就是过失致死罪（《刑法》第210条）。如果是这样，譬如说，意图损坏了"物"（《刑法》第261条的财物损坏罪成立），但损坏了客体更为有价值的"人"时的刑罚却更轻，从而产生刑的不均衡性（也参照《刑法》第211条第12款后段）。另一方面，就发生的事实承认故意的成立，如果以杀人罪来处罚的话，那就明显地与《刑法》第38条第2款产生了冲突。

于是，抽象符合说坚持了第38条第2款的制约，可以承认故意既遂犯的成立，同阵营的见解大致可分成两种（在这里，与行为者意图实现的事实相比，现实中发生的事实只想接受更为重要的情形）。第一种学说主张：所发生的事实无论是什么样的犯罪事实，如果主观上意图某种轻的犯罪事实的话，就承认与主观的故意相对应的犯罪的既遂。因此，在以上的实例中，就会成立财物损坏罪的既遂。第二种学说主张：关于发生的重事实，在肯定故意犯的同时遵守第38条第2款的制约，根据轻罪的刑决定处罚。在上例中，作为犯罪，虽然杀人罪是成立的，但处断刑却要根据财物损坏罪（因此是3年以下徒刑等）来决定。总的来说，为了遵守第38条第2款的制约，第一种学说承认在现实中并不存在犯罪（在这里是财物损坏罪）的构成要件该当性，第二种学说肯定对应事实的故意犯（这里是杀人罪）成立的同时，但处断刑却以轻犯罪（在这里是以财物损坏罪）处刑。

抽象符合说在将关于犯罪本质的一方面见解彻底化时，从相反的方向得到支持。如果推进主观主义立场的话，既然以实行犯罪的意思实现了某种犯罪事实，那么作为行为者的"恶的性格"的征表就已经充分表现出来了，于是可以承认某种故意的既遂犯，从而肯定根据刑罚的改善/教育的必要性。因

---

[1] 关于属于抽象符合说的诸见解，详细的有内藤《总论下Ⅰ》，第967页以下。

此采用抽象的符合说（这里第一种学说）是说得通的。另一方面，将客观主义的立场彻底化，重视根据犯罪的意思实现轻犯罪事实的结果，从而达到强调由于偶然事情的不可罚或者处以极端的不妥当的程度。于是，抽象符合说（第二种学说）就得到了支持。

因为以一定的犯罪为意图而实现一定的犯罪事实，至少应该确保轻犯罪的处罚可能性，这样的主张并不是不能理解。忽视处罚的均衡/适正化的观点，大概是不可能谈论本问题的[1]。但是，在主观方面有某种犯罪的认识，在客观方面又实现了某种犯罪事实，只有这些并不能对应客观方面或者主观方面故意既遂犯的成立。如第一种学说所主张的那样，损坏物的事实全然不存在，却以财物损坏罪的既遂处罚，这在与罪刑法定主义的关系上存在疑问（但是，同种的问题，也在一定的限度内发生于法定符合说中。本书第三节）。如第二种学说所主张的那样，只有具备了财物损坏罪的故意才能使得杀人罪成立，从而否定了"犯罪的成立"具有独自的规范意义（即，刑的轻重另当别论，能成立杀人罪还是财物损坏罪，只有在作为法的评价上才存在重要的差别）。

本来，排除抽象符合说的理由应该是寻求基本思想本身所具有的问题性，就是该学说全部否定了每一个犯罪的违法的质的不同。换句话说，抽象符合说只能是主张刑法的行为规范大致被认为是"禁止犯罪"的一个规范的见解。裁判规范与行为规范，即便作为其他的存在，从罪刑法定主义以及以规范为手段的一般预防的要求来看，行为规范的内容必须尽可能地沿着刑罚法规成为其他的东西。刑法上如果不能给予只有"禁止犯罪"一个规范的见解，就不能采用抽象符合说。

第三节　作为通说的法定符合说

作为通说的法定符合说，在跨越不同错误的构成要件的情形下，在 P 罪的构成要件与 Q 罪的构成要件之间只要存在实质的重合关系，在重合的范围

---

[1] 关于这一点，参照日高义博《刑法上的错误论的新展开》，1991 年，特别是第 2 页以下、第 41 页以下、第 250 页以下（日高義博『刑法における錯誤論の新展開』、1991 年、特に 2 頁以下、41 頁以下、250 頁以下）。

内就可能成立轻犯罪故意既遂犯[1]。该见解的特色，在两个犯罪构成要件之间的严密的意义上，即便假设一方没有包含另一方的关系，如果有保护法益、客体、行为样态等的共同性/类似性的话，就可以肯定符合构成要件（在这一点上，区别于要求构成要件的"形式性的重合"的严格构成要件符合说）。

譬如说，如前所述，在盗窃罪与遗失物占有罪之间，并不存在严密意义上的包摄关系。但从实质上来看，两罪的构成要件，在不法取得他人财物的行为这一点上是共同的，只是盗窃罪附加了在占有侵害罪上的私密性的违法要素，从而规定了加重刑。在具有遗失物等占有的意思下实现了盗窃的事实时，既然对侵害没有认识，即便不能承认盗窃罪的成立，在"不法取得他人财物"的两罪实质上重合的范围内也可以承认主观方面与客观方面的符合，因此，在遗失物占有罪的限度内可能承认轻故意犯的成立。

判例也采用了在这种意义上的法定符合说，除了盗窃罪与遗失物占有罪之外，杀人罪（《刑法》第 199 条）与嘱托杀人罪（《刑法》第 202 条）、杀人罪与伤害罪（《刑法》第 204 条）、抢劫罪（《刑法》第 236 条）与盗窃罪（《刑法》第 235 条），抢劫罪与恐吓罪（《刑法》第 249 条）、公文书伪造罪（《刑法》第 155 条）与伪造公文书罪（《刑法》第 156 条）等之间可以肯定符合，在重合的限度内可以承认故意犯的成立。以"构成要件的实质性重合"的标准，最近越来越明确。即，日本最高法院对以进口兴奋剂的借口进口了毒品（海洛因）的事例，"毒品（海洛因）进口罪"与"兴奋剂进口罪"（顺便说一下，两罪的法定刑相等），被各自不同的毒品取缔法（现在为《毒品以及向精神药品取缔法》）与兴奋剂取缔法所规定，取缔的目的相同，取缔的方式也极其近似，而且毒品与兴奋剂在有害性以及外观上类似，两者之间在实质上看上去具有被同一法律规范规制的类似性，两罪的构成要件以"实质上完全重合"为由，可以承认毒品（海洛因）进口罪的成立（最决昭

---

[1] 大塚《总论》，第 211 页以下、第 320 页以下；大谷《总论》，第 199 页以下、第 488 页以下；川端《总论》，第 249 页以下；佐伯《故意·错误论》载于《最前线》，第 118 页以下（佐伯「故意・錯誤論」、最前線、118 頁以下）；曾根《总论》，第 208 页以下、第 426 页以下；内藤《总论下Ⅰ》，第 965 页以下；内藤《总论下Ⅱ》，第 1453 页以下；平野《总论Ⅰ》，第 178 页以下；平野《总论Ⅱ》，第 389 页以下；福田《总论》，第 122 页以下、第 294 页以下；前田《总论》，第 327 页以下、第 456 页以下；山口《总论》，第 196 页以下、第 294 页以下；山中《总论Ⅰ》，第 320 页；山中《总论Ⅱ》，第 881 页以下等。

54.3.27刑集33卷2号140页）。而且，关于以持有轻毒品（可卡因）的意思而实现持有兴奋剂的事例，即"毒品（可卡因）持有罪"与"兴奋剂持有罪"，除客体以外的构成要件要素是同一的，鉴于毒品与兴奋剂之间的类似性，以两罪的构成要件可解释为"实质的重合"也相当合理，从而承认了法定刑的轻毒品（可卡因）持有罪的成立（最决昭61.6.9刑集40卷4号269页）。

到现在为止的判例与学术相对应的归纳如下。成为问题的是以轻罪P的故意实行了重罪事实时，①成立所实行的Q罪，以轻罪P罪的刑处罚呢，还是②承认轻罪P的成立呢？虽然曾经的判例采用前者①的见解（譬如说，大判明43.4.28刑录16辑760页），但现如前面的日本最高法院判例所明确的那样，完全清楚地是采用了后者②的立场（另外，也参照关于共同正犯的最决昭54.4.13刑集33卷3号179页）。理论上，以什么样的根据能够承认对现实中没有实行的（即，该当构成要件的客体的事实并不存在）P罪成立，就会产生问题。在学说上，根据《刑法》第38条第2款承认"构成要件的修正"，即便轻罪的构成要件事实不存在，重罪的构成要件的该当事实也可代替它（根据重罪的客观构成要件该当事实的存在，可符合轻罪的客观构成要件的理由）[1]。只要在这个限度内，法定符合说对所发生的Q罪的事实就不得不承认将它作为P罪的事实"转用"。在以遗失物等占有罪的故意实现盗窃事实的情形下，如果承认是遗失物占有罪既遂的话，严格地说，相当于遗失物占有罪的客观事实并不存在（客观上只存在盗窃的事实），但却承认遗失物占有罪的成立[2]。

以下应该提问的是在承认重合的P罪与Q罪法定刑相同时，①应该承认对应主观认识的P罪的成立呢（因此《刑法》第38条第2款的适用就成为必要），还是②应该承认已经实现的Q罪的成立呢（第38条第2款的适用成为

---

[1] 譬如说：町野朔《关于法定符合说（下）》载于《警察研究》54卷5号，1983年，第16页以下（町野朔「法定的符合説について（下）」、警察研究54巻5号、1983年、16頁以下）；町野《总论》，第236页。另外，中森喜彦《错误与故意》载于《西原春夫先生古稀祝贺论文集》（第1卷），1998年，第439页以下（中森喜彦「錯誤と故意」『西原春夫先生古稀祝賀論文集第1巻』、1998年、439頁），虽然也是对此的批判，但是，不得不付诸构成要件的修正或者扩张的理论构成本身，我想这大概是不能否定的。

[2] 如前所述，虽然对抽象符合说提起了在没有对应发生事实之时承认犯罪的批判，但是，实际上法定符合说在一定的限度内也承认与此相同的结论。

问题)？如判例，在前述的昭和54年（1979年）的决定中，从承认不是主观意图的兴奋剂进口罪，而是承认现实中已经实现的毒品（海洛因）进口罪的成立来看很明确的那样，是采用了②的立场。那在理论上应该是妥当的[1]。抽象事实的错误有两个问题，①以发生事实为前提，是不是可以将行为者具有的事实认识作为该事实的故意来评价？②是不是可以将实现的事实，当作对应行为者的故意的构成要件该当事实来处理？当然①是原则，②是例外。因此，首先，在故意的认定上，以客观的事实确定为前提，在此之后应该探讨主观方面的认识，①的问题的提出方向是以从客观方面向主观方面的思考顺序进行的。而且，一旦肯定②，严密地讲，就变成没有客观的犯罪事实却承认该犯罪的成立，就有必要根据第38条第2款的适用来进行例外的处理。于是，超越第38条第2款的文言（它可看作是比所发生的事实更重的情形），就可以承认为适用于该例外的规定。

P<Q	P罪既遂犯的成立（第38条第2款的适用）
P>Q	Q罪既遂犯的成立（但是，P罪未遂犯的可能性）
P=Q	Q罪既遂犯的成立（判例。也有异说）

* 以实现P罪的意图，实现了Q罪的情形（两罪的构成要件"实质地重合"时）

第四节　"构成要件的重合"有必要吗？

判例/通说所主张的法定符合说，以符合的判定为标准，要求肯定"构成要件的实质的重复"。但是，如果那是要求在刑罚法规（裁判规范）的程度上的两个构成要件重合的宗旨，那么为什么不要求形式的构成要件的包摄关系，而是以缓和的"实质性"的共通性/类似性就可以满足呢？关于这一点并不明确。构成要件的本质是存在（一定限度的）形式性，"实质性的重合"完全是与罪责的符合或者法的同价值性同义的。在这里所指的"构成要件"的语言，具有容易理解口头语言的意义。如判例/通说所主张的没有该当P罪的构

---

[1] 对此，在学说上，主张对应主观的P罪的成立应该优先的①说也是有力的。譬如说，内藤《总论下I》，第994页以下。

成要件的事实却承认 P 罪的成立那样，因为无论超越哪一个构成要件的制约，都承认故意犯的成立，在超越该构成要件的外延之处，设想一个"构成要件"并以此为标准则会招致概念的混乱。

而且，通说在同一条文中择一规定复数客体、行为样态的情况下，譬如说，自杀干预与同意杀人（《刑法》第 202 条）、逮捕与监禁（《刑法》第 220 条）、第 1 款诈骗与第 2 款诈骗（《刑法》第 246 条）等，即便在关于这一点上产生错误的情形，也不能阻却故意。尽管在事实上相当于不同（作为构成要件的不同），而只以同一的刑罚法规中择一规定条款就可认为错误，这在法律上并不重要，那是因为它作为犯罪类型是同价值的。如果是这样的话，假设分别写在不同的条文中，即便构成要件不同，那些行为在法律上也是同价值的，在作为立法论以同一条文归纳在一起规定也不是不可能的情形下，并不存在拒绝这些罪之间的符合的理由〔1〕。譬如说，只要根据法定符合说，在诈骗罪（《刑法》第 246 条第 1 款）与恐吓罪（《刑法》第 249 条第 1 款）之间就不能承认"构成要件的重合"。因为恐吓罪包含了由于胁迫等使得被害者畏惧的独立的法益侵害。如果是这样的话，以诈骗教唆的意思干预，正犯实现了恐吓的事例中，也不能承认所实现的恐吓的教唆犯的成立。但是，站在法的同价值性这一观点上，两个在根据对方具有瑕疵的意思而交付财物的犯罪是共通的，作为立法论在同一条文中归纳性地规定也并不是不可能〔2〕。即便这些犯罪的"违法类型"不同，从财产保护的立法者的主观目的来看，其相异性也可以解释为不重要〔3〕。假如在这种情况下，法定符合说的主张者肯定符合的话，在这里也可以清楚地放弃"构成要件重合"的标准。

的确，为了承认故意的成立，不可欠对缺构成要件该当事实的认识〔4〕。关于这一点没有商榷的余地。但是，条文，即刑罚法规只能是裁判规范，将它"翻译"过来的是行为规范，被行为者以"被翻译的言语"理解行为规范的意思内容的话，就可以说具有该当构成要件该当事实的故意。如果是这样

---

〔1〕 参照平野《总论Ⅰ》，第 180 页。
〔2〕 现在，旧刑法中将欺诈罪和恐吓罪规定在了同一条文（第 390 条）中，现行刑法，关于略取诱拐罪，也将以暴行、胁迫为手段的略取的情形、和以欺瞒、甜言蜜语为手段的诱拐的情形规定在同一的条文中（参照第 224 条以下）。
〔3〕 关于这一点，林幹人《刑法的现代课题》，1991 年，第 91 页以下（林幹人『刑法の現代の課題』、1991 年、91 頁以下），富有暗示。
〔4〕 参照山口《探究》，第 146 页以下。

的话，在主观方面与客观方面之间，肯定刑罚法规程度上的"构成要件的符合"就不是本质的，而是刑法预定的。行为者是否理解了某一行为规范的内容才是决定性的。即便两个犯罪作为构成要件没有重合，在认识意义的程度上，即在行为状况具体化的行为规范违反的程度上就有可能重合，在这里成为问题的并不是作为裁判规范的构成要件的符合，而是为了承认行为规范违反的外行人的认识内容的重合。在注意行为者的具体化的行为规范并探讨行为者以什么样的意思内容实行行为会侵害行为规范时，根据外行人的认识，A罪实现意思与B罪实现的意思重合，具有A罪实现意思相当于B罪事实的实现，只有在可以说侵害了B罪的行为规范的范围内，才可以肯定故意。将这样的思考方法称为规范符合说也是可能的。当然，因为行为规定是为了法益保护而设定的，所以保护的法益不同，行为规范也就不同，对不同的法益侵害就不能承认故意的符合，这是原则。因此，杀人罪与财物损坏罪之间不能肯定符合。在这个意义上，该见解与法定符合说之间，几乎产生不了不同的结论。之所以这样说，在法所能把握的程度上，即便严密地讲法益不同，在实行了行为状况的行为者意思的认识程度上能够忽视其差异时，也可以考虑承认符合的情形[1]。

从法定符合说的立场来看，应该可以列举一般否定的事例。那就是遗弃了认为已经死亡的人，但该人在那个时刻仍然活着的事例。的确，从法的角度来看，活体与尸体是相互排斥的概念，但都可以被"人体"所包括[2]，而且，在沿着具体的行为事情的意思的认识程度上，设定为"是生还是死的不明确的人"的上位概念[3]，也有可能考虑遗弃这种状态的人的行为规范。既然行为者具有与该规范相当的事实认识，就可以承认行为规范程度上的认识。在行为时，该人活着与否的正确认识，对普通人而言是不可能的，或者在是否活着是事后确定的这件事本身也是困难的情形下，只要行为者不能正确地认识事态，就必须认为任何犯罪都不能成立，我认为这样的推论是没有道理的。

---

[1] 林幹人《刑法的现代课题》，1991年，第95页以下（林幹人『刑法の現代的課題』、1991年、95頁以下），在公文的有形伪造和无形伪造之间，因为保护法益不同，从而否定了符合。但是，可以说它过度地在法技术上保护了法益的实质。

[2] 参照平野《总论Ⅰ》，第179页。

[3] 参照西原《总论》，第199页。

第八章 过失犯

第一节 主观性要素还是客观性要素？

过失，与故意并列，是犯罪的"主观方面"的要素。故意是指根据对犯罪事实的实现意思做出行为时的心理状态，与此相反，过失不同于故意，是指欠缺对犯罪事实的实现注意而做出行为时的心理状态。换言之，其宗旨，过失的本质在于"注意义务违反"。当然，在这种情形下的"注意义务"一词很容易招致误解。如按下了不应该按的按钮引起爆炸致人死亡时，违反"禁止按按钮"的义务，而按下按钮的并不是注意义务违反吧（在按下杀人的按钮时，它与按按钮的外形的行为和不是"故意"之间是一样的）。即便存在不能按按钮的义务，那也是从刑法规范中产生的不作为义务，要求停止实行实行行为[1]。在这个意义上的"义务违反"，即便在故意犯中也有完全相同地存在，所以不能将此看作是过失犯的特征。而过失犯中所称的"注意义务"应该是指"如果适当地考虑就能认识到可能会发生犯罪的结果的义务"。那是只有过失犯才能看到的内心的义务（另外也存在这种见解，关于有认识的过失，因为已经起到了该义务的作用，所以应该认为是个别的内心的义务）。违反这个意义上的义务，就只能是注意义务违反，这与故意相同，是在次元上论述的主观性要件，而且因为是过失犯特有的要素，所以也有可能将它看作为过失的本质。

但以上那样的理解，在客观方面不过是与用将过失犯与故意犯不作区分的方式来考虑的传统过失论（结果无价值型过失论）相一致的理论。新的过失论（行为无价值型过失论）基本上采用了与此不同的思考方式（关于新旧两类型过失论的详细内容参见第二节）。即，新过失论认为过失犯有特有的客

---

[1] 作为犯是不作为义务的违反，不作为犯是作为义务的违反。关于这一点，参照第三章第二节。

观的构成要件要素，要求具备欠缺客观注意的外部行为，因此"只要是故意的话，就是实行了故意犯实行行为的客观行为，在没有故意时（譬如说，即便有对结果预见的可能性），也不该当过失犯的实行行为"。在这个意义上，新过失论完全不可能是将故意犯与过失犯相平衡的见解。采用新过失论的分水岭在于是否承认"只要是故意，并且也是以实行了故意犯的实行行为的行为，就不可能成为过失犯的实行行为"这一点。

举一个简单的例子，在 X 家附近徘徊的无家可归者 A，连续几日都到 X 家玄关（门口）旁边的垃圾箱中捡垃圾，X 在那个垃圾箱中扔掉了容易造成食物中毒的腐蚀食品并导致 A 吃了它中毒死亡。根据行为无价值理论的构成，假如 X 想让 A 食物中毒，特意那么做的话，该行为就是具有伤害或者杀人的实行行为性的可能性行为。与此相反，如果是在没有故意的情形下的话，即便假设有对结果预见的可能性，由于在这里否定欠缺客观注意的外部行为要件，它就不能成为过失犯的实行行为。如果不是否定客观的注意义务违反的话，"垃圾箱就成了不能扔掉腐蚀东西的地方，因而垃圾箱也就不能起到垃圾箱的作用了。这理应不是法规范所要求的。而垃圾箱本来就是为了扔垃圾才存在的"〔1〕。

旧过失论（结果无价值过失论）对故意犯与过失犯完全是以两个不同的平行线而设定的理论构成。与此相反，如上例所明示的那样，新过失论（行为无价值型过失论）对过失犯要求附加部分，即设想将一般人置于行为者的立场上所要求遵守的行动标准，在以应该采取与此相适应的态度的义务性意义上的"应付出的客观注意义务"违反，作为过失不法的要件。在这种意义上的注意义务称为结果回避义务，这完全是过失犯特有的（故意犯中不具有对应物）违法要素（但是，纯粹地讲，它并不是客观的要素，其内容以行为者所能认识到的那种事情的不同而不同）。

第二节　过失的体系性定位

围绕过失的体系性定位，与故意一样（第五章第三节）展开了将它作为

---

〔1〕 植松正（平野龙一编）《自习刑法 35 问》，1965 年，第 76 页（植松正（平野龍一编）『自習刑法 35 問』、1965 年、76 頁）。

违法要素还是责任要素的激烈争论，到目前为止也没有最后的决断〔1〕。将过失完全作为责任形式或者责任要素的是传统的过失论，即，所谓的旧过失论。与此相反，关系到将过失作为违法要素，因而（不是关系到例外的违法性阻却事由，而是因为是类型性的违法行为的要素）作为构成要件要素定位的学说为新过失论〔2〕。根据前述的旧过失论，发生某种法益侵害结果，并能够确

---

〔1〕 新旧过失论的主张被极其明快地总结的，有土本武司《过失犯的研究——现代性课题的理论与实务》，1986年，第3页以下（土本武司『過失犯の研究－現代的課題の理論と実務－』、1986年、3頁以下）。

〔2〕 作为讨论违法要素的结果回避义务，给予过失犯理论以影响的文献，有井上正治《过失犯的构造》，1958年，特别是第50页以下（井上正治『過失犯の構造』、1958年、特に50頁以下）；大塚仁《过失犯中的注意义务》载于日本刑法学会编《刑法讲座》（第3卷），1963年、第136页以下（大塚仁「過失犯における注意義務」日本刑法学会編『刑法講座第3巻』、1963年、136頁以下）；西原春夫《交通事故与信赖原则》，1969年（西原春夫『交通事故と信頼の原則』、1969年）；西原春夫《交通事故与过失的认定》，1975年（西原春夫『交通事故と過失の認定』、1975年）、福田平《过失犯的构造》载于日本刑法学会编《刑法讲座》（第3卷），1963年，第119页以下（福田平「過失犯の構造」日本刑法学会編『刑法講座第3巻』、1963年、119頁以下）；福田平《目的行为论与犯罪理论》，1964年（福田平『目的的行為論と犯罪論』、1964年）；福田平《刑法解释学的基本问题》，1975年，第36页以下（福田平『刑法解釈学の基本問題』、1975年、36頁以下）；藤木英雄《过失犯的理论》，1969年（藤木英雄『過失犯の理論』、1969年）；藤木英雄《过失犯——新旧过失论争论》，1975年，特别是第22页以下（藤木英雄『過失犯－新旧過失犯論争』、1975年、特に22頁以下）；藤木英雄《总论》，第229页以下；不破武夫《刑事责任论》，1968年，第180页以下（不破武夫『刑事責任論』、1968年、180頁以下）等重要文献。除此之外，在日本成为新过失论的有：阿部纯二《刑法总论》，1997，第118页以下（阿部純二『刑法総論』、1997年、118頁以下）；板仓宏《刑法总论》，2004年，第246页以下（板倉宏『刑法総論』1997年、246頁以下）；大塚仁《总论》，第216页以下；大谷《总论》，第206页以下；川端《总论》，第186页以下；西原《总论》，第169页以下；野村《总论》，第174页以下；平场安治《过失论的构造》载于《井上正治博士还历祝贺·刑事法学的诸相（上）》，1981年，第310页以下（平場安治「過失論の構造」『井上正治博士還暦祝賀·刑事法学の諸相（上）』、1981年、310頁以下）；福田《总论》第125页以下、船山泰范《新旧过失犯论争的总结——从新旧过失论的立场出发》载于《现刑》2卷7号，2000年，第50页以下（船山泰範「新旧過失犯論争の総括－新過失論の立場から」、現刑2卷7号、2000年、50頁以下）等。与此相反，作为站在旧过失论立场的，有井上祐司《行为无价值与过失犯论》，1973年（井上祐司『行為無価値と過失犯論』、1973年）；大塚裕史《过失犯中的实行行为的构造》载于《下村康正先生古稀祝贺·刑事法学的新动向上卷》，1995年，第162页以下（大塚裕史「過失犯における実行行為の構造」『下村康正先生古稀祝賀·刑事法学の新動向上卷』、1995年、162頁以下）；大塚裕史《鼎谈·过失犯论的课题与展望》载于《现刑》2卷7号，2000年，第22页以下（大塚裕史「鼎談·過失犯論の課題と展望」、現刑2卷7号、2000年、22頁以下）；内藤《总论下Ⅰ》，第103页以下；平野《总论Ⅰ》，第190页以下；平野《犯罪论的诸问题（上）总论》，1981年，第79页以下、第91页以下（平野『犯罪論の

定行为与该结果之间存在因果关系的话，对那个行为就有可能做出"违法"的评价，而且，如果能够肯定行为者主观上的注意义务违反（即，法益侵害的预见可能性）的话，就可能追究行为者的"责任"，从而成立过失犯。对于旧过失论上的过失的定位，给予了只是引起法益侵害结果就评价该行为违法的不妥当判断。譬如说，X驾车行驶至十字路口时，交通信号灯变绿开车直行，Y驾车无视自己方向的红灯，从左侧进入十字路口与X的车相撞，从而导致Y死亡的事例（本书第一章第二节）。在旧过失论体系中，X既然因果性地引起了法益侵害的结果，X的行为就不得不评价为违法，没有对结果预见的可能性，只不过是没有责任。但是，遵守交通驾驶的行为评价为违法的行为，即"法所禁止的行为"则有一些奇妙[1]。于是，新过失论认为，如这样的案例中，行为者根据法律尽力做出了客观所命令的义务（换言之，"社会生活中必要的一般义务"）的情形下，可以否定该行为的违法性。

　　与此相反，在旧过失论的内部，为了回避以上的不当结论，形成了"可允许的危险"的理论。这是通过将过失犯设为前提，作为违法性阻却事由，承认"可允许的危险"的观念，如以上X的行为那样，对遵守客观所要求的注意义务的行为就可评价为合法。即，如铁路、自动车高速交通机构、企业活动、医生的手术等行为，虽然危险但是对社会有益，并且是必须实行的行为，即便惹起了法益侵害的结果，只要行为在没有失度的范围内适当地实行，其违法性就可以被阻却。但是，只要结果无价值的思想是忠实的，在如以上所述的交通事故那样的案例中，可以想象肯定违法性阻却就是极为困难的。即使假设那是可能的，也不是只在如上所述的单纯的"可允许的危险"的领域内就可以承认，而是在全部的过失犯中才应该是妥当的[2]。从新过失论的

（接上页）諸問題（上）総論」、1981年、79頁以下、91頁以下）；平野《关于过失的二三个问题》载于《井上正治博士还历祝贺．刑事法学的诸相（上）》，1981年，第292页以下（平野「過失犯についての二、三の問題」『井上正治博士還暦祝賀・刑事法学の諸相（上）』1981年、292頁以下）；堀内《总论》，第117页以下；町野《总论》，第255页以下；松宫《总论》，第192页以下；山口《探究》，第156页以下；山口《总论》，第202页以下等。

[1] 站在结果无价值论立场的木村光江《结果无价值论与行为无价值论的对立的构造意义与机能和射程——从结果无价值论的立场出发》载于《现刑》1卷3号，1999年，第34页注（28）（木村光江「結果無価値と行為無価値の対立の構造の意義と機能と射程―結果無価値論の立場―」現刑1卷3号、1999年、34頁注28），在这个事例中也认为将X的行为评价为违法是不妥当的。

[2] 参照福田平《新版刑法的基础知识（1）》，1982年，第128页以下（福田平『新版刑法の基礎知識（1）』、1982年、128頁以下）。

立场来看，不仅是"可允许的危险"的领域，作为一般性的妥当的法理，即便发生了法益侵害的结果，因为在尽可能地遵守了社会生活中客观上所要求的注意情形下，就可以承认能够否定构成要件该当性（类型性的不法），所以"可允许的危险"这种特别的违法性阻却事由（至少在这个意义上理解的话）完全是没有必要的。

第三节　过失与预见可能性

一、作为预见可能性的过失？

应该注意的是，围绕过失体系定位的见解的对立定位，与关于过失内涵的思考方法的不同之间存在密不可分的关系。新旧过失论的对立还没有达到将无过失行为作为违法但没有责任或者本来就不是违法的那种评价程度的不同见解。旧过失论以结果无价值为理论基础，是从结果的预见可能性中获得过失的本质的见解。与此相反，新过失论以行为无价值论为理论基础，是尝试以结果回避义务为中心理论构成的见解。如果将违法内容立足于穷尽法益侵害的结果无价值，只要法益侵害是预见可能的，尽管如此，理应能够对做出行为的行为者进行非难。以预见可能性为中心的过失论，只能归结于结果无价值的理论[1]。的确，即便在旧过失论中，加之结果的预见可能性，结果的回避可能性也可作为过失处罚的要件。但是，结果发生是预见可能的话，因为只要停止该行为就可以回避结果发生，所以，即便要求结果的回避可能性也没有任何意义[2]。

对于以预见可能性为中心的结果无价值论的过失论，产生了所谓"预见可能性的有无"的标准是不是适用于过失处罚的界限标准的疑问。预见可能性是一个可以度量程度的概念，在预见的对象的具体化/抽象化中有无数不同的阶层。实行行为自身在相当程度上存在危险的情形，即便因果经过的一部

---

[1] 现在，作为主张接近旧过失论理念型立场的见解，特别参照内藤《总论下Ⅰ》，第103页；町野《总论》，第255页以下；山口《探究》，第156页以下。

[2] 在稀有事例中，虽然存在即便想停止了结果回避义务的该当行为，也不能停止该行为的情形（即，即便为了回避冲突想停止汽车，但不可能停下来的情形），但是在那种情形下，不能归属的结果与故意行为的情形是共同的。

分以及具体地不能预见的事情产生结果时，也不能立即否定对结果的刑事责任。譬如说，医生在手术时使用了没有充分消毒的手术工具，由于极其少有的细菌导致患者死亡的案例，就不能立即否定预见可能性[1]。如此，预见可能性就不得不说在原理上是一个不明确的标准。不仅如此，在现代社会中，伴随一定危险性的诸多行为是被法律/事实所容许的。危险的行为，因为只能是在某种程度上对结果发生预见可能的行为[2]，所以当法益侵害发生时，只要缓和地理解预见可能性，常常就可能肯定预见可能性。驾驶汽车在狭窄的路上超越行走的自行车，感到危险的人居多，在偶尔导致自行车摔倒死亡的事故发生时，常常不认为是过失行为。即便在前述的垃圾箱事件（不是故意时）中也可看到，即便对结果有充分的预见可能性，但追问X的过失罪的罪责也是不妥当的。在现代社会中，当界定过失处罚的界限时，如果固执于"过失=预见可能性"的主题的话，就有必要以"事实的预见可能性"为前提限制它，决定"（刑）法的预见可能性"的界限，不得不与社会生活上的原则的视点一起来考虑了。不得不将预见可能性的概念（为了能确切地导出）作为黑匣子（或者分析不能的黑匣子），在理论上不能提出必要的"社会生活上普遍遵守的规则"的视点这一点上，存在结果无价值论型过失论的缺陷。

二、具体的预见可能性还是畏惧感说？

毋庸置疑，即便从行为无价值论的立场来看，结果的预见可能性也是对过失处罚必不可少的要件。因此，从新过失论的立场来看，必须明确预见可能性的意义以及预见可能性与注意义务要件之间的关系。围绕这一点，存在具体的预见可能性说与畏惧感说（不安感说）的对立。畏惧感说认为，如果有

---

[1] 譬如说，关于由于病原性大肠菌O-157导致幼儿园死亡事件的浦和地判平8.7.30判时1577号70页，认为即便没有预见到"本事件井户的大肠菌群中存在O-157-H7的病原性大肠菌，摄取的被害者感染达到死亡，但也能承认大肠菌群混入饮用不适的井户水让幼儿摄取的话，根据幼儿当时的身体状况、本案件中井户水的摄取量等，对导致以上那样的生命陷入危险状态的可能性"，从而承认了设施管理者园长的业务上的过失致死罪。另外，关于结果加重犯，也可能产生相同的问题。详细的参照井田《犯罪论》，第98页以下。
[2] 于是，内藤《总论下Ⅰ》，第115页以下；林《总论》，第293页以下；山口《总论》，第206以下主张要求"某种程度"的预见可能性。与此相反，也参照乔爪隆《过失犯（上）》载于《法教》275号，2003年，第79页以下（橋爪隆「過失論（上）」、法教275号、2003年、79页以下）。

"大概可能发生某种恶的结果的漠然的畏惧感"的话，就足够了[1]，作为通说的具体的预见可能性说批评到，因为它不过是过失处罚的扩张，所以归结于承认结果责任。当然，通说因为不能要求预见到现实已经发生的样态的具体的结果与详细的因果经过，所以也认为能预见到因果经过的基本部分与该种构成要件的结果（譬如说，大概死亡的结果）的发生是必要的、充分的。判例中，这种意义上的具体的预见可能性说也是主流[2]。

为了真正地把握见解对立的意义，理解以下的主张更为重要：根据畏惧感说，预见可能性不是能够抽象地追问大概的有或者无，而是应该通过考虑以什么样的结果回避义务为前提来相对地决定。畏惧感说是主张预见可能性的注意义务关联性学说，以占据结果回避义务的违反即认定过失的中心立场为前提，无论应该科处的结果回避措施的内容如何，认为即便法益侵害结果发生的可能性相当低也不受影响（即便结果发生的可能性很低也存在可以对应较低程度科处结果回避义务的情形）。当然，畏惧感说认为只要有"大概某种恶的结果发生的万一的可能性"就足够了，而这太过漠然，也可能否定预见可能性的法的连带性，并不能说以可达到"如果有不能忽视某种危险的绝无存在可能的畏惧感的话就足够了"[3]的程度。但是，修正这一点，如果要求该当法益侵害的预见可能性（即便它相当低），畏惧感说就应该是基本的见解（但是，在修正这一点时所实现的"未知的危险"的情形，即对发生了过去没有案例的事例，即使以畏惧感说立足，也不能肯定过失的事例正在增加）。

对此，具体的预见可能性说不是以应科处的注意义务为前提，而是无前提地提出了对所谓"真空中"的预见可能性问题的见解。那可能与作为结果无价值论的立场首尾一致，但如举出具体事例就会立即明白的那样，不得不说是一个错误的思考方法。譬如说，走在高速公路上没有注视前方之时，撞

---

[1] 参照藤木英雄《过失犯的理论》，1969年，第194页（藤木英雄『過失犯の理論』、1969年、194頁）；藤木英雄《刑法各论》，1972年，第136页以下；藤木英雄《过失犯》，第34页以下；藤木英雄《总论》，第240页以下等。

[2] 另外，还有达到结果发生的病理学的结构程度，本来在现阶段的科学中甚至都没有清楚的情形。或者，譬如说，该药物是结果发生的原因，如果其他原因不能被考虑的话，就可以肯定因果关系。那是防疫学的因果关系的问题。即便作为预见可能性的对象，以"通过该药物发生的结果"也就足够了。

[3] 藤木英雄《企业灾害与过失论（3.完）》载于《法律时讯》480号，1971年，第107页（藤木英雄「企業災害と過失犯（3.完）」、ジュリスト480号、1971年、107頁）。

死了一个因喝醉横穿高速公路的人。在高速公路上行驶时,以那样的形式行走在道路上的人不得不说是稀有的。但是,以汽车驾驶员注意前方控制驾驶作为义务为前提,道路在一定程度上存在有人的事实可能性,即便这种可能性相当低,但也不妨碍它的存在〔1〕。不是大概能否见到,而是必须以作为科处一定注意义务为前提,以在哪种程度的预见可能性的形式提出问题〔2〕。

忽视预见可能性的注意义务关联性的通说的见解,如在百货大楼、旅馆等火灾事例中解决以尖锐化的形成产生的管理/监督过失的问题事例中,遭遇了很大的两难问题。旅馆、百货大楼、医院等由于某种原因发生大规模火灾时,以不注意灭火、避难诱导等的义务履行者在指导、监督立场的失度(监督过失)为理由或者以与火灾死伤之间对具有因果关系的人/物等的防火管理体制(譬如说,防火快门等防火设备、喷水装置消火器等的消化设备、避难楼梯的避难设备、火灾报警器等)的不完善负有管理责任的人失度(管理过失)为理由,产生能否承认业务上过失致死伤罪的成立问题的情形居多。在这种情况下火灾发生的可能性本身就相当低。如果独立地提出结果回避义务有无预见可能性的问题,预见可能性本身的方生概率也很低,因而是不得不否定的〔3〕。相反,在这里以要求对付万一事态的形式的注意义务成为问题,因此以为了科处它所要求的预见可能性的程度为开端,从而肯定了作为过失处罚的预见可能性。

如此,虽然不能否定预见可能性的法益关联性(畏惧感说认为否定它是不妥当的),但必须以预见可能性的注意义务关联性为前提(历来的具体的预见可能性说,在对它没有意识到的这一点上存在错误)。

---

〔1〕 在这个意义上,恩吉施(Engisch)所指的"情报收集义务"违反也可以解释成为能够作为过失结果犯处罚的基础。

〔2〕 最决平 1.3.14 刑集 43 卷 2 号 262 页,就被告人不知道在车厢内有两人而驾驶普通货车(轻四轮),失误操作撞到道路左侧所设置的信号灯上,由于左侧后部猛烈地撞击,导致后面乘坐的两人死亡的案件,认为"对被告人而言,以上的事件如果应该说是无预谋的汽车驾驶的话,可能惹起伴随死伤的事故,当然不能说是可能认识到的事实,但是,即便被告人没有认识到车厢后部乘坐两人的事实,也不妨碍导致以上两名业务上过失致死罪的成立"。虽然结论是妥当的,但是,武断地在后部车内乘坐的人的关系上所负的注意义务,可以说与副驾驶的同乘者或者对行人的注意义务是相当不同的。我认为后部车内上的人的预见可能性的问题设定,不能捕捉到事物的本质。

〔3〕 关于承认这个结论的学说,参照井田《犯罪论》,第 220 页以下注(46)。最近的学说,有松宫《总论》,第 212 页;山口《探究》,第 181 页;山口《总论》,第 221 页以下等。

第四节　过失违法要素说的理论构成

一、"作为责任要素的过失"是必要的吗？

根据作为违法要素捕捉过失的新过失论（行为无价值型过失论），不过是作为类型性的违法要素，即构成要件要素来定位的。就无过失行为而言，不能承认构成要件该当性。可以把作为构成要件要素的过失，称为构成要件的过失。但是，承认作为违法要素的过失的多数学说（和它一起）也承认作为责任要素的过失（责任过失）的概念。即便有一般人所要求的客观注意义务违反（构成要件的过失），只以违法性为基础还不能成为对行为者进行责任非难的基础，以承认主观的注意义务违反（责任过失）为开端，才能考虑肯定对行为者的责任非难[1]。但是，对于违法性本质上是行为规范违反性还是责任是根据规范意识的动机制御的可能性进行理解时（本书第二章第一节），如没有作为责任要素的故意等概念那样（本书第五章第三节），也不存在作为责任要素的过失。的确，因为行为者个人不能认识到自己行为的违法性，所以在没有起到客观所要求的注意义务的效果的状况的情形中，就不能否认责任，不过那只能是违法性意识可能性的问题。虽然对于作为犯以不能不做的行为的主观性能力成为要件，但它作为行为能力问题的违法要素，只要是该行为就能停止的（除了极其稀有的情形外[2]）并不要求特别的身体能力[3]。当然，在不作为犯中，法律以要求积极的作为为前提，必须有主观的作为能力，所以身体的能力也只有影响到它时才会被考虑（本书第二章第一节）。总的来讲，行为者的主观能力或者作为行为能力的问题，只在违法性的程度上考虑或者只在影响是否存在责任能力、违法性的意识的可能性、期待可能性的责任要素的程度范围内考虑，就完全没有必要要求的作为责任要素的过失等的特别范畴。

---

[1] 譬如说，大塚《总论》，第453页以下；大谷《总论》，第356页以下；团藤《总论》，第332页以下；福田《总论》，第198页以下等。
[2] 譬如说，由于急性心脏病发作或者发作性手腕痉挛，可能发生不能停止该作为或者很难停止该行为的情形，但是那样的事情是关系到行为能力的事情，影响违法性的有无/程度。
[3] 将这个明确的是阿明·考夫曼的古典论文《过失犯》（Armin Kaufmann, Das fahrlässige Delikt, Zeitschrift für Rechtsverleihung, 1964. S. 47.）。

二、根据客观的注意义务限定意义

作为违法要素来捕捉过失的新过失论（行为无价值论型过失论）的本质特征，在于以预见可能性为必要条件。作为过失犯中的客观构成要件要素，要求客观的不注意（即，以置于行为者立场上的一般人/通常人为标准存在失度）的外部行为的存在。的确，关于有思想的一般人能够预见结果发生而且能够回避结果，如发生了回避义务而且肯定客观的注意义务违反，认为预见可能性的限度与结果回避义务的限度为一致的见解居多。但是，新过失论主张预见可能性是允许无限地具体化/抽象化的概念，它以不太可靠的过失认定的线索为基础（本章第三节），而且，主张即便能够肯定结果的预见可能性（或者无论有无预见可能性）也认为法律上容许该行为，没有对结果回避措施的义务。

所谓从根据客观注意义务的过失认定的限定观点来看，被注意的是信赖原则。在适用信赖原则的情形下，尽管结果是预见可能（或者无论否定预见到），也可否定过失。也有持信赖原则的根底存在于"被害者自己的责任（或者自我答责性）"的原理的见解。但是，如果是这样的话也能够适用于该原则在交通事故的过失认定中，要求相互遵守准则的人以外的发生结果的情形下，譬如说，由于医疗团队的手术产生患者被害的情形、由于大规模的事故/危险的作业导致行人或者附近居民被害的情形等，从最初开始就不能适用信赖原则了[1]。信赖原则只能是社会上将不可欠缺的共同事业可能化，而以共同劳动者之间分担作用的社会性规则为基础的原则。关于其他责任领域内的事务，即便假定从自己领域"可以看到那个样子"（即便有预见可能性），采用与此对应的注意措施也不是刑法所要求的。

当然，关于确定过失犯的客观注意义务的内容，信赖原则可能还具有被害者自己责任或者自己答责性的思想意思。譬如说，X趁精神上陷入极度低沉的Y不注意时，实行了极为严重的伤害行动，其结果导致Y自杀。即便能肯定结果发生的预见可能性，也不能将此认定为过失致死罪。该结论在刑法

---

[1] 最高法院不仅在交通事故那样的案件中，而且在关于工厂作业中发生的大量盐酸毒气毒害了附近居民的事件中，都承认具有监督作业的责任人可以适用信赖原则（关于日本的销酸钾盐酸毒气流出事故的最判昭63.10.27刑集42卷8号1109页）。

上就应该从不能成为过失自杀教唆的处罚对象得到支持（换言之，从刑法第202条是可能导出对由于故意的自杀行为的过失教唆/帮助的不可罚性的）。

三、客观的注意义务的类型化

现在的过失论的中心课题，简言之，就是在可能的范围内具体化伴随一般条款的不明确性的过失论的不法构成要件（称为"开放的构成要件"）的内容。当然，它在过失犯的领域中是为了尽可能地对应罪刑法定主义原则与根据规范的一般预防的要求而存在。因此，进一步阐明了到目前为止只是部分地实行客观注意义务的类型化指导性标准，而且也有必要逐一表示客观的注意义务在各个生活场面是如何被具体地类型化的（也有利于实务中的过失认定那样的形式）。但是，以满足客观的注意义务的形式类型化是极其困难的。客观的注意义务，虽说是以置于行为者立场上的一般人的能力为标准要求遵守的行为标准，但在那种情况下的"一般人"是一个相当不明确的标准。就一般人而言，也不是全体国民。被局限于该当生活领域的人的范围就是一个问题。譬如说，要求进行脑外科手术的医生的客观注意义务就不可能是勘察内科医生、麻醉师、医生以外的人的能力、技术所能决定的。而且，越是考虑在行为时点上的具体事情，注意的标准就会越个别化、相对化。在大学的校医院实行日常治疗的医生的注意义务，与在灾害时医生不足的情况下，不得不彻夜治疗多数患者的医生的注意义务能相同吗？而且，由于生活的领域不能推进"行动标准的类型化"，一般人所要求的注意义务如何来决定，在原理上的困难情形并不少。并且，即便是"客观的"注意义务，除了行为时一般人可以认识到的事情之外，也应该考虑到行为者特别知道的事情[1]。从之前就特别知道该汽车的车闸不好用，对他就可以科处与不知道内情的人不同的注意义务。同样，在拳击、柔道的练习中，对偶尔特别地知道了对手隐瞒病情的人，就可以科处与不知道的人相比不同的注意义务。另一方面，关于客观的注意义务理论，对具有一般人以上的能力（譬如说，特别的技术）的人不当地着重处理这一点，也应受到批判[2]。

---

[1] 关于这一点，参照井田《犯罪论》，第46页以下。
[2] 作为关于以上论点详细探讨的文章，请参照井田《论过失犯中的"注意义务的标准"》载于《刑法杂志》42卷3号，2003年，第333页以下（井田「過失犯における『注意義務の標準』、をめぐって」、刑法雑誌42卷3号、2003年、333頁以下）。

如果这样，从理论上来看，所谓的"客观性的"注意义务就欠缺相当的明确性。那么，不法构成要件中客观的注意义务的类型化应该被放弃吗？像如前所触及的那样，注意义务的类型化只能是刑法承认的、对国民而言要求一般地明确遵守的行动标准。否定它，关于过失犯就意味着放弃了对行动标准的提示，因此，甘愿自认对罪刑法定主义的不妥当适用，就意味着放弃了根据规范的一般预防，是向绝对报应刑的倒退。本来立法者在刑罚法规上对犯罪行为的类型化就有很大的裁量权，而且在这里也没有任何理论性的类型化标准。如在与外国刑法进行比较时所知的那样，刑法典上的犯罪行为的类型化各种各样，在理论上无论哪一个都不是正确的。对立法者所没有实行的过失行为的类型化，可以说与法官实行的情形完全相同。那是所谓经验的类型化，并不存在严密的理论性根据。通过同种行为的反复，通常所具备的事情成为类型化的要素、例外的事情作为非类型化的要素相当于类型化而被抽象化。譬如说，在尝试对汽车驾驶上的注意义务的类型化时，"听说恋人急病入院，慌慌张张赶往医院，心理上被动摇"的具体案件中的非类型化的事情，首先可以排除在考虑之外。如此，通过经验的行动标准的类型化是可能的，而且，作为法的规制的手段很重要，考虑到《道路交通法》就明白了[1]。

本来，过失犯的中心部分是结果犯，在这里以结果惹起为开端才可罚。这与根据被类型化的行为标准提示的行动控制存在什么样的关系呢？从行为规范违反的见解来看，行为者没有认识到结果发生不具有任何意义。如上所述（本书第二章第四节、第六章第一节），根据我们自身的意思制御我们的行动与由此起因的结果惹起时，只以现在所认识到的事情为前提是不能制御的。

---

[1] 关于农药的爱滋帝京大学医院事件的东京地判平 13.3.28 判时 1763 号 17 页的基本性的思考方法，以决定在行为的时点所遵守的要求行动标准或者行动准则为注意义务的内容。在介绍该判例的判例时报评论中，认为"在具有开放的构成要件的过失犯中，事后设定行为当时现实地所设定的困难的行动准则，处罚没有遵从它的当时的行为与罪刑法定主义的宗旨不相当"是本判决的基本立场（判时 1763 号，第 20 页）。如果是这样的话，那就只能符合新过失论中所主张的核心部分。新过失论所主张的客观的注意义务，因为是置于行为者的立场上的一般人遵守的行动准则，应该将它作为过失判断基准的是对国民告知可罚的违法行为的内容，保障事前刑法权发动的预测可能性的罪刑法定主义的要求，是为了在过失犯处罚的场面中（虽然困难，但是在可能的限度内），通过对一般人的法益侵害行为的回避义务的一般预防的要求而实现。关于本判决，参照井田《论农药爱滋帝京大学医院事件第一审无罪判决》载于《判例时报》1204 号，2001 年，第 26 页以下（井田「薬害エイズ帝京大学病院事件第一審無罪判決をめぐって」、ジュリスト1204 号、2001 年、26 頁以下）。

"禁止杀人"的故意犯的规范，具有作为禁止有意思的杀人行为的意义，将眼前的人信以为熊射击的，因为远离了那种行为，即便指向禁止故意行为的规范，它也是无意义的。该行为者既然欠缺认识，以本人认识到的事情为理由的"禁止杀人"只能是不能理解的命令[1]。为了禁止过失行为，就有必要成为禁止该状况下的不注意行为的其他规范。那必须是以与行为者的认识相对应而形成的规范。譬如说，只有开枪的时候是否确认不产生危害人的状况、在点火时是否注意到煤气味、开车时是否注视前方等无限地个别化的规范[2]。与故意犯相比，对过失犯的刑很轻，如"对意思决定的非难程度很轻"那样，并不是基于法与道德混交的理由，而是从更为合理的角度出发，在"根据规范的控制困难，即便重刑也没有效果"之处求得的根据。

在过失结果犯中，因果性地惹起的结果也影响违法性。换言之，不能被行为无价值消解的结果无价值影响违法性。虽然那是在对处罚范围的限定上起作用的事实，但它是刑罚不能拭去报应刑色彩的残留，尤其从根据规范的行动控制这一点来看没有任何意义。在过失结果犯中，报应刑处罚的要求与根据规范的行动控制的要求悲剧性地分裂了。应该注意的是，我在这里确认的是过失结果处罚的法的实态，而不是演绎性地陈述在过失犯论中适用了行为无价值论的结论。通过采用结果无价值论，不过是不容易看到以上所述的过失处罚所具有的问题性而已。结果无价值论与行为无价值论的对立，很明显只能是隐藏过失处罚的真问题性的理论还是将该问题性进一步白热化的理论之间的对立。

---

[1] "（刑罚的）威慑只是无益地通过所谓的行为者的周边"。田宫裕《对过失的刑法的机能》（田宫裕『過失に対する刑法の機能』）；田宫裕《刑事法的理论与现实》，2000年，第103页（田宫裕『刑事法の理論と現実』、2000年、103頁）。

[2] 那些是，在是否处罚过失结果犯的条文中读取的这一点上，在不真正不作为犯的情形更强的意义上，提出罪刑法定主义问题的。

第九章 违法性阻却事由

第一节 构成要件与违法性阻却事由的关系

一、历来的学说与批判

构成要件是指在各个刑罚法规中作为犯罪被规定下来的行为类型。杀人罪的构成要件是"杀人"（参照《刑法》第199条）、盗窃罪的构成要件是"窃取他人的财物"（参照《刑法》第235条）[1]。各刑罚分则规定的行为通过刑罚规范被禁止，并且是提示作为处罚的对象的行为。该当构成要件的行为通常是法所不能允许（违反法秩序）的行为，即只能是违法行为。于是，可以说构成要件是将违法行为类型化的违法类型。构成要件该当行为的实质，是规范违反的法益侵害（或者法益危殆化）的行为。读书、散步等，无论是否存在正当化的根据，都不能成为法规制对象的行为，当然都是合法的。与此相反，在实行了该当某种构成要件的行为的时候（譬如说，侵害他人生命的时候），作为该行为与法秩序相一致的行为，为了使其正当化就必须要求特别地允许它（譬如说，利益衡量）的正当化根据，即，违法性阻却事由（正当化事由）。总的来说，构成要件该当行为本来（即，只要没有违法性阻却事由）就是违法的行为。在这个意义上，该当构成要件时的行为的违法性是被推定的（构成要件的违法性推定机能，与诉讼法上的"推定"没有关系）。

---

[1] 但是，应该注意的是条文与"通过条文解释所导出"的构成要件之间的不一致。关于这一点，参照井田《犯罪论》，第66页以下（井田『犯罪論』、66頁以下）；松原芳博《犯罪论中的"构成要件"的概念》载于《西原春夫先生古稀祝贺论文集》（第1卷），1998年，第48页以下（松原芳博「犯罪論における『構成要件』の概念について」『西原春夫先生古稀祝賀論文集第1卷』、1998年、48頁以下）。

在学说中，也存在与违法判例隔断的"价值中立"的构成要件理论[1]。根据论者的主张，认为构成要件不具有作为违法类型的意思，对构成要件该当性的判断不是先入为主的。违法性的判断，不仅是对违法性阻却事由的不存在的消极确定，而且必须以积极的违法性确认为内容。突然指向进入（多少实体的不明确性）价值判断，在这之前，如果能确认是否符合作为形式的框架具有明确轮廓的构成要件的话，的确就可以看到将构成要件的保障性机能彻底化了。但是，对构成要件该当性的判断，不考虑行为的违法性（规范违反性以及法益侵害性）的有无/程度，并不能实行"价值的中立"。为了划定构成要件的范围，有必要从法益保护的角度有目的性地解释刑罚法规、扩大文言或者缩小文言的，那意味着判断构成要件该当性时，考虑行为的实质性的违法性是不可欠缺的（而且，关于规范的构成要件要素，在价值的中立中不能认为达到了可以确定它存在与否的程度）。形成性的/价值中心的构成要件的理论，是如果不能认为不允许作为刑罚解释方法的文理解释以外的方法，就不能被采用的学说。而且，在违法性判断的阶段上，采用积极的违法性确认的主张，尽管可以看到更为慎重的犯罪确认，但是也仍然孕育着欠缺先行的构成要件该当性判断的危险性。只要没有特别的违法性阻却事由，如果不能承认违法性程度的法益侵害以及规范违法性的话，就应该否定构成要件该当性[2]。

通说强调构成要件与违法性阻却事由之间的质的不同[3]。的确，该见解具有相当的理由。以确定构成要件该当行为的存在为开端，在有无违法性阻却事由成为问题的意义上，以构成要件该当性的判断是违法性的判断为前提，作为理论问题必须区别两个判断。一旦从判断的实质来看，构成要件该当

---

[1] 内田《概要上卷》，第149页以下；大越《总论》，第43页以下；齐藤信宰《刑法中的违法性之研究》，2003年，第10页以下、第14页以下（齐藤信宰『刑法における違法性の研究』、2003年、10頁以下、14頁以下）；曾根《总论》，第49页以下、第62页以下等。

[2] 山口《总论》，第28页、第95页，指出从构成要件该当性以外的理由（带入构成要件内的法益侵害、危险以外的事情），承认积极地给予违法性以基础，就是与罪刑法定主义原则相抵触。

[3] 譬如说，大塚《总论》，第114页以下；团藤《总论》，第96页以下、第118页以下；福田《总论》，第66页以下；松原芳博《犯罪论中的"构成要件"的概念》载于《西原春夫先生古稀祝贺论文集》（第1卷），1998年，第48页以下（松原芳博「犯罪論における『構成要件』の概念について」『西原春夫先生古稀賀論文集第1巻』、1998年、48頁以下）。即便在德国，构成要件与违法性阻却之间体系性地分离的见解也是通说。参照 Hans Joachim Hirsch, in Leipziger Kommentar, 11. Aufl., 1994, Vor § 32 Rdn. 5ff. 以及引用的文献。

的判断，就是对与刑罚法规作为禁止的对象所表示的法益行为的类型相符合与否的判断，是首先抽象了（根据该法益侵害的行为，同时实现/确保某种利益）具体事情的、"限定视野"的判断。与此相反，违法性阻却事由存否的判断，是考虑关于行为违法性的个别事情的整体的具体性的/非类型性的判断。于是，作为利益衡量等的标准，从法秩序整体的角度来看，讨论了行为具体的容许性；非容许性。如果不区别构成要件与违法性阻却事由的话，在"杀蚊子"与"作为正当防卫杀人"之间的价值性差异，在犯罪论体系上并不能表现出来[1]。——以上，我想这是通说的论据[2]。

但是，违法实质化的根基是以罪刑法定主义与规范为手段的一般预防的思想，违法概念的中心意义是在行为的时间点，所具有的通过明确违法/合法界限的行为规范的提示/告知机能（本书第一章第五节）。只要这样思考，对以上所述通说的理解就会产生疑问。因为如对国民而言在各种不同的行为状况中可能变成的行为指针那样，将行为规范的内容具体化时，行为规范的内容中也包含了违法性阻却事由。

刑法禁止，譬如说"杀害他人"的行为。《刑法》第199条的刑罚法规是对规范的对象（行为能力者）禁止"杀害他人"的行为规范。那么，关于《刑法》第36条的正当防卫的规定又是如何呢？虽然也存在那不过是作为"调整行为规范相互之间的冲突的规范"的裁判规范的见解[3]，但我并不认为如此。刑法通过这个法规对规范的对象规定了在受到紧迫的不正攻击的情形下的"行动标准"，要求做出防卫行为时，在《刑法》第36条第1款的范围内实行（在表示行动标准的这一点上，第36条第1款与关于第39条那样的责任的规定有本质的不同）。如果第36条第1款也被看作为行为规范的

---

[1] 参照汉斯·威尔泽尔（福田平、大塚仁译）《目的行为论序说》（再版），1965年，第37页（ハンス.ヴィエルツェル「福田平＝大塚仁訳」『目的的行为論序説』再版、1965年、37頁）。即，"杀蚊子"不是法益侵害行为，本来就不该当构成要件，然而，虽然"作为正当防卫杀人"是该当构成要件的侵害行为，但是可以阻却该行为的违法性。如果不能区别构成要件与违法性之间的不同的话，两者也都是相同的合法行为，不能在体系上加以区别。

[2] 我虽然在井田《犯罪论》，第69页以下，与通说所言相同，但是我在《违法性阻却事由的理论》载于《现刑》2卷1号（2000年），第82页以下（「違法性阻却事由の理論」、現刑2卷1号、2000年、82頁以下）改变了见解。

[3] Karl Heinz Gössel, Überlegungen zum Verhältinis von Norm, Tatbestand und dem Irrtum über das Vorliegen eines rechtfertigenden Sachverhalts, in: Festschrift für Otto Triffterer zum 65. Geburtstag, 1996, S. 97 ff.

话,"不能伤人"等的规范……应该认为是"除了正当防卫等其他的情形之外的限定"[1]。刑法的作用,通过行为规范在禁止没有被正当化法益侵害行为的同时,也表示为了保全有纠葛的法益的行动标准。从社会行为规制的具体场面来看,禁止规范与容许命题一起作为一体性的机能作用[2]。

如果这样思考,构成要件与违法性阻却事由,在类似违法性与有责性不同的那种意义上,并没有本质性区别。违法性阻却事由在它存在具有消极地否定违法性的作用这一点上,尽管区别于普通的构成要件要素,但本质上无论哪一个都属于相同的法的评价次元。这在相同构成要件中也存在客观的要素和主观的要素,虽然各自在性质上不同,但本质上无论哪一个都属于要件要素。如若违法性阻却事由在本质上也属于与构成要件相同的体系范畴的话,犯罪论就成了应该不是由三个阶层构成,而是由两个阶层("不法"与"责任")构成的理论了[3]。

二、违法性阻却事由的错误

以上那种理解,对就作为违法性阻却事由的事实存在错误情形(本书第十章)的解决,具有决定性的意义。如果正当防卫的要件还包含规范内容在内的话,在对正当防卫事实的错误认识的误想防卫的事例中,因为认识到与规范要求相符的事实而实行行动,就不能将它看成是不法。于是,可以否定通过故意的(重的)规范违反性,就不能承认故意的(可罚的)违法性(最多只能承认过失不法)。

从实质上来看,通说也已经承认相同的观点。之所以这样说,关于误想防卫的情形,通说也认为可以肯定作为过失犯的处罚(本书第十章第二节)。为了采用这个结论,以下就将此作为前提。即,不是由于不注意发生了结果,而是在不注意地实现了《刑法》第36条第1款的事实时(即,应该符合《刑法》第36条第1款的要件那样的行为,却没有实行时),可认为是给予了过失犯违法性以基础。在误想防卫的事例中,如果可以承认在那里不注意的话,

---

[1] 团藤《总论》,第340页注(一)。
[2] 没有采用消极的构成要件要素理论的西原春夫《犯罪实行行为论》,1998年,第55页以下(西原春夫『犯罪実行行為論』、1998年、55頁以下),主张许容命题成为禁止规范的一部分。
[3] 最近,在德国,作为给予详细根据的第二阶段的犯罪体系的浩瀚的专题论文,出版了Klaus Rinck, Der zweistuflge Detiktsaufbau, 2000。

它的对象就要求存在与第 36 条第 1 款相符合的事实。换句话说，那是考虑到第 36 条第 1 款设定的行为规范，也可将它认为是构成要件。根据通说的理论构成时，（积极的）构成要件要素与第 36 条的要素，在肯定违法性时起相同的作用。关于与（积极的）构成要件相当的事实，不是由于故意而是由于不注意实现的话（譬如说，由于不注意导致他人死亡的），与以过失犯罪的违法性为基础的情形一样，关于相当于第 36 条第 1 款的事实，因为是由于不注意实现的，也以过失犯的违法性为基础。如此，即便是通说，第 36 条第 1 款的正当防卫的规定也只能是以过失犯的违法性为基础的"构成要件"。

三、消极的构成要件要素的理论

与某种违法阻却事由相当的事实存在，譬如说，相当于正当防卫的事实存在与该当一个构成要件要素的事实存在，在法律上是同一次元时，可以作为特殊的构成要件要素来捕捉。譬如说，当全部符合构成"文书"的法的概念的要件要素时，就可肯定文书伪造罪的构成要件该当性，只要否定一个要件，就可否定构成要件该当性。在符合正当防卫全部要件的事实时，就可否定杀人罪的构成要件该当性，虽然是在积极地肯定构成要件该当性的方向起作用，还是在消极地否定的方向起作用会有所不同，但本质上并非不同[1]。违法性阻却事由，譬如说，正当防卫可以体系性地定位为消极的构成要件要素，将这样思考的见解称为"消极的构成要件要素的理论"[2]。"杀蚊子的行为"与"正当防卫杀人的行为"，在没有违法性这一点上是相同的，而且在各自被否定的故意的行为规范违反这一点上，可以给予在刑法上同一次元的评价[3]。

---

[1] 应该注意的是，全部正当防卫的要件不是与构成要件（积极的构成要件）对置的消极的构成要件，具备所有正当防卫的要件是一个消极的构成要件要素。在这个意义上，必须区别消极的构成要件的理论与消极的构成要件要素的理论。一旦不理解，如只因为欠缺积极的构成要件的一个要素就能阻却故意那样，仅仅认识到正当防卫的要件之一，就可能会阻却故意。

[2] 主张消极的构成要件要素的理论的，是中义胜《误想防卫论》，1971 年（中義勝『誤想防衞論』、1971 年）；中《总论》，第 57 页以下、第 92 页以下。另外参照葛原力三《消极的构成要件要素的理论》载于《刑法理论的探究·中义胜先生古稀祝贺》，1992 年，第 67 页以下（葛原力三「消極的構成要件要素の理論」『刑法理論の探究·中義勝先生古稀祝賀』、1992 年、67 页以下）。

[3] 另外，这种观点认为由于在过失论中区别构成要件该当性的判断与违法性阻却事由的判断很困难，因而从侧面加以支持。

在德国，对消极构成要件要素理论的批判很强烈。但不可忽视的是，构成要件要素理论在德国是由违法一元论（本章第五节）支配的。即，在对构成要件该当性的判断中，即便加入刑法特有的可罚的评价，违法性阻却事由，在与全法秩序之间的关系中，也是统一地将行为正当化的事由，因此，刑法上违法性阻却的行为，认为在其他的法领域不可能是违法的。即，根据违法一元论，在不该当构成要件的行为中也包含了刑法上虽然是不可罚的但却是违法的行为。与此相反，阻却了违法性的行为，它的全部在与全法领域的关系中，就成为完全的合法行为。如果是这样的话，就很好理解不同于这样性质的构成要件与违法性阻却事由不能一体化的观点了[1]。但是，违法一元论本身也存在疑问。在阻却刑法上的违法性的行为中，也有可能存在只否定可罚的违法性的行为，即便这一点，也应该认为不该当构成要件的行为与阻却违法性的行为在法的性质上并不相同（本章第五节）。在日本，因为这样思考的可罚的违法性（违法相对性）为支配性的见解，所以，从这一点看，我想也没有反对消极构成要件要素理论的理由。

第二节 作为行为规范的违法性阻却事由

一、基本思想

因为刑法是为了保护法益而存在的，所以刑法上的行为规范就只能是为了法益保护，对规范对象进行提示行动标准。违法性阻却事由是在广义的法益冲突或者利益纠葛的状况下给以正确解决的行动标准。因此，在提示法益保护的行动标准这一点上，分别支配构成要件与违法性阻却事由的原理就必须相同。从这里可以导出几个重要的结论。

二、违法性阻却事由的两个类型

如构成要件有"侵害犯"的构成要件与"危险犯"的构成要件那样，违法性阻却事由也可存在以正当性结果的发生为要件的要件，与只是实行了该行为无论有无正当化的结果都为阻却违法性的要件两种。根据结果无价值

---

[1] 关于这一点参照 Walter Gropp, Strafrecht, Allgemehner Tel 2. Aufl 2001. S. 169f.

论，为了侵害犯的正当化，要求正当化结果的发生。但是根据行为无价值论，如即便结果发生，由于不是通过行为无价值而否定构成要件该当性，只通过对行为无价值的阻止就可以认为使其脱离了违法性（但只残留结果无价值）。

作为危险犯型（行为型）的违法性阻却事由，首先可列举推定同意的情形。譬如说，家中无人的邻居的水管崩裂，看到被锁在家中的狗陷入危险，如果损害比狗更为贵重的家中的设备救狗的话，那会因为不符合法益均衡的要件而不能使得紧急避险正当化[1]，在行为的时点推测被害者同意而行动，因为可看作是基于合理判断的结果，所以其违法性就可以被阻却[2]。而且，具有一定危险的行为，以得到同意为由将危险进一步恶化，在那个范围内也有可能否定被害者的法益的刑法保护（实行行为虽然是指具有将可允许的危险上升的危险行为，但通过对该危险的同意，就可能将进一步危险的行为合法化）。该行为没有意图产生死伤的结果时，在什么样的限度内可阻却结果惹起的违法性，就是一个问题。在事前危险（以行为时为判断标准的危险）并不高（或者，虽然有更加高度的危险，但能够控制该危险）的案例中，只从被害者来看，因个人的利益加大其危险程度的风险，可以考虑应该有一个个人自决权的范围。因此，即便在事后实现了该危险之时，通过否定行为不法不能成立过失结果犯，也是有理由的[3]。而且，关于名誉损坏罪的真实性的证明（《刑法》第 230 条第 2 款），即便该证明是失败的，在行为的时点依据确实的资料和公开事实也可以考虑违法性被阻却的话，它就可以承认危险犯型的违法性阻却事由。

---

[1] 另外，属于同一主体的复数法益在不允许客观地比较衡量时，推定同意的法益具有区别于紧急避险的独立意义。譬如说，推定在事故中负伤意识不清被送往医院的被害者的同意，实行伴随危险的救命手术的情形。虽然根据紧急避险可以正当化（譬如说：Gunther Arzt, Kleiner Notstand bei kleiner Kriminalität? in: Feschrift für Jörg Rehberg, 1996, S. 27.），但不是承认根据客观的法益衡量的正当化，我认为最好是指根据推定本人同意的理论构成。

[2] 参照林《总论》，第 173 页。

[3] 详细参照井田《危险的接受》载于西田典之、山口厚编《刑法的争点》（第 3 版），2000 年，第 78 页以下（井田「危険の引き受け」西田典之＝山口厚『刑法の争点「第 3 版」』、2000 年、78 頁以下）。另外，作为关于危险接受的问题的详细研究，盐谷毅《被害者的承诺与自己答责性》，2004 年（塩谷毅『被害者の承諾と自己答責性』、2004 年）很重要。

三、违法性阻却中的行为不法与结果不法

在构成要件要素中，如有行为（无价值）的要素与结果（无价值）的要素那样，违法性阻却事由，譬如说，正当防卫的要素也可分成两个。在正当防卫中，如果是对紧急事态中攻击者的法益的保护的否定与贯彻防卫行为者的正当利益产生问题的话，那么，就客观地存在正当防卫状况（紧急不正的侵害）；攻击者没有产生行为结果的话，因为欠缺被侵害法益中的要保护性的否定要素，所以就不能成为正当防卫（通过行为时的判断，对一般人而言，看到好像是攻击的情形，作为要件并不充分）。这些是保障存在"不正对正"的利益状况的结果（无）价值的要素，要求必须客观地存在。如果没有客观地存在，就不能产生对不正攻击贯彻正当利益的正当化结果，于是，也就不能适用《刑法》第36条第1款。行为者误认为是紧迫不正的侵害而实行误想防卫的案例，即便假设是在普通人也不能回避的误信情形下欠缺正当化的"结果"，也不过是所谓的"正当化的未遂"[1]。

与此相反，在对实行紧迫不正的侵害的攻击者可以实行什么样的防卫行为的问题中，就会发生提示规范对象的行为标准的问题。因此，关于防卫行为的要件是否是行为（无）价值的要素，并不应该由事后的/物理性的判断来决定。即便在事后来看是不必要的反击（譬如说，反击晚一秒就不能阻止攻击，从而导致攻击者产生伤害的结果），也不能以此为理由否认正当防卫[2]。本质性的问题是，在利益对立的客观状况下，作为行为时的判断是，为了保护被攻击的权利容许哪种程度的危险行为，或者相反，在不正攻击者一方负有哪种程度的风险行为。存在紧迫不正的侵害与攻击者的法益侵害的要件，应该是客观决定的。但是，对防卫行为的必要性/相当性的判断，在行为的时间点必须加入攻击者与被攻击者各自负有什么样的风险的危险分配的考虑。而且，实行事后判断在原理上也存在不可能性。因为攻击者一方的攻击以没

---

[1] 那么，根据《刑法》第36条第1项不是阻却违法性，但是根据违法性的一般理论以行为不法的欠缺为理由，应该解释成为可以否定违法性。

[2] 参照林幹人《防卫行为的相当性》载于松尾浩也编《刑法判例百选Ⅰ总论》（第4版），1997年，第52页（林幹人「防衛行為の相当性」松尾浩也ほか編『刑法判例百選Ⅰ総論「第4版」』、1997年、52頁）。

有产生结果为前提，最多只能是"危险的衡量"问题[1]。

而且，在正当防卫中可以考虑另一个"结果"。那就是所谓的防卫效果（侵害排除效果）的发生[2]。防卫效果的发生应该不要求正当防卫的成立，但作为正当防卫的要件不能说是完全无意义的。因为作为防卫行为的结果，即便不需要发生防卫结果，也有必要要求防卫行为者以防卫效果的发生为目的而实行行动。虽然要求行为者以此为目的。但是，在实现它不以既遂要件要求的意义上，也许能够平行地捕捉盗窃罪中所占领的意思实现结果。如果它是可能的，对防卫意思不仅是正当防卫状况的认识，而且也必须包含防卫结果实现的目的这一点上，可成为主观的超过要素。

四、关于违法性阻却的"故意"

关于积极的构成要件要素，只要没有故意或者实现意思就不可能承认不法，同样，与作为消极构成要件要素的违法性阻却事由相符合的事实，如果不是"故意"就不能承认正当化的效果（本章第四节）。而且，关于构成要件该当事实的故意并不要求与条文上的概念相一致的正确认识，只要与行为者日常用语中对应的概念相一致来认识事实（所谓的事实的认识）就能承认故意的成立（本书第五章第二节）。同理，关于违法性阻却事由的认识也可以这样说[3]。即使行为者所认识的事实与违法性阻却事由的要件实施不是精确地相一致的，只要是对应要件的"外行人的认识"的话，就可以阻却故意。为了承认故意的成立，要求有意思的认识，并且以此作为充分的理由。虽然故意的问题只能是行为规范程度上的问题（本书第五章第二节），但如果是这样的话，同样也必须与关于作为行为规范一部分的违法性阻却事由的认识相符合。

---

[1] 如本章所述的那样，主张构成违法阻却状况的事实前提，尤其是关于作为正当防卫以及紧急避险前提的法益侵害的危险性，主张应该通过客观性判断（事后判断）决定，而关于与防卫行为的必要性等行为相关联的要件，应该通过以一般人为标准的行为时的判断（事前判断）决定的是 Hissch, Strafrechtliche Probleme, 1999, S. 557ff. mit Fuβn. 11.

[2] 参照山口《探究》，第71页以下。

[3] 关于这一点，就东京高判昭27.12.26高刑集5卷13号2645页的判例，平野《总论》，第1171页中所指出的观点很重要。该判例认为：被告人发现在自己田野中的魔芋经常被盗窃，为了防止盗窃而放哨，深夜看到A为了盗窃魔芋接近田野，因此抓住了A，在此期间造成了A轻微的伤害。这可以解释为被告人的行为具有法律上所允许的相当的理由，因此不能说是出于犯罪的意思。

譬如说，在迷信宗教治疗方法广泛实行的时期与场所，为了治疗疾病、恢复健康而适用那样的方法时，即使客观地不能承认作为治疗行为的违法性阻却，但却可能阻却故意[1]。

五、违法性阻却事由与类推禁止原则

罪刑法定主义原则，尤其是类推禁止原则，在与违法性阻却事由的关系中也应该适用吗？这是一个令人困惑的问题。从结论上来说，类推禁止原则的适用，我想已经大幅度地受到限制。首先，关于违法性阻却事由，从狭义的构成要件的程度上来比较，该类型化与要件的精致化是相对滞后的。即便关于违法性阻却事由的扩张解释与类推适用如何区别的问题另当别论，构成要件与违法性阻却事由也不能放在同列中考虑。而且，刑法上的违法性阻却事由，对规范的对象（行为能力者）是告知/提示的行为标准，但与此同时也有调整为了守护各自的利益者之间的企图。如果广泛地许容违法性阻却的话，对方的反击作为违法被禁止，仅这一部分也能制约对方的权利。应该公平地保护该利益，如果不允许而无视对方的具体利益，根据不同的情况，在解释违法性阻却事由时，不得不加以限制，因而就会产生不能以条文的文言为根据的情形。只要在此范围内，作为行动标准告知的侧面（因此，罪刑法定主义的原则）也可认为不得不接受一定的限制。

第三节 违法性阻却的实质性原理

在学说上存在围绕说明违法性阻却根据的一般原理是什么的争论。通过明确一般原理，可得到解释各个违法性阻却事由的指针，而且也有可能展开超法规的违法性阻却事由。围绕这一点就有目的说、社会伦理说、社会相当性说、法益衡量说、优越利益说（利益衡量说）等诸见解的对立[2]。

这些学说，对所提示的原理的内容很漠然，并且很暧昧。这些学说存在

---

[1] 但是，关于实行"驱狐狸邪"的治疗行为造成患者死亡的案件，在东京高判昭和 31. 11. 28 高刑集 9 卷 12 号 1251 页，承认了伤害致死罪的成立。

[2] 详细的参照盐见淳《违法性·违法性阻却的一般原理（下）》载于《法教》266 号，2002 年，第 102 页以下（塩見淳「違法性·違法性阻却の一般原理（下）」、法教 266 号、2002 年、102 页以下）。

到底具有哪种程度的实质性意义的疑问[1]。"优越利益说"与"利益欠缺"的原理合并在一起形成的二元性说明的见解（所谓的二元说），虽然我认为也符合实质性的内容，但即便这样还是不彻底。优越利益保全的合法性也太理所当然了，完全没有说明一方的"利益"在什么时候、存在什么样的要件时可以优越于另一方。存在紧急事态，即便它自身作为值得保护的利益被侵害，在与保全行为之间的关系上被否定其利益的要保护性时，也不能就容许正当防卫、紧急避险。即便假设现场排除侵害是为了保全正当利益的行为，但因为通过国家机关的解决为优先，所以也不能立即承认正当防卫、紧急避险[2]。所有这样的情形用优越利益说的原理说明的话，它就成为同义反复。

如果是这样，以上的学说，不过只停留在给予关于违法性阻却事由的印象的程度上，而且是决定性地不充分的。在明确违法性阻却事由的原理时，以行为无价值（即行动标准的提示）与结果无价值（作为结果的法益保全的有无）的判断形式的大框架为前提，有必要更加多元地明确（在此之上，以统合性地整理原理，并进行相互调整为目标）支持各个违法性阻却事由的基本原理[3]。

第四节　关于主观的正当化要素

作为为了承认违法性阻却的要件，行为者是否必须认识与此相关的事实，是关于主观的正当化要素是否需要的问题。譬如说，有正当防卫中的"防卫意思"、紧急避险中的"避难意思"、被害者同意中的同意的认识等讨论是否能成为未来各自不同的违法性阻却的要件。在这个关系上所讨论的问题，主要是围绕偶然防卫的处理。所谓的偶然防卫是指，有全部充分的正当防卫的客观要件的事实，但同时行为者完全没有认识到存在正当防卫状况（即，紧

---

[1] 关于这一点，参照 Hirsch, in: LeipzigerKommentar, Vor § 32 Rdn. 47f. 放弃揭示违法性阻却的一般性原理的德国学说是通说。

[2] 关于这一点，参照井田《论紧急避险的本质》载于《宫泽浩一先生古稀祝贺论文集》（第2卷），2000年，第275页、278页注（3）[井田「緊急避難の本質につて」『宮澤浩一先古稀祝賀論文集第2卷』、2000年、275頁、278頁注（3）]。

[3] 在德国学说中表示那种方向的有 Hans-Heinrich Jescheck/Thomas Weigend, Lehrbuch des Strafrechts, Allgemeiner Teil. 5. Aull. 1996, S. 326; Claus Roxin, Strafrecht, Allgemeiner Tell, Band Ⅰ, 3 Aufl. 1997, S. 516 ff.

迫不正的侵害）的情形，换言之，是指行为者在以一方加害的意思实行该当行为时，偶然产生了客观的防卫效果的情形[1]。学说上分成以下三种见解：①不承认违法性阻却，行为者作为既遂犯处罚（承认既遂不法）；②成立未遂犯的见解（只承认未遂不法）；③阻却违法不可罚。

这个问题，从本书所主张的规范的一般预防论的立场来看，必须解决以下问题。通常积极的构成要件要素没有故意不能承认作为故意的重规范违反性，但是与此完全相同，即便是与消极的构成要件相当的违法性阻却事由，为了承认与此相适应的法的效果，有必要要求行为者认识它并且获得行为者的实现意思。如果违法性阻却事由也属于行为规范，没有认识到相当的事实而实行行为的话，就不能阻却行为不法。行为者没有认识到该事实产生正当化的结果，只是本人主观上的纯然的规范违反的事实，也可以肯定故意的规范违反性。本人即使没有认识到它，只是客观地实现了正当化事由，就立即否定规范违反性的话，行为不法的有无就可能通过作为行为者的偶然性受到左右，于是，就不能被期待根据制裁赋课的规范维持的效果（即，从一般预防的观点来看，是逆机能的）。

但是，关于积极的构成要件，即便行为者认识到违法事实，但就一般人来说没有能认识违法性事实情形的话，也能否定行为无价值性［根据所谓的具体危险说，可以否定作为不能犯的实行行为性。第十八章第三节（二）］。如与此相同的关于违法性阻却事由，只要在本人没有认识到且一般人也不能认识到的那样的情形下，就可以肯定行为不法。问题是能否在既遂的程度上承认，在这里即便能肯定行为无价值，既然阻止了结果的不法，就不能认为那是既遂。既遂说的弱点在于如只用行为无价值承认既遂，它的根据就不明确。偶然防卫的事例，在"有意图地实现违法事实而实行行为，但在结果上没有实现违法事实"这一点上，对所谓的"不能犯客体"的未遂行为，譬如说，把尸体误认为是活人而杀害的行为、尽管是空钱包但误认为是钱包而伸手盗窃的行为，在理论上就是等价值的。于是，只能承认未遂的违法性。即便按《刑法》第 43 条的解释，因为它不能完全实现犯罪的情形，所以适用本条并不产生问题。尤其是违法性阻却事由，如果也认为是消极的构成要件要素的话，因为偶然防卫是不完全满足构成要件的情形，适用第 43 条也不会另

---

[1] 但是，属于偶然防卫的案例存在几种类型。关于这一点，参照井田《犯罪论》，第 118 页以下。

外产生疑问。

第五节 违法性的相对性——可罚的违法性

一、违法一元论所主张的内容

刑法上的违法性意味着作为该当犯罪应该科处刑罚的违法性，即值得处罚的违法性，在从全法秩序的观点来看的违法中，仅仅是符合在量上一定程度以上的重量，在质上相当于科处的刑罚也会成为问题。在这个意义上的刑法中的违法性称为可罚的违法性。换言之，在某种意义上的违法并不能肯定刑法上的违法性，这种观点是现在的通说。成为问题的是，即便在民法上是违法的，但可能在刑法上是合法的（或者相反），即便在行政法上的领域是违法的，在刑法上也不违法（或者相反）的情形。

在德国，即使现在否定如这样的法领域的违法相对性的违法一元论也是支配性的观点[1]，与此相反，日本的通说却肯定违法相对性。的确，违法一元论，可见好像是容易反驳的可能性见解。民法上成为损害赔偿的原因的行为、公务员法上成为惩戒对象的行为不一定构成犯罪，违法判断由于各领域不同而各自不同，我想这种见解很明确。而且，刑法上的违法性是犯罪成立要件，该判断加入是否"值得科处刑罚""是否适合科处刑罚"的刑法特有的（在其他法领域并不实行）目的论的思考也很自然。刑法上的违法性，我认为不得不区别于其他的法领域的违法性。

但是，通过这样的理由排斥违法一元论，那不能说是对该见解（至少在德国是受到广泛支持的思考方法）的正确理解。违法一元论的前提是行为规范论。法是行为规范，即行为的规则是对人的行为的要求。法秩序为了明确对国民而言的行动标准，就必须统一地表示不应该实行的行为（或者应该实行的行为）。在"该行为是被禁止的同时也是被容许的"情形下，周围的人（譬如说，警察、路人）应该阻止该行为吗？受到被害的一方能加以反击吗？这些并不明确，作为复数参与者之间的利害调整的标准毫无意义。在这样的

---

[1] 关于学术状况，参照代表德国通说的 Hirsch, in Leipziger Kommentar, Vor § 32 Rdn. 10 和代表反对说的 Hans-Ludwig Günther, Strafrechtswidrigkeit und Strafunrechtsausschluβ, 1983; ders., Klassifikation der Rechtfertigungsgründer im Strafrecht, in: Festschrift für Günter Spender, 1992, S. 189lf.

意义上，统一的/一般的违法性的观念是有用的，而且是不可欠缺的。尤其是正当防卫（《刑法》第36条）中的"不正"，因为是没有理由的侵害问题，所以承认一般的违法性就足够了，没有理由要求必须具备构成要件该当性。对不该当构成要件的私人侵害行为（譬如说，让机器人拍照、入侵他人居所、偷拍居所内的样子），当然也有可能实行正当防卫。而且，即便认为盗窃一张纸不该当盗窃罪的构成要件，当然也必须承认对该行为的正当防卫。

在这里应该注意的是，根据在德国所主张的违法一元论，从法秩序整体的统一角度来看，违法的行为与什么样的法的效果相结合是各法领域的问题，是根据在各种不同的法领域中的独自的目的论/政策性判断来决定的。关于刑法，就某种违法行为而言，如何设定构成要件使其犯罪化然后对此在什么样的程度上设定重刑，是由刑事政策的考虑来决定的。因此，如单纯的债务不履行、通奸那样的行为，即便在民法上违法，在刑法上也不能成为犯罪的行为，不过是表示了法的效果的多元性，不可能成为对违法一元性的反论。单纯的债务不履行、通奸也是规范违反，在全法领域内也是违法行为，只在民法上具有损害赔偿的义务、成为离婚原因的法的效果也是被规定的。相反，故意向他人开枪的行为不是"只在刑法上违法，只要没有伤害到人，在民法上就是合法行为"，大体上是违反法秩序的违法行为，只是刑法上（无论结果发生或不发生）刑罚的法效果是被规定下来的。"杀人未遂的行为，在民法等领域是合法的行为，而在刑法上是违法行为"等的思考方法，混同了违法性的问题与法的效果的问题，在理论上不正确。

而且，如以上所接触到的那样，即便在违法一元论的立场上，因为构成要件是由刑法独自的刑事政策的考虑所导出而设定的，所以，在构成要件该当性判断的阶段，实行鉴于违法的量与质实行刑法所特有的判断。即，即便行为可以看到在形式上是否该当构成要件那样的情形，在不具备构成要件预定违法性的情形中，也可否定构成要件该当性。于是，譬如说，即便以被害的轻微性为理由可以否定构成要件该当性，该行为在与法秩序整体的关系中也是违法行为，对此（在一定的范围内），正当防卫就是可能的。只要在构成要件阶段来看，违法一元论与违法相对论基本上就不是不同的理解。

二、违法一元论的评价

只要在看到的如上所述那样的范围内，违法一元论在理论上就更为正确[1]。成为问题的应该在于以下这一点,根据德国所主张的违法一元论,在判断持续性的构成要件该当性的违法性阻却的阶段中,从全法秩序的见解来看,不得不作出一个统一的违法评价。如果这样考虑的话,在违法性阻却判断之际,与全法秩序之间的关系中,只有完全欠缺违法性的行为才能被阻却违法性。即使认为在刑法中不是值得处罚程度上的违法性,譬如说,只要是在民法上的违法范围内,就可得出排除违法性阻却可能性的结论,这个结论仍然并不妥当。如应该承认轻微的法益侵害不该当构成要件的可能性那样,相反,即便在极小地脱逸违法阻却的限度的情形下(譬如说,过剩防卫、过剩避险的界限的事例中可成为问题),也应该承认违法性阻却的可能性。而且,从刑法的考虑来探讨违法性阻却时,用产生解雇、扣工资等民法上/劳动法上的法的效果,肯定它的违法性阻却时成为阻碍来考虑,我认为这并不妥当。不仅否定积极的构成要件该当性的行为中包含了一般违法行为,而且在刑法上被阻却的违法性的行为中也包含了一般的违法行为。即便在与这种问题之间的关系上,也可以确证不应该以区别构成要件与违法性阻却事由的思考方法的正当性[2]。

---

[1] 譬如说参照林《总论》,第 227 页以下;松宫《总论》,第 101 页以下。
[2] 但是,只要在这个限度内,相当于起到了刑法上的违法判断,对从复数相关者的利害调整的角度看,明示了首尾一贯的行动标准的机能作用,从而加上了一定的限制。

第十章　违法性阻却事由的错误

第一节　问题所在

一、违法性阻却事由的错误

为了能够阐释存在故意，就必须具备对构成要件的客观事实（杀人罪的情形下，自己的行为引起了他人相当于法律上的死的概念的事实）的认识，关于这一点并没有异议（本书第五章第一节）。但是，围绕是否必须认识作为没有具备违法性阻却事由的事实（即，相当于"没有被正当化的法益侵害"的事实），虽然通说肯定其态度，但是反对见解也很有力，因此形成了一个重要的争论点。在现实中并不存在相当于违法性阻却事由的事情，但行为者却误信存在，从而实现了构成要件该当事实，即认为有对该当构成要件的客观事实的认识（因此，具有构成要件的故意），但为了一起认识相当于违法性阻却事由的事情，行为者面对的事实只能是"合法事实"。在具有这种认识内容的情形下能否成立故意（即，第38条第1款所称的"犯罪意思"）[1]就成为问题。虽然那是错误论的问题之一，但是，在这里构成要件与违法性阻却事由之间的关系、结果无价值论与行为无价值论、故意的体系性地位与责任的本质、事实错误与违法性错误的区别等犯罪论的根本性问题就被同时提了出来。其原因是如犯罪论体系性的根本问题的代名词那样利用了违法性阻却事由的错误，特别是误想防卫的用语（而且，误想防卫、误想过剩防卫等是现实中常常发生的现象，在实务中也是重要的课题）。

"违法性阻却事由的错误"用语，除了关于事实方面的错误之外，也包含

---

[1] 关于这一点，参照齐藤信治《名誉损害罪是否不能只限于故意犯?》载于《西原春夫先生古稀祝贺论文集体》（第3卷），1998年，第181页（斉藤信治「名誉毀損罪は故意犯に限られないのか」『西原春夫先生古稀祝賀論文集第3卷』、1998年、181頁以下）。

在法的评价的程度上的误信。后者是行为者对客观事实本身有正确认识的同时，还在法的评价程度上误信自己的行为可被合法地正当化的情形[1]，误信现行法所承认的违法性阻却事由的法的要件的情形[2]，当这些对法的误解是违法性的错误时，学说上的见解是一致的。在处理上存在不同见解之间的对立，那是关于违法性阻却事由的事实方面错误的一方，将它区别于法的误信的情形，也称为关于违法性的事实错误或者正当化事情的错误。其代表例是误想防卫。那就是不存在相当于正当性防卫的客观性事实（特别是不存在第36条第1款规定的"紧急不正的侵害"的事实），但行为者的头脑画面中却反映出了全部符合正当防卫要件的事实的情形[3]。在与紧急避险或者其他违法性阻却事由之间的关系中，也有可能发生与误想防卫一样的事实方面的错误[4]。

二、事实错误还是违法性错误

关于违法性阻却事由的事实错误不是关于评价的误信，而是事实方面的错误，在这一点上与构成要件该当事实的错误相同。譬如说，把人看作熊射杀的或者将他人的雨伞认作自己的雨伞拿走的，是事实方面错误的结果，行为者一方欠缺"违法事实的认识"。在误想防卫中，认识到的事实方面的错误结果相当于正当防卫的事实时，行为者也欠缺"违法事实的认识"。不同的只不过是关于相当于构成要件的事实错误或者相当于违法性阻却事由的事实错误这一点。即便相当于构成要件的事实、相当于违法性阻却的事实，是积极地在以违法性为基础的方向中起作用、还是在否定方向中起消极作用之间存在不同，但是在关于任何一个违法性存在与否的事实这一点上，并没有本质

---

[1] 譬如说，作为证人被询问，误信对与自己相关的犯罪事项进行申述的虚假事实允许作为"防御权"行使的情形（参照《刑法》第169条以及《刑事诉讼法》第146条）。
[2] 譬如说，错误地认为从迟迟不返还借贷物的人手中，使用实力夺回该物的，可作为正当防卫或者自救行为正当化的情形等。
[3] 这是行为者认为是相当于正当防卫的"合法事实"，而客观上确实没有实现相当于正当防卫的"违法事实"的情形，与偶然防卫的情形正好相反。
[4] 所谓的误想避险的情形或者在伤害罪的事例中行为者误认为现实地不存在被害者的同意而对被害者加以伤害的案例等，就相当于这种情形。

上的变化。于是，现在的通说[1]认为像误想防卫那样的违法性阻却事由的事实错误与构成要件该当的事实错误相同，作为事实的错误可以立即（譬如说，即便误信被看作多么轻微）阻却故意［但是，参照第二节（一），通说是不认为这二者的错误完全相同的观点］。

与此相反，是有力的反对说[2]。在违法性阻却事由的错误中，不能否定构成要件的故意（譬如说，如果伤害罪成为问题的情形，行为者就有杀害他人身体的意思）。如果是这样，它就是指在行为者认识犯罪事实的同时，只是误信了违法性阻却事由的错误结果，即行为是被法所容许的事实情形。一旦这样思考，就可以理解为误想防卫所代表的违法性阻却事由错误，在本质上只能是违法性错误，只有在该错误不能回避的情形下才能阻却责任。根据前述的通说，在有违法性阻却事由的错误存在时，绝不可能成立故意犯（或者作为过失犯处罚或者不处罚），与此相反，根据反对说，绝不可能成立过失犯（成立故意犯或者阻却责任不可罚）。

在这个课题中，相当于违法性阻却事由的事实存在错误的情形下就产生了以下问题，应该与构成要件该当事实的错误一样地加以解决，还是应该作为不同的错误一样处理，也就是说，从内部已经产生了构成要件与违法性阻却事由的关系的问题。区分通说与反对说的本质的重点是，在与错误论的关系中将两者基本上看成同一，将两方的错误置于作为"事实错误"相同的范围中、还是强调构成要件与违法性阻却事由的质的不同，一方的错误看作为"事实错误"，另一方的错误看作是"违法性错误"。同时，围绕违法性阻却事由错误的学说对立，可以说与关于故意的体系性定位应该如何理解的不同见解有密不可分的关系。如果以对心理状态的否定评价来捕提责任内涵，以

---

[1] 譬如说，松植《总论》，第173页以下；内田《概要中卷》，第316页以下；大越《总论》，第106页以下；大塚《总论》，第446页以下；齐藤《总论》，第206页；佐伯《总论》，第280页以下；佐伯仁志《故意、错误论》载于《最前线》，第103页；曾根《总论》，第221页以下；团藤《总论》，第242页以下、第308页以下；内藤《总论中》，第354页以下；中《总论》，第92页以下、第104页以下、第137页以下；中山《概说》，第186页以下；林《总论》，第244页以下；平野《总论Ⅰ》，第164页以下；前田《总论》，第336页以下；松宫《总论》，第140页以下；山口《总论》，第176页以下；山中《总论Ⅰ》，第413页以下等。

[2] 阿部《总论》，第146页以下、第191页以下；大谷《总论》，第188页以下、第311页以下、第373页以下；川端《总论》，第367页以下；木村《总论》，第334页以下注（五）；西原《总论》，第420页以下；福田《总论》，第211页以下等。

作为值得非难的心理作为非难可能性的要素来捕捉故意的话，只要没有认识到行为者具体地违法事实，就不具备违法性阻却事由的构成要件该当事实，就不能处以故意的重的非难（参照本书第六章第一节，关于详细的责任说）。与此相反，将规范的责任论彻底化，故意完全是行为规范违法性的要素，责任尽可能是对根据规范意识制御动机的规范评价的话（参照本书第六章第一节，我也采用了这样的违法要素说），在违法阻却事由的错误事件中，能否承认故意的成立，完全是根据将行为规范的内容与违法性阻却事由相隔离开的理解、还是包含它在内的理解来决定的。

另外，判例也可以认为与通说一样采用了故意阻却说。本来并没有从正面作出判断的大审院/最高法院的判例（旁论，作为"阻却犯意"是大判昭6.29刑集12卷1001页）。在最高法院判例中，有承认故意阻却的结论。譬如说，广岛高判昭35.6.9高刑集13卷5号399页，对以下的判例作出判决。当A讲出不稳重且危险的话语，同时右手放到外衣口袋中像是在取凶器时，认为A向自己走近的被告X为了防卫自己的生命/身体，用现成的木刀刺向A的右手，并且对反抗的A数次殴打，导致伤害的案件，广岛高级法院作出"本件中被告人的行为，由于错误，因为认识到犯罪的消极的构成要件事实，即正当防卫，欠缺相当于故意内容的犯罪事实，所以，阻却了犯罪的成立，从而不能成立犯罪"（而且，东京高判昭45.10.2高刑集23卷4号640页，也承认误想防卫的故意阻却的结论）的判决。

第二节　各学说的探讨

一、责任故意阻却说

如前所述，根据到目前为止的通说，对违法性阻却事由的事实错误可以阻却故意，但严密地讲，这种情形的故意，因为是作为责任要素的故意，所以这个见解就可称为故意阻却说[1]。作为应该肯定故意阻却的根据，因为行为者认识的事实本身是违法的事实，所以不能无视对行为者没有"犯罪意思"

---

[1] 但是，只有中《总论》，第92页以下、第104页以下、第137页以下，采用了后述的消极的构成要件要素的理论，从而认为阻却了构成要件的故意（因此，是作为违法要素的故意）。

(《刑法》第 38 条第 1 款）的条文解释，该结论可以说是从关于故意的本质的责任要素说（本书第六章第一节）中直接导出的。即如果将责任的内容解释成对行为者心理状态的否定评价，以值得非难的心理要素捕捉故意的话，可以追问作为故意犯的重责任，只要存在像普通人所能认识的那样的事实，在当然能认识到只停留在行为的事实的情形下，认识的内容就不只是该当构成要件的事实，也必须是具体的违法事实（即，不具备违法阻却事由的构成要件该当事实）。的确，只要这样理解故意，故意阻却说就可以说是它的理论必然性的归结。

现在首要的是继续承认构成要件故意的观念，采用该责任故意阻却说的学说也很有力〔1〕，根据该见解的学者，在处理相当于构成要件该当事实错误与相当于违法性阻却事由事实错误的任何一个"事实错误"这一点上，虽然构成要件与违法性阻却事实同列，但并不完全被看成同一，而且在体系性上也可区别出各自的错误。在关于违法性阻却事由的事实错误上，故意虽然被阻却，但与构成要件该当事实错误的情形不同，不能否定构成要件的故意，在责任阶段开始阻却作为责任要素的故意。在构成要件该当事实错误（譬如说，把人当作熊杀害的情形）中，因为没有对构成要件该当事实的认识，所以能阻却构成要件的故意，从而完全否定了故意犯的违法性。对此，在违法性阻却事由的错误中，因为有对构成要件该当事实的认识，所以不能否定构成要件的故意。以误想防卫为例，行为者是在了解法益侵害的结果将要发生之时实行的行为。因此，在违法性阻却事由的错误中，即便承认故意犯的构成要件该当性，也不能阻却违法性，只不过是否定了作为故意犯的责任。的确，如果误想防卫不是违法行为的话，那么，它就成为没有相当于正当防卫要件的事实却被否定其违法性，这可能导致正当防卫与误想防卫在法的效果上的区别被消除。

即便违法性阻却事由的错误是违法而不是（故意的）责任，在这种责任故意阻却说的体系性的处理中具有那样的理由，但是，承认构成要件的故意概念与采用责任故意阻却说是否对立也存在疑问。在违法性阻却事由的错误事例中，存在关于误信的过失时（换言之，如果注意的话，就可以避免错误时），就必须承认过失犯的成立，但是在某种意义上能否承认过失犯的成立并

---

〔1〕 特别参照大塚《总论》，第 446 页以下；团藤《总论》，第 242 页以下、第 308 页以下。

不是很明确[1]。譬如说，在误想防卫中，承认构成要件的故意，就可以肯定故意犯的构成要件该当性，但是关于该当故意犯的构成要件的行为（即，不该当过失犯的构成要件的行为）为什么能够承认过失犯的成立，就成为问题。换句话说，该当故意犯的构成要件的违法行为，由于错误不能追究故意责任时，不是成为无罪，而是被承认为过失犯，这在理论上如何说明，不得不提出疑问。

这样的难点，从同时承认以下两点中产生。①承认构成要件故意的观念，即便在构成要件的阶段也要考虑故意；②在违法性阻却事由错误的情况下，否定作为责任要素的故意。因此，否定构成要件故意的观念，在构成要件与违法性的阶段上不区别故意犯与过失犯，从主张故意只不过为纯然的责任要素结果无价值的立场来看，就会产生那样的问题。于是，这样的体系性的矛盾可不可以被认为是以行为无价值论的立场为前提，在承认构成要件的故意概念的同时，采用关于故意的本质的责任要素说的矛盾或者不彻底性的表现呢？

与此相反也许不能说不可能，以行为无价值论为基本前提，承认故意犯的构成要件该当性，同时肯定过失犯的构成要件该当性的理论。如通过一部分客观的归属论的支持者所主张的那样[2]，将过失犯的构成要件消解为客观归属的要件，关于故意犯的构成要件，如果要求在此之上作为主观违法要素的故意的话，故意犯的构成要件就可能包含过失犯的构成要件（即，可以肯定作为故意犯的构成要件要素的客观性归属的要件，通过它同时也可以肯定过失犯的构成要件该当性）。如果采用这样的体系构成的话，通过违法性阻却事由的错误否定作为责任要素的故意时，因为同时也符合过失犯的构成要件，所以只要能够肯定作为责任要素的过失，就可以承认过失犯的成立。但这样的形式，我并不认为故意犯与过失犯的构成要件可能是同质或者重合的。过失犯的构成要件是通过肯定与故意犯不同的独自的行为规范违反，才开始符合的（本书第八章第一节）。而且，它还必须具有行为准则的提示意义，并不能理解成客观性归属的要件[3]。

---

[1] 关于这一点，特别参照中义胜《误想防卫论》，1971 年，第 1 页以下（中義勝『誤想防衛論』、1971 年、1 頁以下）。

[2] 参照山中《总论 I》，第 344 页以下参照。

[3] 关于这一点，在 Ida, Inhait und Funktion der Norm beim fahrässigen Erfolgsdelikt, in Festschrift für Hans Joachim Hirsch, 1999, S. 225ff. 中有论述。

二、严格责任说

与通说相反,将违法性阻却事由的错误作为违法性错误来对待的见解的代表,是严格责任说[1]。根据该说,故意为违法要素,因此是作为违法类型的构成要件要素,故意犯与过失犯的"区别"完全是在构成要件阶段实行的。不法区别为故意不法与过失不法,对此,在责任阶段只对违法行为的意思决定能否非难(在哪个程度上非难)就成为问题。在结果无价值论的犯罪论体系中,违法没有质的区别,责任存在故意责任与过失责任的质的区别;在行为无价值论的犯罪论体系中,与此正好相反,不法中存在故意不法与过失不法的质的区别。在责任中只是可能性有无/程度的问题,并不存在质的不同。在行为无价值论的责任中,过失论作为共通的责任要素(除了责任能力、期待可能性等),只有违法性意识的可能性成为要件,故意的心理性事实完全从责任要素中被排除。这是从心理性的责任论向规范性的责任论转换的推进,正因如此,才是责任说的本来的纯粹形态。它也被称为"严格"责任说。根据该见解,在关于误想防卫等的违法性阻却事由的错误中,既然肯定构成要件的故意承认,作为故意的违法性,那么错误与故意的成否就并无关系,在责任阶段的判断中,该错误只要是不可回避的,就只不过是通过否定违法性意识的可能性阻却责任而已。根据严格责任说,关于违法性阻却事由的错误,大概没有过失论成立的余地,成立故意犯(但是责任轻)或者在错误回避不可能时,因为没有违法性意识的可能性而不追究责任,所以不成立犯罪。

严格责任说的体系,以行为无价值论为前提,理论上首尾一贯,可以用美来形容,唯一的问题是构成要件该当的事实与违法性阻却事由相符合的事实同时只能是关于违法性的事实,尽管违法性阻却事由错误是在事实方面的误信,但应该将它作为违法性的错误来处理[2]。尽管区别事实错误与违法性错误的根基是,虽然不允许在法评价程度上的误解,但却可以宽容事实认识错误的基本思想(本书第六章第一节),然而严格责任说与这种基本思想并不

---

[1] 阿部《总论》,第146页以下、第189页以下;大谷《总论》,第362页以下;川端《总论》,第367页以下;木村《总论》,第334页以下注(五);西原《总论》,第420页以下;福田《总论》,第200页以下、第211页以下等。

[2] 虽然存在将在某医院住院的患者调换做了手术,但是以严格责任说为前提,医生的治疗行为,如果可作为违法性阻却事由的话,尽管可以成立故意伤害罪,但是那并不是妥当的结论。

整合。本质的问题是在违法性阻却事由错误的案例中，行为者认识的事情是合法的事实，因此，虽然行为者认识事实的根本并不是规范要求的行为，但如严格责任说所主张的那样能否肯定故意的规范违法性呢？于是，讨论的归结就只能根据将行为规范的内容与违法性阻却事由相分离理解或者包括它的理解来决定。

三、构成要件故意说（消极的构成要件要素的理论）

如已经阐明的那样，从不得不考虑的行为规范的内容中所包含的违法性阻却事由来看，违法性阻却事由，譬如说正当防卫，必须作为消极构成要件要素体系性地定位。譬如说，正当防卫的规定，对规范的对象规定了受到紧迫不正攻击的情形下的"行动标准"，可以理解为作出防卫行为时要求在《刑法》第36条第12款的要件范围内实行。如果正当防卫也属于规范内容的话，在误认了相当于正当防卫的事实的误想防卫的情形中，因为是在认识到规范要求的事实后实行的行动，它就不能被看作是故意不法。于是，否定故意的（重）规范违法性，也不能承认故意的（可罚的）违法性。因为某种事情成为构成要件要素还是成为阻却事由之间的区别常常是相对流动的，如责任说所主张的那样，虽然如果构成要件要素错误的话，故意立即就被阻却，但是承认相当于违法性阻却事由的事实错误的话，承认不过是违法性的错误那样的决定性的不同也不妥当，即便依据这一点，消极的构成要件要素的正确性，也可以从侧面得到支持。

同样，从实质上来看时，也可以承认通说的责任故意阻却说。通说认为在违法性阻却事由错误的情况下，可以肯定作为过失犯处罚。为了采用该结论，以下的主张为前提，譬如说，关于相当于《刑法》第36条第1款的事实是在不注意地实行时（即，符合第36条第1款那样的实行行为，但并没有那样实行的），就是以过失犯的违法性为基础的（然后，它就成为问责的对象）。换言之，那可以认为是第36条第1款设定的行为规范。根据责任故意阻却说的理论构成时，（积极的）构成要件要素与第36条的要素就对肯定违法性起相同的作用。相当于（积极的）构成要件要素的事实不是以故意而是以不注意实现，与以过失犯的违法性为基础一样，通过相当于第36条第1款的事实的不注意实现时（即，如果注意的话，就会知道对方不是抢劫，或者应该注意到对方没有攻击他），可以考虑以过失犯的违法性为基础。如此，即便按责任故意阻却说，第36条第1款也只能是以过失犯的违法性为基础的"构成要件"。

如果像以上那样考虑的话，在违法性阻却事由的错误的事例中，一般人通常没能避免误想时也可以否定过失犯的构成要件该当性。但是，这是以不承认过失，以欠缺行为不法为由否定违法性的，通过承认正当防卫并不能阻却违法性[1]。正当防卫是"侵害犯型（结果型）的违法性阻却事由"（本书第九章第二节二-三），既然没有发生贯彻对不正攻击的正当利益的正当化结果，就不能肯定它的成立。普通人也不能回避由于误想而欠缺正当化的"结果"，所以不过是所谓的"正当防卫的未遂"。

第三节 误想防卫的类型与误想过剩防卫

一、误想防卫的三种类型

从作为违法性阻却事由错误的代表性情形的误想防卫来看，在正当防卫的要件中，根据存在哪一部分的错误，可将误想防卫分成三种类型。即，①误认为存在紧迫/不正的侵害，作为对误想的侵害给予相当程度的反击的情形；②虽然在现实中存在紧迫/不正的侵害，以打算对抗它而实行相当的防卫行为，但客观上实行了不当行为的情形；③在误认为存在紧迫/不正侵害之时，意图实行相当性的防卫行为，但客观上超过意图实行的那种程度的行为的情形［即，①与②以一个事例竞合的情形］。任何一个只要是在行为者的认识事实为正当防卫的限度内（关于行为的主观方面，正当防卫与误想防卫相比时，为相同的情形），就都属于误想防卫的类型，因为主观性的内容是正当防卫本身，所以必须否认故意的成立。

在日本最高法院的判例中，针对老人用一根似棍棒一样的东西打过来，但受伤者为了保护自己不受伤害，在那种情形下没有注意到是斧头而只想着是某种棍棒，于是拿在手里进行反击，又由于兴奋而超过了防卫的程度，用斧头在老人的头部殴打数回，致使其当场昏迷，最终引起死亡的事例，最高法院作出了这种情形不是误想防卫，而是过剩防卫（《刑法》第36条第2款）

---

[1] 承认这个结论的是，川端《总论》，第367页以下；藤木《总论》，第172页以下。

的判决。(最判昭 24.4.5 刑集第 3 卷 4 号 421 页)。虽然在这里产生了是否相当于②类型的误想防卫的问题,但在案例中,因为行为者已经认识到超过防卫程度的事实(因此,行为者所认识到的事实并不该当正当防卫,而是违法的事实),所以作为不符合误想防卫而承认伤害的故意的结论是妥当的。

二、误想过剩防卫

误信存在紧迫不正的侵害事实,并且对误信的侵害实行了相当脱逸的反击行为的情形,是误想过剩防卫。因为他认识到过剩防卫事实的情形(即,在认识到过剩事实之上作出行为的这点,与前述的误想防卫类型③不同),认识到违法事实的同时仍然实行行为,所以故意不能被阻却。换句话说,认识事实与普通的过剩防卫相同,如普通的过剩防卫是故意犯一样,要追问故意的责任。日本最高法院没有否定误想过剩防卫事案中的故意,而是承认了故意的成立(最决昭 62.3.26 刑集第 41 卷 2 号 182 页)。

在误想过剩防卫中,即便不能阻却故意,但能否承认《刑法》第 36 条第 2 款的刑的减免也成为问题。关于这一点,关系到与过剩防卫的刑的减免的根据的见解,分成了不同的学说[1]。关于过剩防卫,除了作为通说的责任减少说,还有主张对不正攻击者的法益减少必要性保护的违法减少说,更有考虑违法减少与责任减少两方面的违法/责任减少说(其中也有主张:如果没有双方的话,就不得成为过剩防卫的学说,与主张只要有任何一方都可以成为过剩防卫学说两种)。根据责任减少说,既然误想过剩防卫在主观方面与过剩防卫相同,那么就能够承认《刑法》第 36 条第 2 款的"适用"。但是,如果有与《刑法》第 36 条第 1 款相关的规定,那么,既然它以存在具备作为"紧迫不正的侵害"的事实的结果价值的要素为要件,就不能无视违法性的减弱。于是,在适用第 36 条第 2 款承认刑的减免的情形中,作为违法性减少的结果,也有可能存在完全承认刑的减免的情形。另一方面,因为第 36 条第 2 款不过是承认任意的减免,所以,违法性的减免具有绝对不可欠缺性,在误想过剩防卫中的适用,完全不承认违法减少也就不妥当了(根据违法减少说,误想过剩防卫中不存在紧迫不正的侵害,因为没有违法减少,所以就不能承认第 36 条第 2 款的刑的减免)。于是,即便在误想过剩防卫的案例中,以大

---

[1] 关于学说,详细的参照内藤《总论中》,第 376 页以下;山中《总论 I》,第 468 页以下。

幅度的责任（只有）减少为理由，可以承认有准备或者类推适用同款的余地。应该给予在这个意义上的违法/责任减少说以支持[1]。

日本最高法院对于误想过剩防卫，通过《刑法》第36条第2款承认刑的减轻的原判决是正确的（前揭最高昭62.3.26）。很明显最高法院没有采用违法减少说。但是，过剩防卫中的违法减少与责任减少的关系如何考虑并不明确。

---

[1] 参照林《总论》，第206页以下。如果这样考虑的话，防卫行为在与侵害的关系上采用过剩的手段的情形下所产生的问题——质的过剩、侵害者的攻击终了之后，继续进行法益侵害的行为的情形下所产生的问题——量的过剩的任何一个的情形中，都可以承认刑的减免的可能性。另外，最高法院驳回原审判决，承认侵害的继续，虽然也存在作为结论认定过剩防卫的事例（最判平9.6.16. 刑集51卷5号435页），但是为了符合正当防卫的框架，什么样的反击是可能的，这一点并不明确，从而残留了问题点。关于这一点，冈本昌子《刑法36条1款所指的"紧迫不正的侵害"的继续与防卫行为的相当性》载于《同志社法学》51卷6号（270号），2000年，第271页（岡本「刑法36条1項にいう「急迫不正の侵害」の継続と防衛行為の相当性」同志社法学51巻6号（270号）、2000年、271頁以下）。

第十一章 正当防卫

第一节 正当防卫的正当化根据

在法治国家中，即便是为了保护/实现正当的权利，也禁止通过个人的实力而行使。从维持社会秩序的角度来看，贯彻保护权利，一般而言，由国家机关起作用（即便对正当权利者负有一定程度的负担与风险）总体上问题较少。作为例外，将个人的实力行使正当化了的，是正当防卫（《刑法》第36条）与紧急避险（《刑法》第37条）的情形[1]。在通过国家机关的利益保护没有多余时间的紧急状态下，在其现场容许个人一定限度的保全行为的优点，凌驾于其缺点之上。正当防卫和紧急避险的共同之处是：①以存在没有通过国家机关救济的可能性的紧急事态为前提；②存在应该保全的正当的个人利益[2][3]。正当防卫与紧急避险相比较的话，前者与后者不同，以较宽泛的要件为基础（即便欠缺"补充性"和"法益均衡"的要件）也能正当化。在正当防卫的情形下，由于③攻击者的"归责性"才能否定不可减弱的法益（被侵害法益）的要保护性（与保全法益相关的②的事情，是正当防卫

---

[1] 作为关于紧急行为的一般论，有井田《紧急权利在法体系上的定位》载于《现刑》6卷6号，2004年，第4页以下（井田「緊急権の法体系上の位置づけ」、現刑6巻6号、2004年、4頁以下）。请作为本章和下一章研究的补充来参照。

[2] 为了公共的法益，应该解释为正当防卫和紧急避险都不应该被承认。虽然那是在为了公共法益一般地承认正当防卫或者紧急避险所产生出的法秩序的风险（副利益），但认为是通过它可回升所得到的正能量的利益。关于这一点，参照：Gunther Arzt, Kleiner Notstand bei kleiner Kriminalität? in: Festschrift für Jörg Rehberg, 1996. S. 29. ff.

[3] 即便是排除正在进行的侵害，为了保全正当利益的行为，因为考虑到优先通过国家机关解决，也不能承认正当防卫或者紧急避险。而且，即便存在紧急事态，即使如作为它自身是值得保护的权利被侵害了那样，在与保全行为的关系上，当该权利的要保护性被否定时，也不能允许正当防卫或者紧急避险（本书第十二章第一节）。

以及紧急避险都承认的事情，但与被害法益相关的③的事情，是正当防卫特有的事情）。

以"利益衡量"的原理（或者优越利益的原理）说明正当防卫的正当化根据的见解，很有力[1]。即，防卫行为者的"个人的利益"，通过法秩序的维持与保全的"公共的利益"（后述的"法确证的利益"）的计算，比攻击者一方的利益更为优越。不过，在正当防卫中，为了保护被攻击者的身体，就连夺取攻击者的生命也被认为是合法的。承认回升到所谓的个人生命价值的公共利益存在疑问，如果正当化的生命侵害最多只能是以生命保护为由的情形的话，根据单纯的利益衡量原理，理应不能将侵害攻击者生命的行为正当化。另一方面，加上被攻击者的身体利益，考虑到"被攻击者到哪种程度的利益"，用那样的合计攻击者的生命更为优越，我并不认为这样的说明是可能的。在这里仍然不是单纯的利益衡量问题，关于攻击者的利益，必须考虑在一定限度内可能会否定根据法的保护。

问题是根据什么样的要件，在什么样的限度内否定攻击者的利益的法的保护。从结果无价值的立场来看，以只是产生了法益侵害的危险的理由，在反击必要的范围内，可以说是"法益性被否定"[2]。但是，如果只产生了违法状态就否定法益性的话，即使在X抓住女性A的身体对Y猛烈地攻击的情形，Y的防卫在必要的限度内也可以否定A的法益性，不得不承认Y对女性A能实行正当防卫完全是不妥当的结论。正当防卫正当化根据的核心，是因为对攻击者存在"归责性"（至少有故意或者过失），所以必须如在保全法益的关系中减灭或者否定攻击者的法益的要保护性那样，从行为无价值论方面加以理解。

以这样的形式否定攻击者的法益的要保护性，容许贯彻被攻击者的正当利益的"根据"是什么呢？如果不能只想以它与"我们的正义感相一致"的说明（它与刑罚论中的绝对报应刑的理论来对应）来终了的话，就不得不注意对法秩序而言的有益性。即，即便那是个人，也可通过承认正当权利者的反击，在与法侵害者的关系中公开地公示正当权利的不可侵害性，因为从那里出发（该当的不久的将来）可以期待产生抑制对法侵害者的效果，所以可

---

[1] 譬如说：曾根《总论》，第111页以下；内藤《总论·中》，第329页以下等。
[2] 参照平野《总论Ⅱ》，第213页、第230页以下。

以认为有助于法秩序的安定。因为正当防卫在紧急事态中保全正当利益（前述的①与②）这一点上与紧急避险有共通之处，所以将正当防卫特有的反击行为正当化，就是在这个意义上的利益的法的确证。从这里导出了解释上的重要归结。即，容许的防卫手段如何，并不能单纯地根据攻击的物理性的危险性、反复的可能性等加以决定，而应该大幅度地受到攻击者"归责性"程度的左右。具体地说，依据该攻击是基于故意还是基于过失的不同而不同，所以应该容许的对应也就不同。对在进入车站站台的台阶的途中，由于冲撞使自己意外地倒下的人，不应该认为与故意实行暴行一样，对他进行殴打。同时，如对年少者或者精神障碍者那样，对没有或者减弱责任的人的攻击、对被攻击者有特别关系者（譬如说，亲属）进行攻击，根据不同情况的反击性也应该受到限制[1]。

不只要考虑攻击者侵害行为的不法程度，对其归责性的有无/程度的判断要素与作为违法性阻却事由的正当化的性格相矛盾，也存在这种批判。但是，作为行为者而言，攻击者的责任的有无/程度只能是外在的事情，关于决定要求行为者遵守的行为规范的内容，考虑到那样的事情的程度，在体系上没有任何的问题。譬如说，虽然正犯与共犯的区别是不法程度上的问题，但是通过直接行为者 Y 的行为的有责性，即便能够决定背后者 X 是间接正犯还是教唆犯也不会有问题吧。Y 的责任的有无/程度，对 X 而言，因为只能是外在的事情（而且，关于共犯处罚的极端从属说的缺点，在评价共犯行为的违法性时，考虑到正犯行为责任的程度，并不存在体系上的不可能之处）。

第二节 正当防卫中的行为与结果

一、正当防卫的基本构造

在正当防卫中，如果拒绝紧急事态中攻击者的法益的法保护与贯彻防卫行为者的正当利益产生问题的话，如果存在正当防卫的状况（紧迫不正的侵害）对攻击者没有产生行为结果的话，因为欠缺被侵害法益中的要保护性的

---

[1] 作为关于这个问题的详细研究有：齐藤诚二《正当防卫权的根据与展开》，1991 年（斎藤誠二『正当防衛権の根拠と展開』、1991 年）；山中敬一《正当防卫的界限》，1985 年（山中敬一『正当防衛の限界』、1985 年）。

否定要素（前述的③），从而不能构成正当防卫。这些是保障"不正对正"利益状况的结果（无）价值的要素，有必要客观地存在。如果客观地不存在的话，就不会发生对不正的攻击贯彻正当利益的正当化结果，于是就不能适用刑法第36条第1款的规定。在行为者误认为存在紧迫不正的侵害而实行行为的误想防卫案件中，即便是相当多的人都不可回避的误想的情形，也不过是"正当防卫的未遂"[1]。

对此，在对实行紧迫不正侵害的攻击者可实行什么样的防卫行为的问题中，提示规范的对象的行动标准就成为问题。因此，关于防卫行为的要件就是行为（无）价值的要素，不应该是由事后的、物理性的判断来决定的。从事后来看，即便不反击（譬如说，反击迟一秒就不能阻击攻击，但是攻击者并没有产生伤害的结果的情形），以此为由也不能否定正当防卫。本质的问题是在利益对立的客观状况下，作为行为时的判断，为了保护被攻击者的权利，允许某种程度的危险行为，相反，不正侵害的攻击者一方也应承担某种程度的风险。用图式说明的话，应该客观地决定关于紧迫不正的侵害的存在与攻击者的法益侵害的正当防卫的要件，但在防卫行为的必要性/相当性的判断中的行为的时点上，不得不考虑攻击者与被攻击者各自应负有多少风险的危险分配。而且，本来在这里大概不可能纯然地实行事后判断。之所以如此是因为，在成立正当防卫的通常案例中，攻击者一方的攻击完全是通过正当防卫阻止，不发生不正侵害结果，关于必要性/相当性的判断，不能"比较已经发生结果的情形"。强调违法性判断的事后的性质的见解，虽然在这里只能成为考虑"攻击者产生结果"的对象，但如果它是这样的话，其结局就成了通过在行为时"危险衡量"的判断。

如上所述，正当防卫是"侵害犯型（结果型）的违法性阻却事由"（本书第九章第二节二、三），具有两个侧面，即，关于结果不法的侧面与关于行为不法的侧面。违法二元论（本书第一章第六节），为了解释正当防卫的规定，很明显提供了妥当的理论性的组合。

二、正当防卫与过剩防卫

防卫行为在行为的时点必须达到为保护正当权利所期待的最小限度的防

---

[1] 即便在这种情形下，能够承认正当防卫成立的有：川端《总论》，第367页以下；藤木《总论》，第172页以下。

卫行为（作为行动标准的比例性原则的遵守）。在超过这个程度时，就是过剩防卫（《刑法》第36条第2款）。如果存在正当防卫的状况，而没有实存的攻击者具有产生行为结果的结果（无）价值的要素的话，就不能成为过剩防卫。在过剩防卫的情形下，虽然可以成立犯罪，但能受到刑的减轻或者免除的宽大处理（关于刑的任意减免的根据，参照本书第十章第三节）。

在这个意义上的防卫行为的要件，通常是以区别必要性与相当性来探讨的[1]。欠缺作为攻击防卫的手段，因为是在实行没有起到任何作用的防卫行为时的必要性要件，所以不能成为正当防卫。但是，这种情形下的必要性要件，因为防卫行为是行为（无）价值的要素，所以要求作为在行为的时点上的合理性地判断所能够期待攻击防卫的效果性手段，而且只要有该手段也就足够了。防卫行为的相当性，是侵害与反击的平衡或者对应关系的问题。主张该判断"即使反击行为产生的结果比偶然受到侵害的法益要大"，也不能否定防卫行为的相当性，判断认为只要反击行为作为防卫手段是必要的最小限度的话就可以（最判昭44.12.4刑集第23卷12号1573页），这一观点也得到了学术界的支持。事后法益在程度上的平衡自身并不成为问题，只要是该行为本身是必要的最小限度下的行为就可以[2]。这样，从本书的立场来看，关于防卫行为的必要的/相当的判断，认为只要实行了普通市民在行为时点认为是必要的/相当的行为，就可以看作是要件（事前判断说）。从对规范的对象的行动标准的设定角度来看，要求防卫者防卫状况下的普通市民认为必要的/相当的行为以上的行为是不合理的。从不知道会产生什么结果的不确定中发生的风险来看，可以认为由不法攻击者一方承担[3]。的确，当根据从这样行为时的行为者的视角来看，是合理性判断不能完全排除产生对X而言是合

---

[1] 但是，关于各种各样的意义以及两者的关系，存在不同的见解。详细的参照：林小径《正当防卫中的防卫行为的必要性·相当性》载于《法学研究》73卷8号，2000年，第80页以下（林小径「正当防衛における防衛行為の必要性と相当性」法学研究73巻8号、2000年、80頁以下）明快的分析。

[2] 关于具体的判断标准，参照林小径《正当防卫中的防卫行为的必要性·相当性》载于《法学研究》73卷8号，2000年，第100页以下、第111页以下（林小径「正当防衛における防衛行為の必要性と相当性」法学研究73巻8号、2000年、100頁以下、111頁以下）。

[3] 与此相反，关于虽然为了防卫的行为本身是过剩的，但是发生的结果并不是过剩的情形，即便是杀人未遂的违法性，应该也不能阻却。

法行为但对 Y 却是违法的事态（正当防卫的竞合）[1]。但是，以这样的形式在一定限度内接受"行为标准之间的主观的一义性"的要求，从行为无价值的立场来看，是根据行为时的行为者的视角提示行动标准不可避免的"代价"，只要对每一个合法、违法的评价是首尾一贯的，就不足以认为不同。只以此为理由就可动摇基本思想，应该说这是本末倒置[2]。

三、防卫行为与第三者

如上所述，关于防卫行为，从不知道会产生什么样的结果的不确定性中发生的风险，认为可由不正攻击者一方来承担。但是，防卫行为在侵害是无关的第三者所接受的情形时另当别论[3]。从具有防卫行为的不确定中产生的风险，不能由第三者承担，在与第三者的关系中，因为欠缺被侵害法益中的要保护性的否定要素（前述③），所以不能通过将结果正当化而覆盖。只要是看到紧急避险的要件，就可以解读为只不过是作为紧急避险的违法性阻却[4]。即便不承认紧急避险，作为误想防卫当然也可以阻却故意（因为没有落差，所以也有可以否定过失的情形）。

四、"防卫的意思"

认识防卫状况意义上的"防卫的意思"，必须作为正当防卫的"故意"来要求。关于通常积极构成要件要素，虽然没有故意就不能承认作为故意犯的重规范违反性，但是与它完全一样，即使是关于相当于消极构成要件要素

---

[1] 桥田久《防卫行为的相当性》载于《刑法杂志》37 卷 3 号，1998 年，第 10 页以下（橋田久「防衛行為の相当性」、刑法雑誌 37 巻 3 号、1998 年、10 頁以下），将此当作事前判断说的致命的难点，从而主张事后判断说。
[2] 林小径《正当防卫中的防卫行为的必要性·相当性》载于《法学研究》73 卷 8 号，2000 年，第 79 页以下（林小径「正当防衛における防衛行為の必要性と相当性」、法学研究 73 巻 8 号、2000 年、79 頁以下）也整理了围绕防卫行为的必要性的判断的讨论，从而进行了论证的有益的研究。
[3] 关于这个问题的详细研究，参照山中《总论Ⅰ》，第 446 页以下。
[4] 但是，该行为作为具有避险行为的意思，而且，在满足补充性要件的情况下（譬如说，从事前判断说的立场，即便在解释不要避险效果的时候）也是稀少的。关于这一点，参照曾根《总论》，第 122 页。另外，也有将那样的情形称作为"准紧急避险"，认为没有必要补充固有的紧急避险的要件。森下忠《紧急避险的法的性质》载于中义胜编《论争刑法》，1976 年，第 73 页以下（森下忠「緊急避難の法的性質」、中義勝編『論争刑法』、1976 年、73 頁以下）。

的违法性阻却事由，为了承认与它相应的法的效果，作为故意的实现意思就是必要的（第九章第四节）。于是，为了承认"防卫的意思"并不要求成为"保护自身"的行为动机，只要认识到相当于正当防卫要素的事情，通过实现意思来覆盖就足够了。在兴奋状态下，不能说是根据冷静判断的反击，根据自卫本能几乎是无意义地实行的行动（与承认构成要件故意的同时），也可承认防卫的意思，即便与愤激、逆上、动机混杂并存（如不影响构成要件的故意那样），也可以肯定防卫的意思（因此，关于过失行为也可能承认防卫的意思）[1]。

但是，如果欠缺关于积极构成要件的故意，就能否定故意的重规范违反性。如果是这样的话，只要认识到相当于正当防卫要素的事情时，就必须承认对故意的重规范违反性的否定。这是正当防卫的一般违法性问题，与此相反，是所谓故意的可罚性违法要素的问题。在正当防卫的事例中可以完全地否定违法性，与此相反，在误想防卫中，因为正当防卫的要件不充分，所以不能完全地否定违反性。因为欠缺行为不法要素的故意，所以能否定故意可罚性的违法性。即便对只不过是欠缺可罚的违法性的行为，也可能成立正当防卫。但是，关于误想，如果不能承认行为者一方过失的话，就可能完全否定违法性（那不是《刑法》第36条的问题，而是通过根据违法性的一般理论欠缺行为不法的违法性的否定）。

第三节　侵害的不正性——对物防卫论

一、问题所在

"不正侵害"中不仅包含故意的侵害，而且也包含过失的侵害。因此，关于从某物（包含动物）产生的法益侵害的危险，只要能承认对其存有管理上的过失（譬如说，在怠慢给猛犬上锁的情形），通过正当防卫能够对其损坏就

---

[1] 判例，在支持当行为者事先预期侵害的时候，只要能够承认"积极的加害意思"就可以同时否定侵害紧迫性的见解，采用了虽然没有预期侵害达到正当防卫状况，在行为的时点借防卫的名义实行攻击行为时，就否定"防卫意义"的解释。但是，在完全没有侵害的意思的案件中，虽然具备了正当防卫的客观的要件，但是因为完全具有攻击或者侵害意思的，也应该否定正当防卫（也不能成为过剩防卫）的事例，到底是什么样的事例，是存在疑问的。

没有怀疑余地。所有者没有任何失度时，对该物所产生的危险，通过损坏该物保全自身能成立正当防卫吗？或者作为紧急避险能达到阻却违法性吗？这是对物防卫的问题。

作为来自攻击者的违法性攻击的手段是使用他人的财物时，即使物的所有者没有管理上失度的情形，该物变成侵害行为的一部分，无论对物防卫的态度如何决定（因此，即使根据对物防卫否定说的立场），对物的反击作为正当防卫所能覆盖的理解已经相当广泛[1]。譬如说，X用A的刀刺Y时，即使A没有失度，Y对那把刀也可实行正当防卫，对此对物防卫如何考虑是另一问题。根据这样的解释，"对物的防卫"，只要是由物产生的危险是来自地震等自然现象的情形就不应该成为问题吧。然而，关于A的法益，就不是为了归责性而否定要保护性的关系，对A的法益侵害就不能被正当防卫覆盖。而且，不能将"作为攻击手段利用时，因为它成为侵害行为的一部分，所以可以对它实行正当防卫"的命题一般化，这从以下的案例看也是明确的。X对Y投向婴儿时，不应该承认对婴儿的正当防卫。通过无根据的概念性区别，不应该隐瞒问题的实质，必须统一性地探讨作为侵害不正性的问题。

二、正当防卫说与紧急避险说

以肯定"违法状态"的因果性违法论（即结果无价值论）为基础主张对物防卫肯定说[2]。作为对物防卫的事例的具体解决，可以看到该见解能够导出妥当的结论。但是，将以这种见解为基础的思考方法一般化时，就会遭遇致命的难题。即，仅凭借产生对法益的危险就否定对没有任何失度的法益性的话，在对物的损坏成为问题的事例中，即使有一定的说服力，但在由人产生的危险的事例中，就会导出不妥当的结论。如上所述，在X向Y投婴儿的事例中，Y对婴儿就不能实行正当防卫（因此，即使能够回避侵害也没有回避的必要，也能允许为了回避对身体产生的危险就剥夺婴儿的生命）的归结，

---

[1] 譬如说：大塚《总论》，第371页注（十六）；福田《总论》，第158页注（三）等。
[2] 对物防卫也认为是正当防卫的有：植松《总论》，第169页以下；大越《总论》，第72页以下；佐伯《总论》，第165页以下、第200页；曾根《总论》，第112页以下；内藤《总论中》，第382页以下；山中《概说》，第105页以下；林《总论》，第196页以下；平野《总论Ⅱ》，第231页以下；堀内《总论》，第2153页以下；前田《总论》，第234页以下；山口《总论》，第105页以下等。大塚《总论》，第342页注（十）、第366页；大谷《总论》，第297页以下、324页以下也承认对物防卫是正当防卫。

是结果无价值论大概不能回避的[1]。

的确，是否承认对物防卫是违法性或法规范本质论的问题，从行为无价值论的立场来看，可以说不能承认对物防卫，关于这种情形，用紧急避险来解释的见解也不能说妥当。如果对由物产生的危险防卫行为只能用紧急避险正当化的话，即使在为了回避更为重大的侵害较轻微财产的法益的情形下，只要有其他的方法（譬如说，逃避可能）其行为就不可能被正当化。譬如说，即便在为了保护人的生命、身体的重要部分的情形下，也具有了逃避的义务。这是不妥当的。而且，根据紧急避险说，引起危险的法益价值比产生危险的物的价值低的情形，即使在没有其他方法的情形下（譬如说，逃避不可能的情形），也必须无条件地甘受侵害。即便在民法上，关于这种情形也适用对物的反击（《民法》第720条第2款），而这种反击在刑法上反而成为违法，不能说是妥当的结论。譬如说，X用A的狗对付Y的狗，Y对A的狗进行反击时，如果A的狗比Y的狗高价的话，即使不可能逃避，Y也只能甘受侵害。

三、防卫的紧急避险说

对此，关于所谓的对物防卫，很明显，正当防卫说与紧急避险说都不妥当。在这里应该注意的是，《民法》第720条第2款，物成为危险来源引起危难的情形下，对损坏该物的行为可以否定损害赔偿的责任。在这里，法益的均衡和补充性都不能成为要件。它的基础如以下思考所示。即由成为危险源的物产生危险事态时，遭遇没有缘由的危险的人，应该能通过损坏该物从危难中逃脱，另一方面，物的所有者在自己的物产生危险事态的情形下应该承担损坏该物而产生的风险。这样的思考方式应该说具有说服力，并且，因为对民法上合法而否定民事责任的行为，在刑法上用处罚禁止是矛盾的，所以，在同条所适用的事例中，刑法上也必须是合法的行为。这是区别于《刑法》第37条的情形的特殊的紧急避险，就是在德国学说上也可以称为防卫（防御）的紧急避险。虽然那不是正当防卫，但只要是关于物的损坏，法益的均衡性、补充性就不能成为要件[2]。相反，由人的无过失行为或者不能称为行

---

[1] 承认这个结论的是山中《总论I》，第453页。
[2] 对应日本《民法》第720条第2款的《德国民法》第228条（紧急避险），也不以为了危险回避为必要要件，与保全法益相比只要求不给予过大损害，不要求补充性要件。

为的动作/不动作产生危险时，应该认为对该人的反击只能用通常的紧急避险才能正当化。这样，如历来所主张的那样，正当防卫或紧急避险的问题设定并不充分，承认在正当防卫与紧急避险中间存在防卫的紧急避险的范畴，所谓的对物防卫应该是属于防卫性的紧急避险的问题[1]。

第四节 紧迫性——打架与正当防卫

正当防卫是基于没有通过国家机关对应的时间的紧急事态而例外地被容许的，是通过个人实力行使的行为。对预先预期到侵害时知道风险仍然陷入该状态的人，无条件地承认紧急权，可认为是与正当防卫权背离的。另一方面，即使在预期到的危险事态中，我们的行动自由也应该得到保障。以侵害的预期为理由而成立，即关闭正当道路的话，我们在可以预见侵害的事态中就必须承担一般的回避侵害的法理上的义务。因为强盗、花痴汉经常出没而准备了护身用品的人、连日受到丈夫家暴的妻子、逮捕凶犯的警察等，以确实地"预期到的侵害"为理由，但不允许正当防卫的，只能说不妥当。那么，预先确实地预期侵害，在侵害回避十分可能的情形下，在什么样的限度内、什么样的要件下，才可以肯定或者否定正当防卫的成立呢？这是以"打架与正当防卫"为主题讨论的问题[2]。

判例一直主张"即使当然或者几乎确实地预期到侵害，也不是因此就立即失去了侵害的急迫性"，从作为《刑法》第 36 条侵害的急迫性为要件的宗旨来考虑，认为"没有达到不能回避单纯地预期的侵害，以利用该机会积极地对对方实行加害行为的意思面对侵害的，完全不符合紧迫性的要件"（最决昭 52.7.21 刑集第 31 卷 4 号 747 页）。即，预期到侵害并且以利用该机会对对

---

[1] 在日本，最近，这样的见解也有力化了。譬如说，佐伯仁志《刑法与民法的对话》，2001 年，第 258 页以下（佐伯仁志「刑法と民法の対話」、2001 年、258 頁以下）；桥田久《侵害的不正性与对物防卫》载于《现刑》2 卷 1 号，1999 年，第 37 页以下（橋田久『侵害の不正性と対物防衛』、現刑 2 巻 1 号、1999 年、37 頁以下）；町野朔《可罚的违法性的理论》载于《法教》207 号，1997 年，第 10 页（町野朔「可罰的違法性の理論」、法教 207 号、1997 年、10 頁）；松宫《总论》，第 130 页以下等。

[2] 关于判例与学说，参照西田典之《侵害的紧迫性》载于松尾浩也等编《刑法判例百选Ⅰ总论》（第 4 版），1997 年，第 48 页以下（西田典之「侵害の緊急性」松尾浩也ほか編『刑法判例百選Ⅰ（第 4 版）』、1997 年、48 頁以下）。

方加害行为的意思（积极地加害意思）面对侵害的，被否定了"紧迫性"要件，不成立正当防卫[1]。在紧急事态下，国家机关对来不及时的例外性地行使正当防卫的制度宗旨，作为"紧迫性"要件的"结晶化"解释，具有高度的说服力。确实预测到了预期的侵害，并且没有赶赴其场所的特殊理由，由于不在那里行使行为也能够容易地回避侵害，但却以利用该机会实行加害的意思赶赴现场的，只要在那个限度内，对方的攻击就不能说是"紧迫的侵害"，这可以说是解释论上的优秀解决方式。尤其是，即便有侵害的预期，原则上也可以承认正当防卫，但例外地只要是在"积极的加害意思"的限度内否定的理论构成，在阻止过度不制约正当防卫权这一点上也可得到高度评价。

但是，判例对这样的理论构成存在问题，首先，以"积极的加害意思"的主观要件为标准不能说是妥当的。虽然不能否定主观意思具有意义，但用这种情形限制正当防卫的理由在于通过在预期到侵害的状态下不回避它并以身加害，因而减弱了行为者的法益要保护性之处[2]。在这个意义上，攻击者与被攻击者各自的利益状况的衡量是决定性的，主观的意思不过是考虑是不是被攻击者一方具有值得保护的利益或者有多少的判断[3]。譬如说，是以打算劝说的目的赶赴现场还是完全是以加害的意图进行保护性的判断是不同的[4]。而且，如判例那样，如果否定紧迫性的话，只要在其限度内就可以排除过剩防卫的可能性（换句话说，以退避为义务，只有排除了过剩防卫可能性时才能否定正当防卫）。但是，尽管是防卫者一方的事情，但没有改变对方的攻击是违法的这一事实，也就减少了对该法益保护的必要性，即使减弱了防卫行

---

[1] 就判例的理解，桥爪隆《先行于不正侵害的事情与正当防卫的界限》载于《现刑》2卷1号，1999年，第28页以下（橋爪隆「不正の侵害に先行する事情と正当防衛の限界」、現刑2卷1号、1999年、28頁以下）。

[2] 在这里所产生的问题，是与紧急避险共通的保全利益的要保护性〔本章第一节所揭示的（2）的要素〕。参照桥爪隆《先行于不正侵害的事情与正当防卫的界限》载于《现刑》2卷1号，1999年，第31页以下（橋爪隆「不正の侵害に先行する事情と正当防衛の限界」、現刑2卷1号、1999年、31頁以下）。

[3] 关于这一点，参照山口《探究》，第58页以下。

[4] 另外，多数学说对判例的理论构成，依然主张根据主观要件来解决，虽然认为应该通过防卫的意思决定攻击的意思是否具有支配的意思为判断标准，但是这最终不能说根据判例的解释就是最好的。关于此一点，参照西田典之《侵害的紧急性》载于松尾浩也等编《刑法判例百选Ⅰ总论》（第4版），1997年，第49页以下（西田典之「侵害の緊急性」松尾浩也ほか編『刑法判例百選Ⅰ（第4版）』、1997年、49頁以下）。

为者一方的法益保护性，对侵害的回避予以法的义务也不能认为立即过当。作为第 36 条第 1 款的解释，只要在防卫行为者一方的权力性（法益性）减少的范围内，就应该严格认定是"不得已的行为"，就应该限定（其结果，接近紧急避险）为了防卫所采用的手段。因此，较通常而言就成为更为缓和的过剩防卫。

如此，所谓的"打架与正当防卫"的问题，不仅仅是"为了防卫权力"的问题，也不只是"不得已行为"的问题，而是关于双方的（由其相关性所决定的）问题。以根据这样的理论构成为开端，包括以下所述的自招侵害的事例在内，在统一的理论框架内可得到解决。在自招侵害的事例中，因为包含了没有承认"侵害预期"的情形，所以根据以侵害预期为前提的"紧急性"要件的解决就具有了不能与自招侵害的解决一起统一解决的难点。

第五节 自招侵害

如以上所讨论的"打架与正当防卫"那样，在德国也有围绕"自招正当防卫状况"的激烈的讨论[1]。即，在德国，以判例为契机总结了关于达到防卫状况下自己有某种失度的事例中提出的问题。在自招侵害的事例中，如果根据主观的样态分类的话，原因行为从过失的情形到最极端的意图性挑衅的情形可能有几种类型，根据挑衅行为的法的性质分类，原因行为也可分为合法行为的情形与违法行为的情形、反伦理的行为与非反伦理的行为的情形几种类型。德国的学说从判例出发，对所有的事例给出了首尾一致的解决。

日本与德国各自的问题很明显是在重复一个事物中的两个圆的关系。在日本探讨的是关于在具有侵害预期的事例中，能预期到侵害没有回避而进一步置身现状的情形，行为者的失度或者原因行为的性质并不一定是从正面提出的问题。相反，在德国不是以有无侵害的预期的情形提出问题，而是从归结关于达到防卫状况时对自己是否有失度的事例的角度提出问题。比较判例与学说，有必要充分地区分这样的内容之间的不同。

---

[1] 关于德国讨论的状况，参照齐藤诚二《正当防卫权的根据与展开》，1991 年（斎藤誠二『正当防衛権の根拠と展開』、1991 年）；山中敬一《正当防卫的界限》，1985 年（山中敬一『正当防衛の限界』、1985 年）。

将前述的思考方法应用于自招侵害的事例时，在这里保护该行为者的法益必要性就会减少。相反，接受挑衅的对方的法益保护必要性反而不会减少。作为解释论，认为通过减少防卫行为者一方的权力性（法益性），可以严格地认定"不得已的行为"、限定所能采取的手段、并能成为缓和的过剩防卫。在更为极端的"有意挑衅"的事例中，就完全否定行为者的法益要保护性，由于不能承认应该防卫的权力（法益），从而也否定了《刑法》第36条的适用。作为结论，具有退避的义务，在反击时可解释为不能成为过剩防卫（当行为者的法益要保护性完全被否定时，也就否定了紧急避险成立的可能性）。

第十二章　紧急避险的理论

第一节　正当防卫与紧急避险

一、紧急避险中的"利益衡量"

现行《刑法》第37条规定的紧急避险，是指在贯彻某种法益时以存在不得不失去别的法益的紧急状态为前提，在不突破法益均衡的限度内，允许保全势不两立的法益的其中一方或者允许对他方利益的侵害。虽然关于其不可罚性的根据存在对立的见解（本章第二节），对作为相同的紧急行为，一般是将与正当防卫具有共同性、连续性置于解释基础的见解。只要是关于作为违法性阻却事由的紧急避险，就表示它具备正确的方向。正当防卫与紧急避险，以①没有根据国家机关实行的利益保护的时间余地的紧急事态为前提；在②要求存在值得保护的正当个人利益这一点上是共同的。正当防卫与紧急避险不同，以更为缓和的要件（即："补充性"与"利益均衡"的要件）正当化，在正当防卫的情形下，③由于攻击者的"归责性"，从而减弱或者否定该法益（被侵害法益）的要保护性（本书第十一章第一节）。关于紧急事态①的要件、关于利益保全②的要件是正当防卫与紧急避险共同的，但是关于被侵害利益③的要件是正当防卫特有的。

若在以上要件的①和②中欠缺任何一个，无论是正当防卫还是紧急避险都不能被承认。即便是为了排除正在发生的侵害保全正当利益的行为，是为了某种程度的价值利益的保全，因为考虑到通过国家机关可以解决，所以，就都不能承认正当防卫和紧急避险[1]。另一方面，假如存在紧急事态，即便

---

[1] 一般而言，在紧急的事态中，允许为了权利保全私人的实力行使的优点（正利益）凌驾于缺点（负利益）之上。尤其是，即便是现在正当的利益被侵害的状况，如果放弃利益就会失去并且不能否定存在再也不能恢复的部分的话，承认实力行使的弊端就不算太大。在这个意义上，在对正

| 第十二章 紧急避险的理论 |

作为值得保护的利益受到侵害，在与保全行为的关系上可以否定该权利的要保护性时，也都不能允许正当防卫与紧急为由进行避险。即便针对正当防卫的行为，攻击者自身也不能以紧急避险为由进行对抗。而且，当执行刑罚的时候，或者在接受逮捕、拘留的时候，受刑者、接受逮捕、拘留者也不能对此进行对抗。违法攻击者的法益、受刑者等的要保护性，在与正当防卫行为者、刑的执行者等的关系上被否定，其结果就产生了受忍义务者[1]。

对此，虽然是代表"法益衡量型的违法性阻却事由"的紧急避险，但很明确的是，以单纯的法益衡量原理并不能说明它。于是，与法益均衡说相区别的"利益衡量说"则是在考虑包含各自不同的利益的具体要保护性、利益侵害的危险的程度等之上，以避难者一方的利益作为优越的情形说明紧急避险的[2]。当然，这样的思考方法不能说是错误的。但那是自明的，只要以此满足紧急避险的本质论，可能只是概念循环。必要的是应对在利益衡量的框架内为解决所起作用的个别原理加以分别而具体的说明。

应该设定的利益衡量判断的大框架是结果（无）价值与行为（无）价值

175

(接上页) 当利益正在被侵害的情况下，只对为了保全其利益的行为（正当行为与紧急避险）设定正当化规定的就是刑法的理由。如自救行为所产生的问题案例那样，侵害在其影响依然还残留的情形下首先被终止，对已经安定下来的现实状态通过实力积极变更的行为的正当性就得不到承认。但是，（合法的）紧急行为与（原则上违法的）自力救济之间还不能清楚地划出一条线，区别其不同性质。即便是排除正在被侵害的、为了保全正当利益的行为，如果保全那种程度/样态的价值利益的话，通过国家机关的解决应该优先的情形或者通过事后救济应该达到救济的情形以及侵害既成事实的实化、在此之上的事态的恶化因为不能预想的、从而考虑应该通过国家机关诉诸救济的情形等，都不能承认正当防卫或者紧急避险。只要在这个限度内，合法的紧急行为与作为原则的违法自力救济之间的界限就是相对的、流动的。可以说是根据是否应该通过公的机关救济优先或者等待能够期待当事者对某种法益存在什么样的侵害或者危险来决定的。关于这一点，参照井田《紧急权利在法体系上的定位》载于《现刑》6卷6号，2004年，第5页以下（井田「緊急権の法体系上の位置づけ」、現刑6巻6号、2004年、5頁以下）。

[1] 参照藤木英雄《注释刑法（2）-Ⅰ总则（2）》，1968年，第264页以下（藤木英雄『注釈刑法（2）のⅠ総則（2）』、1968年、264頁以下）。对此不是当作"与被侵害者法益之间的关系的保全法益的要保护性的欠缺"，而是通过"危险的不存在"来说明的见解。[町野朔＝辰井聡子《不法入国与紧急避险》载于《现刑》1卷7号，1999年，第79页（町野朔＝辰井聰子「不法入国と緊急避難」、現刑1巻7号、1999年、79頁以下）]。但是，如果询问是不是可以否定"危险"的存在的根据的话，就不得不归结于否定法益的要保护性了。
[2] 关于这一点，详细的参照小名木明宏《紧急避险中的利益衡量与相当性的一考察》载于《法学研究》67卷6号，1994年，第26页以下（小名木明宏「緊急避難における利益考量と相当性についての一考察」、法学研究67巻6号、1994年、26頁以下）。

二元的判断形式。紧急避险的要件与正当防卫的要件不同（本书第十一章第二节），分成要求判断的结果（无）价值的要素、以行为时的判断为标准的行为（无）价值的要素。紧急避险状况的存在（即，承认要保护性的法益中产生"正在发生的危险"[1]）为前提的要素，只要求正在发生，即便是普通的人也相信是危险，这样说并不充足。与此相反，在判断"避险行为"时，对规范的对象就会提出作为行动标准的提示内容。关于避险行为的要件，以事后的/物理性的判断不能决定它是否成立，假如事后能看到，即便存在不必要的行为（譬如说，结局不能够回避危险的情形），也不能以此为理由否定紧急避险[2]。在判断紧急避险的成立时，以结果（无）价值与行为（无）价值的判断形式的大框架为前提，在与被侵害法益之间的关系上，必须思考保全法益的要保护性的程度（关于具体的衡量原理如后示的那样）、各自不同的法益置身于危险的程度。与此同时，国家的救济应该在什么程度上优先（参照本章开头所论述的部分）、行为者存在退避义务时所承担的责任是指什么程度[3]、利益衡量的结论在将来对规范的对象所示的行动标准是否合适（尤其是作为一般化的结论，其中的行为一般地被允许时是否产生不当的效果[4]）等，也要求分别明确说明。

二、正当防卫与紧急避险的共同性

从正当防卫与紧急避险的共同性中导出的一个重要的结果如下。即，正当防卫特有的是前文提出的③攻击者的"归责性"的要素。作为正当防卫所容许的防卫手段是什么，不是根据攻击的物理性的危险性、反复的可能性等单纯地决定，而是受到根据攻击者的归责性程度的左右。归责性越弱，为了行为的正当化就越是要求紧急避险的构成要件的近似性。如此，正当防卫与紧急避险的界限必须作为量来把握。具体地说，由于轻度过失的不正侵害，

---

[1] 因此，即便在打破补充性的情形下，也有过剩避险。
[2] 另外，虽然这意味着承担着从被害者法益的主体不确定性产生的一定的风险，但是，如后述的那样，保全法益的价值与侵害法益本身相比，只有在"显著优越"的情况下才能使其正当化。
[3] 关于补充性的判断，也不得不考虑伴随退避的行为者的负担。特别是关于为了回避对人身的危险而损害物的情形等，不要求一定严密意义上的退避可能性。
[4] 在这里利益衡量不是"行为功利主义"，而必须实行"规则功利主义"。关于紧急避险的利益衡量，Gunther Arzt, Kleiner Notstand bei kleiner Kriminalität? in: Festschrift für Jörg Recberg, 1996. S. 25 ff. 具有暗示性。

越是容易退避就越应该退避，即便不是如此，也应该采取消极的、被动的应对。

　　以上所述的应用，侵害的确是预期情况下的应对手段。无论防卫行为者侵害预期的有无，因为对方的攻击违法是不变的，所以攻击者的法益要保护性的减弱与防卫行为者的法益要保护性的减弱之间的竞合结果相对地减弱了防卫行为者的权利性（法益性）。根据该程度，限定防卫行为者为了防卫而采取的手段，可以认为接近紧急避险行为。于是，不是立即否定过剩防卫，而是成为比通常更为缓和的过剩防卫（本书第十一章第四节）。

　　其次，关于所谓的自招侵害或者自招危险的问题，在对法益产生危险行为者存在失度的情况下，就会否定正当防卫以及紧急避险的成立，或者作为应为被限制的根据，因自身引起危险或者通过赶赴危险状况会减弱该行为者的法益的（在与被侵害法益之间的关系上）要保护性，法益保全行为（只有更为严格的要件）就会存在不能被正当化之处[1]。因为减弱了保全法益的要保护性，偶尔在场的第三者的紧急救助/紧急避险的权利同样也会受到限制（误想防卫/误想避难的可能性另当别论）。相反，既然是自身所引来的危险，即便考虑到不能允许保全自己的法益，他人的法益保护性也不能因此而减弱，即便是作为正当防卫或者紧急避险，也可以认为不能限制保全他人法益的行为成立。另外，法益保全行为时间上只要是在有先行的原因行为性的限度内，以此作为理由承认犯罪的成立就另当别论。所谓的"原因上违法行为的理论[2]"，作为其本身是能够充分成立的思考方法，关于自招侵害、危险的其他解决也有同时存在的可能性[3]。

第二节　紧急避险的法的性质

一、违法性阻却事由说与二分说

　　围绕《刑法》第 37 条规定的紧急避险，在学说上存在关于是违法性阻却

---

[1] 譬如说，从重大的落差导致自己的财产陷入危机，为了保全而侵害相同程度价值的第三者的财产时，对被害者赋予忍受义务好像是不妥当的。
[2] 参照平野《总论Ⅱ》，第 235 页以下；山口《总论》，第 136 页以下。
[3] 在完全只解决理论问题的时候，不过只是产生不当结论。参照井田《案例研究》，第 187 页（井田『ケーススタディ』、187 頁）。

事由还是责任阻却事由的对立〔1〕。通过解释为存在违法性阻却或者解释成责任阻却事由的不同，就会出现对紧急避险行为能否实行正当防卫、共犯行为能否可罚、紧急避险要件如何考虑等的不同解释。

通说主张《刑法》第37条第1款的紧急避险应该作为违法性阻却事由理解〔2〕。虽然其根据是第37条第1款，承认为了保全不仅是自己的法益而且还有他人（也可以是完全没有关系的第三者）的法益的紧急避险，但是如果责任阻却事由以不期待其他的行为出现（因此，不能非难其他违法行为的出现）为理由的话，自己的法益或者具有亲属等的亲近关系的法益的保全就理应受到限制，用责任阻却就不能解释完全无关的第三者的紧急避险行为的不可罚性。而且，第37条第1款以与责任判断无关系的"法益的均衡"作为紧急避险的要件；假如紧急避险行为的违法性是责任阻却的话，就承认对紧急避险行为的正当防卫是不妥当的（譬如说，作为卷入火灾者为了逃命的唯一手段是损坏邻居家的墙的情形，对他实行正当防卫就是不妥当的）；紧急避险的行为只是责任阻却，从限制从属性说的立场来看，其共犯反而可罚，这并不妥当（在前述的事例中，在作为卷入火灾的人逃命的唯一手段是损坏邻居家的墙时，对此协助的人作为共犯就会受到处罚）。而且，《民法》第720条第1款规定，在刑法紧急避险的情形中，以他人的不法行为为原因的情形下（譬如说，被强盗追赶，不得已损坏他人家的墙壁逃入的）可否定其损害赔偿，如果这样的行为在刑法上是违法的话，就成了在民法上合法在刑法上反

---

〔1〕 关于学说的对立，康元变《紧急避险的本质》载于《早稻田大学大学院法研论集》76号，1996年，第1页以下、77号，1996年，第53页以下（康元変「緊急避難の本質」、早稻田大学大学院法研論集76号、1996年、1頁以下、77号、1996年、53頁以下）有详细的说明。也参照井田《关于紧急避险的本质》载于《宫泽浩一先生古稀祝贺论文集》（第2卷），2000年，第279页以下（井田「緊急避難の本質をめぐって」、『宮沢浩一先生古稀祝賀論文集第2巻』、2000年、279頁以下）。

〔2〕 譬如说：内田《概要中卷》，第123页以下；大越《总论》，第80页以下；大塚《总论》，第381页以下；大谷《总论》，第315页以下；曾根《总论》，第124页以下；团藤《总论》，第245页以下；西原《总论》，第215页以下；林《总论》，第211页以下；平野《总论Ⅱ》，第228页以下；福田《总论》，第162页以下；藤木《总论》，第255页以下；松原芳博《紧急避险论》载于《法教》269号，2003年，第94页以下（松原芳博「緊急避難論」、法教269号、2003年、94頁以下）；山口《总论》，第125页以下等。详细的还有村井敏邦《紧急避险的本质》载于中义胜编《论争刑法》，1976年，第53页以下（村井敏邦「緊急避難の本質」中義勝編『論争刑法』、1976年、53頁以下）。采用责任阻却事由说的有：植松《总论》，第208页以下。

而违法的结果，这样会很奇怪。这些是具有决定性的论据，不仅是我们刑法上的解释论，即便是从实质解释的妥当性的角度来看，我认为也不能采用责任阻却事由说。

与作为通说的违法性阻却事由说相反的是所谓的二分说，但在二分说中也有几种不同的主张，具有代表性的是：原则上将紧急避险解释成为违法性阻却事由，在保全法益和被保全法益处于同价值的情形下，解释为责任阻却事由[1]；原则上采用责任阻却事由的同时，在保全法益与被保全法益相比其价值显著优越的情况下，承认违法性阻却事由[2]。这两个主张的一致之处在于，都是为了回避对自己或者他人的生命危险，牺牲无关系的第三者的生命的情形下，根据刑法将此行为"正当化"，因此承认被害者也存在正当防卫权利的妥当性。当然，即便根据通说，这种情况下，被迫牺牲的一方也可能采用紧急避险，既然没有其他手段，也可允许打死紧急避险行为者（即，作为紧急避险，可以阻却违法性）。但是，二分说认为：若紧急避险的行为是合法的，被侵害者的反击也是合法的话，法就会放弃纠葛状态下的价值判断（在紧急事态下，对任何一个行为，法都不能清楚地完成正确的任务），这样是不妥当的。

二、紧急避险的两个类型

在讨论通说与二分说的对立时，有必要区分两种情况。将实行积极避险行为的设定为 X，将接受由此得到侵害的设定为 Y。那么，第一类型的事例就是遭遇危险的 X 对可以免于危险的 Y 加以侵害的情形。譬如说，作为经常被列举的事例，船只遇难时，当 Y 用预先准备好的救生圈在海上漂浮时，X 夺取救生圈导致 Y 死亡的案件。第二类型的事例是，X 和 Y 同时遭遇危险的情形（更加严密地讲，保全法益的主体在遭遇某种危险的情形）。即，如经常判决的案例那样，船破之后落入海中的两个人同时在一块木板上游，但是该木板只能承受一个人的体重，其中的一个人将另一个人推下去，其结果是被推

---

[1] 阿部纯二《紧急避险》载于阿部纯二等编《刑法基础讲座》（第3卷），1994年，第90页以下（阿部純二「緊急避難」阿部純二ほか編『刑法基本講座第3巻』、1994年、90頁以下），阿部纯二《总论》，第150页以下；佐伯《总论》，第206页以下；中村《总论》，第269页以下；内藤《总论中》，第405页以下；松宫《总论》，第144页以下；中山《总论I》，第482页以下等。

[2] 森下忠《紧急避险之研究》，1996年（森下忠『緊急避難の研究』、1960年）；森下忠《紧急避险的法的性质》载于中义胜编《论争刑法》，1976年，第70页以下（森下忠「緊急避難の法的本質」中義勝編『論争刑法』、1976年、70頁以下）。

下去的人因此而淹死的情形，或者像木犀草号（Mignonette）事件[1]那样，将同处在饥饿状态威胁中的一人杀害，供他人食用的情形，如果禁止这些行为的话，法律就不能承认全体死亡之外的选择，即便一个人生存，而其他人死亡的想法也可能。同时，在第二类型的事例中，也包含所谓的防卫的（防御的）紧急避险，即转向危险发生源的紧急避险（具有双面构造的紧急避险）的一定的情形[2]。譬如说，将彼此的身体用登山绳索捆绑在一起的X和Y中的Y从悬崖上跌落，在X用绳索支撑Y的身体的状况下，X在绳索不能支撑时切断绳索，Y跌落悬崖死亡的案件（在该事例中，Y是危险发生源，紧急避险行为转向了产生危险的法益主体）。而且，同一人中的保全法益和被侵害法益相冲突的情形也可进入第二类型。譬如说，孩子处在火灾中迫于被烧死的危险，到达三层的人为了回避最坏的结果，作为最后的求助手段将孩子从三楼的窗户投下去的事例。

违法性阻却事由说，虽然对第二种类型的事例主张正当防卫[3]，但问题在于第一类型的事例。从生命保护的理念来看，不能承认"合法"地剥夺完全值得保护的生命（不欠缺的要保护性的生命）。对关于脑死亡移植的"违法性阻却事由"，多数学说所批判的正是考虑到不应该允许那种形式的"生命保护的相对化"[4]。只作为紧急事态，我也不认为能成为允许生命保

---

[1] 关于这个事件，参照森下忠《紧急避险的比较法考察》，1962年，第169页以下（森下忠『緊急避難の比較法的考察』、1962年、169頁以下）。

[2] 关于与攻击性的紧急避险区别的"防卫的紧急避险"，譬如说：详细的有：小田直树《紧急避险与个人的自律》载于《刑法杂志》34卷3号，1995年，第337页以下（小田直樹「緊急避難と個人の自律」、刑法雑誌34巻3号、1995年、337頁），吉田宣之《违法性的本质与行为无价值》，1992年，第102页以下（吉田宣之「違法性の本質と行為無価値」、1992年、102頁以下）；吉田宣之《防御的紧急避险的再探讨》载于《西原春夫先生古稀祝贺论文集》（第1卷），1998年，第311页以下（吉田宣之「防衛的緊急避難の再検討」『西原春夫先生古稀祝賀論文集第1巻』、1998年、311頁以下）。另外，川口浩一《紧急避险》载于伊藤宁等编《刑法教科书·总论（上）》，1992年，第228页（吉田宣之「緊急避難」伊藤寧ほか『刑法教科書・総論（上）』、1992年、228頁）提出了"转嫁型紧急避险"与"反击型紧急避险"的用语。

[3] 另外，无论是是第一类型还是第二类型，关于物成为危险源情形的防卫的紧急避险，法益均衡认为不能成为要件（本书第十一章第三节三）。因此，即便是损害了具有超越保全法益的物也能够被正当化。

[4] 关于脑移植的违法性阻却说，参照井田《脏器移植法与死的概念》载于《法学研究》70卷12号，1997年，第202页以下（井田「臓器移植法と死の概念」、法学研究70巻12号、1997年、202頁以下）、井田《脑死说的再探讨》载于《西原春夫先生古稀祝贺论文集》（第3卷），1998年，第53页以下（井田「脳死説の再検討」『西原春夫先生古稀祝賀論文集第3巻』、1998年、53頁以下）。

护的相对化理由。而且，在第一类型的事例中，即便可以抽象地说是"法益同价值"，但根据具体的利益状况来看，还是承认了比被侵害法益更高的要保护性。即，将保全利益与被侵害利益之间具体地衡量的话，被侵害者一方的利益完全是值得保护的，从行为者一方的利益来看，迫不得已的危险是"感受降临的命运"，原则上理应要求甘愿接受（或者不因转嫁给第三者而回避）。破坏应该"感受降临的命运"的原则将损害转嫁给第三者时，与被侵害利益相比较，就不得不承认其要保护性的劣等性。第三者一方，在这个限度内，可以承认正当防卫的权利[1]。当然，即便考虑避险行为是合法的，也可以承认根据对此实行的紧急避险的对抗。但是，如果是这样的话，"正对正"完全变成了承认强者夺胜的不法地带。从二分说的立场来看，生命对生命存在势不两立的状态时，尽管法律不能通过比较得出哪一方更优越，但是相反，为了明确被害者一方的利益的优越，应该采用二分说。如此这样，关于第一类型的"法益同价值"的事例，否定违法性阻却的二分说就是妥当的。

那么，关于第一类型的事例，根据什么样的要件可以承认违法性阻却事由呢？在衡量保全利益和被侵害利益时，被侵害者一方的利益完全是值得保全的，另一方面在关于行为者一方的利益中，应该"感受降临的命运"的原则起作用是很重要的。为了允许行为者一方转嫁损害，并让被害者理解甘受损害转嫁的，至少应该有必要要求行为者一方法益价值要比被侵害法益价值有"明显的优越性"（加之，被害者一方应该受到民法上的损害赔偿的请求权的保护）[2]。如此，要求显著的法益优越的根据，具有考虑和调整双方利益

---

[1] 另外，井上宜裕《紧急避险的不可罚性与关于第三者保护的一考察（三、完）》载于《法学杂志》44卷3号，1998年，第461页以下（井上宜裕「緊急避難の不可罰性と第三者保護に関する一考察（三、完）」、法学雑誌44巻3号、1998年、461頁以下）认为，当为了保全生命而伤害生命时，不过是阻却可罚的违法性，相反，被侵害者具有正当防卫权。但是，如果是违法地侵害人的生命的行为的话，是不是不能具有刑法上的违法性这一点就有疑问。

[2] 曾根《总论》，第126页；曾根《刑事违法论的研究》，1998年，第83页以下（曾根『刑事違法論の研究』、1998年、83頁以下），认为即便是在现住地优越保全法益的情形下，能够看到是由于人的不法行为引起的危险的（《民法》第720条第1款），因为能承认给予被侵害者民法上的损害赔偿，所以避险行为就是违法的，可以认为被害者具有正当防卫权。但是，我认为那是不妥当的结论。譬如说在深山中数日之间迷路濒临死亡的人偷吃了他人家的苹果，从而没有饿死的情形，正当防卫也能成为可能吗？民法上的损害赔偿责任不以不法为前提，应该说是无过失责任。

状况的必要性[1]。

　　与此相反，关于第二类型的事例，如日本通说所主张的那样，只要没有其他的被害回避的手段，在保全同价值法益的情形下，就可以承认违法性阻却事由。而且，即便是关于不能进入第二类型的防卫性紧急避险的事例，被侵害法益的主体也可以成为危险源，因为是面对这样的危险源实行防卫的情形，所以就会减弱被侵害法益的相对性的要保护性，也可能存在达到同法益价值的限度为止所允许的对抗理由。关于防卫性紧急避险，适用更为缓和的补充性的原则，而且，也有根据对方行为可以实行更为强大的反击行为的见解[2]。只要将人作为客体就应该以补充性为要件，应该解释为为了保全法益和被侵害法益之间的平衡的必要性。但是，在物成为危险源引发危险的情形下，必须注意《民法》第720条第2款，关于损害物的行为，否定了损害赔偿的责任。那是防卫性紧急避险的特殊情形，于是，都不以法益的均衡性和补充性为要件。它的基础是如下所示的思考。即，当从成为危险源的物产生危险事态时，遭遇无缘由危害的人可能以破坏该物的方式逃离该危险，另一方面，对物的所有者而言，在自己的物成为危险源引发危险的情形下，也可以让其承担被破坏了的物的风险。这种考虑方式应该具有说服力，而且，因为在民法上合法与在刑法上根据刑罚禁止是矛盾的，所以在适用同条的事例中，在刑法上也必须是合法的（本书第十一章第三节三）。与根据第37条所应该覆盖的防卫性紧急避险相区别，是特殊的防卫性紧急避险。那不是正当防卫，但只要是关于物的损害，法益的均衡和补充性就不要求成为要件（与此相反，人的无过失行为或者来自不能成为行为的动作/不动作产生危险时，对人的反击只能以通常的紧急避险正当化。即，只能在法益同价值的限度内正当化）。

---

[1] 表示违法判断和行动标准虽然是本书的立场，但是如本书所解释的那样，作为紧急事态中的行动标准不得不说在现实中不可能起作用。关于这一点参照 Gunther Arzt, Kleiner Notstand bei kleiner Kriminalität? in: Festschrift für Jörg Rehberg, 1996, S. 261f.

[2] 不仅如此，从结果无价值的立场，这种情形下不得不承认正当防卫。关于这一点，参照本书第十一章第一节、第三节。

为紧急避险正当化的"法益衡量"的要件

（第一类型）

	攻击性紧急避险	防卫性紧急避险
人为客体	显著的法益优越是必要的	法益同价值即可
物为客体	显著的法益优越是必要的	不要法益衡量的要件

（第二类型）

	攻击性紧急避险	防卫性紧急避险
人为客体	法益同价值即可	法益同价值即可
物为客体	法益同价值即可	不要法益衡量的要件

第三节 《刑法》第37条的解释

即便在考虑"大多是复杂的"二分说能给予实质性的合理解决时，也有可能解释作为现行的《刑法》第37条[1]吗？首先，第37条第1款所要求的"只要没有超过回避由此产生的危害的危害程度的情况下"的"危害均衡"的要件，只作为防卫性紧急避险以及第二类型攻击的紧急避险的正当化要件就可认为是妥当的。对此，只要是关于第一类型的攻击性紧急避险，为了成立违法性阻却事由，就应该要求"显著的法益的优越性"。于是，作为解释论，将会产生缩小解释是否可能的问题。

其次，关于在"法益同价值"情形下的责任阻却，第37条第1款对"他人"没有加以任何限制，就会产生，譬如说，解读成为了守卫与自己没有任何关系的人的生命也可以承认牺牲另一个人的生命的问题[2]。将其一般的（没有例外的）不可罚性以合法行为的期待不可能为根据来说明，我想是困难

---

[1] 关于同条立法的沿革，松宫孝明《论日本刑法37条的紧急避险规定》载于《立命馆法学》262号，1998年，第1038页以下（松宫孝明「日本刑法三七条の緊急避難規定について」、立命館法学262号、1998年、1038頁以下）有詳細論述。

[2] 对此，不能根据《刑法》第37条第1款，保全价值落后于被侵害价值的责任阻却，只能作为超法规的责任阻却。但是，为了达到责任阻却，因为通常应该以违法减少为前提承认，对法益的平衡明显地侵害的行为进行责任阻却，极其罕见。

的。这里也存在根据"政策"说明的见解[1]，但没有具体地考虑"法益同价值"情形下行为者动机的影响，一般地免除责任，完全是不合理的"政策性判断"。可以将合法行为的期待不可能性的要件解读为"不得已的行为"的文言吗（该文言不仅要求补充性，也要求合法行为的期待可能性）？只有在个别事情中的真正的合法行为的期待可能性不存在的情况下，限制紧急避险的成立，作为解释论才成为能否存在可能的问题。

问题的根源在于《刑法》第37条第1款的规定在文言上过度广泛地承认了紧急避险。本来应该存在"感受降临的命运"的原则，只有单纯地满足法益和补充性要件，则不能强行牺牲第三者。只要将通条逐字理解，譬如说，为了救助需要立即移植肾脏否则会有生命危险的患者，可以允许从他人身体中强制摘除肾脏的行为（从补充性的要件来看）[2]。在学说中，通过要求作为紧急避险要件的避险行为的"相当性"[3]，或者通过将"人格的自律性"作为重要的利益一起考虑[4]，在这种情况下，应该否定紧急避险的成立，从而缓和不合理性。那样的限定要件也许符合不能允许对人身重大侵害的正当化的德国刑法第34条，但并不符合日本《刑法》第37条。当附加这样的要件时，为了救助某人的生命违反第三者的意思将其致死或者致伤的，理应必定是不侵害不相当的人格的自律性，不得不通过紧急避险的正当化全部予以否定。

如此，第37条从立法论来看是不妥当的，无论如何都需要限定的话，不是根据不同的情况（譬如说，使用"人格的自律性"这样的概念）来限定，而是应该根据具有理论根据的理由来限定。在我看来，合理性的限定只有根据如上所述的二分说所示的要件才能够给予。那么，那样的第37条的限定解释违反罪刑法定主义吗？从结论上来说，可以认为不会受到罪刑法定主义违

---

[1] 内藤《总论中》，第426页；山中《总论Ⅰ》，第488页。
[2] 但是，如果是为了救命采集血液，因为可以让保全法益显著回升，所以没有否定正当化的理由。确实那样的采集被一般化的时候，虽然可能会发生医院等产生无法忍耐的归结性问题，但是尽管如此，作为了救命的唯一手段，与冲向被害者以导致受伤的情形一样，是不是有点不同，我自己还不明白。
[3] 大谷《总论》，第321页；齐藤《总论》，第197页；佐伯《总论》，第207页以下等。
[4] 小名木明宏《紧急避险中的利益衡量与相当性的一考察》载于《法学研究》67卷6号，1994年，第32页以下（小名木明宏「緊急避難における利益考量と相当性についての一考察」、法学研究67卷6号、1994年、32頁以下）；内藤《总论中》，第419页以下；山中《总论Ⅰ》，第497页以下等。

反的非难。首先，虽然是关于作为违法性阻却事由的侧面，然而刑法上的违法性阻却事由是对规范的对象进行告知及提示的行动准则。但与此同时，也要谋求为了守卫各自的法益之间的利害调整。过度而广泛地允许违法性阻却事由，反而会给对方造成不当地损害，只能作为违法禁止进行与此相当的反击。以遵守罪刑法定主义为理由，应该公平地保护其法益，不能无视对方的具体利益。在这里，法律如果必须用心适正地调整利害的话，作为行动准则告知的侧面也不得不接受一定的限制。关于第一类型的攻击性紧急避险的正当化限定（第37条第1款）的要件（即，没有显著的法益优越性，就不能承认违法性阻却事由），作为刑法的解释，我想是可以允许的。在那种情形下，可能会产生在法益同价值的限度内肯定责任阻却的问题，但是那也不应该承认全部的他人的一般法益保全的情形，应该限定在行为者与遭遇危险的人之间存在特别关系的情形下。与违法性阻却事由的情形相比较，在责任领域中，更容易承认限定文言的解释。在责任的情况下，那只是因为根据法律规定提示行动标准不会成为问题。因为控制具有动机的行动是困难的，所以只有真正能承认责任阻却的情形，才能够适用第37条第1款的解释，从罪刑法定主义的角度来看，我想并没有疑义。

第四节　所谓的强制紧急避险

行为者强制他人实行构成要件该当行为时（譬如，威胁受害者说"如果不听我话就杀了你"，从而导致他人死亡的情形）能否成立紧急避险，属于是强制紧急避险的问题。只要采用如前所述的意思的二分说，为了回避对生命的危险，实行夺取对第三者生命的攻击性紧急避险行为（第一类型），即便全部符合第37条第1款紧急避险的要件，这种行为也是违法的，所以被害者对此可以实行正当防卫的对抗。与此相反，采用违法性阻却事由说的通说，不考虑将此作为合法行为，而是将此解释成为没有期待可能性，从而达到了阻却责任的程度[1]。

---

[1] 譬如说：参照大塚《总论》，第458页；大谷《总论》，第378页等。给予责任阻却事由说详细理由的有：桥田久《根据强制的行为的法的性质》载于《法学论业》131卷1号，1992年，第90页以下、4号，1992年，第92页以下（橋田久「強制による行為の法的性質」、法学論業131巻1号、1992年、90頁以下、4号、1992年、92頁以下）。

但是，当以违法性阻却事由为前提时，能不能加上这样的限定是令人怀疑的[1]。虽然认为行为是因"袒护不正"而带给法秩序侵害的情况，承认根据紧急避险的正当化是不合逻辑的[2]，但在攻击性紧急避险的事例中，即便危险是由被害者的违法行为引起的，在将违法行为作为原因产生法益侵害的意义上，紧急避险行为就是"袒护不正"的行为，是引起法秩序侵害的行为。譬如说，为了不被抢劫犯 X 伤害，Y 不得已侵害第三者 Z 的法益的行为是紧急避险的一个典型，但 X 如果意图秘密地对 Z 所产生的法益进行侵害的话，Y 就"袒护了不法"，从而引起了法秩序的侵害。正因如此，限制紧急避险的成立是不妥当的，而且限制的要件也会成为问题。以 Y 是否知悉 X 的意图来区别也没有根据。

另一方面，考虑被强制实行的行为者的立场的话，不能说在所有的情况下，根据被害者一方的正当防卫的反击都是可以的。为了回避生命的侵害，从而侵害第三者的财产的行为等，不承认违法性阻却（被害者一方是否存在误想防卫应另当别论）。即，法益存在明显优越的情形下，承认违法性阻却也是妥当的（被害者一方只可能是防卫性的紧急避险）。

如果这样考虑的话，强制性紧急避险发生困难的问题，是关于以攻击性紧急避险的法益同价值的限度为止的、一律承认违法性阻却的通说所包含的观点，在存在显著的法益优越的限度内，只要以承认紧急避险的二分说的立场为前提，就认为没有对该基本思想修正的必要性。

---

[1] 只要是以违法性阻却事由说为前提，在支持否定违法性阻却的理论就是困难的这一点上，我想有奥村正雄《强制的紧急避险》载于《清和法学研究》6 卷 2 号，1999 年，第 168 页以下（奥村正雄「強要による緊急避難」清和法学研究 6 巻 2 号、1999 年、168 頁以下）；松原芳博《紧急避险论》载于《法教》269 号，2003 年，第 94 页以下（松原芳博「緊急避難論」、法教 269 号、2003 年、94 頁以下）；山口《探究》，第 110 页以下，就是正当的。

[2] 桥田久《根据强制的行为的法的性质》载于《法学论业》131 卷 4 号，1992 年，第 104 页以下（橋田久「強制による行為の法的性質」法学論業 131 巻 4 号、1992 年、104 頁以下）。

第十三章　被害者同意

第一节　违法化根据与体系的地位

一、对个人的自我决定权的尊重

得到被害者的同意（承诺）而实行的对个人法益的犯罪行为，原则上是合法的[1]。但是围绕根据被害者同意合法化的根据，存在观点上的对立。在学说上，通过"社会相当性""国家、社会性的伦理规范"等观念表现出的高层次规范，设想与此相一致的作为合法的根据，也是有说服力的观点[2]。然而，这样的见解，只要没有明确应该成为基准的规范的实质，通过统一的合法化根据，就存在其要件不明确的难点。

于是，最近，根据将个人的法益处分自由或者自我决定权合法化，通过法益主体自主的法益放弃、处分，或者在失却法益保护的必要性中求得的理由，会成为一般化的观点[3]。的确，关于毁坏完全依赖法益主体的自由的法益，如果取得被害者（即法益主体）同意的行为者毁坏法益是法律所禁止的话，就会成为对个人自由的不妥当的制约。如果破坏所有物的自由也作为所有权的内容由法律来保障，得到所有权者同意的破坏物的行为也是法律禁止的，就可能发展到违反宪法程度的问题。应该注意的是通过个人的自由或者自我决定权所覆盖的内容并不一定必须具有社会性的或者积极的正价值。为了维持法益，法益主体也应该承担相应的责任，法益主体自身如果放弃法益的话，刑法没有必要保护他的法益。如果可以这样说的话，至少根据被害者

---

[1] 但是，关于性自由，刑法否定13岁未满的被害者的同意能力（第176条后段、第177条后段），关于生命侵害，即便有被害者的同意也明确地规定为违法（第202条）。

[2] 大塚《总论》，第400页以下；福田《总论》，第178页以下等。

[3] 作为代表性的作品有：内藤《总论中》，第575页以下等。

同意的行为，在与法益毁坏的关系中就是合法的。

根据被害者同意的行为合法化的理由，应该可以从以上所理解的个人的自我决定权的思想中得出。在学说上，这样的思考与行为无价值论是不相容的主张。但是，行为无价值论的本质重视在行为的时点是否明确违法或合法，是否是提示/告知行动标准的机能。该机能与根据个人决定权或者法益主体对法益保持责任分担的思想不可能是矛盾的。

二、是法益的消失还是要保护性的否定？

即便从个人的自我决定权中所获得的同意的合法化根据的见解能立足，也有两个不同的理论构成。第一种学说是，主张关于处分可能的法益侵害，存在法益主体同意的时候法益就会消灭，因此从最初就不承认有法益侵害的见解。第二种学说是，主张即便有被害者同意，就是不能否定法益侵害的存在本身，作为否定该法益的刑法保护的必要性结果也不再是违法的见解。两个学说的说明性的不同在于对被害者同意的体系性定位。根据第一个学说，在存在被害者同意的时候，就可以否定构成要件该当性本身（根据本书的立场，因为欠缺积极的构成要件要素）；根据第二种学说，以肯定被害者同意为前提，成为违法性阻却事由。

但这些学说并不矛盾，法益本身消灭或者（以法益侵害的存在为前提）要保护性的否定，由于法益的性质不同而不同[1]。对自由的犯罪（譬如说，监禁罪、住所侵入罪、强奸罪等），当行为与被害者同意一致的时候，本来就不能承认法益侵害的存在。只有当开始违反被害者意思时才产生法益侵害。同样，对于财产的犯罪，如果有被害者同意时，法益本身就会消灭（民法上，产生所有权的放弃或者转移），实质上不能承认财产犯罪[2]。

与此相反，如侵害罪那样，在身体的法益成为问题的情形下，尽管有被害人同意，法益侵害本身也存在（因此，就能肯定构成要件该当性），通过以具体的事情否定法益的要保护性，应该考虑违法性阻却。譬如说，某人同意摘除近亲者肝脏的一部分进行移植，导致被害者失去一部分肝脏的案例。该

---

[1] 譬如说参照山口《探究》，第75页以下。
[2] 关于具有被害者同意的器物性损坏行为，虽然也存在在肯定构成要件该当性之上承认违法性阻却的见解，如果像本章所思考的那样的话，本身应该解释为否定构成要件该当性。

人接受了伤害，即便是根据同意的行为，仍然不能否定法益侵害[1]。如此，即便在同意伤害时也存在法益侵害，但是，只要尊重关于身体处分的法益主体的自由（自我决定权），为了保护法益的行为就不能否定具体地禁止的必要性。换句话说，只要在通过自我决定权所覆盖的限度内，通过否定法益的要保护性就可阻却违法性。在学说中也有主张，只要具体衡量身体的法益与（与此不同的）个人的自我决定权的"后者优于前者"就可以阻却违法性的见解。但是，如前所述，为了阻却侵害罪的违法性，因为补充身体法益的侵害并不要求积极地实现正价值，所以根据优越利益的原则，通过被害者同意说明合法化是存在疑问的[2]。

另外，伤害罪中的被害者同意作为违法性阻却事由定位，在体系上是妥当，当考虑其与医师的手术治疗行为之间的关系时，变得更加明确。即，关于治疗行为，①加之根据同意的法益要保护性的减弱/否定，只要有②实现健康的维持或者恢复的积极利益的优越利益保护原则，就可以阻却违法性。因为会带来积极的利益实现，通过单纯同意所覆盖的重大的身体的法益侵害，也可以被正当化。如果同意伤害完全作为构成要件该当性的问题论述时，健康的维持或者恢复的正利益，体系性地定位作为抑制身体侵害的负面价值的不可欠缺要素的治疗行为，就是困难的[3]。

---

[1] 这即便是在医疗性的侵袭是为了治疗疾病而实行的情形下也是相同的。日本的通说也采用了"治疗行为侵害说"。德国学说的通说认为，治疗行为虽然能否定构成要件的法益侵害，那也与将德国《刑法》第 223 条第 1 款他人的"身体加以虐待"或者"侵害健康的"作为伤害的要件有很大的关系。关于这一点，参照武藤真朗《治疗行为与伤害的构成要件该当性》载于《早稻田大学大学院法研究集》54 号，1990 年，第 243 页以下（武藤真朗「治療行為と傷害の構成要件該当性」、早稲田大学大学院法研論集 54 号、1990 年、243 頁以下）。与此相反，在最近的德国学说中，采用了治疗行为伤害说的是 Wolfgang Mitsch, Strafrechtlicher Schutz gegen medizinische Behandlung, 2000, S. 21 f.，26ff.

[2] 曾根《总论》，第 140 页。

[3] 对将优越利益原则使用于被害者同意的见解进行的批判，参照内藤《总论中》，第 587 页；中山《总论》，第 308 页注（3）；山中《总论Ⅰ》，第 196 页等。

第二节 同意伤害的违法性

一、判例与学说

关于对他人的自伤行为（自己伤害自己身体的行为）的干预（教唆以及帮助）不构成犯罪，这没有异论。与此相反，围绕得到被害者同意的实行者实行的伤害，即同意伤害，在什么限度内是合法的，存在对立见解。与《刑法》第 202 条前段行为相对应的"自伤干预行为"不可罚，没有疑义。但是，关于与同条后段行为相对应的同意伤害行为，对其可罚性的界限的见解并不一致。

判例以及历来的通说，采用了综合性判断的见解，侵害个人身体的重大法益的行为，原则上是违法的，为了能够使其合法，有必要要求在综合考虑取得同意的目的、行为的手段/方法/样态以及所产生的结果的重大性等因素之上，才能被看作是相当性的[1]。与此相反，作为有力说是主张从更加尊重个人的自我决定权的立场出发，既然被害者依自由的判断已经放弃了法益，那么原则上同意伤害就是合法的，只是关于重大伤害或者危及生命的伤害，例外地被看作是违法的见解[2]。综合性判断说是指只要在没有实现任何积极的正价值的限度内（譬如说，除了根据医师的手术恢复健康的情形等）就是违法的，相反，关注伤害程度的后说，可以说是指只要没有发生相当消极的结果就是合法的[3]。

---

[1] 最决昭 55.11.13 刑集 34 卷 6 号 396 页，主张"被害者承认身体伤害的情形下是否成立伤害罪，不仅是单指存在承诺，而且还应该参照以上的该承诺的动机、目的、身体伤害的手段、方法、损伤的部位、程度等诸般的事情而决定"，X 和 Y 等人共谋通过引起交通事故骗取保险金，X 驾车冲撞 Y 驾驶的汽车，虽然导致 Y 身体伤害的结果，但是就 Y 给予同意的案件，不能阻却伤害行为的违法性。作为学说，譬如说，大塚《总论》，第 403 页注（七）；团藤《总论》，第 222 页以下；福田《总论》，第 180 页注（三）等赞成此观点。

[2] 譬如说：大谷《总论》，第 273 页以下；齐藤《总论》，第 170 页以下；内藤《总论中》，第 587 页以下；山中《概说》，第 136 页；林《总论》，第 170 页以下；平野《总论Ⅱ》，第 254 页；山中《总论Ⅰ》，第 199 页以下等。

[3] 譬如说，黑社会的 X，虽然决意"割指赎罪"，但是因为害怕由自己实行，依赖朋友实行，受委托的 Y，切断了 X 的手指的案件，根据前说，可作为伤害罪处罚，根据后说就不处罚。另外，关于这种类型的案件，仙台地石卷支判昭 62.2.18 判时 1249 号 145 页，承认了伤害罪的成立。

二、探讨

作为综合判断说的难点，与判断的基准不明确相并列，在应该论述伤害罪成立与否的情形下，可以大概列举出"被害者身体的保护"混入不具有个别的、法益保护与合理性关联的考虑。即，像暴力集团所指示的事例、性虐待行为的事例中所产生的问题那样，不是为了对被害者身体的保护进行处罚，而是因为是反道德/伦理的行为，所以才可能会被处罚[1]。但是，综合判断说更为根本的缺陷是为了使同意伤害能够违法阻却，必须要求能够补偿身体性法益的侵害的优越性利益的实现。如前所述，同意伤害的违法性阻却事由的根据，不在于通过自我决定权的行使实现优越性利益，而在于法益主体自身在放弃法益时刑法没有必要再保护该同意者的法益。如果是这样的话，该身体的伤害只要与本人的意思相一致，无论其动机/目的如何，就可以立即否定伤害行为的违法性，这必须是一个原则。

当然，也必须承认尊重个人自我决定权的界限。尽管存在被害者有效的同意，为了该法益的后见监护保护，就会产生刑法干涉的必要性情形。从对个人的自我决定权的基本尊重的立场出发，也必须从自我决定权的思想中导出自我决定权的界限。即，在成为破坏实行自我决定权的主体本身的结果的情形下，将此作为合理的意思决定尊重，因为与自我决定权的思想相矛盾，所以在那种情况下，就可以考虑允许刑法的干预[2]。反道德性/反伦理性的外部的制约没有划出自我决定权的界限[3]，自我决定权内在的制约，是从内部限定自我决定权的行使。于是，关于同意伤害，只是关注伤害的程度给予重大（不能恢复）伤害的情形，所以不能承认根据同意的完全要保护性的否定见解也是妥当的。如平常所说的那样，没有必要严格思考如果没有危及生

---

[1] 如在之前所揭示的日本最高法院昭和55年决定的案件中所说，对保险金欺诈的预备行为作为伤害罪处罚。

[2] 关于这一点，参照内藤《总论中》，第587页以下；福田雅章《日本的社会文化构造与人权》，2002年，第71页以下、第352页以下、第370页以下（福田雅章「日本の社会文化構造と人権」、2002年、71頁以下、352頁以下、370頁以下）。

[3] 铃木义男《日本的刑事司法再论》，1997年，第99页以下（鈴木義男「日本の刑事司法再論」、1997年、99頁以下），虽然只要不承认社会伦理性判断的介入，好像就不能划出自我决定权的界限，但这是存在疑问的。

命的伤害就不允许刑法的干涉[1]。即便没有对生命的危险/对重要的四肢的部分、眼球、脏器等无特别的理由而切除、摘除那样的行为,也不能因为承认对以自我决定权为基础的个人,根据不变的不能恢复的重大侵害、合理的意思决定,就认为可以将通过刑法监护的干涉正当化。与此相反,譬如说,为了使犯人不被逮捕,得到犯人同意进行美容手术,加以对其外貌变更的文身师,根据黑社会会员的委托对其全身进行文身的,可以考虑到对其行为阻却违法性。

另外,在学说中更强调个人的自我决定权,以没有涉及对同一杀人罪的同意伤害罪的规定、作为伤害罪处罚同意伤害比根据同意杀人罪处罚更重[伤害罪(《刑法》第204条)的法定刑的上限比同意杀人罪(《刑法》第202条后段)更重]为根据,只要存在有效的同意,所有的同意伤害都不能该当伤害罪的构成要件,这样的见解得到了有力的支持[2]。但是,立法者设计了作为同意杀人罪的减轻类型的相反解释,并不能导出同意伤害的不可处罚性。同意杀人罪是代表性的犯罪类型,解释为考虑到杀人罪的刑的下限的轻重,为了可能降低到该下限以下进行量刑,不可能设定减轻类型(但,与此相反,伤害罪也没有必要将法定刑的下限设计得非常轻)。不仅如此,同意杀人的未遂也会受到处罚(参照《刑法》第203条),即便有同意,也可以禁止对生命的危殆化。因此,像危及生命那样的重大伤害不能以自我决定权来覆盖的宗旨是明确的。实际上,同意伤害一律合法的主张,在无限度地承认自我决定权的行使这一点上有些过度,所导出的结论(譬如说,即便考虑将被害者置于植物状态那样的情形)也不能说妥当。处罚作为伤害罪的同意伤害时,对通过同意杀人罪可能加重处罚这一点,伤害罪的法定刑,因为其幅度极其宽泛,甚至能够考虑到包含《刑法》第204条同意伤害在内,也可能存在这种反对论。即便在肯定同意伤害行为的违法性的情形下,也不可以解

---

[1] 参照山中《总论I》,第200页。
[2] 譬如说,木村光江《被害者的同意》载于西田典之、山口厚《刑法的争点》(第3版),2000年,第42页以下(木村光江「被害者の同意」西田典之=山口厚『刑法の争点「第3版」』、2000年、42頁以下);齐藤诚二《刑法上的生命保护》(第3修订版),1992年,第210页以下(齐藤誠二『刑法における生命の保護「3訂版」』、1992年、210頁以下);佐伯《总论》,第216以下;高山佳奈子《自我决定及其界限(上)》载于《法教》284号,2004年,第61页(高山佳奈子「自己決定とその限界(上)」、法教284号、2004年、61頁);前田《总论》,第115页以下;山口《总论》,第147页以下等。

释其刑罚能比照同意杀人罪的上限进行加重处罚[1]。

三、过失犯中的同意

关于过失行为，也能根据同意承认违法性阻却吗？关于具有一定危险的行为，被害者知道并且以同意为理由，在其范围内否定被害者法益的刑法性保护，我想好像是可能的[2]。当该行为产生没有意图的死伤结果时，会发生在什么限度内可以阻却结果惹起的违法性问题，但是在即便根据行为时判断的危险并不那么严重（或者是比较高度的危险，但是能够控制该危险）的案件中，被害者个人的法益进一步强化了该程度以上的风险时，可以考虑在自我决定权的范围之内。因此，即使是在事后实现的该危险时，根据否定行为不法，大概有理由不能成立过失结果犯[3]。之所以这样是因为实行伴随风险行为的自由（或者，通过甘受风险，从而获得超越它的某种利益的自由）是从个人的自我决定权的内容中获得的。而且，如果没有承认"危险同意"的话，也不存在关于风险的说明义务（譬如说，医生手术所具有法人危险性的说明义务）时，就会变得不妥当，而且关于危险犯，也会产生不能考虑被害者同意的情形。

第三节 基于错误同意的效果

一、判例与学说

现在特别激烈地争论的是行为者欺骗被害者得到同意的有效性问题。这不仅与伤害罪之间存在争点，而且与自杀干预罪、同意杀人罪、住所侵入罪等的关系也存在争点[4]。根据判例/通说，在关于被害者意思的决定存在具

---

[1] 根据同意杀人的法定刑的"遮断效应"，即便在同意杀人以未遂终了时也能发生。在这种情形下，不能承认以所发生的伤害为理由的伤害罪的成立，从而也不能科处以超过同意杀人刑的重刑。

[2] 虽然具有回升被允许的实行行为的危险的危险性的危险行为的功能，但是根据对该危险的同意，暴露这种危险可认为是合法的。

[3] 所谓的 dirttrial 事件中（千叶地裁平 7.12.13 判时 1565 号 144 页以下）可能理解为是那样的一种情形。

[4] 关于这个问题，作为加上概括性讨论的研究，有佐伯仁志《关于被害者的错误》载于《神户法学年报》1 号，1985 年，第 51 页以下（佐伯仁志「被害者の錯誤について」、神户法学年報 1 号、1985 年、51 頁以下）。

有重大影响的错误的情况下，同意无效，行为不能被合法化。被害者如果没有犯人的欺瞒就不会给予同意，只要给予本人意思决定的影响是决定性的（即便是欺瞒、错误，对被害者的意思决定来说，如果它不是重要的话，根据通说，同意就是有效的），因为同意成为不是具备被害者真意的非本意，所以就不能使其行为合法。我也认为这样的思考方法基本上是妥当的。

与此相反，最近最有力的学说区别了关于放弃法益内容本身的法益关系的错误，与除此之外的错误[1]之间的不同，针对根据后者的同意，认为关于丧失该法益（那种程度）自身，既然给予了在正确认识之上的同意，就可以承认其有效性[2]。譬如说，在采集为了输血所用的血液的情形下，如果采集了约定量之上的血液，就是法益关系的错误，同意就会无效，从而成立伤害罪，但是为了欺骗支付了作为反对支付的现金而得到同意的话，那是与法益内容无关的错误，同意并不能无效。该理论的目的是通过限定保护该当欺骗与错误的刑法规定的法益，回避通过根据该当刑法规定的法益保护的目的不能说明的理由的处罚。譬如说，在欺骗让其同意支付现金，从而加以伤害的案件中，在因为同意是无效的所以作为伤害罪处罚时，不能以身体的保护为理由侵害自由意志活动，或者不能以得不到等价的金钱为理由而加以处罚[3]。

二、对法益关系的错误说的批判

欺骗而得到的同意无效，不仅只限于惹起法益关系的错误情形。如前所述，被害者的同意为合法行为，为了维持法益，法益主体也应该分担相应的责任，然而如果法益主体自身放弃了法益的话，可以说法律就没有必要保护该法益主体的法益。就被害者本人而言，由于存在具有动机的、重大影响的

---

[1] 虽然那是与保护法益的内容本身没有关系的错误，但因为是对关于被害者的意思决定具有重要意义的错误，所以可以允许成为"动机的错误"。以下所指的"动机的错误"是在该意义上所指的。

[2] 以大致没有修正对在那种意义上的法益关系的错误的理论的形式主张的见解，譬如说有佐伯仁志《关于被害者的错误》载于《神户法学年报》1号，1985年，第51页以下（佐伯仁志「被害者の錯誤について」、神戸法学年報1号、1985年、51頁以下）。山口《探究》，第80页以下；山口《总论》，第144页以下。

[3] 特别参照佐伯仁志《关于被害者的错误》载于《神户法学年报》1号，1985年，第59页以下（佐伯仁志「被害者の錯誤について」、神戸法学年報1号、1985年、59頁以下）。

期瞒行为而作出不具有真意的法益放弃的意思决定时，那无论是基于法益关系错误的同意，还是单纯地基于动机错误的同意，在与加害者的关系中，均不能说失去了被害者法益的要保护性。与基于错误的意思决定一样，作为具有瑕疵的意思决定，虽然存在来自胁迫的意思决定，但是如果将法益关系的错误理论彻底化的话，不能说被胁迫者以"认识到法益侵害的事实，并且通过自己的意思作出的决定"的情形为开端的同意就是无效的。一般来讲在对被害者的动机具有重大影响的情形下，可以认为在与加害者的关系中并没有丧失被害者法益的要保护性[1]。

即便在不承认法益关系错误时，肯定陷入错误的被害者身体的法益的要保护性的情形，虽然被害者想通过法益侵害实现某种积极的价值，但是只要考虑到实现是由错误引起的情形，就是明白的。譬如说，医生 X 以伤害 A 为目的，假意给重病肾脏患者移植肾脏（另外，现在，如果不是近亲者或者准近亲者移植的情形的话，肾脏的主体间移植仍然没有得到认可，这里只是假设给完全是第三者的人移植的情形），从基于人道的动机而同意的 A 摘出单方的肾脏时[2]，关于丧失身体法益（在那个程度上）自身，既然完全是在正确的认识之上给予的同意，被害者的错误就不是关系到放弃法益的错误，但是，这种情形，被害者的身体利益的要保护性终究不能否定[3]。于是，如果欺瞒与错误的对象扩大到该当身体的法益以外，对被害者而言，波及替代其法益的话，通过个人的自我决定权覆盖的内容，因为并不一定具有社会有益的或者积极的正价值的必要性，所以也不要求在具有与身体的利益取得平衡的那样的积极的有益性的利益关系中承认期瞒、错误。譬如说，黑社会成员 X 告诉伙伴 Y，因自己的责任自己承担而需割指赎罪的虚伪事实，让 Y 割断自己的手指的案件，我也不认为具有否定 Y 的身体的要保护性的理由。

在学说中，如果与欺瞒相关的事实是在现实中存在的，因为存在违法性

---

〔1〕 关于这一点，参照林幹人《基于错误的被害者的同意》载于《松尾浩也先生古稀祝贺论文集上卷》，1998年，第239页以下（林幹人「錯誤に基づく被害者の同意」『松尾浩也先生古稀祝賀論文集上巻』、1998年、239頁以下）。
〔2〕 关于类似的案例，参照齐藤诚二《特别讲义·刑法》，1991年，第104页以下、第107页（斉藤誠二『特別講義·刑法』、1991年、104頁以下、107頁）。
〔3〕 山中《总论Ⅰ》，第209页，将这种情形称为"对自己的法益的相对价值的错误"。于是，列举了欺骗被害者说正在着火的汽车里有小孩子被关在其中，虽然被害者觉悟到可能会烧伤，但还是拧开高温的门把打开了车门，然而汽车中只是一只幼犬的案例。

阻却事由，在法益主体不得不承受法益侵害的情形中，就存在法益关系的错误[1]。但是，如果是这样，不仅在客观地认识到不得不否认法益的要保护性的情形中，而且从被害人本人的立场来看，在主观地认识到不得不牺牲法益并且认为牺牲是合理的情形中，同意也应该是无效的[2]。

另一方面，在 X 对 Y 约好支付金钱，从而获得 Y 的同意采集了他的血液，但是 X 根本没有支付金钱的意思的案件中，承认伤害罪的成立或者假装支付金钱得到同意之上对其女性实行"猥亵"行为的案件中，承认猥亵罪或者准猥亵罪，可能会存在反对见解。如果是这样的话，因为被害者提供了身体的一部分得到对等价值、让其实行猥亵行为而得到金钱，那么，比较现行法的价值标准，肯定被害者的法益要保护性大概就会存在犹豫（另外，关于后者的案例，是不是不能说是该当预定构成要件的样态呢？或许也不能说是"猥亵"行为吧）。这是很明确的行为者因为仇恨被害者从而图谋杀害而求得被害者同意的情形。与此相反，在 X 约定对 Y 支付金钱而让 Y 同意毁坏自己的财物，但是 X 完全没有支付给 Y 金钱的意思的情形中，我想构成财物毁坏罪并不存在问题。

进一步讲，关于法益的处分，对法益主体可能应该附有一定的条件。从住所入侵罪来看，如果踏入住所的对方的属性、踏入的目的能够附加一定条件的话，伪造条件进入的行为就是侵害法益主体自由的行为。居住者只能作出大概承认踏入与否的二者择一的决定，关于人的属性、踏入的目的，即便附加条件，认为它在法律上无意义也是因为将保护法益的内容过度地空虚化了[3]。

---

[1] 林美月子《基于错误的同意》载于《内藤谦先生古稀祝贺·刑事法学的现代性状况》，1994年，第32页以下（林美月子「錯誤に基づく同意」『内藤謙先生古稀祝賀・刑事法学の現代的状況』、1994年、32頁以下）；山口《探究》，第83页。

[2] 关于这一点，林幹人《基于错误的被害者的同意》载于《松尾浩也先生古稀祝贺论文集上卷》，1998年，第245页以下（林幹人「錯誤に基づく被害者の同意」『松尾浩也先生古稀祝賀論文集上巻』、1998年、245頁以下）是正确的。但是，所谓的"是否丧失自由意思"的基准是多义的，从整体的事例来看，并不能认为是妥当的。譬如说，在前述的肾脏摘出的事例中，不能说最终丧失了被害者的自由意思。本质上是丧失了在与加害者的关系中被害者的法益要保护性。另外，最新的论文上蔦一高《被害者的同意（下）》载于《法教》272号，2003年，第78页以下（上蔦一高「被害者の同意（下）」法教272号、2003年、78頁以下），也采用了与本文所论述的见解相接近的基本立场。

[3] 关于这一点，参照井田《住所侵入罪》载于《法教》215号，1998年，第10页（井田「住居侵入罪」、法教215号、1998年、10頁）。

法益关系错误的理论，即便在从这里导出的结论中，也是不妥当的。如果让其因产生的错误动机而得到同意并有利地实行，就有可能变成更加推荐通过其他方法侵害法益的结果。从杀人罪来看，就被害者而言，虽然从沉默的杀害行为中可以得到特别地保护，但是通过巧妙的伪装行为只能得到更少保护，与之相比不能说是具有某种理由的区别。虽然假装被害者病重只有很短的生命从而使其在自杀情形下的同意无效而成立杀人罪[1]，但就被害者而言，被欺骗最爱的人死了，让其认为继续活着也没有什么意思的情形，对公司的老板陈述"公司倒闭了"的虚假的事实，从而使其绝望而自杀的情形，不过是自杀干预，我认为这是不妥当的一种区别。即便那不是法益关系的错误，给予本人的意思决定的影响很大，而且不可改变的是最终的意思决定不是根据被害者的真意作出的不真实的决定，我认为不能说可以否定法益的要保护性。

第四节 同意的认识是否必要

为了使被害者同意具有行为合法的效果，行为者必须认识到同意的存在而实行该行为。无论同意否定构成要件该当性还是违法性阻却事由（消极的构成要件要素），同意的认识是行为合法化的要件（本书第九章第四节）。作为被害者同意有效的要件，围绕同意是否有必要外在地表示存在理论上的对立。行为者必须认识到同意的存在问题，我想不存在应该独立地讨论同意的外部表示要求与否的理由。

如果是有效同意的话，关于行为者没有认识到它而实行行为的情形[2]的处理，只能考虑到肯定既遂不法或者只能承认未遂不法或者合法三种解决方式。根据明确了偶然防卫的问题的见解（第九章第四节），虽然残留了行为不法，但是因为欠缺结果不法，所以只能成为故意未遂犯的罪责的问

---

[1] 参照佐伯仁志《关于被害者的错误》载于《神户法学年报》1号，1985年，第67页以下（佐伯仁志「被害者の錯誤について」神戸法学年報1号、1985年、67頁以下）；西田典之《刑法各论》（第3版），2005年，第16页。
[2] 作为事例，对暗中正在期望受到伤害的被害者，行为者对此不知而加以伤害的情形，譬如说，对偷偷地希望受到伤害的被害者的有意图的挑衅的行为者好像可以看作是伤害被害者的情形。

题[1]。譬如说，如果在伤害罪的情况下，就变成了残留了伤害未遂的违法性。但是，这就立即会产生能不能承认暴行罪（刑法第 208 条）成立的疑问。暴行罪不是作为伤害罪的未遂（即，作为"构成要件的修正形式"）被规定的，即便对同意伤害的被害者实行加害行为，客观上也不能说是"暴行"（本书第一章第六节），既然如此就不能成立暴行罪（因此，不可罚）。

在与同意杀人罪的关系中，具有委托、承诺的行为者在不承认被害人同意情况下的处理也成为问题。只要是根据关于不能犯的具体的危险说（本书第十八章第三节二），认为既然行为者意图是想加重普通杀人罪的事实，那么就没有否定其未遂罪成立的理由[2]。也有只承认同意杀人罪成立的见解，但是为什么必须提出无视加重杀人未遂的不法呢？关于偶然防卫，采用未遂说的话（偶然防卫不是如同意杀人那样的违法性"减少"的情形，而是关于正当防卫的违法性"阻却"事由的情形，但是理论的关系是同一的），理应不能不追问杀人未遂。相反，对只承认杀人未遂成立的见解，在被害者死亡这一点上完全没有评价，这存在疑问。同意杀人罪作为犯罪是成立的，但作为法条评价，应该解释成被加重杀人未遂罪所吸收[3]。

---

[1] 大谷《总论》，第 276 页以下认为，关于偶然防卫，虽然承认既遂不法，在欠缺同意伤害的情形下的同意的认识时，好像不可罚。但是，虽然因为正当防卫与被害者的同意其正当化的根据不同，但是却没有明示为什么导出这种不同结论的理由。

[2] 平野《总论Ⅱ》，第 250 页以下；中森喜彦《刑法各论》（第 2 版），1996 年，第 12 页等（中森喜彦『刑法各論』、第 2 版、1996 年、12 頁など）。

[3] 佐伯仁志《委托杀人罪中委托的真意性及其认识》载于《平成 10 年度重要判例解说》，1999 年，第 153 页（佐伯仁志「嘱託殺人罪における嘱託の真意性とその認識」『平成 10 年度重要判例解説』、1999 年、153 頁）。

第十四章 安乐死与尊严死

第一节 问题所在

通过刑法对生命的保护,就其"性质"而言并不会成为问题。不能承认存在"没有活的价值的生命"等概念。既然出生在这个世上,即便没有生育能力或者没有生命持续可能性,也必须作为"人"加以保护。就是濒临死亡的重伤者,晚期患者也要与健康的人一样成为刑法所保护的、平等的对象。即便在一瞬间将要死亡,"现在的这一瞬间"也有保护价值。即便是在5分钟之后将死的人,在这5分钟之内,也必须作为人保护〔1〕。当然,否定对某个个人的生命作为法益的要保护性,相反就承认了对另一个人的生命的保护的优越性。譬如说,在正当防卫的事例中,侵害违法攻击者的生命是合法的,但是关于作出对违法行为的攻击者的法益,在为了保全正当利益的必要的限度内,那也不能否定(攻击者的法益)他的要保护性〔2〕。

即便说要求对不能质疑"生命的质"的生命进行保护,但是,是否应该拒绝根据一定的合理性理由的法律所保护的法益主体的意思彻底保护生命呢?这是一个问题。对个人而言,关于处分可能的法益,法益主体通过拒绝对该法益的保护,可以否定刑法上的要保护性(本书第十三章第一节)。关于生命,根据《刑法》第202条,由于法益主体放弃法益的自由受到制约(换言之,尽管有本人的反对意见,但是刑法上的保护是彻底的),但是当存在根据

---
〔1〕 在与脑死的关系上,虽然被称为是所谓的"point of no-leader",但是也不能说一过了那个点就不值得保护。在过了"point of no-leader"的那个时点,可能也有其本身值得保护的时点。
〔2〕 对此,在紧急避险的事例中,各种各样值得保护的两个生命在势不两立的状态下,侵害一个生命是合法的这种观点是现在的通说,但是我认为只有紧急状态不能成为减弱生命保护的理由(本书第十二章第二节二)。

一定的合理性理由（譬如说，要求从无法忍耐的苦痛中解脱出来）而拒绝保护时，是不是就能够缓和刑法上对法益的保护呢？这也是一个问题。相反，为了生命的保护，如果说要求积极的作为情形的话，本人意思的优越性当然应该得到承认。在患者本人清楚地拒绝延长治疗时，违反本人的意思而对患者加以"到死为止"的干预程序，积极地试图延长生命的刑法义务是不是能被承认（不仅如此，这样做也可能是违法的）呢？

如果这样看的话，法益主体的意思，当不考虑作为与不作为的区别时，从最初就知道不存在圣徒（legend）的生命维持的要求。即便在行为的时点，本人的意思不明确，晚期状态下明确地不存在救命的可能性，在不可逆转地丧失意识的状态下，在可能的范围内继续积极地延长治疗，最大限度地维持那种状态，把这也作为刑法上的义务要求，是存在疑问的。在那样的情形下，并不应该说以有无救命可能的"生命的质"的差别作为理由，可以将生命保护相对化。根据刑法对生命的保护从最初就受到法益主体的意思、为了救命的刑法义务界限等诸要素的制约。与其这样，应该作为课题的是将该制约的方式更加具体地明确化，从而明示将制约正当化的合理根据。安乐死与尊严死的问题关键点就在这里[1]。

第二节 作为违法性阻却事由的安乐死？

一、安乐死的意义

实行"安乐死"一词的用语是多义性的[2]。为了缓解患者身体的苦痛

---

[1] 另外，关于以下的探讨，就日本的讨论状况而言，参照甲斐克则《安乐死与刑法》，2003年（甲斐克则『安楽死と刑法』、2003年）；甲斐克则《尊严死与刑法》，2004年（甲斐克则『尊厳死と刑法』、2004年）；中山研一《安乐死与尊严死》，2000年（中山研一『安楽死と尊厳死』、2000年），就德国讨论的情况而言，参照 Kurt Schmoller, Euthanasia and Assisted Suicide: Juridical Profiles, in: Juan de Dios Vial Correa and Elio Sgreccia（eds）, The Dignity of the Dying Person, Roxin, Zur strfrechtlichen Beurteilung der Sterbehife, in: Roxin/Ulrich Schroth（Hrsg）, Medizinstrafech, 2. Aufl. 2001, S. 93 ff. 另外也参照甲斐克则《安乐死与刑法》，2003年（甲斐克则『安楽死と刑法』、2003年）的书评。也参照井田《年报医事法学》，19号，2004年，第208页以下。

[2] 德国的一般用语"临死介助（Sterbehilfe）"是作为包含日本所谓的"尊严死"的广义概念在内使用的。

（包括疼痛在内的苦难）给予镇痛剂的处置，伴随着缩短生命的情形是纯粹的安乐死，那作为治疗行为当然是合法的（本来，也很明确，不能违反患者的明示的意思而实行）。消极的安乐死是指，在患者拒绝延长无法忍耐的苦痛不再希望实施延长生命的治疗的情形下，医生可以不采取延长生命的措施，这并不违反法的义务（不仅如此，违反本人的意思，为了延长对生命的治疗的侵害也可以构成伤害罪）。而且，间接的安乐死是指，缓和患者的苦痛的缓解／取消措施［譬如说，适用喷他脒（pentamidine）或者吗啡（morphine）］，作为间接的手段提早死期的情形，对此也是合法的（相反，没有实行的，可以认为是治疗上的义务违反），在这样的结论上见解一致（关于间接的安乐死，参照本节四）。

不明确的是所谓积极的安乐死（直接的安乐死）的情形。这是指针对面临死亡不堪忍受激烈痛苦的病者，根据他本人真诚的要求加以杀害的行为（即，通过杀害使患者能够从苦痛中解脱出来）。关于积极的安乐死，会产生《刑法》第202条后段的同意杀人罪的成立与否的问题，但是成为讨论对象的是相当于该积极安乐死的行为是否可以是"合法行为"，即是否可以承认合法而使其认为是正当化的行为。实行安乐死的行为的特定的人是不是应该特许、是否应该作为起诉对象进行处罚？这样一些问题并不存在。与此不同，所产生的问题应该是，法律宣布这种行为为"合法""适法"，对国民而言，作为未来的行动标准是否可以追认该种安乐死的行为，是否可以与"污点"无关[1]。

二、围绕积极的安乐死的判例

看一下法院的判决[2]，名古屋最高法院作出的安乐死合法化的"六要件"是相当著名的（名古屋高判昭37.12.22高刑集15卷9号674页）。被告人是一个看护2年前因脑溢血倒下全身瘫痪的人的儿子，因其不忍看到由于

---

[1] 作为肯定积极的安乐死合法化的见解，有大塚《总论》，第406页；大谷《总论》，第282页以下；川端《总论》，第311页；团藤《总论》，第226页；西原《总论》，第237页；平野《总论Ⅱ》，第252页；福田《总论》，第176页；前田《总论》，第220页以下；山口《总论》，第152页等。也参照内田《概要中卷》，第176页以下。

[2] 关于裁判例，参照町野溯等编《安乐死、尊严死、末期医疗》，1997年，第2页以下（町野溯ほか編『安楽死、尊厳死、末期医療』、1997年、2頁以下）。

病态恶化所产生的激烈疼痛，而且不停地打嗝窒息的父亲的苦难，让其喝下了用有机磷杀虫剂搅拌的牛奶，从而将其父亲毒死的案件。名古屋最高法院明示的安乐死合法化的六要件：①病人患有现代医学的知识和技术不能治疗的疾病，而且死亡迫在眉睫；②病人不堪苦痛并且达到任何人都不堪入目的程度；③完全是为了缓和病人苦难的目的；④在病人的意识清楚能够表达意思的情形下，有真诚的嘱托或者承诺；⑤通过医生，原则上要求存在不在这种倾向下就得不到首肯的事情；⑥该方法，在伦理上作为妥当的存在能够被认容。本案中欠缺⑤与⑥要件（承认了委托杀人，判处1年徒刑，缓期3年执行）。

这六个条件，长期对裁判实践具有很大的影响，特别是在不将本人的现实的意思作为绝对的要件这一点（参照④）、比本人的苦难更为重要的是周围的人而言"不堪目睹"这一点（参照②）、重视方法的妥当性、伦理性这一点（参照⑤）。根本的思考方法大概是：因为看到病人因病饱受苦难而太可怜，根据妥当的方法杀死病人是基于人类同情心的人道主义的行为，从而可以正当化[1]。

但是，之后有学说提出：安乐死的问题不应以"杀人一方的伦理"提出，而是应该从比照"被杀死的一方"的患者的苦痛更愿意选择死亡的自我决定中寻找合法化的根据的见解更为有力[2]。受到从这样的自我决定权的立场考虑安乐死的要件的学说倾向影响，作出判决的是所谓的东海大安乐死事件的横滨地方法院（横滨地裁平7.3.28判时1530号28页）[3]。案件所述如下：晚期癌症患者处于丧失意识，不能呼吸而痛苦的状态，作为医生的被告人受到患者的长子的威逼，全面中止点滴等的治疗，并且注射了凡士林（Vaseline）、盐化钾（Kalium）导致患者死亡。横滨地方法院认为，积极的安乐死的根据在于，为了除去/缓和痛苦在没有其他手段可以取代的情况下，允许缩短生命而选择的紧急避险的法理以及该选择是依赖于患者的自我决定权，并且列举

---

[1] 参照町野溯《犯罪各论的现在》，1996年，第30页以下（町野溯『犯罪各論の現在』、1996年、30頁以下）。

[2] 就这一点而言，参照町野溯《犯罪各论的现代》，1996年，第30页以下（町野溯『犯罪各論の現在』、1996年、30頁以下）。

[3] 关于这件事与判决，中山研一《安乐死与尊严死》，2000年，第104页（中山研一『安楽死と尊厳死』、2000年、第104頁）以下较为详细。另外，作为涉及该案件的非虚构性，有三轮和雄《安乐死裁判》，1998年（三輪和雄『安楽死裁判』、1998年）。

了以下四要件。①患者处在不堪忍受的肉体痛苦之中；②患者的死亡不可回避，迫在眉睫；③为了除去/缓和患者肉体痛苦的方法已经用尽，没有其他可以替代的手段；④存在承诺缩短生命的患者的明确的意思表示（关于本案件，由于欠缺①③④要件，承认了杀人罪的成立，判处有期徒刑2年，缓期2年执行）。应该注意的是，从患者的自我决定权的合法化根据的立场，提出了④的要件（很明显，与名古屋高级法院的六要件中的④不同）。

三、安乐死合法化的理论及其问题点

作为将安乐死合法化的理论，以"可怜""不堪忍耐"的"人道动机"为根据，我想是不能允许的。如果积极的安乐死应该被合法化的话，根据以患者本人"只剩不多的（而且伴有难以忍耐的痛苦）的生命"与"从难以忍耐的痛苦中解放"相比较（在这里有两者选择其一的紧急避险的类似状况），选取根据自我决定权的后者，更加尊重"最终的选择"，只能要求法律不介入/不干涉[1]。的确，《刑法》第202条限制了对生命的自我决定。但是，至少某人在面对不治之症死亡，并且挣扎于难以忍耐的肉体痛苦，且已经达到强烈要求死亡的例外情况下，与普通的自杀不同，因为是放弃"不多的生命"的情形，并且选择了从难以忍耐的痛苦中解放出来的死亡，所以法律应该尊重其"最终的选择"，可以考虑不应该[2]限制以上这样的自我决定权（因此，根据患者的意思，所实行的他人的行为是不是应该合法化呢？）。

安乐死的核心问题在这里就明确了。将积极的安乐死合法化的理论如上所述（当然，对这样的理论有可能受到"从痛苦中解脱出来"也有一个以残留被解脱的生命为开端的价值的内在性的批判，但是那先姑且不论），会产生这样的疑问，对"只剩下不多，并且伴随痛苦的生命"的缓和保护又是由什么得到许可的呢？那与重病患者或者老人的生命为"有比较少的价值"的思

---

[1] 前面解释的横滨地方法院可以说是根据作为容许积极的安乐死列举出紧急避险的法理与自我决定权的理论的那样的思考方法。采用根据这种理论的安乐死的合法论，譬如说有堀内《总论》第191页。

[2] 主张该个人在将来没有自律性生存的可能性的状况下，对自我决定权的家长式作用（Patternlistic）的制约不能合法化的，有福田雅章《日本的社会文化构造与人权》，2002年，第72页、第326页、第352页以下、第370页以下（福田雅章『日本の社会文化構造と人権』、2002年、72頁、326頁、352頁以下、370頁以下）。

想具有关系吗？而且，那不是"滑落"到对"不值得活着的生命"的思考方法上吗[1]？如前所述，不能将刑法上关于生命保护作为它的"质"的问题是一个大的原则。因此，只要是从存在完全值得保护的生命的出发点出发，即便是以本人的自我决定为根据，至少积极的生命毁灭行为就不能被合法化，换言之，虽然禁止积极的杀害的刑法规范是无条件的（不能受到被害者意思的左右），但只要以所考虑的该生命的属性（至少很少，并且伴随痛苦的生命）的理由，作为撤销这种规范的根据就不充分。积极的安乐死不得不认为是违法的[2]。

而且，关于安乐死的合法论（在安乐死的状况中，不贯彻杀害禁止规范），在其实际的侧面会产生强烈的疑问。首先，因为忍耐痛苦的意识状态、与通过投入镇痛剂从而丧失意识的状态通常是势不两立的，所以为了除去痛苦，除了实行积极的杀害行为以外没有任何手段，而且，在那个时

---

[1] 作为著名的宾丁格和霍兹汗共著的翻译本，有森下直贵、佐野诚译著《"不值得活着的生命"是谁的思想——阅读纳粹安乐死思想的原著》，2001年（森下直貴＝佐野誠訳著『「生きるに値しない命」とはだれのことか―ナチス安楽死思想の原典を読む』、2001年）。

[2] 譬如说，阿部《总论》，第164页；石原明《医疗、法与生命伦理》，1997年，第335页以下（石原明『医療と法と生命倫理』、1997年、335頁以下）；甲斐克则《安乐死与刑法》，2003年（甲斐克則『安楽死と刑法』、2003年）；金泽文雄《安乐死、尊严死》载于西原春夫等编《刑法学2》，1978年，第101页以下（金澤文雄「安楽死・尊厳死」西原春夫ほか編『刑法学2』、1978年、101頁以下）；曾根《总论》，第143页；内藤《总论中》，第537页以下；山中《总论Ⅱ》，第658页以下等参照。另一方面，难以忍耐的死亡痛苦晚期患者寻求"final exit"（多兰克·豪富林〔山口俊树译〕『Final Exit―安乐死的方法』1992年）时，存在法律是不是可以封锁所有的可能性的问题。德国学说的通说，认为虽然以委托杀人的形态实行的积极的安乐死违法，但是没有实行德国刑法规定的自杀干预的犯罪，因此，"final exit"只要在对自杀干预不可罚的限度内就可以受到保护。所以，在德国的学术上，患者本人存在自己没有从自相矛盾中逃脱的（即，不可能自杀的）身体的情况时，是不是必须认为积极的安乐死是合法的，引起了争论〔参照中井亚弓《关于对由于身体的原因不能自杀的患者的积极的临死介助的许容性——以德国争论性探讨为中心》载于《法学政治学论研究》63号，2004年，第63页以下（中井亜弓「身体の理由により自殺できない患者に対する積極的臨死介助の許容性について―ドイツにおける議論の検討を中心として―」、法学政治学論究63号、2004年、63頁以下）。由于日本刑法规定自杀干预为犯罪，所以封锁了德国承认的"final exit"，但多数的学说以积极的安乐死的合法化"缓和"了这种严格性。于是，即便主张安乐死违法说，关于对晚期患者自杀的干预也不得不承认其违法性阻却。而且，也产生了患者本人自己没有从自相矛盾中逃脱的（即，不可能自杀）身体的情况，是不是另一个问题的疑问。即原则上，为了维持杀人规范，虽然积极的安乐死是违法的，但是那样的积极的事态可以认为必须否定根据规范所赋予的义务。只要法是为了人的法，人不是为了法的话，在那个限度内，我想就应该存在认为积极的安乐死为合法的可能性余地。

| 第十四章　安乐死与尊严死 |

点促使实行自我决定权的意识状态的情形能在多大程度上发生作用可能也存在问题。而且，安乐死状况下的患者的"让我死"的语言能不能立即作为"对死的自我决定权"而理解也存在疑问[1]，一旦决定合法化，也不能无视可能产生"滥用"的问题（譬如说，晚期患者，从周围的人来看，"对死的自我决定"可能成为事实上的强制[2]）。第三，也应该倾听以下见解：通过对安乐死合法论的展开，镇痛医疗以及对濒死的人的临终关怀在全国范围内是先决的。尤其应该说所谓的安乐死合法论的自相矛盾之一有以说法，即，根据患者现在这一时点的病状所下的诊断只有医生，所以[3]如果将积极的安乐死的行为合法化的话，该主体只能限定在医生的范围内[4]，于是，与医生的职业伦理之间的冲突，就认为是不可回避的问题（在这一点上，与以下所述的间接的安乐死的情形不同）。综上所述，即便没有那种程度的个体的违法性阻却事由，将此作为行动准则一般化时，也会产生问题[5]。

顺便说一下，关于这样的积极的安乐死的行为，可以承认违法性的减少，如果是为了除去不得不承受的、看到患者痛苦的他人（特别是近亲者）的痛苦而作出的意思决定，通过良心上的纠结，就会降低根据规范意思所赋予的动机控制的可能性。因此，当然存在肯定大幅度的责任减少或者责任阻却的

---

[1] 关于这一点参照中谷瑾子《刑事法随想、我心的轨迹》，2004年，第201页、第231页（中谷瑾子『刑事法随想、わが心の軌跡』、2004年、207页、231页）。

[2] 附带说一下，在积极的安乐死根据一定的要件可以合法化的荷兰，大概对由于事实上的强制实行而不是本人所期待的安乐死，也不能认为合法。参照林美纪《死的自我决定——自杀与安乐死》载于《精神保健研究》49号 Supplement, 2003年，第71页以下（林美紀「死の自己決定一自殺と安楽死一」、精神保健研究49号 Supplement、2003年、71页以下）。

[3] 死亡的预测，即便是在长期住院患者的情形下，也被医生说是很难决定的。譬如说参照：池上直己《晚期照料的课题与未来展望——关于法的侧面的留意事项的策定》载于《社会保险旬报》2218号，2004年，第7页以下、第9页（池上直己「終末期ケアの課題と将来展望―法の側面についての留意事項の策定を―」社会保険旬報2218号、2004年、7页以下、9页）。

[4] 关于围绕关于这个证据的争论，详细的参照福田雅章《日本的社会文化构造与人权》，2002年，第302页（福田雅章『日本の社会文化構造と人権』、2002年、302页）。

[5] 作为行动规则，关于在被一般化的时候所产生的问题，参照小田直树《东海大学安乐死事件》载于《法教》249号，2001年，第26页（小田直樹「東海大学安楽死事件」法教249号、2001年、26页）。

可能的情形[1]。

四、间接的安乐死的违法性阻却根据

在间接安乐死的行为与提前死期的关系上，只要能够肯定行为者（至少是未必的）的故意就该当杀人罪（《刑法》第199条）或者同意杀人罪（《刑法》第202条后段）的构成要件[2]。虽然也存在否定与积极的安乐死之间有质的不同的见解（作为现实问题，在界线性的事件中，与积极的安乐死之间的差异就可能是一纸之重），但是为了获得"免除苦痛的生命"，甘受"操纵若干死期的可能性"的话，利益衡量就是可能的，我想能够考虑承认根据本人的意思的选择。而且，作为现行法上的处理，确实马上就会死亡的行为、与不过是具有提早死期可能性的行为之间存在不同的评价，关于对生命的确实放弃，自我决定即便受到制约，但是关于死期操作可能性意义上的生命危殆化，也不得不承认存在相当宽泛的自我决定权。

如上考虑的话，关于间接的安乐死，关键是要求在患者的那个时点上所明示的意思表示[3]。但是，确定患者的现实的意思是极为困难的状况，从自我决定权的主体一方来看，选择的意思表明也只能是困难的状况。在这里采用推定同意的理论构成就可以补充患者的自我决定权的可能性，从而获得扩大的优点（另外，也只有伴随着达到同意的拟制风险）。如果斟酌这一点的话，即便在确定患者的现实的意思为困难的状况时，在死期缩短的牺牲上，只要能够被合理地推定逃避痛苦的本人意思（事前本人的言行、家庭成员的

---

[1] 町野溯《作为违法论的安乐死、尊严死》载于《现刑》2卷6号，2000年，第39页（町野溯「違法論としての安楽死、尊厳死」、現刑2卷6号、2000年、39頁），虽然论述了用违法论在没有解决的范围内导不出妥当的结论，但是我并不那样认为。另外，根据法学家以外的论者，也有以下的观点。"法存在于那个国家的人的法，如果两者有重合的话，相反，也可以被考虑到。安乐死等，如果国家的法律不能允许实行的话，每一个人只能根据人的法律最大限度地考虑，即便犯罪也毫无办法，如果存在这种想法的话，我认为也可以实行"[《人的步伐的速度》村上阳一郎《生与死的目光》（新装版），2001年，第198页]。将此用法律用语"翻译"的话，虽然违法但是只能说应该否定其责任。因为对不能合法化的行为应该免除心理上的纠葛的责任。

[2] 但是，略为提前已经迫近死期的人的行为，不过是从该行为的时点上来看"被恶化了健康状态的行为"，可以理解为只是生命危殆化的行为。如果是这样的话，不过是该当伤害罪的构成要件，不该当杀人罪的构成要件，也不能说没有这种解释。

[3] 参照甲斐克则《安乐死与刑法》，2003年，第4页、第111页以下（甲斐克则『安楽死と刑法』、2003年、4頁、111頁以下）；内藤《总论中》，第536页。

意见等可成为确认的手段），还是存在允许采取缓和痛苦的措施的余地。

第三节 治疗中止的法的评价（所谓尊严死的问题）

一、安乐死与尊严死

一旦题目从安乐死向"尊严死"转移，问题就会更加复杂化。不采用患者本人清楚地拒绝延长生命措施（譬如说，不做手术）的，不能成为法律上的义务违反。即便因此而提前了死期，也不能追究医生杀人罪的责任（不仅如此，违反本人意思的治疗侵害可能构成伤害罪）。在该延长线上，存在"尊严死"或者治疗中止的问题（作为用语上的问题，没有比治疗中止更为中立的表达方式）。对患上不能治疗的疾病，濒临死亡，并没有期望恢复意思的患者，存在中止治疗的行为是否合法的问题。这些问题以①脑死的患者、②其他的晚期患者，还有③植物状态的患者[1]，对这些患者，如果中止特别的治疗措施（手术、输血、人工透析、血浆交换、IVH、抗癌液体的注射、人工呼吸器装置、运作等）或者为了除去/缓和/镇静症状而采取的基本的治疗、生命维持措施（水分、营养的补充等）或者其他的看护措施（确保身体的卫生等），以几种批评的形式，形成了讨论。

如前所述的关于"东海大安乐死事件"的横滨地方法院的判决，就该问题所表示出的一个标准很重要。即，治疗中止的根据存在于自我决定权的理论和医生治疗义务之间的分界线中。该要件是①处在不能回避的出现治疗不可能、没有期望恢复的、死亡的晚期状态中，以及②在治疗中止的时点要求存在治疗中止的本人的意思（但是，即便没有明确的意思表示，有推定的意思也可以，通过事前的文书的意思表达或者家属的意思作出的推定就够了）〔事件中，摘除点滴被认为欠缺后者②的要件〕。

安乐死是指"积极地通过杀害，使人从痛苦中解脱"的情形，与此相反，治疗中止从痛苦中解脱出来不会成为问题，但是行为在中止生命维持治疗、"更为消极/被动"之处具有特殊性。而且，在这里存在以下三个问题：①不考虑"生命的质量"的生命保护要求；②本人自我决定权的保障（成为问题

---

[1] 关于这个意义，参照中山研一《安乐死与尊严死》，2000年，第4页（中山研一『安楽死と尊厳死』、2000年、第4頁）。

的是比"对死的自我决定"更为重要的"拒绝对生的自我决定权");③治疗义务的界线(刑法上在哪种程度上设定医生的治疗义务)。即:当中止对患者的治疗时,那不能立即与考虑"生命的质",从而弱化生命保护(相对化)相结合。在不可能救命的情形下,无论如何不能否定可以在一定程度上缓和医生应该承担的治疗的法定义务,这与安乐死的情形不同,不是积极地舍弃生命的自我决定权的问题,而是对"不强制在这之上的生命"的自我决定(所谓的"防卫性的自我决定")的问题,因为它应该以更加完全的形式得到尊重。这样,与安乐死相比,关于治疗中止的问题更加复杂,同时可容许的范围可能也更加宽泛。

二、作为犯还是不作为犯

医生等医疗关系者在实施中止生命维持的治疗手段时,就会产生作为与不作为的问题。在通常的形态中,中止持续的治疗,不实行在此之上的治疗的不作为就成了法的评价对象。因此,从医生等应该继续治疗的保证者的地位来看,由于医生等的治疗中止该当杀人罪的构成要件而违法,相反,存在否定治疗义务的情形下,没有站在医生作为保证者的地位上看,该不作为就不该当杀人罪。于是,具有重要意义的是什么时候开始起算是治疗的义务终了(客观地)(本节三)。

与此相反,在通过机械自动化的情形下治疗的继续,为了中止治疗,必须实行一定的身体的动作。到目前为止常常成为讨论对象的是,关掉患者装有人工呼吸器的开关,导致心脏停止的行为结果的刑法性评价。关掉人工呼吸器的开关、拔掉装置,通过作为捕捉生命侵害(以下,将此称为"作为犯"),还是当作中止继续治疗,不实行在此之上的救命治疗的不作为来定位(以下称为"不作为犯"),在理论构成上大致分为两种:

根据作为说,对取掉人工呼吸器、断绝机械维持生命的行为当作作为进行捕捉,在肯定杀人罪的构成要件之上,探讨是否承认违法性阻却事由[1]。但将积极侵害生命的行为合法化是困难的,所以当主张作为说时,无论本人的(事前表明的)意思、还是家属的意思如何,而且,在确定没有救命可能

---

[1] 最近,参照町野溯《作为违法论的安乐死、尊严死》载于《现刑》2卷6号,2000年,第38页(町野溯「違法論としての安楽死、尊厳死」、現刑2卷6号、2000年、38頁)。

的情况下，即便处在意识不明并且不可逆转的状态下，也禁止变更这种状态，在可能的范围内，就最大限度地赋予了维持那种状态的义务。但是，那是一种从医疗机构实行的整体性治疗的行为中隔离出的一部分的不自然的见解。人工呼吸的停止意味着从消极的、到目前为止继续治疗的撤退，从人为的固定现状状态中的脱离。那是给予对身体积极的加害行为完全不同的法的评价的事件。如果将从治疗中的撤退与积极的加害行为一视同仁的话，如现在的医疗所实行的那样，即便对晚期患者的治疗降低治疗程度，使心脏停止的时点提早一点，那也会当成杀人罪受到处罚。作为杀人罪的构成要件的行为，即便有本人的同意，在现行法上仍然是犯罪。何况，只有家属的同意，杀人罪的违法性不可能阻却，因此也不能否定其可罚性[1]。

与此相反，根据不作为犯说，医生等继续发动人工呼吸器是履行治疗义务，取下人工呼吸器就意味着治疗的中止，所以"在此之上不实行救命行为"的不作为就成为刑法上的评价对象。于是，只要不存在继续治疗的刑法上的义务，因为医生不能成为保证者，所以其行为就不该当杀人罪的构成要件。当然，这样的不作为的网络，人工呼吸器的停止/取下本身，毫无疑问是"身体的动作"，所以无论如何也不能否定根据该动作惹起了心跳停止的结果（可以肯定与结果之间的合法则的条件关系）。但是，关于这一点，尽管存在"不能否定身体的动作"，但是治疗中止的不作为就会变成刑法评价的对象，只要不否定主要的治疗继续的义务本身，就不能禁止该身体的动作的理论构成也是可能的（本书第二章第五节）。

三、治疗义务的界线与本人的意思

成为重要问题的是什么时候（客观地）终止治疗义务。即便以三征候说为前提，如果是脑死亡到来的话，就可以认为消灭了治疗义务。脑死亡的时点正是"point of no-leader"，因为推迟心跳的时点自身，大概不能够成为治疗的目的。要不然为了最大限度地推迟心跳停止，就不得不承认穷尽医疗技术的可能性的刑法义务了。脑死亡之后，无论是本人以及近亲属的意思如何

---

[1] 另外，取掉人工呼吸器，虽然能够并行考虑取下点滴，譬如说，当有意识的患者拒绝更多的点滴，要求取掉时，医务人员应该具有取掉点滴的义务。那表示的不是继续点滴的作为，而是取掉它的不作为。

(在这个意义上,"客观地"),都可以否定在此之上的治疗义务。

如何对待关于非脑死亡的晚期患者是一个困难的问题,虽然不能制定一个清楚的标准,但是由于不可治疗的疾病而濒临死期且丧失意识不可能或者很难恢复时,无论本人或者近亲属的意思如何,大概也能够承认存在否定刑法上治疗的义务的情形吧。虽然以不可能恢复或者艰难意识为由,也不应该承认"生命价值"的贬值,但参照治疗的目的,可以考虑会影响到刑法上的治疗义务的存否。在这里,有两点是重要的。首先,即便在能否定不作为的杀人罪成立的时点上,也不应该立即中止治疗,考虑家属的心情(或者为了回避之后的纠纷),根据意思继续治疗可以认为是医生的道德。但是,那至少不是刑法上的作为义务,也不会由于对那种道德的违反而成立杀人罪。其次,这里所指的在医院里实行的"治疗"应该区别于高度的特别治疗措施(手术、输血、人工透析、血液交换、IVH、抗癌液的投入等)、为了除去/缓和/镇定病情所采取的治疗、生命维持的措施等其他看护措施(身体卫生的确保、水分/营养的补给等)。否定对患者特别的、并且高度延长生命的治疗(人工呼吸器的装置/运作可以解释为与此相当)的刑法的义务,并不意味着立即否定基本生命维持的看护义务。义务定位是一个阶段。实行特别的治疗意味着"人为地作为基本的义务延长死期的行为",后者的基本治疗、基本看护是为了确保生命不可欠缺的条件。消灭后者的基本义务是一种例外的情形。原则上是伴随脑死亡而消灭的[1]。作为例外的情形考虑的话,履行义务伴随大的障碍或者负担时,也会给患者带来损害[2]。

另一方面,为了划定治疗义务的界线,患者以及近亲者的意思当然具有意义。医生在违反患者意思的程度上,延长患者生命不是义务,必须完全地尊重拒绝(即便不承认处分生命的自我决定权)"生的延长"的患者的防卫性自我决定权。如前所述,"消极的安乐死"的情形,即,关于晚期状态的患者,在另外可以延续某种意识时,挣扎在痛苦中的患者拒绝在此之上延长治

---

[1] 关于这一点,参照阿部纯二《安乐死的问题》载于《研修》567号,1995年,第7页(阿部純二「安楽死の問題」研修567号、1995年、7頁)。
[2] 即便在由于处于植物状态的患者而一定迫近死期的情形下,也存在是否能够承认治疗义务的问题。即便还要继续"基本的看护义务",就是持续治疗也不可能回避死亡的,如果一时恢复可能的话,即便没有立即接近心跳停止,也存在可以否定"高度治疗"的义务的余地。但是,只要能够确定恢复意识希望的判断,就会产生问题。

| 第十四章 安乐死与尊严死 |

疗的,可以否定(医生的)治疗义务。不成立杀人罪,不是因为将意思侵害当作杀人罪的法益侵害的内容,而是因为通过患者的意思决定了治疗义务的界线。在这个延长线上,对不可能或者很难恢复的意识丧失的晚期患者,实行高度的治疗行为的义务在客观地消灭之前的阶段上,我想应该存在承认否定该种治疗义务的余地。以书面等形式表明本人的生前的意思(living will),在没有与本人现时点的意思一致的保证(在之前的时点上的意思对于现在也有效)的这一点上,尽管存在问题,但必须慎重确保关于预见到现实中陷入不能意思表示状态的个人而言的自我决定权的可能性的唯一的手段。可以说关于知道患者本人意思的家属的证言也是同样的〔1〕。介入为了在外部表明这些本人意思的手段,只要能够确认希望治疗中止的本人的意思,我认为就可能承认能够否定治疗的义务〔2〕。

---

〔1〕 关于这一点,也参照内藤《总论中》,第 546 页以下。
〔2〕 关于以上这一点,参照井田《生命维持治疗的界限与刑法》载于《法曹时报》51 卷 2 号,1999 年,第 18 页以下(井田「生命維持治療の限界と刑法」法曹時報 51 巻 2 号、1999 年、18 頁以下)(文献也是从那里引用的)。

第十五章　责任的基础

第一节　责任判断的构造与责任概念的实质

责任是指就违法行为而言可以追究其行为者。这种情形下的非难,虽然应该放弃通过开动规范意识得出违法行为的念头,但是,这意味着没有这样做的否定性价值判断。即,虽然行为者开动规范意识,根据没有动机的意思决定过程,向着刑法规范的方向进行控制(根据规范意识的动机统治[1])应该能回避对违法行为的意思决定,然而还是实行了对违法行为的意思决定,从而变成了责任判断的对象。

责任判断具有以上所述的构造,但这些永远只能是责任判断的形式性构造,与此相比更重要的是必须明确揭示责任概念的实质。围绕责任概念内容的讨论,称为围绕实质性责任概念的讨论[2]。这里所问的是什么时候行为者能够回避对违法行为的意思决定(因此,对什么时候的意思决定能够"非难"),然后追问针对行为者的非难如何能够得到正当化。尤其是行为者的规范意识(或者性质)的法则性/倾向性,在为什么、根据什么条件加重(或者减轻)责任的方向上起作用具有重要的意义。

---

[1] 就这点而言,参照汉斯·威尔泽尔(福田平＝大塚仁译)《目的行为论导论》(再版,1965年),第67页[ハンス.ヴェルツェル(福田平＝大塚仁訳)『目的的行為論序説』(再版、1965年)、67頁]。

[2] 参照 Claus Roxin, Strafrecht, Allgemeiner Teil, 3 Aufl. 1997, § 19 Rdn. 18 ff., S. 732ff. 但是,在我国,关于责任判断,是指采纳了犯罪预防思想的见解,称为实质性责任概念的情况居多。譬如说,林美月子《实质性的责任概念》载于藤木英雄、板仓宏编《刑法的争点》(新版),1987年,第71页(林美月子「実質的責任概念」、藤木英雄、板倉宏編『刑法の争点「新版」』、1987年、71頁);堀内捷三《责任论的课题》载于芝原邦尔等编《刑法理论的现代性展开·总论Ⅰ》,1988年,第192页以下(堀内捷三「責任論の課題」芝原邦爾ほか編『刑法理論の現代的展開·総論Ⅰ』、1988年、192頁以下)等。

第十五章 责任的基础

责任概念的内容，虽然在新旧两派的争论中是被反复讨论的课题[1]，但是，尤其是在1960年开始的围绕自由意思与责任的本质的争论中，展开了对通说立场的道德责任论（本章第二节）的尖锐批判，开始了对责任概念的实质进行挖掘性的探讨[2]。虽然责任概念的内容通过该讨论问题的存在形式被揭示出来，但可以说直到现在也并没有得到满意的解答。以下，介绍关于该困难性课题的主要见解，分别简单地加以探讨，然后找出解决问题的方向。

第二节 相对的非决定论与道德责任论

一、理论内容

从前的通说见解是以关于自由意思的相对的非决定论的立场为前提的道义责任论[3]。相对的非决定论是指：虽然人的行为受到由素质/环境的要因所决定的强烈的影响，但是如果与异常的精神状态/心理状态的情形不同的话，可能不是完全由因果的要因所决定的，而是由于人在所限制的范围内实行自由意志的决定、主体性地选择行为的一种见解。根据这种见解，虽然由于因果要因受到一定的影响，但不是通过因果法则能够完全说明的，而是超越了因果法则，正因为是作为存在的行为者的自由意思[4]，才成为能够被责任非难的对象，而且，行为者具备的这种自由意思，是对行为者进行非难的正当化的根据。

根据这样的（相对的）非决定论，主张道德责任论。即，通过行为者对违法行为的意思决定，由于因果要因受到左右，虽然在回避可能的限度内，道德的/伦理的非难是可能的，那就是责任的实质。因此，责任判断的标准就

---

[1] 譬如说，参照大塚《刑法上的新旧两派的理论》，1957年（大塚『刑法における新、旧両派の理論』、1957年）。

[2] 就讨论的内容而言，简单的参照井田《犯罪论与刑事法学的步伐》载于《法教》179号，1995年，第21页以下（井田「犯罪論と刑事法学の歩み」、法教179号、1995年、21頁以下），详细的参照内藤《总论下Ⅰ》，第770页以下。另外，关于围绕最近的（英美）哲学、伦理学上的意思自由的争论，参照成田和信《责任与自由》，2004年（成田和信『責任と自由』、2004年）（作者主张属于后述的"两立可能说"的见解）。

[3] 作为代表性的参照团藤《总论》，第12页、第32页以下、258页以下。

[4] 另外，团藤《法学的基础》，1996年，第373页（団藤『法学の基礎』、1996年、373頁）称"主体性"，给予"最后没有被客观化的"性质定位，只能成为自由意志。

行为者个人而言，必须由对合法行为的意思决定的可能与否、哪种程度的可能性来决定（对此称为行为者标准说）。

二、问题点

对以这样的（相对）非决定论为基础的道义责任论（以及行为者标准说），提出以下的疑问[1]。第一，因为不可能被科学地证明存在意思自由或者其他行为的可能性，那么能不能以自由意思为刑事责任的基础。第二，转向了既是责任非难的根据又是其对象的自由意思，不能因为因果要因受到左右就应该超越因果法则，也不能通过刑罚的制裁给予它影响，也不能在将来控制人们的行动，从而不能期待刑罚起到预防犯罪的功利性效果，因此不得不归结于绝对的报应刑论。第三，一旦根据以非决定论的自由为责任的基础，与从性格倾向性能够说明犯罪行为的程度相对应，就不得不否定责任。即，根据非决定性的责任论，譬如说，因一时冲动而发生盗窃行为的犯人，反复实行犯罪从而变成了一个对规范意识迟钝的常习性盗窃犯，初犯时更为"自由"，因此，责任就更重，后来的常习犯的行为因为所能选择的余地变得狭窄，责任可能变得更轻。同样，犹豫不决并最终杀人的杀人犯，与没有任何犹豫就实行杀人的犯人之间，更能够强烈地肯定规范意识的法则性/倾向性的后者，责任可能更轻[2]，这种见解会产生这种自相矛盾的结论[3]。如果是这样的话，是不是意思决定、行为因果性的决定要因不应该在否定责任的方向上起作用，也不应该承认在因果决定要因中存在责任重大与责任较轻两种情形呢？就会产生这种问题。第四，法的责任与道德的责任应该被区别开来，

---

[1] 尤其平野龙一《刑法的基础》，1966年（平野龍一『刑法の基礎』、1966年）所收录的诸论文很重要。而且，参照：林幹人《刑法的基础理论》，1995年，第6页以下（林幹人『刑法の基礎理論』、1995年、6頁以下）的批判。

[2] 参照森村进《责任论中的"自由意志"问题》载于上原行雄、长尾龙一编《自由与规范》，1985年，第54页（森村進「責任論における「自由意志」問題」上原行雄、長尾龍一編『自由と規範』、1985年、54頁）。

[3] 为了对应这样的问题，加上对犯罪行为的行为责任，主张即便对成为原因行为的犯罪人格主体性的形成也要追问责任的人格（形成）责任论。参照团藤《总论》，第38页、第258页以下。作为详细的研究有大谷实《人格责任论的研究》，1972年（大谷實『人格責任論の研究』、1972年）。然而，确定人格形成的过程中责任的有无/程度是困难的，而且，超越个别的犯罪行为，将责任非难的对象扩大到无数的（没有被构成要件所记述）人格形成行为，与罪刑法定主义原则相矛盾，因此人格责任论现在就失去了支持者。

不应被看作同一，这种指正也很重要。

第三节　以决定论为前提的自由与责任

一、展望性的/功利主义的责任论

决定论是指：人的意思决定以及行动通过因果的要因决定，因此使用因果法则原理性说明的可能性见解。以这样的立场为前提，我们的意思决定和行动就变得不自由，也不得追究责任。然而，在决定论中也有以下的主张，尽管人的意思决定以及行动通过因果法则可被原理性地加以说明/预测（因此是决定），但是也不可能因此导致人不自由、不得追究责任，而是以决定论为开端，自由、责任更具有意义。这种见解称为缓和的决定论（该"缓和"正存在于被决定性与自由/责任之间不矛盾之处）或者两立可能说[1]。

根据该见解，人的意思决定以及行为选择之所以自由，是因为该行为没有被强制，并不意味着该行为中没有原因，不能用因果法则加以说明。在因果地规制人的决断、行动的要因中，必须区别能排除自由、责任的情形和不能排除自由、责任的情形之间的不同。如果不能区别的话，如前面所述的例子那样，犹豫不决并最终杀人的杀人犯，与没有任何犹豫不决的冲动杀人的犯人之间，能够强烈地肯定规范意识的因果法则性/倾向性的后者，因为自由余地的狭窄，就可能会减轻责任。在刑法上，因为通过加以非难而诉诸对该人的规范意识，从而控制将来的行动已经产生问题，所以通过该人的规范意识，即通过刑罚的非难给予影响，在人格层次上能够要求行为的决定要因的情形是自由，就能够追究责任；通过刑罚不能给予影响的部分，譬如说，由于存在所规定的第三者强制那样的外部要因、行为者内部所存在的事情、身体残疾、精神疾病等生理上的要因而实行行为的情形，就是不自由，从而不能追究责任。譬如说如前所述的毫不犹豫的冲动杀人的犯人，因为不能妨碍

---

[1]　从这样的基本立场出发，展开刑事责任，给予很大影响的是平野龙一《刑法的基础》，1966年（平野龍一『刑法の基礎』、1966年）所收录的诸论文。另外，也参照根据森村进《责任论中的"自由意志"问题》载于上原行雄、长尾龙一编《自由与规范》，1985年，第41页以下（森村進「責任論における「自由意志」問題」上原行雄、長尾龍一編『自由と規範』、1985年、41頁以下）所主张的两立可能说的责任论。

该规范意识而采取杀人行为的,是能够在规范意识中要求原因的行为,即自由的行为,而且是可以考虑能够追求重大责任的行为。

总的来说,①刑法上的责任非难不是以对过去回顾的叱责为内容的[1],而是从展望的角度通过告知对将来"应该具有更强的规范意识"的判断,是为了抑制将来的行为者以及同样状况下的一般人的犯罪手段(那可以称为展望性的/功利主义的责任论)。②行为者的规范意识越是倾向犯罪,即越是反法律的规范意识的必然性的表现,否定的评价就应该越强烈,也可考虑更重的责任、刑罚(性格的相当性的理论,那是行为责任的立场,同时在与行为之间的关系上考虑行为者的性格或者规范意识这一点上,也称为实质性行为责任的理论)。

这个见解的优点在于很好地回避了如前所述的伴随道义责任论的难点(第二节二),尤其是证明所列举的反证也认为不必立足于不可能的形而上学前提。这是因为,该理论与意思自由或者其他行为的可能性的存在无关,只要明确地在行为者的性格中获得行为的决定要因,就可以追究责任。谁也不能否定犯罪行动可以考虑几个因果性要因本身,但只要犯罪原因是从行为者的规范意识中获得的,在应该肯定刑事责任时,那种片面的假说就不介入虚构。不仅如此,实际上该见解没有作为决定论的必要性,也没有必要主张"全部被决定""全部在原理上是可能预测的"等,只要将"行为者的规范意识成为意思决定或者行为选择的一个要因"的经验性证明的可能命题作为前提就够了[2]。在这一点上,与不得不根据证明存在不可能的意思自由的道义责任论有很大的不同[3]。

二、问题点

虽然根据决定论的展望的/功利主义的责任论具有说服力,但是还没有成

---

[1] 但是,松宫《总论》,第8页、第157页以下,以缓和的决定论为立足点,主张道义责任论。
[2] 就这一点而言,参照林幹人《刑法的基础理论》,1995年,第12页以下(林幹人『刑法の基礎理論』、1995年、12頁以下)的批判。
[3] 所一彦《刑事政策的基础理论》,1994年,第69页(所一彦『刑事政策の基礎理論』、1994年、69頁)以下,对此表现为"使用刑罚的根据与期待抑制刑罚效果根据的分裂/对立,以及还有刑法与刑事政策的分裂/对立,根据它完全消解了,从而实现了两者之间的联动。没有做完的'决定',也没有必要设置可能的前提"。

为支配性的见解,可见这不是没有道理的。这里只想简单地指出问题[1]。

第一,如果以排除选择可能性的形式,现实的性格是必然地实行犯罪行为的话,就会产生能不能对其追究责任的疑问。虽然是一个极端的例子,父母两人都是盗窃常习犯,由认为应该成为"小偷"的父母抚养大的孩子长大后也实行盗窃。这种情形下,因为行为相当于性格,根据决定论,责任更重,但与在没有任何不自由的家庭中成长起来、实行盗窃的人相比,可以说其责任更重吗?就会产生这种问题。以因为在恶劣环境中长大,从而减轻责任的方向思考,虽然有必要考虑性格形成方面的选择可能性,但是它在非决定论的思考方法之外没有任何意义。

第二,在采用根据决定论的功利主义的责任论时,大概就不能再维持原来的责任主义原则了。责任主义(因此,自由主义的设想)在国家刑罚权的行使框架内,具有保障人权的机能。自由与责任的刑罚限定意味着,通过与功利主义考虑之间的相互矛盾/对立的原理,遮盖了对犯罪预防目的的功利主义的科刑要求,为此,理应在责任概念中不直接带入功利主义的思想。如果不以具有回顾性的责任和展望性的犯罪预防的不同为内容,承认其相互矛盾的二元的理解为前提的话(即,不是说"即便对科处刑罚承认有功利性的效果,因为没有责任,所以也不能科处刑罚"),可能会丧失责任主义的刑罚限定机能。

第三,是不是有必要为了犯罪预防而科处刑罚呢?在什么程度上科处刑罚?越是可以说得确切,我们对刑罚的经验性效果就越无知,就功利主义的责任论而言,也是一个很大的薄弱环节。姑且不论纯粹的理论,在实践中应用时,也可以看到由于刑罚性效果的经验的不确定性,从而遭遇很大的困难。

---

[1] 作为批判,譬如说,所一彦《刑事政策的基础理论》,1994年,第70页(所一彦『刑事政策の基礎理論』、1994年、70頁)以下;内藤《总论下Ⅰ》,第758页、第782页以下;中山研一《现代刑法学的课题》,1970年,第107页以下、第183页以下(中山研一『現代刑法学の課題』、1970年、107頁、183頁);西原《总论》,第394页、第399页以下等很重要。

第四节　回顾性责任的根据·标准·正当化

一、作为回顾性非难的责任

在考虑该课题时，我们在记述人的行动之际，尽管存在向一定的方向驱使行动的因果性要因，但在通常的情形下，认为以人能够制御动机为当然的前提好像更为重要。那就是我们以语言作为工具，在与外界给于的情报之间的关系上实行"对话"，从那里出发，即便对驱使一定的行动的因果要因也能批判性地保持距离，同时，也能够以具有与所决断一致的选择自由的意识或者自律性决定的意识为根据。不仅如此，为了记述行动，我们所记述的言语与思考形式本身是非决定论的（与"之所以……是因为……"的用法一样，还有"为了能够……没有做""如果做……就好了""……应该做……"的说法是很常用的）。假设意识性的因果的要因依赖于身体，即便如实地表现了全部的因果性，也不可能决定那样的意思。决定论因为不可能是我们的"实践性的行为的格律"，换句话说，非决定论的思考形式与我们的思考与行动之间也有相当深刻的根本差别〔1〕。

以此为前提，成为问题的是应该如何构想刑罚制度。首先，如现行的刑罚制度那样，通过对犯罪行为科处伴随非难的不利益，维持社会秩序的制度本身也被认为是不可欠缺的。当把这样的制度具体化时，就产生两个可能性。即，是以功利主义的行动条件为基本原理、还是停留在对个人给于对应回顾性责任的处罚可能性的警告上，是否守法完全依赖个人的自由选择为基本原理〔2〕。正因为后者是通过如宪法预定的诸价值（譬如说：个人的自由与权利的重视、人道性、合理性、宽容性、公正性等）的整合性。那是以到目前为止所述的个人具有的选择自由的意识/自律性决定的意识为前提继续向前，只能是对面向未来能够根据法律规范实行人类行动的"软化规则"〔3〕。在这样

---

〔1〕 所一彦《刑事政策的基础理论》，1994 年，第 73 页（所一彦『刑事政策の基礎理論』、1994 年、73 頁）以下，区别了关于人类行动的说明与未来预测之间的事实的判断、与关于赋置于行为主体的状况下的实践性意义之间的不同，那种分析具有很强的说服力。

〔2〕 就这一点而言，参照：H. L. Hart, Punishment and Resposibility, 1968, p. 23.

〔3〕 参照卡尔·R. 珀帕（森博译）《云与时针》载于《客观的知识》，1974 年，特别是第 246 页（カール. R. ポパー〔森博訳〕「雲と時計」『客観的知識』、1974 年、246 頁）。

的意识下，刑事责任的本质不应该在面对将来的功利主义的条件的手段中寻求，而应该在回顾过去的行为时点能够有其他的意思决定的限度内追究责任，只要是关于责任非难的根据就基本上采用非决定论的思考形式，我想应该展开的不是展望的责任论，而应该是回顾性的责任论[1]。

二、回顾性非难的基准与正当化

成为回顾性非难的标准，行为者现在所具有的事实能力和可能性是不会实现的。是不是应该考虑刑事责任情形的决定性问题，只要在犯罪通过行为者的性格、规范意识能够因果性地说明的限度内就可以排除自由，因此就可以减轻责任。譬如说，在无法忍耐平日受到丈夫迫害的妻子杀死丈夫时，这种事情降低了自由的可能性，因此可以减轻其责任。那么，易怒的人与路人发生争执，生气后造成对方重伤的，"易怒"在减轻责任的方向上就不应该被考虑。而且，对"他者的痛苦"极其迟钝的人由于利欲所致残忍杀人的、"为了自己的利益，所以不在乎他人痛苦"的（在犯罪行为之间具有很强的法则性），行为者的性格不能在减轻责任的方向上考虑。

如果是这样的话，责任非难的有无/程度不应该以认为没有价值的"自由意思决定的可能性"标准来决定。的确，无论什么人都可以排除正常意思决定的可能性，而且关于在认为是显著限定的实行行为状况或者有病的精神性的心理条件下实行的行为，完全不得追究责任，至少不追究完全的责任。但即便影响行为的动机的程度相同，譬如说，动了怜悯之心却仍决意实行犯罪的情形，与由于利欲的动机作出行为的情形相比，非难的程度是不同的。反对动机起作用的话，对其非难就会变弱，越是认识到结果发生的确定性的情形或者越是强烈地持有犯意的情形，非难的程度就越强。而且，在通常人不会在兴奋、欲求驱使的情形下作出行为，但是行为者却容易兴奋/欲求作出行为或者通常人能够抑制感情/兴奋/欲求，而行为人却不能抑制实行犯罪行为的情形等，行为状况即便很少，只要是日常中经常发生的，也不能立即减轻其责任非难的程度。如此来看的话，关于责任非难以行为者为标准的自由

---

[1] 所一彦《刑事政策的基础理论》，1994年，第73页（所一彦『刑事政策の基礎理論』、1994年、73頁）以下主张在关于赋予置于行为主体状况下的实践性意义中，求得作为责任非难基础的"自由"与"其他行为可能性"。我也想赞同这样的讨论的方向。

意思或者其他行为可能性的模式（行为者标准说），即便无视该假设或者作为虚构的问题性，也不能成为责任判断的基础（本书第十六章第四节）。

的确，作为犯罪的原因，也存在不能归责于个人责任的各种环境要因，针对犯罪不能无视社会应该背负的共同责任[1]。但即便如此，法律不得不期待行为者对应作为社会成员的"类型化的要求"。因此，我想好像只能考虑置于该当具体状况中的行为者从社会的角度期待哪种程度上的某种行为的"社会性期待"的有无/程度，成为责任判断的标准[2]。当然，那样的"社会性的期待"，在对其违背（单纯道义的制裁、不是社会的制裁）面临根据刑罚给于处罚必须正当化的意义上，这里所指的责任论就是法的责任论，必须是可罚的责任论[3]。

以上所述的见解，是将以一般的假设为前提的规范性判断吸纳为责任判断的见解[4]。于是，成为问题的是那样的责任的"归属"如何在理论上被正当化。就行为者本人而言，就会产生以下疑问：一旦作为事实上的问题，如果不知道有没有选择自由和能力的话，其中之一转向一定的规范性要求，针对违背加以非难，是不是仍然可以正当化。这里，不得不做如下考虑。即，自由意思的设想以责任主义为基础，因为在国家刑罚权行使的框架内起作用，为了保障人权的假设，换言之，完全可以说是对我们在利益方向上起作用的虚构。换句话说，虽然我们并不知道是不是自由，但是一旦根据决定论构造刑罚制度，因为将个人作为功利主义条件的客体，即使假定个人在行动上的

---

[1] 根据那种寄予的程度如何，从法的立场出发的责任非难不得不失去正当性。参照中山研一《现代刑法学的课题》，1970年，第225页以下（中山研一『現代刑法学の課題』、1970年、225页以下）。

[2] 那么，那是与作为补充"社会化"的机构定位刑法的视角直接结合的。参照井田《从基础学习刑事法》（第2版），2002年，第32页以下（井田『基礎から学ぶ刑事法［第2版］』、2002年、32頁以下）。所一彦《刑事政策的基础理论》，1994年，第88页（所一彦『刑事政策の基礎理論』、1994年、88頁）也是对刑罚的本质赋予"社会性非难的国家的集约/再编"特征的。

[3] 而且，即便能肯定在这里所说意义上的责任，在能够清楚地否定犯罪预防上的必要性时，处罚应该就不可能正当化。但是，关于那存在怎样的情形，另外有必要进一步探讨。

[4] 关于社会性地位/立场以及身体性的/生理性的条件，虽然必须以行为者为标准，关于规范意识不能以行为者本身为标准，在这一点上，林幹人《刑法的基础理论》，1995年，第15页以下（林幹人『刑法の基礎理論』、1995年、15頁以下）是正确的。另外，以规范的假设为前提展开责任论的学说，可以形成一个有力的主流。植松《总论》，第17页以下；内藤《总论下Ⅰ》，第784页以下；中《总论》，第158页以下；西原《总论》，第390页以下；山中《总论Ⅱ》，第546页以下等。

自由已经形成制度，我想也比从国民自由保障的角度看更加妥当[1]。如果这样考虑的话，以那样的"假设"为前提在能被正当化的情形下，就必须留下否定责任非难的余地。譬如说，从不能归责于本人的事情来看，特别是在不良环境中成长起来的那种"人格环境的异常性"，就必须在减轻责任的方向上加以考虑[2]。在这个限度内，立足于行为责任论的同时，就有可能产生人格形成责任论的宗旨，不仅如此，以残留这样的余地为开端，就可以考虑对行为者的回顾性非难正当化。

---

[1] 参照罗克辛著、宫泽浩一监译《刑法上的责任与预防》，1984年，第34页以下、第51页，第58页以下、第66页以下（ロクシン〔宮澤浩一監訳〕『刑法における責任と予防』、1984年、34頁以下、51頁、58頁、66頁以下）。

[2] 在结论上的相同宗旨有：团藤《总论》，第261页以下；大谷实《人格责任论的研究》，1972年，第362页（大谷実『人格責任論の研究』、1972年、326頁）；大谷实《刑事责任的基础·修订版》，1977年，第79页以下（大谷実『刑事責任の基礎・訂正版』、1977年、79頁以下）；西原《总论》，第399页。相反有：林幹人《刑法的基础理论》，1995年，第7页以下（林幹人『刑法の基礎理論』、1995年、7頁以下）。

第十六章 责任要素的理论

第一节 责任要素

一、概说

根据作为通说的规范责任论,责任判断是指对作出违法行为的意思决定有非难可能性的评价,从本书的立场来看,是以行为者怠慢了根据刑罚规范的控制动机为理由,以是否进行法的非难的判断为其内容的评价。违法判断与责任判断,应当是以通过行为的规范违法性评价为其本质的内容,还是以根据规范的意思形成或者动机控制的可能性评价为其内容加以区别。从判断的对象来看,无论是违法判断还是责任判断,虽然都面对个别行为(者),但违法判断的对象是根据行为者意思性因果过程的控制程序,责任判断的对象是根据行为者的规范意识的动机的控制程序(本书第二章第一节)。对根据意思不可能进行行动统治的行为者不能作出违法评价(即,或者否定"行为能力",或者否定"行为性"),与此相反,即便根据意思的控制行动是可能的,对根据规范意识不能控制自己动机的行为者不能追究责任。使在这样的意义下能否肯定"非难可能性"的判断成为可能的要素的即为责任要素。

二、责任要素之间的相互关系

为了通过刑罚规范能够控制动机,有两个必要的要件。①其行为违反刑法规范,换句话说,必须具有违法性的认识可能性。②必须具有为了避免根据违法性的认识做出违法行为而控制动机的可能性。关于前者①,为了行为者能够认识到行为的违法性,必须具备(A)能够认识到自己实行的行为是违反刑法规范的行为的精神的/心理的能力。由于精神障碍,对不具有认识行为违法性能力的行为者,就不能非难其面对违法行为的意思决定。而且,即便有认识违法性的知性的能力，(B) 在具体的行为状况下，如果有排除违法性认识可能性的事情的话，仍然不能非难该行为者。如果转移通说的责任判断框架的话，(A) 是作为责任能力的一个要素的辨识能力的问题，(B) 就是违法性认识的可能性的问题。

即便是作为为了对可能进行责任非难的另一个要件的"根据违法性的认识，控制为了能够回避违法行为的动机的可能性"（前揭的②），也有关于行为者应该具备精神的/心理的能力方面和具体行为方面。即便能够认识违法性，(A) 对由于精神障碍而欠缺通过规范意识控制动机的精神/心理能力的行为者，也不能进行责任非难。因为控制动机的精神/心理能力是指作为责任能力的一个要素的制御能力[1]。而且，即便有这样的能力，(B) 在具体的行为状况下，在存在不能期待对合法性行为的意思决定的特殊事情时，可以以没有合法行为的期待可能性为理由而否定责任。

这样，在辨别能力和控制能力的责任能力要素的延长线上，对应各自不同的要素，就能够定位违法性意识的可能性以及合法性行为的期待可能性这两个责任要素（本章第三节二）。

各责任要素之间的相互关系表

①知的要素	辨认能力（责任能力的一个要素）	违法意识的可能性
②附有动机的制御要素	制御能力（责任能力的一个要素）	法行为的期待可能性

三、故意/过失是否是责任要素

以上述理解为前提，责任要素是指关于个人能力方面的责任能力、与关于行为者之外的外部/内部行为事情的违法性的意识可能性以及合法行为的期待可能性三个要素。责任能力，是如故意犯和过失犯共同的要素那样，违法

---

[1] 作为关于制御能力富有犀利的暗示性分析，安田拓人《关于制御能力》载于《金泽法学》40 卷 2 号，1998 年，第 101 页以下（安田拓人「制御能力について」金沢法学 40 巻 2 号、1998 年、101 頁以下）很重要。安田根据精神的障碍，以是否损坏了"正常的制御主体"的事实性判断来判断制御能力，主张与存在制御主体能否抑制犯罪行动的"制御可能性的规范性评价"相区别。

性意识的可能性以及期待可能性也是故意犯/过失犯中共同的责任要素。与此相反，故意的心理要素，作为根据意思的行动控制的要素，是关于规范违反性的评价，因为不是关于根据规范意识的控制动机，所以完全是违法要素而不是责任要素。关于过失，为了能够进行对行为者个人的责任非难，因为以行为者的主观注意能力为标准，有必要认定不注意，所以，必须肯定作为责任要素的过失（主观的注意违反）的判断要素的存在。但是，作为行为者的主观能力或者行为能力的问题，在违法性的程度上考虑，或者只要在给予责任能力、违法性的意识的可能性、合法行为的期待可能性的责任要素的存否或者程度影响的限度内考虑就足够了，并不需要作为责任要素的过失等特殊的判断要素的存在（第八章第四节一）。

第二节 责任能力

一、意义

根据通说，责任能力是为了肯定对做出违法行为的法的非难可能性的一个要素[1]。通常，那是作为"辨别行为的是非，而且根据辨别实行行动的能力"来定义的，总的来说，它是指认识行为的违法性并且能够根据该认识控制动机的能力[2]。欠缺责任能力的责任无能力情形，在现行法上是心神丧失（《刑法》第39条第1款）与刑事未成年（《刑法》第41条），降低限定责任能力的情形是指心神耗弱（《刑法》第39条第2款）。关于《刑法》第39条预定的责任能力的判定方法，虽然有生物学上的方法与心理学上的方法，但是，判例以及通说采用了两者并用的混合式方法。据此，责任无能力的判断中就有两个要素：①作为生物学的要素（继续的、一时性的），有必要承认精

---

[1] 关于责任能力的定位，也有将此解释为"责任前提"的见解，但从规范的责任论的立场来看，没有区别违法性的意识可能性、期待可能性的责任要素与方法论的理由。而且，责任能力的存在与否不是对行为者一般能力的判断，永远是在与个别行为相关联的判断，即便在这种明确的意义上也应该采用责任要素说。而且，关于这些判断的顺序，我也不认为必须订立一定的规则。

[2] 德国刑法第20条定义：责任能力为"辨别行为不法，并且为根据这种辨别采取行动的能力"。但是，关于行为能力与责任能力之间的区别，参照第二章第一节。另外参照安田拓人《关于制御能力》载于《金泽法学》40卷2号、1998年，第108页以下（安田拓人「制御能力について」金沢法学40巻2号、1998年、108頁以下）。

神的障碍，而且，②作为心理学的要素有必要要求（A）具有认识行为违法性的能力（辨别能力）以及（B）在认识的基础上控制动机的能力（控制能力）。欠缺辨别能力与控制能力的任何一个（或者双方）的情况就是心神丧失，任何一方（或者双方）的能力显著低下的情形就是心神耗弱。

二、生物学的要素与心理学的要素的关系

责任能力的本质部分可以说是心理学的要素。假如心理学的要素的正确判断自身是可能的话，生物学的要素不必成为不可欠缺的要素。但是，对实行与精神障碍诊断相分离的心理学的要素的存在与否的判定是困难的[1]。尤其是对控制能力的有无的判断，可以说与对自由意思的存在与否的判断是同一的，也可以说不可能忽视生物学的要素对控制能力的判断。根据混合性方法对责任能力的判定，通过将关于心理学的要素的判断作为精神障碍的有无/程度的判断相组合，给予责任能力的判定以科学的基础是可能的。另一方面，加上生物学的要素与心理学的要素共同考虑的话，精神障碍以什么样的形式具体给予个别行为的意思决定与控制动机影响的事实判断，在作为以责任能力判定为基础的同时，再根据以此为前提的法官的心理学要素的评价，从规范的角度，就能起到控制关于通过精神科医生的精神能力的科学性判断的作用。在具备个人在那种程度上的违法性与动机控制的精神能力时，能否对应法的要求和期待，不是能够完全还原到纯粹的科学性判断之上，不可避免地在那里介入规范性的判断（本书第十五章第四节二）。在那个意义上可以理解，责任能力判断被认为是法律判断[2]。

---

[1] 参照平野《总论Ⅱ》，第286页。
[2] 最决昭58.9.13判时1100号156页，主张"被告人的精神状态是否该当刑法第39条所指的心神丧失或者心神耗弱是法律判断，是应该完全由法院决定的问题"。关于详细的，参照林美月子《责任能力与法律判断》载于《松尾浩也先生古稀祝贺论文集上卷》，1998年，第311页以下（林美月子「責任能力と法律判断」『松尾浩也先生古稀祝賀論文集上卷』、1998年、311頁以下）；安田拓人《与精神鉴定结论相区别的情形下的责任能力的法的判断》载于《现刑》1卷4号，1999年，第43页以下（安田拓人「精神鑑定の結論が分かれた場合における責任能力の法的判断」現刑1卷4号、1999年、43頁以下）。

第三节 违法性意识的可能性

一、意义

即便在欠缺违法性意识的情形（作为用语，有法律的错误、禁止的错误、违法性的错误等。本书只用最后一个用语）中，不知法律的错误（包括的错误）有两种情形。前者是指不知道有处罚该行为的规定〔譬如说，处罚业务妨碍行为的规定（《刑法》第233条以下）〕的情形。后者是指误解了处罚规定的结果，从而达到欠缺违法性认识的情形。譬如说，知道有业务妨害罪的犯罪，但是不知道妨碍大学讲课是不是也相当于此罪的情形，认为在这种程度上不符合猥亵物传播、贩卖罪中的"猥亵"，但是实际上符合的情形。

这里首先必须揭示的是违法性的意识、违法性的错误情形中的"违法性"意味着什么[1]。即便都是违法，只能产生民法上的损害赔偿的责任、行政法上的秩序处罚（譬如说，罚金）等不能成为刑法上处罚对象的"违法"行为也有很多。譬如说，行为者相信即便成为民法上的不法行为（《民法》第709条）也不该当刑罚法规的行为而实行的，是不是也可以说具有"违法性"意识，这也会成为问题。的确，从责任说的立场来看，即便存在违法性意识，也不是现实的认识，这种可能性也只能作为责任要素来考虑（本节二）。因此，为了能够说明具有违法性意识的可能性，那么就必须强调认识到哪种事态（既要符合民法上的违法性的意识可能性，还有必要要求刑法上的违法性的认识可能性）的问题，才会以这种形式被提出来。

违法性意识的可能性不是行为的"恶"，即反道德的/反伦理的认识的可能性。"即便有伦理上不好的意识，但相信是法律所允许的行为就没有违法性的意识"[2]。如果行为的违法性与反道德性不同，而且法的责任与道德的责任也应该被区别开来的话，即便有行为的反道德性的认识可能性，也不能进行刑罚上的非难。于是，根据通说，违法性意识是指行为是"法律上不允许"

---

[1] 关于这个问题详细的研究有：高山佳奈子《故意与违法性的意识》，1999年，第286页以下（高山佳奈子『故意と違法性の意識』、1999年、286頁以下）；长井长信《故意概念与错误论》，1998年，第29页以下（長井長信『故意概念と錯誤論』、1998年、29頁以下）。

[2] 团藤《总论》，第346页注（五）。

| 第十六章 责任要素的理论 |

的意识[1]。根据这种理解，即便误解没有犯罪，构成不法行为的损害赔偿也是具有义务的行为的话，违法性的意识就是存在的（没有必要减轻刑罚）。但是，在这种情形下，也许可能只是会给予停止像实行法律所禁止的行为的时机那样，因此，我认为也不能立即将刑罚所非难的行为正当化。刑法的非难对象该当构成要件，是指不具备违法性阻却事由的可罚的违法行为。如果是这样的话，正是该当构成要件可罚性的违法行为的认识，才必须认为是违法性的认识[2]。

要求可罚的刑法违反的认识可能性，只有在以回溯到根据刑罚法规发动刑罚权时的预测可能性的保障宗旨思考时才是明确的。刑法基本原则的罪刑法定主义，是为了保障国民预测发动刑罚权可能性的原则。该原则的根本在于不能预测的处罚不是公正的。如果是这样的话，即便犯罪与刑罚是法定的，对某人而言，知道存在该当构成要件是违法行为的特别的事情时，对该人的处罚也仍不能正当化。尤其是对依赖具有权限的国家机构的情报而实行行动的市民，即便在对该情报存在误解时，处罚也不是公正的。在那种情形下，对决定违法行为的意思的国家一方实行的刑法上的非难，可以说也不得正当化。譬如说，省警厅向市民发布了包含关于刑罚法规说明的传单时存在错误的记述，对信赖它不处罚而实行行动的行为者，就不应该对该行为在某种意义上是违法（譬如说，民法上的违法性）的认识可能性提出疑问，而应该是对欠缺刑法上的违法性行为（构成要件该当性）的认识提出疑问。刑法应该是保障对国民处罚可能性与行动选择自由的法律。对甘受民事上的损害赔偿但不能接受刑罚的人而言，刑法上是不是违法在本质上是重要的，对那样的人的行动自由也必须通过刑法加以保障。这样，违法性的意识可能性就必须是刑法上违法行为（即，该当构成要件的可罚的违法行为）的认识可能性[3]。

---

[1] 譬如说参照大谷《总论》，第358页以下；曾根《总论》，第176页；松原久利《违法性意识的可能性》，1992年，第38页以下（松原久利『違法性の意識の可能性』、1992年、38頁以下）、安田拓人《错误论（下）》载于《法教》274号，2003年，第95页（安田拓人「錯誤論（下）」載于《法教》274号、2003年、95頁）；山中《总论Ⅱ》，第620页以下等。
[2] 参照大越《总论》，第110页；内藤《总论下Ⅰ》，第1031页以下；町野溯《关于"违法性"的认识》载于《上智法学论集》24卷3号，1981年，第193页以下（町野溯「『違法性』の認識について」、上智法学集24卷3号、1981年、193頁以下）；山口《总论》，第216页等。
[3] 就以上这一点，参照井田《案例研究》，第213页以下（井田『ケーススタディ』、213頁以下）。

在这里成为问题的是，虽然根据轻的刑罚法规的处罚是可能预测的，但不能预测是否适用重的规定情形的处理。如果这样考虑的话，只要没有更重的违法性的认识可能性，就应该解释为不允许根据重的刑罚法规的处罚[1]。

二、责任说

即便行为者欠缺违法性的意识，为了教会一般国民规范（如果对规范有误解的话，纠正其误解），对其行为有必要重新评价（第六章第一节）。于是，即便存在违法性的误解，结果无价值性和行为无价值性都不会减弱，那是完全的违法行为。但是，刑罚只要以对已经做出的违法行为的非难可能性为前提而科处的刑罚理论为基础，在对行为者的意思决定的非难不可能的情形下科处刑罚就不能被正当化。从没有责任就不能科处刑罚（而且，刑罚的分量也不得超过责任的程度）的责任主义原则角度来看，在不可能知道该行为是违法的时候没有想到实行违法行为的，就不可能非难行为者，所以，必须否定刑事责任。虽然《刑法》第38条第3款承认对违法性有错误的情形存在减刑的余地，但在没有进一步的违法性意识的可能性时否定责任，必须认为犯罪不能成立，在学说上是通说[2]。虽然判例的主流采用了违法性不要说（即便没有违法性的可能性，犯罪也不是不能成立的见解），但最近，日本最高法院并没有排斥以上所述的学说上的见解，暗示在将来有再探讨其立场的可能性[3]。

即便从与《刑法》第39条以及第41条所规定的责任能力的关联上考虑，违法性意识的可能性亦必须是责任要素。责任能力是指，认识行为的违法性，而且是根据该认识控制动机的能力。即，为了追究责任，必须以具有认识行为的违法性能力（辨别能力）为前提[4]。如果是这样的话，在不可能有违

---

[1] 就这一点而言，参照佐伯仁志《罪刑法定主义》载于《法教》284号，2004年，第50页（佐伯仁志「罪刑法定主義」法教284号、2004年、50頁）。

[2] 学说上采用责任说的是大谷《总论》，第357页以下；曾根《总论》，第177页以下、第212页以下；内藤《总论下Ⅰ》，第1004页以下；西原《总论》，第415页以下；野村《总论》，第298页以下；平野《总论Ⅱ》，第263页以下；福田《总论》，第200页以下；山口《总论》，第213页以下；山中《总论Ⅱ》，第609页以下。另外，就这一点而言，修订的刑法草案第21条第2款提议"实行了对自己的行为不知道在法律上不被允许的人，当对此行为有正当理由时，不处罚"的规定。

[3] 特别参照：关于百元模造事件的最决昭62.7.16刑集41卷5号237页。

[4] 就这一点而言，参照中野《总论》，第40页。

法性认识的具体行为状况时，当然认为不能追究刑事责任[1]。即便这种情形具备了根据违法性认识能够控制动机的能力（控制能力），在具体的情况不能期待合法行为的意思决定时，同样也应该以没有期待可能性为理由否定责任（本章第四节）。在辨别能力和控制能力的责任能力要素的延长线上，可以定位违法性意识的可能性以及合法行为的期待可能性的两个责任要素（本章第一节二）。如责任能力是故意犯与过失犯共同的责任要素那样，可以通过违法性意识的可能性定位责任要素（责任说），也可以明确以上的责任要素之间的关系。

三、违法认识的"可能性"

违法性认识不可能的情形，即，违法性错误不可回避的情形，会产生具体是指什么样的情形的问题。以责任说的立场为前提，一般来说，当认识到违法的事实时，因为能够期待直接唤起违法性的意识，所以为了承认免责，即便行为者不得不相信是合法的行为，当存在从国家角度定义的责任追究被认为不能正当化那样的事情时（即陷入违法性的错误时）也有必要说存在"相当理由"[2]。但应该注意的是，这取决于作为"相当理由"要求达到哪种程度、对一般的国民在哪种程度上保障正确的法的情报的接受途径[3]。在刑罚法规自身存在问题时，即对该行为处罚的必要性或者妥当性存在质疑时或者处罚规定不明确时或者对国民而言通过辩护律师获得法律情报的途径困难时，对应该能意识到的违法性的国民的期待就不得不减弱。尤其是，如日本那样，就普通的国民而言，很难说能够充分保障在得到关于刑罚法规详细情报的可能性的状况下判定关于"相当理由"的有无，好像可以要求特别的宽容[4]。

---

[1] 好像也存在辨别能力的判断与违法认识的可能性判断之间的区别相当微妙的事例，但是，就因为这样，也不能说那样的区别是无意义的。关于责任能力与违法性的意识可能性之间的详细分析，可以参照松原《责任能力与违法性意识可能性》载于《产大法学》第32卷2、3号，1998年，第279页（松原「責任能力と違法性の意識の可能性」、産大法学32卷2、3号、1998年、279頁）。

[2] 参照《修订刑法草案》第21条第2款。

[3] 就这一点而言，参照平野《总论Ⅱ》，第268页以下。

[4] 即便在德国，之前故意犯中的违法性错误，因为存在构成要件的故意，并且是赋予了意识到违法性的直接机会的情形，为了可以说不可能回避错误，在既然可以说是普通的过失犯的情形下的"无过失"，以上回避困难这是必要的，这个见解曾经具有说服力，但是现在的通说适用于过失情形相同的标准。

值得信赖的情报源无论如何都是法令,因为法令被公布,所以在能确认条文就能够轻易地避免误解时,不能说这具有相当的理由。但是,关于公共机构所提供的法令的情报,对国民而言作为唯一的情报也是允许信赖的,也可以说国家即便根据公共机构的判断处罚是不公正的。常常成为问题的是在刑罚法规的解释上,虽然该行为能否被处罚并不明确,但是担当该法令运行职责的国家机构的判断/指示[1],在根据日本最高法院判例的情形下,承认欠缺违法性意识就具有相当性理由[2]。与此相反,当以私人专家的意见作为根据时,原则上不能说具有相当理由,这是大多数的见解。但是,对通常的国民而言,考虑到法的情报入手的可能性时,虽然至少以公共机构为准,也可以承认存在作为特别地给予一般国民法的规则的情报,关于那种社会性机能作用的功能,即便在信赖该判断时,能够追究该行为者的刑事责任,也会产生疑问。譬如说,普通的市民与律师相谈时,可以说会有错误,但只要存在能够信赖其信息的事情时,我想也可以免责[3]。在高级法院的判决中,也有以下的判决。为了通过作为民间自主性规则机构的影片伦理管理委员会的审查,不认为该当猥亵画面而放映猥亵影片的情形,否定了作为《刑法》第175条所规定的犯罪的成立(东京高判昭44.9.17高刑集22卷4号595页),这样的结论应该说是妥当的吧。

四、事实错误与违法性错误之间的区别

因为刑法是为了使得人民遵守规范而存在的,所以对认识到作为规范事实的行为者(为了保持规范不被动摇,作为故意犯)有必要加重处罚,而对没有认识到作为规范事实的行为者(因为它不是动摇了规范的行为,作为过

---

[1] 在下级审的裁判例中,存在相当多在根据公共机关的判断/指示的情形下承认相当性的理由,从而否定犯罪成立的判决。

[2] 但是关于判例,预想到的判例变更等与成为可得知的其他所为的违法性存在的情形有很大的区别。另外,关于判例的不利益变更的问题,通过将溯及判例变更的处罚禁止的原则(《宪法》第39条)的妥当化,要求不溯及的变更,个别地否定根据判例的行为者的责任的解放方法是妥当的。关于这一点,参照安田拓人《判例的不利益变更与溯及处罚的禁止》载于《大野真义先生古稀祝贺·刑事法学的潮流与展望》,2000年,第45页、第60页以下(安田拓人「判例の不利益変更と溯及処罰の禁止」『大野真義先生古稀祝賀·刑事法学の潮流と展望』、2000年、45頁、60頁)。

[3] 就这一点而言,参照山中《总论Ⅱ》,第628页以下。大谷《总论》,第370页以及内藤《总论下Ⅰ》,第1041页,根据从律师会照会所得到的回答,不同的情形下可以承认免责。

第十六章 责任要素的理论

失)(第一章第四节、第二章第四节、第六章第一节、第八章第四节三)只要轻微处罚就足够了。于是，通过各刑罚规则的解释将行为规范具体化，行为者认识到这种事实的话，故意的成立中就存在必要的事实认识。换言之，从行为者的认识事实中，以一般化的形式可以引出行为规范，如果将该刑罚法规中导出的行为规范一致化，故意的成立中就存在必要的事实认识。

因为判例证明没有承认以违法性错误为理由的免责，所以根据学说，即便在违法性错误产生问题的情形下，认为承认故意犯的刑事责任并不妥当的案件中，通过欠缺事实认识的理由就可否定犯意[1]。但是，为此，不能否定成为事实错误与违法性错误的界限在理论上欠缺首尾一贯的情形。在从正面承认违法性错误情形的免责可能性之上，关于欠缺根据错误的违法性意识中存在相当性理由的情形的要件，我想应该积累判断[2]。

譬如说，在最高法院的判例中就有以下的情形。从明治时代起实施的大分县令"取缔饲养犬的规则"中，规定了警察或者村长对没有圈养的犬可看作是没有所有者的无主犬并可以进行捕杀的情况，但是被告人在将他人所有的无圈养的犬，知悉为他人所属而捕杀时误解了该规定，即便在私人的关系中，也相信了无圈养的犬被看作是无主的犬。就该案件，最高法院主张：由于误解了法令，欠缺关于目的物属于他人所有的事实认识（最判昭26.8.17刑集5卷9号1789页）。多数学说支持该判例。误解法令，即便没有圈养的犬是他人所有的犬，相信可看作是无主的犬，其结果将客体当作了无主犬的话，对此，法令误解的结果，即便是他人饲养的犬，认为如果没有圈养，即便捕杀也没有关系，这种情形可以说是违法性错误，但是，那样的心理状态的不同是极其微小的，前者无论哪种程度的轻率的误信都能够阻却故意，而后者如果没有相当性理由的话就不能免除刑事责任，这很难说是妥当的处理。大概应该做如下考虑：器物损坏罪的规范，禁止对事实上包括性地属于他人管理/使用的物进行侵害。如果有那样的"归属性认识"的话，作为故意是充分的，不要求作为他人所有物的法的认识。被告人具有对那只犬是属于他人

---

[1] 继续支持这种判例的见解，也主张违法性意识的可能性的问题几乎是在事实认识的问题中消解。参照前田《总论》，第290页以下、第306页以下。

[2] 关于以上的这一点，参照福田平《行政犯中的事实错误与法律错误之间的界限》，判夕1004号，1999年，第8页以下（福田平「行政犯における事実の錯誤と法律の錯誤との限界」、判夕1004号、1999年、8頁以下）。

饲养的犬并且归属于他人的认识[1]。因为从该认识的事实出发，将"别伤害属于他人的物"的行为规范一般化是可能的（于是，该行为的规范与将器物损害罪的规范一般化是一致的），所以该错误可解释为不过是违法性错误。根据本事件的上告宗旨，大分县因为有"取缔饲养犬的规则"，所以不仅在猎人之间，在一般情况下捕杀无圈养的犬也认为是不得已的，这种思考方法可以说很广泛。既然有是他人的犬的认识，作为将其置于违法性错误中存在相当性理由的情形下，探讨是否应该承认免责，我想就是妥当的[2]。

　　作为大审院的判例，关于不知道在那个地方俗称的"毛麻"的动物与在狩猎法上所规范叫作"鼯鼠"的禁猎动物为同一动物而捕获的情形，是法律上的不知，因而不能阻却犯意（大判大 13.4.25 刑集 3 卷 364 页）。为了能够说具有狩猎法违反的故意，没有必要认识到将捕获的客体当作"鼯鼠"，只要有对那个地方的"鼯鼠"的别名叫作"毛麻"的认识就够了，并不一定需要知道"毛麻"与"鼯鼠"是同一动物。本质的问题是行为者是否能够意识到成为捕获禁止理由的客体属性[3]。而且，大审院还有以下的判例：相信"貉"与在狩猎法上禁止捕猎的"狐狸"是不同的动物，在捕获的情形下，因为欠缺狩猎法上所禁止的"狐狸"的认识，从而阻却了犯意（大判大 14.6.9 刑集 4 卷 378 页）。在前者的判例的事例中，"毛麻"不过是"鼯鼠"的别名，而在后者的案件中，一般来讲，可能认为"狐狸"与"貉"是不同的动物，在这一点上存在很大的差异（后者的判决被指出了作为立法论的不妥当性）。但是，行为者只要认识到成为捕获禁止的理由的客体属性，在任何一个案例中，都没有欠缺事实认识，之后应该说残留了违法性错误的问题[4]。

---

[1] 关于这一点，参照町野溯《演习刑法》（第 3 版），2004 年，第 103 页以下（町野溯『プレップ刑法・第 3 版』、2004 年、103 頁以下）。

[2] 对此，构成要件在要求"不实""虚伪"的时候，只要行为者将此当作"真实"来想的就不得不阻却故意。譬如说，最判昭 26.7.10 刑集 5 卷 8 号 1411 页，关于根据联合国最高司令部的备忘录相信寺院规则失效，实行了不诚实的上告，寺院登记簿上实行了内容虚构的变更登记事例，在欠缺认识到被告人变更登记事项虚伪不实时，不论关于错误的相当理由有无，都可以阻却公证书原本等不实记载罪的故意。的确，在这样的案件中，关于变更登记内容的虚伪性，只要不能肯定未必的故意，就不能承认故意犯的成立。

[3] 参照林《总论》，第 281 页。

[4] 正确的是无论对哪一个判例的事案都作为违法性的错误的见解，有福田《总论》，第 212 页以下（注一）；町野《总论》，第 225 页以下。

最高法院对以下的案件有如下判决：公司代表将自己父亲的公共浴场放在公司中继续经营，根据县官的教训规则，要求向县府提出当初的营业许可，从其父亲的公共浴场变更为其公司的公共浴场的营业许可申请事项的变更申请，因为通过县议会收到所受理的宗旨的联络，所以认识到有对公司营业的许可并继续营业的，就不能承认公共浴场法第8条第1款无许可营业罪中的无许可营业的故意（最判平1.7.18刑集43卷7号752页）。但是，即便在公共事务所中有营业许可，那种方式的处理也是违法的，这是不可改变的事实。法的预定之处在于既然实行了认识到不能给予营业许可的事实行为，就不是欠缺事实认识，不过是承认了违法性错误。对此，也有基于"虽然行为者具有大致的法的、专家的认识，但是那也由于认识到其他特别事情（外行的）而被打消，从而不能达到结果性意义的认识的情形"的理解[1]。但是，如果是这样的话，譬如说，尽管行为者大致认为相当于"猥亵"的行为，而与律师相谈的结果是被告知并不要紧的情形下，可能也会成为应该否定故意的情形[2]。在以这样的形式承认故意的阻却时，就可能完全区别事实认识的问题与违法性错误的问题（于是，判断标准二元化，如果发生事实认识的问题，就可以缓和地承认免责，如果发生违法性的错误的问题，则不能轻易地承认免责）。关于以上的违反公共浴场法的判例的事例，在将此作为违法性错误的情形时，我想应该探讨该免责的可能性[3]。

第四节　合法行为的期待可能性

期待可能性的理论是指：以存在根据刑罚规范控制动机困难或者不可能的行为事情为理由，承认减少或者阻却责任的思考方式。譬如说，从本书的

---

[1] 阿部纯二《事实的错误与法律的错误（3）》载于《刑法判例百选Ⅰ》（第4版），1997年，第97页（阿部淳二「事実の錯誤と法律の錯誤（3）」『刑法判例百選Ⅰ』「第4版」、1997年、97頁）。

[2] 即便根据律师的意见，也不过是法律的错误，主张不能阻却犯意的是东京高判昭34.5.26判夕92号，第58页。

[3] 就以上这一点，参照福田平《行政犯中的事实错误与法律错误之间的界限》，判夕1004号，1999年，第12页以下（福田平「行政犯における事実の錯誤と法律の錯誤との限界」、判夕1004号、1999年、12頁以下）；安田拓人《错误论（下）》载于《法教》274号，2003年，第94页（安田拓人「錯誤論（下）」、法教274号、2003年、94頁）。

立场出发,"法益同价值"的情形的攻击性紧急避险(第一类型)就不是违法性阻却事由,而应该解释成为以合法性行为的期待可能性为理由的责任阻却事由(本书第十二章第二节)。而且,根据关于过剩防卫(《刑法》第36条第2款)、过剩避险(《刑法》第37条第1款但书),可以预测到刑的减免的可能性,以紧急事态为根据正确地遵守正当防卫、紧急避险的要件,可以理解为考虑到了实行行为的困难,换言之,期待可能性的减少。应该注意的是,这些情形可成为违法性减少的前提。即,以期待可能性的思想为根据,作为可以承认责任减少与阻却的情形,多数条文中类型化的可能的案例都以违法性减少为前提。反过来讲,不存在保全利益不以违法性减少为前提,完全以减弱合法行为的期待可能性为理由承认减少责任,而且,只有存在极其例外的事情的情形下才能够考虑被允许由于合法行为的期待可能性而承认责任的阻却[1]。

作为根据规范意识的动机控制困难的行为,譬如说,可能会存在来自他人的胁迫、情绪控制、良心的纠葛、强度的确信(其中作为内容可能考虑到思想的/宗教的/职业的事情)、强烈的同情心等。当存在这些事情的时候,如果适用就本人而言是否可能控制动机的主观性基准(关于期待可能性的行为标准说),对行为者个人而言,该事情完全具有决定性影响,可能很容易肯定责任减少/阻却。我并不认为那是妥当的。只有在根据一般人/通常人可能了解其动机的情形时(换言之,置身于那种情况下的一般人/通常人,也承认同样存在控制动机的困难性时)才能考虑肯定责任减少(在此时,如果存在作为前提的违法减少的话,就可以得到与此相伴随的责任阻却)(本身第十五章第四节二)。虽然违法减少可以考虑完全否定无关系的责任本身,但在那时,多数承认好像能够肯定根据规范意识的控制动机大致不可能的"精神障碍"的精神状态[2]。

---

[1] 关于盗窃犯的防治与处分的法律第1条第1款,承认正当防卫,虽然同款所规定的情形相当性的要件是必要的,但是比照《刑法》第36条第1款的情形,可以解释为意味着缓和(最决平6.6.30刑集48卷4号21页)。而且,同时,同法第1条第2款规定了恐怖等由来的误想防卫情形下犯罪不成立的宗旨(最决昭42.5.26刑集21卷4号710页)。由于误想防卫违法减少的结果,即便另外可能成为由于过失犯处罚的问题,大幅度减少或者消化由于根据该当的事情期待可能性,处罚也不能被正当化。

[2] 就这一点而言,参照团藤《总论》,第276页注(五)。

第十七章　未遂犯与实行的着手

第一节　未遂的处罚根据

未遂犯是指尽管行为者意图实现犯罪事实，但是客观上没有能够达到犯罪完成的情形（《刑法》第43条、第44条）。于是，围绕未遂犯的处罚根据的见解的对立，不得不成为原封不动地反映围绕重视犯罪的主观方面还是客观方面（哪种程度）的"犯罪本质"（尤其是违法性的实质）的立场的对立（本书第一章）。如果从作为表示行为者危险性的性格的犯罪意思在外部表现之处寻求处罚根据的话（主观主义的犯罪理论），不论结果发生与否或者是否存在结果发生的危险，都应该同等地加以处罚，这种见解是主观说。旧刑法对未遂犯规定了刑罚的必要的减轻，与此相反，虽然现行刑法也保留了刑罚的任意的减轻（《刑法》第43条本文），不过它是受到了主观主义主张影响的结果[1]。但是，现在成为主观说前提的"特别预防一元论"作为刑罚理论并不妥当，考虑到实际上它过早提前了处罚时期，而且过度地扩大了处罚范围，主观说几乎已经失去了支持者。

现在具有支配性的见解是从客观主义的立场主张的客观说。但是，客观说的主张者，尽管不是从主观方面（从危险的性格以及由此产生的犯罪意思）而是从应该重视客观方面这一点上是与主观说一致的，但在这个阵营的内部，分为重视法益的侵害/危殆化的结果的侧面，或者重视现在实行的行为的规范

---

[1] 本来，即便是相同的未遂，因为也包含了发生接近既遂那样重大结果的情形，所以不减刑的观点也可以说与客观主义是相矛盾的，第44条作为原则（只要各本条中没有规定），因为不能处罚未遂，现行法的立场就不能说是彻底的主观主义。另外，关于现行刑法制定过程中的讨论，参照佐伯千仞、小林好信《刑法学史》载于《讲座·日本近代法发展史11》，1969年，第240页（佐伯千仞＝小林好信「刑法学史」『講座·日本近代法発達史11』、1967年、240頁以下）。

违反性两种见解〔1〕。现在的刑法学以刑罚是对"所实行的"反作用科处制裁的思考方法为基础，采用了所谓的客观主义的犯罪理论。未遂行为者也不是以"将来可能发生的"为理由，而是必须接受作为对"现实发生的"或者"引起实害的"反作用的刑罚的对象。于是，就产生了在未遂行为中是什么"引起实害"的问题。

根据重视结果发生的侧面的结果无价值论，惹起法益侵害（或者犯罪事实的发生）的实现/客观的危险之处存在处罚未遂的理由。"结果无价值"所指的"结果"中不仅有达到致人死亡的情形那样的"侵害结果"，而且还包含了现实地危及法益的"危险结果"。达到既遂的一步之遥的事态是未遂，既遂与未遂无论哪一个都是作为以事后判断的客观结果的发生为要件的一种结果来把握的，于是就成了一元性的理论构成的统合。根据结果无价值理论，实行的着手在法益侵害的现实的/客观的危险发生时点上得以肯定（实质的客观说），在没有发生现实的/客观的危险行为作为不能犯就从未遂处罚的对象中排除了（客观的危险说）。

与此相反，如到目前为止经常讨论的那样，刑法的本质性任务在确保行为规范的妥当性或者法益保护的效力中获得时，应该采用以实行从一般人来看成为危险的规范违反行为作为处罚的理由，重视行为无价值论的立场。在行为无价值论的未遂论中也存在各种各样的见解，其中与以事后确定的结果发生（犯罪的完成）为重要要素的既遂犯相比较，未遂犯采用了既遂与未遂共同的二元性的理论构成，而且，在围绕未遂犯是不是以纯然的行为无价值为处罚理由（还是为了肯定可罚性，有必要附加一定的结果无价值）这一点上，也有思考方法上的不同之处〔2〕。关于实行的着手，就成为规范违反行为，即在该当构成要件的行为（或者在这之前的行为）的开始时点上承认着手（形式的客观说），或者在实行了实质地观察为了实现犯罪的重要行为（在

---

〔1〕 关于学说上的对立状况，详细的参照野村稔、浅田和茂《未遂犯的处罚根据》载于《现刑》第2卷9号（2000年），第29页、第36页以下（野村稔=浅田和茂「未遂犯の処罰根拠」、現刑2巻9号、2000年、29頁以下、36頁以下を参照）。
〔2〕 如后述的那样，本书如果只是承认行为无价值的话，虽然能够满足作为未遂犯的处罚的最低限的要件，但是，却采用了在此之上附加结果无价值也具有（更加重要）的处罚理由立场（本书第十八章第三节二）。正因为有这种立场的基础，才是本书所采用的违法二元论（本书第一章第六节）。

关于构成要件实现的关系上的重要行为）时点上承认着手（实质的客观说）。关于可罚的未遂犯与不可罚的不能犯如何区别的问题，如果实行了一般人在行为的时点感到危险性的行为，即便客观地没有带来结果发生的可能性，也有可能被作为未遂犯处罚（具体的危险说）。与结果无价值论相比，进一步扩大了作为未遂犯的处罚范围，从而进一步缩小了作为不能犯不可处罚的范围。

第二节 实行的着手时期

一、概说

现行刑法的规定形式，虽然对未遂处罚不是例外性的规定（参照《刑法》第44条），但实际上主要的犯罪未遂几乎都被处罚。因此，未遂处罚的开始时点，即实行着手的时点，可以说是作为刑罚权发动的本质上的开始的时点来设定的。通过"实行的着手"（或者"实行的开始"）的（比较明确的）概念一般性地划定处罚界限，尤其是在1810年《法国刑法典》颁布以后，以这样的形式只对实行着手以后的行为原则上才作为处罚的对象，是近代刑法的特色之一[1]。日本刑法的规定也来自于《法国刑法典》[2]。

如此，注意实行行为决定刑罚权的原则性的发动时点是极为合理的。在现行刑法所限定的范围中，虽然也处罚实行着手之前的预备[3]，但是预备行为本身，从客观的/外形上来看，日常中多数为无害的行为（譬如说，买了水果刀，带刀访问别人家等，只要是带着杀人目的的实行的，只能是杀人的预备）。因此，作为实际问题，几乎没有在预备阶段认识到犯罪（即便是杀人预

---

[1] 详细的参照末道康之《法国刑法中的未遂犯论》，1998年（末道康之『フランス刑法における未遂犯論』、1998年）。

[2] 另外，关于日本刑法中的"未遂"一词法律用语的登场和定着，参照青木人志《翻译法律概念的困难性》载于《一桥论业》124卷4号，2000年，第495页以下〔青木人志「法律概念を翻訳する難しさ」、一橋論業124卷4号、2000年、495頁以下〕。在旧刑法中，如"已经实行这种事"所指的那样，不是作为名词，而是作为动词被翻译的（参照《刑法》第111条以下）。在明治20年（1887年）左右，也可以看到"执行的开端"这样的译语。

[3] 所谓的预备行为，是指以特定的犯罪实行目的实行的、为其目的的准备行为。关于现行刑法典的预备处罚的存在方式，具有独创的犀利分析方法，可参照菊地庆彦《预备罪的分析——特别以其处罚根据论为中心》载于《法学政治学论究》61号，2004年，第425页以下〔菊地慶彦「予備罪の分析~特にその処罰根拠論を中心として」、法学政治学論究61号、2004年、425頁以下〕。

备，2001年认知件数也不过是21件、2004年是24件、2003年是22件）。与此相反，从预备一开始转移到实行阶段，事态就发生转变了。实行行为，譬如说，用日本刀砍、用手枪射击等行为，在任何人看来都被认为是犯罪行为。当然，即便实行行为的概念是比较明确的，在严密的某一时点上是否承认实行的着手依然存在对立见解，其背景也存在围绕未遂处罚根据的不同思考。

二、围绕实行着手时期的诸学说

围绕决定实行着手时期的标准，对应的是如何考虑未遂犯的处罚根据，存在主观说与客观说之间的对立。主观说主张如果达到从外部能清楚地认识到行为者危险性质的阶段的话，就成为实行的着手，但是现在这种学说几乎没有得到任何支持。客观说分成形式的客观说与实质的客观说两种。形式的客观说是以构成要件作为判断标准的，从形式的角度决定着手时期的见解，当根据本来具有刑罚法规的文言的日常意思判断时，开始属于构成要件行为的一部分为实行的着手[1]。但是，那也存在着手的时点过迟的危险（譬如说，在盗窃罪的案件中，瞄准目的物伸手的时点开始成为未遂的话，无论如何也太迟了），所以形式的客观说主张实行的着手不是指实行行为本身的一部分，在与先行于实行行为本身不可分离的行为（之前的行为）的开始时点上承认着手的这种见解得到了广泛的支持[2]。根据此见解，譬如说，在盗窃的情况下，回溯到财物的物色行为时点也能够承认着手。日本历来的通说是形式的客观说，这可以说是判例中曾经的基本立场。与此相反，最近的多数说或者通说追求更加实质的判断标准，主张以达到法益侵害或者构成要件实现的危险性为标准的实质的客观说[3]，现在的判例中也存在这样的立场。

---

[1] 即便是现在，开始实行作为以这种意思的要求的见解有：野村稔、浅田和茂《未遂犯的处罚根据》载于《现刑》第2卷9号，2000年，第38页以下（野村稔＝浅田和茂「未遂犯の処罰根拠」、现刑2卷9号、2000年、38頁以下）。另外，参照团藤《总论》，第355页注（四）。

[2] 详细的参照盐见淳《关于实行的着手（1）》载于《法学论业》121号2号，1987年，第18页以下（塩見淳「実行の着手について（1）」、法学論業121号2号、1987年、18頁以下）。

[3] 譬如说：大越《总论》，第156页以下；大塚《总论》，第164页以下；大谷《总论》，第388页以下；川端《总论》，第450页以下；曾根《总论》，第238页；内藤《总论下Ⅱ》，第1220页以下；中山《概说》，第226页以下；西原《总论》，第280页以下；野村《总论》，第331页以下；林《总论》，第354页以下；平野《总论Ⅱ》，第312页以下；福田《总论》，第226页；堀内《总论》，第227页以下；前田《总论》，第145页以下；山口《总论》，第231页以下等。

三、探讨

因为未遂处罚的开始时期涉及对《刑法》第43条中"实行着手"的解释问题，如果无视该文言所具有的制约，从罪刑法定主义的角度看不免会产生疑义。因为实行的着手被解释成为"开始实行行为，即构成要件该当行为"，所以最低限度也有必要实行与该当构成要件的行为直接接续的"即将行为"（或者密切行为），回溯到那一点之前的行为就可能超越了解释的界限[1]。因此，虽然不能允许否定（或者克服）形式的客观说，但为了明确"即将行为"的意义，或者行为者实行的行为已经实行，事态的推移已经离开行为者之手，即便如此，还要作为否定未遂处罚，如果援用"法益侵害或者达到实现构成要件的危险性"的限定性标准的话，那也可以说是具有说服力的某种理论构成。在这个意义上，形式的基准与实质的基准，也可以具有"相互补充的关系"[2]。

应该探讨的问题是补充性地考虑"危险"概念的实质性内容。这里所指的危险概念是双重意义的[3]。首先，可能作为结果发生的时间性地迫近的事态来理解它。如果没有时间间隔而立即发生结果，不妨碍成为"即将行为"。作为射杀行为的即将行为是"瞄准射击的行为"、作为斩杀行为的即将行为是"举起日本刀的行为"，在这一时点必须肯定实行的着手。但是，为了杀人的目的准备几个月后引爆定时的爆炸装置的行为，到爆炸即将发生的时点，我想不应该认为是预备。同样，在以杀人为目的邮寄投毒的点心那样的隔离犯的情形下，到即将吞食邮寄的点心为止不能肯定着手是有疑问的。在这些事例中，由于结果发生的时间紧迫性，无非是说达到结果发生的程序上障碍的不存在性，换言之，结果发生的自动性应该以危险判断为标准。于是，在实

---

[1] 关于这一点参照盐见淳《关于实行的着手（3）》载于《法学论业》121号6号，1987年，第16页以下（塩見淳「実行の着手について（3）」、法学論業121号6号、1987年、16頁以下）；内藤《总论下Ⅱ》，第224页。可得到两个作为追溯到立即行动的理论构成。一是着手实行是指包含马上实行的解释（内藤《总论下Ⅱ》，第224页），另一个是，虽然不包含根据文理解释，但是可以包含根据扩张解释在内的解释。如果采用前一个见解，未遂当被称为构成要件的修正形式时，如即便没有结果的发生，好像也可以承认构成要件该当性那样，既可以承认修正后半部分，也可以向着构成要件的方向修正前半部分。

[2] 参照山口《总论》，第232页。

[3] 关于这一点，也参照内藤《总论下Ⅱ》，第241页。

行了没有经过大的障碍就达到结果发生的行为的时点上，应该肯定未遂处罚。如此，结果发生（犯罪的实现）的时间的迫切性或者结果发生（犯罪的实现）的自动性有任何一个都可以承认着手[1]。

在这里，结果的发生是否即将发生（结果无价值的要素）以及行为者在哪种程度上推进犯罪的实现（以行为者的犯罪计划为标准，终结为了实现结果的重要部分、还是超越了障碍）的（行为无价值的要素）双方，同时作为判断要素。但是，如果具备前者的结果无价值的要素的话，因为实行了对行为者而言应该实行的行为，所以可以完全肯定行为无价值的要素。这样考虑的话，作为统一的标准，在以"即将行为"的形式框架不被破坏的范围内，就可以通过实质性地考虑行为者"是否实行了应该实行的"来决定着手的有无。

另外，虽然在确定实行着手的时期方面存在对于应该在什么程度上考虑行为者的主观意图的争论，但是考虑到行为者的计划，参照行为者的整体计划，应该具体地判断终结了为实现构成要件的行为的重要部分还是超越了障碍。在后述的强奸案那样的情形中，通过行为者打算就那样在自动卸货卡车内实行强奸、还是将被害者带到旅馆实行，可考虑到着手时期不同而应有不同的归责。

四、关于具体的事例

在具体的事例中着手的实行，作为问题情形的样态，可考虑有以下三种：①成立未遂罪还是达到根据预备罪处罚的问题的情形；②成立未遂罪还是大概不可罚的问题的情形；或者③结果加重犯的成立与否成为问题的情形［譬如说，为了成立强奸致伤罪（为了成立《刑法》第181条第2款，伤害罪的原因行为有必要在强奸着手之后的时点上实行）］。尤其是关于①与②，与有放火、杀人、强盗等那样的预备罪的处罚规定的情形不同，没有规定处罚强奸、盗窃那样的预备的犯罪，如果还没有达到着手的话，因为犯罪不能成立，应该考虑到容易提早着手时期的倾向。

---

[1] 同样，可以列举的"行为经过的自动性要件"与"时间性的接近要件"作为择一的要件，参照盐见淳《关于实行的着手（3）》载于《法学论业》121号2号，1987年，第17页以下（塩見淳「実行の着手について（3）」法学論業121号2号、1987年、17頁以下）。

最近的作为关于杀人罪的判例值得注意的是最决平 16.3.22 刑集 58 卷 3 号第 187 页。被告人等准备伪造事故死而杀害 A 并诈取 A 的生命保险金，使用氯仿（chloroform）使 A 昏倒致伤（第一行为），将 A 带到 2 公里之外的地方，推入海中（第二行为），虽然 A 的死因不能特定，但在第二行为之前的时点上，由于第一行为可能就导致死亡了。关于该案件，判决"第一行为可以说是确实并且容易实行第二行为必不可少的行为，在第一行为成功的情形下，遂行之后的杀害计划上可以承认不存在障碍性的特别的事情，参照第一行为与第二行为之间的时间性场所的接近性等，第一行为是与第二行为密不可分的行为，……很明确可以承认开始第一行为的时点上已经达到杀人的客观的危险性，在那个时点上解释为杀人罪的实行的着手是妥当的"〔1〕。关于这个事例，考虑到行为者有计划的整体性，第一行为本身是危险行为，作为即将实行的行为可以肯定与第二行为之间的连续性〔但是，在决定性的理由中第一行为本身是危险的（不同情形下与杀害的手段相当）没有受到重视〕，只要注意到如果第一行为成功的话，就容易做出第二行为（消除了障碍），就能够勉强支持在第一行为的时点上承认杀人的实行着手的结论（关于该案件中的错误的处理，参照本书第六章第三节）。

关于盗窃罪的历来的判例采用了承认在直接接触构成要件该当行为的行为时点上着手的形式客观说，譬如说，非法入室盗窃罪，在与盗窃密切相关的物色物的行为的时点，承认着手（所谓物色说）。与此相反，最决昭 40.3.9 刑集 19 卷 2 号 69 页，对打算侵入电器店尽可能盗窃现金而在同商店内走向烟草窗口的时点，承认了盗窃未遂罪的成立（但是，在与《刑法》第 240 条适用可否的关系上产生了问题）。可见这是在物色之前的阶段承认着手的，接近于实质的客观说（而且，基于该基础）的判例〔2〕。不过，根据以上所述的基准（即将发生的行为的框架内考虑危险性），我认为并不是不能引出这样的结论。另外，关于入室盗窃以外的样态，譬如说，小偷的"摸底行为"还不能承认着手。相反，盗窃当铺、仓库内的物品时，如果实行了入侵

---

〔1〕 作为在判例的历史流程中分析这个最高裁判决定的见解，参照山口厚《实行的着手与既遂》载于《法教》293 号，2005 年，第 104 页以下（山口厚「実行の着手と既遂」、法教 293 号、2005 年、104 頁以下）。

〔2〕 反对这个判例的，是曾根《总论》，第 240 页。相反，在更早一点的阶段承认着手的，是平野《总论Ⅱ》，第 316 页。

行为的话,则可以承认着手[1]。

关于放火罪处罚未遂犯的,虽然只限于法定刑中的第 108 条与第 109 条第 1 款的情形(参照《刑法》第 112 条),这些罪的实行的着手时期在"放火"行为的开始时点,那就是给予目的物烧损原因力的行为开始的时点。问题是否必须是(无论对象物是目的物还是媒介物)现实地对对象物放火的行为(放火行为)。围绕这一点,下级法院的判例与之是对立的[2]。即便根据形式客观说的标准,如果承认回溯到即将发生的行为的话,点火行为之前就可承认着手(譬如说,在点火之前浇上汽油的行为、取走自动灭火器装置的行为等应该承认着手)。

关于强奸罪,手段上的暴行或者胁迫的开始时点是着手的时点。最决昭 45.7.28 刑集 24 卷 7 号 585 页,被告 2 人以带到相当远的地方在车内实行强奸的意思,将在市内通行中的女性强行塞入自动卸货卡车内,行驶到距劫持地点 5 公里远的护岸工地上实行奸淫的案件,在强行塞入自动卸货卡车内的时点,以"因为能够明确承认已经达到强奸的客观性的危险"为理由,承认了强奸罪的实行的着手(在这个案件中,在于强奸致伤罪的成立与否的关联中强奸行为的实行着手的时期产生了问题)。这可以说是从实质的客观说的立场肯定实行着手的案例[3]。但是,即便根据以上所述的标准,判例的解决也受到支持。因为,鉴于这是关于在车内强奸的事例(如果波及与旅馆相关联的实行目的的话,结论可能是不同的),而且,带到人们所不能看到的地方立即实行的状况,加之,如果塞入车内成功的话,回避了之后被第三者容易地发现而加以干涉从而转向实行的可能等事情,由于塞入车内从而达到犯罪实现的程序上的障碍不存在,换言之,可见能够肯定犯罪事实的自动性以及犯罪计划实行过程中的"超越障碍"性。

但是,如果它没有使用暴行,而是将被害者欺骗到车上带走的事例,又

---

[1] 关于判例,详细的参照野村稔《大评论刑法[第 2 版]第 4 卷》,1999 年,第 114 页以下(野村稔『大コンメンタール刑法[第 2 版]第 4 卷』、1999 年、114 頁以下)。

[2] 详细的参照伊藤涉《放火罪中的实行着手》载于《刑法判例百选Ⅰ总论》(第 5 版),2003 年,第 126 页(伊藤涉「放火罪における実行の着手」『刑法判例百選Ⅰ総論[第 5 版]』、2003 年、126 頁]。

[3] 反对判例的是,大越《总论》,第 154 页;曾根《总论》,第 242 页;内藤《总论下Ⅱ》,第 229 页;野村《总论》,第 331 页注(6)。

会如何呢？在这样的情形中，欺骗的行为与之后的暴力行为之间有割断，因为不能承认欺骗的行为是实行强奸行为的即将行为，就应该否定实行的着手。于是，根据形式的构成要件的限定就会产生问题，为了承认实行的着手，如果仅有危险性（即，时间的迫切性或者障碍不存在），很明显那是不充足的。将实质危险说的立场彻底化，当"即将行为"的形式限定等同于虚设时，在已经实施欺骗行为的时点就不得不承认着手。

第三节　间接正犯与实行的着手

一、利用者基准说

间接正犯以及隔离犯[1]中的实行着手时期的问题，是实行着手论的试金石（不过，它与间接正犯本身的成立范围的问题有密切的关联）。譬如说，医生让不知情的护士注射有害的药物给患者的情形（注射事件）、打开即会爆炸的组装爆炸炸弹通过邮寄送到被害者家的情形（邮寄事件）等，这些情形产生了在什么时点可以肯定实行着手的问题。

学说分为利用者基准说（发送主义）与被利用者基准说（到达主义）两种。利用者基准说主张：实行的着手是实行行为的开始，即便是间接正犯的情形，因为背后者犯人的诱惑行为是实行行为，即便较迟，犯人自身应该做的已经全部完成，之后达成的是依赖因果流程的阶段，所以必须肯定实行的着手[2]。这种见解是与以行为无价值性（即规范违反性）评价为违法判断中心的行为无价值论立场的整合。即便最迟的因果过程的行进也是到"离开"利用者之手为止，确定规范违反性的评价，在行为者已经完成了他应该完成的所有行为之后，在与行为者没有关系之处考虑实行实行行为，可以说很奇怪。如果实行行为是规范违反行为的话，通过行为规范起作用的，必须在可能性阶段予以肯定（而且，虽然在行为者的支配领域内中止的行为，从那里开始分离的话也有可能成为中止不能，在这之后很难考虑继续实行行为）。行为者决定性地从因果流程中分离时，之后不过是因果流程，因为意味着"应

---

[1] 行为与结果离开场所的犯罪，间接正犯概念性不同，采取间接正犯的形态的情形实际上很多。
[2] 譬如说，大塚《总论》，第167页以下；团藤《总论》，第355页以下注（五）；野村《总论》，第336页以下；福田《总论》，第226页以下等。

该做的已经完成",如果未遂的处罚根据应该从行为无价值中获得,那么在该时点肯定未遂处罚的利用者基准说就是正确的。

这里即便考虑以下那种特殊事例也很明白。即,虽然背后者认识到的是间接正犯的事实,但作为结果却是教唆行为实现的情形。如果在这种情形下,实行行为是被利用者的行为时点的话,在利用者的行为时点上,还不存在实行行为,因此,对于这个时点的主观方面的认识也不能称为故意。于是,教唆的事实与法定的符合也应不成其为问题(从预备行为开始到结果发生时,因为法定符合说没有成为问题,也不能承认故意犯的成立)。利用行为是实行行为,这里正因为可以说是故意,至少在教唆的限度内能够承认故意的符合。

二、被利用者基准说及其探讨

对利用者基准说存在是不是过早地丧失了承认着手的有力的批判[1]。特别是根据利用者基准说,在行为者实行犯罪时,如果法益侵害没有达到时间紧迫的阶段就不能承认着手,而在间接正犯的情形下在背后者诱致的行为时点上却承认了着手,因此失去了平衡。譬如说,在注射事件中,在医生的行为时点上能够肯定实行着手,而医生自身直接给患者注射的,没有到时间紧迫性的时点就不能承认着手,所以在这个意义上,好像让人感到失去平衡,提早了着手的时点。现在,曾经的形式客观说也采用被利用者基准说(更何况只是以结果发生的时间的急迫性作为实行着手的判断标准,当然会有这种疑问了)。

被利用者基准说,无论在直接正犯的情形下还是间接正犯的情形下,都是以法益侵害在时间紧迫的时点上承认实行着手的。这个见解的基础在于结果无价值论(因果违法性)。如果犯罪以结果的因果性惹起的因果过程为本质,然后未遂犯也以引起"危险结果"的结果犯捕捉的话,其发生的时点,即,在承认结果发生的时间紧迫性的时点应该能够承认着手[2]。当然,对此,实行着手的时点在解释论上不是"危险结果的发生时点",而可能会提出

---

[1] 特别参照西原《总论》,第317页。
[2] 譬如说:大越《总论》,第160页;佐伯《总论》,第306页;曾根《总论》,第268页;内藤《总论下Ⅱ》,第1230页以下;中山《概说》,第230页以下;林《总论》,第360页以下;平野《总论Ⅱ》,第318页以下;前田《总论》,第150页;山口《总论》,第233页以下等。详细参照桥本正博《间接正犯中的实行的着手时期》载于《刑法判例百选Ⅰ总论》(第5版),2003年,第130页以下(橋下世博「間接正犯における実行の着手時期」『刑法判例百選Ⅰ総論[第5版]』、2003年、130頁以下)。

是不是"实行行为的开始时点"的疑问。但是，从结果无价值论的立场来看，也可准备如下的答案：即便能够假设通过行为者的行为可能肯定"实行的着手"，在此之上也有必要要求发动作为未遂犯的实质处罚根据的"紧迫危险"的成立[1]。

　　对成为被利用者基准说的基本思想，如前所述，当以杀人为目的，历经数月紧密地准备定时爆炸装置，到爆炸即将发生的时点为止，认为只达到预备阶段的就必须指出其不妥当性。为了能够肯定未遂处罚，即便假设没有结果发生（犯罪实现）的事件紧迫性，就是只考虑到存在结果发生（犯罪实现）的自动性的话，也应该足够了。虽然结果发生是否紧迫（结果无价值的要素）具有重要的意义，但它不过是在行为者实行的那种程度（行为者的犯罪计划作为标准是否完成了重要的部分或者超越了障碍）的事情（行为无价值的要素）内部具有意义而已。即便没有结果发生的时间紧迫性，只要能够肯定与结果发生相关联的自动性，因为行为者已经完成了他应该完成的部分（已经放手了），就应该肯定未遂处罚。这样考虑，利用者基准说原则上才是正确的。

　　成为问题的是在间接正犯的类型中，对利用他人故意行为的情形应该如何考虑。譬如说，X知道那是"现在使用居住"的现住建筑物，欺骗Y并教唆他放火（《刑法》第108条），Y相信那是无人居住建筑物（《刑法》第109条第1项）实行放火行为的情形。关于这样的事例，否定X间接正犯的成立，主张现住建筑物放火罪的教唆犯的见解，一部分也很有说服力。但是，那样的思考方法，我认为是不妥当的。在与作为结果实现的重结果现住建筑物放火罪的事实的关系中，正确认识事态的只有X，所以只要在这个限度内，X通过利用Y，虽然成立非现住建筑物放火罪（《刑法》第38条第2款），而X应该承担作为现住建筑物放火罪的间接正犯的刑事责任[2]（本书第二十章第三节三）。如果这样，在这种事例中，虽然是相同的间接正犯，即便背后者完成了诱致行为也不能肯定结果发生的自动性，为此，有必要等到发生结果的时间紧迫性的时点。这样，关于间接正犯，原则上一边采用利用者基准说，同

---

[1] 曾根《总论》，第268页；内藤《总论下Ⅱ》，第1238页；山口《探究》，第211页。
[2] 也参照井田《案例研究刑法》，第277页以下、第294页以下（井田『ケーススダディ刑法』、277页以下、294页以下）。

时例外地在利用故意行为的事例中，应该在被利用者的行为的时点找出实行的着手（所谓的个别性解决说）。

必须这样思考的根据在于不得不承认正犯性的标准与结果发生的自动性的标准之间存在间隙（换言之，结果发生的自动性的标准即便不充足，也可以肯定正犯性）。只要在这个限度内，实行行为的时点与实行着手的时点就可能不重合。于是，虽然能够在不存在利用者的行为之处承认"实行的着手"，作为这个理论构成，间接正犯不只是单独的犯行，因为也是利用他人的犯行，所以实行的着手也应该根据被利用者的行为是否达到了全体结果发生的阶段来决定，这不能说是不可能的吧。[1]

---

〔1〕 关于这一点的理论构成，参照原口伸夫《间接正犯者的实行的着手时期》载于《法学新报》105卷1号，1998年，第61页以下（原口伸夫「間接正犯者の実行の着手時期」、法学新報105卷1号、1998年、61頁以下）。

第十八章　不能犯论与危险概念

第一节　不能犯的意义——不能犯论的课题

一、意义

不能犯是指，行为者通过未达到犯罪完成的危险性行为实行犯罪的情形，可以说是否定作为未遂犯的构成要件该当性（实行行为性）的行为（但是，即便作为杀人未遂犯可能会以伤害罪承认其构成要件该当性）。虽然不能犯不包含大概结果发生的危险的情形（即，只有危险为零或者接近零的情形才从作为不能犯处罚范围内排除），尽管不能称呼在某种程度上存在危险的不能犯，但是作为实行行为，也是因为没有达到被预定的最小危险从而被否定构成要件该当性的行为[1]。

不能犯成为问题的情形是，根据欠缺某种要素没有达到犯罪实现，从而分为客体的不能、方法的不能、主体的不能。作为客体的不能的事例，譬如说，X 决意杀害 A，深夜侵入 A 就寝的寝室，对正躺在床上的 A 胸口插入一刀，但是根据事后鉴定的结果，A 已经在数小时之前死于心脏病的案件。作为方法的不能的事例是，X 马上就被 A 警察逮捕，但却夺取 A 装在腰上的手枪，并对准 A 腹部开了枪，因为当时没有装实弹，于是没有达到杀害 A 的目的的案件。主体的不能，虽然在身份犯中产生问题，但是关于未遂也被处罚的渎职罪，作为没有"事务处理者"身份的行为者误信是基于身份的事实实行了渎职行为的情形，可能成为被讨论的对象（另外，在没有处罚的未遂的受贿罪中，因为未遂罪的成立与否没有产生问题，所以也没有发生不能犯的

---

[1] 譬如说，让他人乘坐公交车、出租车或者飞机等，虽然伴随一定的风险，但是，即便是这样，也不能就承认杀人罪、伤害罪的实行行为性（本书第四章第一节）。

问题）。

二、与实行的着手论之间的关系

关于在实行着手之前的阶段所发生问题的预备罪，因为具有达到犯罪完成的"危险"而成为处罚的理由[1]，所以如果不能承认那样的危险，就不应该被处罚。如果是这样，即便达到了实行着手的时间性阶段的也是不能犯，不能作为未遂犯处罚的行为也应该认为作为预备罪不可罚。在这样的意义上，大致没有达到实行着手的行为，可以说也不能处罚预备罪。

如从这里所知道的那样，作为不能犯否定构成要件的行为的同时，也不能承认实行着手的行为[2]。从这里出发，不能犯与实行着手论的相互关系就成为问题。如果是不能犯的话就不能肯定实行的着手，能被肯定实行着手的行为，同时就不可能成为不能犯（关于实行着手的判断以及拒绝大致的实质性的考虑另当别论）。至少应有如下解释。在不能犯论中是否能够肯定作为未遂犯具有应该具备的危险，在实行的着手论中以危险的存在为前提，就会产生在危险逐渐提高的程序中应当达到什么时间性阶段时才能够承认未遂处罚的问题。用不能犯论解释的危险判断的方法应该在实行的着手论中也可使用，但在实行的着手的判断中，考虑所谓的时间性发展中的提高危险程度、达到结果的程序中障碍的不存在性等的不能犯论中不成其为问题的要素（本书第十七章第二节三），就存在不同之处。

三、不能犯论的课题

关于区别作为未遂犯是可罚性的还是作为不能犯是不可罚性的标准，可以考虑的只能是关于未遂犯的处罚根据。在这里要问的是违法性的本质，以及因此而引起的犯罪的本质本身。现在的刑法学以刑罚是"判处的"、作为反作用科处的制裁的思考方法为基础，采用了所谓的客观主义

---

[1] 关于预备罪的处罚根据，参照菊地庆彦《预备罪的分析——特别以其处罚根据论为中心》载于《法学政治学论究》61号，2004年，第430页以下、第439页以下、第446页以下（菊地慶彦「予備罪の分析-特にその処罰根拠を中心として-」法学政治学論究61号、2004年、430頁以下、439頁以下、446頁以下）。

[2] 野村稔《不能犯与事实的欠缺》载于阿部纯二等编《刑法基础讲座第4卷》，1992年，第7页以下、第14页以下（野村稔「不能犯と事実の欠缺」阿部純二ほか編『刑法基礎講座第4卷』、1992年、7頁以下、14頁以下）；平野《总论Ⅱ》，第320页以下等。

的犯罪理论。未遂行为者没有以"可能将来实行"为理由,而是对"现在实行"或者"已经引起的实害"必须接受作为对它们反作用的刑罚。于是,在未来行为中的"已经引起的实害"是什么,就成为问题(本书第十七章第一节)。

附带说一下,如抽象危险犯未遂的存在中明确的那样,严密地说,未遂犯的危险性不是"结果发生的危险性",而是"既遂达到的危险性",这在侵害犯中只是偶尔一致而已。抽象性危险犯的未遂,譬如说,通货伪造的未遂必须是具有达到既遂具体的危险性的行为,在与保护法益之间的关系中,根据具体性事情,是对法益的威胁的行为,也不过是不能否定转向法益侵害的过程中的一枚棋子的行为而已。这样的行为以既遂为标准的话就是具体危险犯,在与法益之间的关系上,既遂犯本身因为是抽象危险犯,所以只能是抽象危险犯。为了避免概念的混乱,应该避免在具有达到既遂的具体危险性行为意义上的"具体危险犯"的用语及用法。虽然未遂犯以达到既遂的具体危险性作为处罚根据,但不是具体危险犯。是否是作为未遂犯处罚,应包含抽象危险犯在内。

第二节 危险判断的构造

一、"行为者的危险"与"行为的危险"

围绕区别未遂犯成立(可罚)还是不能犯(不可罚)的标准有主观说、抽象危险说、具体危险说以及客观危险说。根据以主观主义为前提的主观说,未遂处罚的根据是"危险者的危险"。于是,如果行为者实现犯意的话,立即可以作为未遂犯加以处罚。现在,以"行为者的危险"作为处罚根据的主观说已经没有支持者了。其他的三种学说都是以"行为的危险"为标准的见解,不过,行为无价值的立场采用抽象危险说或者具体危险说,结果无价值的立场则采用客观危险说。问题是其中哪一个见解最为妥当呢?

二、危险判断的基础事情

那么,为判断行为危险性的危险判断的构造是什么呢?让我们举一个简单的例子。对相距 10 米远的人瞄准射击的行为，是在与那个人的生命关系上的危险行为。但是，我们却是以弹丸命中可能性来判断危险性的。如果知道由于某种事情的确不能命中的话（譬如说，枪支损坏只能最多射到 5 米远的地方），我们是感觉不到危险的。与此相反，高性能的枪支所发射的弹丸从被害者的头顶 5 厘米之处通过，在那一瞬间，我们会判断那个行为是危险的行为。尽管那样，弹丸没有命中只能是由于最初枪口与目的物相差几厘米。行为以未遂终了是因为促使结果发生，在现实中存在障碍的某种事情（如枪口偏离几厘米），把所有的事情都考虑进去时，既然结果没有发生，至少限定在发射瞬间来看的话，可以说没有结果发生的可能性（但是，这种情况，如果对危险的标准与扣动扳机瞄准目标的瞬间结合来看的话，毫无疑问可以肯定该时点存在结果发生的可能性）。弹丸在 5 厘米处偏离的情形，可以说没有危险。

如果能得出只能射击 5 米的枪支的射击行为不是危险的，而高性能的手枪射击的行为（即便打飞了子弹）是危险的结论的话，只是考虑到使用"只能射击 5 米远的枪支"的行为者不知情，但是没有考虑到"枪口最初就偏离几厘米"，因为要判断是否存在结果发生的可能性。如此，就危险判断而言，本质上重要的问题在于考虑什么事情、抽象什么事情来判断结果发生的可能性。这样的问题可以成为危险判断的基础（事情）的问题。抽象危险说、具体危险说、客观危险说等学说，只能是围绕以什么事情为基础判断行为危险性有无的学说。

三、应该适用法则的知识

与危险判断的基础（事情）问题相并列，重要的问题是关于危险判断应该适用的法则的知识。行为危险性的判断是对该行为产生结果的可能性与否的判断。关于该判断，一定的法则性知识的适用是不可欠缺的。在自然科学知识不充分的古代，可能相信被诅咒的人就会死。根据现在的一般常识并不认为存在诅咒的行为是产生死亡结果的原因的法则性关系。即使世界上仍然存在认为"诅咒能够杀人"的人，但是，刑法上不应该采用那样的非科学的信仰为基准。即便是现在一般人的法则性知识，与最先进的科学者的法则性知识也可能是不一致的。不仅如此，科学家之间围绕一定的因果法则的存在，常常也分成不同的见解。于是，关于危险判断，到底应该以谁的法则性知识为基准就成为问题。譬如说，在决定是否具有通过性交让其感染 HIV 实行杀人的行为性时，就会产生这样的问题。

第三节 危险判断的基础事情

一、抽象危险说

抽象危险说，关于以什么事情为基础判断行为的危险性的有无，是以当行为者所认识的事实是真实的情况下是否存在结果发生的可能性为基准的学说[1]。因为将行为者所认识的事情置于原有的（指包括它的）危险判断的基础上，所以也称为"主观的危险说"。譬如说，以杀人为目的让他人吃下糖的人，虽然自己认为那个白粉是"氢硫酸"，但是杀人未遂；然而当行为者知道那是砂糖的情况下就构成了不能犯［无论行为者是否考虑用砂糖杀人的情形，在危险判断时应该适用的是法则的知识问题（本章第四节）。抽象危险说的论者也不主张应该以行为者的主观的法则性知识为标准[2]］。

抽象危险说的基准是比较明确的，而且，对事实的认识，法律往往是无力的，只要在以通过在规范的程度上表示标准就能够妨碍法益侵害的行为无价值的基本思想（本书第二章第四节、第六章第一节、第八章第四节三）为基础的范围内，抽象危险说就是具有充分根据的学说。从行为者认识的事情来看，如果搁置实现违反刑法规范的事实行为的话，就可以考虑到规范的妥当性，进而考虑到法秩序的动摇。尽管如此，抽象危险说在日本几乎没有得到支持，即便以行为无价值论为前提，也应该考虑一般人在可以看破不存在以危险为基础的事实情形下没有必要肯定规范违反。即便假设行为者相信那个药品就是氢硫酸，而将一般人/通常人来看也能看作是砂糖的情形（即，一般人感觉不到危险的情形）作为处罚的对象，从规范的一般预防的角度来看就太过了。在没有一般预防的意义之处，没有必要肯定行为规范违反。也有

---

[1] 譬如说：阿部《总论》，第 218 以下；木村《总论》，第 356 页以下。在日本几乎没有得到支持，但是在德国却是通说，被称为"印象说"。
[2] 譬如说，木村《总论》，第 357 页以下主张，关于"危险性的判断主体"问题，应该以科学性的一般人的判断为标准。

在理论上对此并不是首尾一贯的学者[1],那样的论者没有能够理解在犯罪论的背后存在刑罚论(换言之,割断刑罚论,纯粹地考虑犯罪论)。

二、具体危险说

抽象危险说以行为者认识的事实作为原封不动判断的基础,与此相反,具体危险说[2]只有在与真实一致的情形或者一般人也那样认识的情形下,才将此作为判断的基础。如此才可以认为是比抽象危险说更为客观的学说[3]。举例说明,行为者认为医院的停尸房的尸体是活人实行杀害行为的情形等,根据抽象危险说构成未遂犯,而根据具体危险说则构成不能犯。

相反,虽然具体危险说在行为的时点以一般人/通常人所认识到的事情为基础判断危险性的有无,但是在一般人不能知道的特殊事态(譬如说,有人在装有砂糖的瓶子中混入了毒药的事实)而行为人知道的情形下,只要那是真实的就可以成为判断的基础[4]。如此,具体危险说认为无论行为者是否认识到危险都是相对化的,所以即便是"客观地/事实地是法益侵害,对一般人或者行为者而言,如果没有认识到可能性的话,就不是违法",与折中的相当

---

[1] 松原芳博《犯罪结果与刑法规范》载于《三原宪三先生古稀祝贺论文集》,2002年,第328页注(29)[松原芳博「犯罪結果と刑法規範」『三原憲三先生古稀祝賀論文集』、2002年、328頁注(29)];山口厚《评释》载于《最前线》,第78页以下、第198页以下等(山口厚「コメント」最前戦78頁以下、198頁以下)。另外参照佐藤拓磨《关于不能犯之考察——具体的危险说的再探讨》载于《法学政治学论究》54号,2002年,第361页以下、第366页以下(佐藤拓磨「不能犯に関する一考察-具体的危険説の再検討-」法学政治学論究54号、2002年、361頁以下、366頁以下)。

[2] 譬如说:植松《总论》,第341页以下;大塚《总论》,第250页以下;大谷《总论》,第395页;川端《总论》,第475页以下;佐伯《总论》,第316页;团藤《总论》,第165页以下;中《总论》,第195页以下;西原《总论》,第295页以下;野村稔《未遂犯之研究》,1984年,第331页以下(野村稔『未遂犯の研究』、1984年、331頁以下);野村稔《不能犯与事实的欠缺》载于阿部纯二等编《刑法基础讲座》(第4卷),1992年,第12页以下(野村稔「不能犯と事実の欠缺」阿部純二ほか編『刑法基礎講座第4巻』、1992年、12頁以下);平野《总论II》第322页以下;福田《总论》,第239页等。

[3] 关于这一点参照野村稔《未遂犯之研究》,1984年,第333页以下(野村稔『未遂犯の研究』、1984年、333頁以下);日高义博《不能犯论中的危险判断》载于《宫泽浩一先生古稀祝贺论文集》(第2卷),2000年,第419页以下(日高義博「不能犯論における危険判断」『宮澤浩一先生古稀祝賀論文集第2巻』、2000年、419頁以下)。

[4] 关于这一点参照山口厚《危险犯之研究》,1982年,第105页(山口厚『危険犯の研究』、1982年、105頁)。

| 第十八章　不能犯论与危险概念 |

因果关系说相同，必须注意到行为无价值论的首尾一贯的归结。

另外，根据具体危险说，在主体不能的案件中，从原理上就不能排除未遂犯成立的余地。但是，关于身份犯，其特有的身份与对法益的危险有密切的关联，在主体不能成为问题的案件中，即便就一般人而言，行为者的误信也被认为是可能的情形，就会产生疑问[1]。

只要持刑法是采用禁止法益侵害行为（或者危险法益的行为）的规范（行为规范）是通过一般国民的遵守保护法益而存在的基本见解，认为行为是以一般人/通常人的认识可能性为基础的具体危险说就是妥当的。但是，关于根据具体危险说的危险判断，因为在现实中实行的具体行为是否危险成为问题，所以对客观事态的确定就会成为首要前提[2]。抽象危险说只从行为者的认识事情实行结果发生的可能性进行判断（在这个意义上完全是"主观的危险"说），与此相反，具体的危险说以现实事态的确定为前提，在明确关系到结果不发生的全部事情之上，追问分别不同的事情是否是一般人可能认识的、如果不是这样至少是不是行为者已经认识到[3]的。在现实中发生的具体事态成为评价对象的这一点上，可知与相当因果关系的判断是相同的[4]。

其次，应该注意的是，即便关于未遂处罚采用具体危险说，也有必要与更加客观的危险判断方法一起适用[5]。为了区别既遂与未遂，真正有危险

---

[1] 盐见淳《关于主体的不能》载于《法学论业》130卷2号，1991年，第1页以下、130卷6号，1992年、第1页以下（塩見淳「実行の着手について（3）」法学論業130巻6号、1987年、1頁以下、130巻6号、1992年、1頁以下），详细地论证了一律不可罚的结论。

[2] 关于这一点参照日高义博《不能犯论中的危险判断》载于《宫泽浩一先生古稀祝贺论文集》（第2卷），2000年，第419页以下（日高義博「不能犯論における危険判断」『宮澤浩一先生古稀祝賀論文集第2巻』、2000年、419頁以下）。

[3] 具体危险说就是所谓的事前判断的立场，该立场认为，即便现实中行为的时点存在不可能认识的事实，也不过保留在没有影响到违法性的有无/程度的限度上。内山良雄《不能犯论》载于《现刑》2卷9号，2000年，第50页以下（内山良雄「不能犯論」、现刑2巻9号、2000年、50頁以下）；佐伯仁志《不能犯》载于西田典之、山口厚编《刑法的争点》（第3版），2000年，第90页（佐伯仁志「不能犯」西田典之＝山口厚『刑法の争点〔第3版〕』、2000年、90頁），在相当于危险判断考虑到事后判明的事情这一点上，虽然很难论断与所谓的事前判断的基本立场相矛盾，但也不是从具体的危险说的正确理解上的批判。

[4] 关于这一点参照井田《犯罪论》，第85页。

[5] 在具体危险说的主张者中，只有以一般人的认识可能性为基准的危险判断才是唯一可能的，尽管也有主张好像不可能更为客观化的危险的学者，但这存在疑问。

（伴随危险结果）的未遂，从一般人的角度来看，必须区别于达到危险的未遂（这种区别，在实际的结论中，至少在量刑上具有重要的意义）。在实践中不可能存在完全无视科学的危险性探讨未遂犯的成否[1]。判例多数重视结果发生的物理性的可能性，我想这也与具体的危险说不矛盾[2]。具体的危险说很明确，永远是要求作为未遂犯处罚的必要的最小限度的危险。只有根据行为无价值的存在（即，具有该当行为侵害规范的缘由），处罚才有可能。但是，从可以肯定行为无价值的未遂行为来看，当引起一定的结果不法（包含危险事态的惹起）时，根据该附加要素的存在就会提高违法性。这是本书作为前提的二元论的立场[3]。

再次，如果将视野扩大到未遂犯以外的问题上，只要大概承认结果不法的意思，更为客观化的危险概念就是不可欠缺的。譬如说，作为正当防卫、紧急避险的前提要件的法益侵害的危险性就必须是发生客观化的危险事态（所谓的"作为结果的危险"）[4]。譬如说，X 用没有装上子弹的枪杀害 A，从其背后用枪抵及时，如果 Y 与 A 之间在关系上可以实行紧急避险的话，那就应该否定 Y 在与 X 的关系上实行正当防卫的可能（假如 Y 射杀 X 的话，那是所谓的"正当防卫的未遂"，不过成了误想防卫的问题）。即便是具体危险说的主张者，也必须以更为客观化的危险概念作为标准，必须明确该判断的方法。

三、客观危险说

客观危险说在事后判断的立场的这一点上具有特色，无论是行为者还是一般人的认识可能性，也应该考虑进事后判明行为时的客观事情，判断行为的危险性。旧的客观危险说有绝对的不能（"大概"不能的情况）与相对的不能（"偶尔"不能的情况）之间的区别，前者为不能犯，后者为未遂犯[5]。

---

[1] 关于这一点参照内藤《总论下Ⅱ》，第 270 页以下。
[2] 另外，关于判例的立场，参照盐见淳《不能犯》载于《法教》202 号，1997 年，第 36 页以下（塩見淳「不能犯」法教 202 号、1997 年、36 頁以下）。
[3] 详细的参照井田《围绕所谓的违法二元论的考察》载于《阿部纯二先生古稀祝贺论文集·刑事法学的现代课题》，2004 年，第 125 页以下（井田「いわゆる違法二元論をめぐる考察」『阿部純二先生古稀祝賀論文集・刑事法学の現代の課題』、2004 年、125 頁以下）。
[4] 关于这一点，详情参照：Hans Joachim Hirsch, Strafrechtichet Probleme, 1999, S. 556 ff.
[5] 参照曾根《总论》，第 244 页以下；中山《概说》，第 239 页以下。

但是，这种区别基础因不明确而受到批判。譬如说，用没有装有子弹的枪射杀人的行为，在"大概"没有装有子弹杀人的意义上可以说是绝对的不能，如果认为用枪可能杀人，只是"偶尔"没有装有子弹的话，可以说是相对的不能。对其投毒而致死量不足的情形下，在"大概"的毒致死量不足以毒杀人这一点上好像是绝对的不能，不过是"偶尔"致死量不足的可以说是相对的不能。

客观危险说的难点是在无限定地考虑事后判明行为的客观的事情时，既然在结果的不发生中常常存在某种客观的理由，其结局是一旦没有发生结果，行为就变得没有危险，可能所有的情形都可以成为不能犯。于是，从事后判断的立场来看，所指的危险的论证就成为主张客观危险说的课题。一种思考方法，是以行为的事情在可能的限度内客观地确定为前提，或者以作为评价性的一定的时点上无论如何都会残留的"科学的不确定性"为根据，来肯定危险发生的[1]。譬如说，在从枪口发出的子弹因为在离被害者 A 的头顶 5 厘米之处通过，A 侥幸逃脱的案例中，把扣动扳机指向目标一致的瞬间作为危险判断的基准的话，即便考虑那个时点的全部事情，结果会不会发生，"科学地讲也是不确定的"。即便在扣动扳机的瞬间枪口只是偏离了几厘米，在运动神经的作用下，子弹也有可能偏离，为此结果的发生/不发生"科学的不确定性"。即便在已经发生了子弹从被害者的头顶通过时，由于被害者的反应也有可能接近子弹，仍然残留了"科学的不确定性"。一般地说将没有达到致死量的毒给被害者饮用的案件中，在那个时点，因为在被害者体质的变化等科学性中存在还不能确定的要素，只要在这个限度内，就残留"科学的不确定性"的余地。

如此，在用行为时点上的事情考虑事后的确定可能的全部事情时，也应该说在残留科学的不确定的限度内可能存在危险性，至少能成为如前所述的正当防卫中的"侵害"与紧急避险中的"危险"的内容的法益侵害的危险，

---

[1] 虽然各种各样的见解的细节相当不同，但是也可见：内山良雄《不能犯论》载于《现刑》2 卷 9 号，2000 年，第 54 页以下（内山良雄「不能犯論」、現刑 2 巻 9 号、2000 年、54 頁以下）；内藤《总论下Ⅱ》，第 266 页以下；林阳一《关于不能犯》载于《松尾浩也先生古稀祝贺论文集上卷》，1998 年，第 379 页以下（林陽一「不能犯について」『松尾浩也先生古稀祝賀論文集』、1998 年、379 頁以下）；村井敏邦《不能犯》载于芝原邦尔等编《刑法理论的现代性展开·总论Ⅱ》，1990 年，第 176 页以下（村井敏邦「不能犯」芝原邦爾『刑法理論の現代の展開·総論Ⅱ』、1990 年、176 頁以下）等，基本上认为在这个方向构想为危险判断。

在如这种意义上的科学的不确定性的限度内也可以认为应该是能够肯定的。即便是作为未遂犯成立的必要的危险，法益侵害结果的发生/不发生科学上不确定性的事情（结果发生的可能性不能被科学地排除的事情），就法而言是不期望的事情，所以因果地引起这样的事情是值得接受的作为反作用的刑罚的结果性不法，可以充分地成立这种主张。

作为一个思考方法，从称为"被修正的客观危险说"的立场看，即是指，通过以科学的一般人为基准，事后追问为了产生结果的必要事实（假定事实）的存在可能性的程度，以此来判断危险有无的见解[1]。譬如说，夺取巡逻中的警察携带的手枪射杀他人的行为，因为那个警察有时忘记装入弹药而不能打出子弹，没有发生所期待的结果，即便在该行为的时点，因为可以说在某种程度上存在"装满子弹"的（应该带来结果的惹起）假定事实的可能性，所以，具体地说行为是危险的，可以成立杀人未遂（与此相反，譬如说是博物馆中展览的枪支的话，因为不能装有发射可能的子弹，从而可以否定危险性）。但是，这种见解的倡导者，对客观的存在并用了拒绝这种抽象化（虽然不是完全但是大幅度地）的限定性基准。客体不存在时，即便假设客体存在高度的可能性，以没有法益客体的现实的危殆化为由，也可以否定未遂犯的成立[2]。

该见解是从事后的/科学的判断立场明快地论证危险判断可能性的见解，在将"可能有结果发生"应该作为未遂判断的根据这一点上，没有超出作为反对"惹起"的反作用构想刑罚的报应性刑罚论的古典性框架，可以认为能够说明未遂处罚。但是，如果一旦导入对假定性事实存在可能性的判断（反事实的判断），拒否只有客体存在的"限定性标准"才能成为是否是理由的问题[3]。实际上，以6次才有1次可能打出子弹的概率可能性的手枪为手段杀

---

[1] 山口厚《危险犯之研究》，1982年，特别是第164页（山口厚『危険犯の研究』、1982年、164頁）。山口《总论》第238页以下。而且，佐伯仁志《不能犯》载于西田典之、山口厚编《刑法的争点》（第3版），2000年，第91页（佐伯仁志「不能犯」西田典之＝山口厚『刑法の争点［第3版］、2000年、91頁』）；堀内《总论》，第238页以下，基本上也支持它。

[2] 山口厚《危险犯之研究》，1982年，第166页以下（山口厚『危険犯の研究』、1982年、166頁以下）。山口《总论》第239页以下。

[3] 关于这一点，佐伯仁志《不能犯》载于西田典之、山口厚编《刑法的争点》（第3版），2000年，第91页（佐伯仁志「不能犯」西田典之＝山口厚『刑法の争点［第3版］、2000年、91頁』）。

人的情形,与明确知道6个小屋中有1个小屋里有人而射击那个小屋的情形一样,我并不认为有必要用不同的判断。而且,即便从该学说的基准来看,以科学的一般人为标准,事后追问假定事实的存在可能性的程度,可以归结于在如前所述的具体危险性说之间所存在的差距(被害人在自己寝室的床上躺着的可能性有无,与那种情况下的一般人而言能否预测到被害人躺在床上一样)。大概从结论上所产生的不同,是因为预测到真实的事态,所以限制普通人不必有科学性知识的情形。具有高度科学知识的人,如果没有给予事后才开始明确的情报的话,即便在不可能知道的否定危险根据的事实的情形下,也会产生是不是应该成立不能犯的问题。另外,该"被修正的客观危险说"的判断方法,即便作为判定作为正当防卫、紧急避险的前提要件的法益侵害的危险性方法,也不能被采用。X用没有装有子弹的(但是,可能会装)的手枪杀害A时,Y从X的背后进行阻击不能作为正当防卫,也不能射杀X。

根据具体危险说或者客观危险说的态度决定,从结局上看应该归结为违法论的不同。没有未遂行为或者行为不法,就不能成为违法,只要根据"即便客观的/事实性的存在法益侵害可能性,对作为一般人或者行为者而言,只要没有认识可能性就不是不法"的基本思想,就不能支持反对它的客观危险说。采用具体危险说完全将决定性的立场置于一般人的透视中的话,客观危险说通过完全是非本质的差异,不得不区别未遂犯与不能犯。在所谓的空口袋的事例中,就具体危险说而言,以该行为的事实为基础是否看到被害人在口袋中具有钱包等财物很重要,与此相反,客观危险说则认为所瞄准的是其他的口袋中的钱包时(只限于此法益侵害的可能性才能得到肯定)是未遂犯,而当被害人忘记拿钱包时(大概法益侵害的客观可能性能够被否定)为不能犯[1]。同样,从在这种情况下的一般人的透视来看,用没有装入子弹的手枪射击的瞬间认为"好像死了"的人,不过是在子弹的附近通过的情形与"好像死了"一样,虽然杀人未遂的被害可以说很充分,但是从客观危险说的立场来看,那样的思考大概只能置于判断之外。另外,根据具体危险说时,虽然未遂的成立范围可能会受到过于扩大的批判,但是,却注意到了犯罪的成立与可罚性是不同的问题。虽然不能感觉到关于被害的轻微性行为,但是原

---

[1] 参照曾根《总论》,第247页;山口厚《危险犯之研究》,1982年,第169页(山口厚『危険犯の研究』、1982年、169頁)。

则上那不过是与诉讼法对应的问题。

第四节 应该适用的法则性知识

最后,看一下关于危险判断所应该适用的法则性知识的问题。该问题是危险判断的基础事情在不同程度上的问题。两者之间有理论的亲和性[1],而且,两个问题之间的区别即便存在困难的情形,但是作为个别的问题也应该能够被区别,可以说在某种程度上它对应事实错误与违法性错误的问题之间的不同。即便采用具体危险说,刑法也不应该以普通人具有的非科学性知识为基准,而应该以科学知识为前提[2]。譬如说,关于艾滋病,人们共有一种没有科学根据的迷信的恐怖时,刑法不应该降到无知的水平,而是应该启蒙人们。将来,如果普及科学性知识的话,不应该处罚无罪的行为(要不然,就会关联到"魔女狩猎")。实际上存在投入某种药剂的一定量的事实时,关于是否会引起死亡的结果,一般人因为没有专门知识,所以可能会产生判断不能的问题。虽然科学地承认因果法则的存在,但是不能说那就是在一般人的社会观念中采取的情形,以一般人为标准大概也不能肯定危险的发生[3]。如此,可以说不可能让一般人拿出关于法则性的知识。

在判断中有以下几种,通过硫黄杀害被害人的行为,以绝对不存在结果发生的可能性的理由认定为不能犯(大判大 6.9.10 刑录 23 辑 999 页);用注射器从被害者的手腕的静脉内注入空气杀人的行为,即便空气的量在致死量以下,无论被害者的身体条件等的事情如何,也不可能以绝对不存在结果发生的危险的医学上的观点为基准而成立未遂犯(最判昭 37.3.23 刑集 16 卷 3 号 305 页)。这些判例关于法则性知识问题,可以说不是以普通人具有的法则性知识为基准,而是以科学的知识为基准。在这一点上意味深长的判例是以

---

[1] 如果是抽象危险说,关于行为者的法则性知识,从具体的危险说的立场来看,达到以面对法规范的一般人/通常人的知识为标准的见解比较自然(譬如说,大塚《总论》,第 225 页以下;大谷《总论》,第 400 页以下;福田《总论》,第 240 页以下等),如果是危险说的话,以科学性的知识为基础可能是理论性的。但是,如前所述,木村《总论》,第 357 页以下认为在采用抽象危险说的同时,应该以科学的一般人的判断为标准。

[2] 关于这一点,也参照植松《总论》,第 347 页。

[3] 中野《总论》,第 88 页;山口厚《危险犯之研究》,1982 年,第 70 页(山口厚『危険犯の研究』、1982 年、70 頁);山口《总论》第 215 页,是正确的。

下的案例（岐阜地判昭 62.10.15 判夕 654 号 261 页）：被告人对未来悲观失望，打开了煤气的开关，引燃煤气灶的胶皮管，并且将门口的窗户以及房间的出入口的玻璃缝隙都用胶带贴上。虽然让煤气充满房间，但是被偶然来访问的朋友发现，因而没有达成目的。其实，城市煤气是天然气，所以也并不存在中毒的可能性。因此，法院从认定具有窒息死亡的可能性、引火导致煤气爆炸死亡的可能性的科学性的危险以及从一般人看可作为危险性的两方面理由，肯定了未遂罪的成立。的确，即便以具有科学知识的一般人（科学性的一般人）为标准，关于这样的事例，即便没有中毒死亡的可能性，但依然是存在窒息死亡的可能性、引火导致煤气爆炸的死亡可能性，所以可以承认未遂犯的成立。

275

第十九章 中止犯

第一节 刑的必要性减免的根据

一、作为刑罚的必要减免事由的中止犯

现行法上，中止犯（中止未遂）被作为未遂犯的一种样态所规定，是指虽然实行了犯罪的着手，但又"通过自己的意思中止犯罪"的行为（《刑法》第43条但书）。在《刑法》第43条适用的未遂（广义）中，虽然包含障碍未遂，接受同条但书适用的中止未遂，但是，关于障碍未遂不过只是规定"可以减刑"（第43条本文），关于中止犯则规定可以免除刑罚或者至少能够减轻刑罚。尽管如此，作为立法例，如《德国刑法》（第24条）那样，中止未遂作为未遂不可罚（犯罪不成立），在日本刑法中没有那么"宽大"，作为犯罪以成立未遂罪为前提[1]，只不过承认了是在刑的必要减免之上的特别处理。

当承认某种罪的中止成立时，中止之前所产生的事实是该当特别犯罪既遂犯的构成要件的。譬如说，在承认杀人的中止未遂案件中，好像存在已经发生相当于伤害罪的既遂的事实情形。在这样的案件中，从开始就能够否定[2]伤害罪的成立。尽管如此，为什么在科刑上又可以按照现行的伤害的量刑水准予以降低呢？而且，也有必要说明为什么可以科处下降到伤害罪的法定刑下限[3]。既然伤害罪本身已达到既遂，就没有讨论其违法性或者责任减少的余地。不问伤害事实的理由如何，只能是通过产生中止的恩典从而导出回避

---

〔1〕 刑的免除判决也是有罪判决的一种。参照《刑事诉讼法》第334条。
〔2〕 大塚《总论》，第214页是这个宗旨吗？
〔3〕 关于这一点，参照 Hans Joachim Hirsch, Strafrechtichet Probleme, 1999, S. 915.

重的法益侵害行动的政策性的考虑〔1〕。

二、政策说（刑事政策说）

如此，不可能存在对中止未遂的特别的处理从政策性的考虑中隔离之后的讨论。如政策说所主张的那样，刑事政策的考虑，即通过承认作为"恩典"的宽大处理（架起"浪子回头金不换"之桥），对行为者（以及将来可能实行犯罪的一般国民）奖励中止行为，从而保护法益不受侵害的思考方法，不能否定是中止犯规定的基础〔2〕。通过给予褒赏或者恩典，绝大多数只能是政策性地引导犯罪人不实行所期望的行动的规定〔3〕。

针对政策说，存在普通的人因为不知道中止犯的规定所以不能期待政策性的效果或者刑法不承认减免刑罚从而降低了政策性的效果的批判。但是，若以这样的理由不承认制裁（中止犯的情形是积极制裁）效果的话，对以上所揭示的一系列减轻免除规定的存在意义，也不得不产生怀疑〔4〕，而且，大概也只能否定刑法的犯罪预防的效果（因此，倒退到了绝对的报应刑论）。刑

---

〔1〕 关于这一点，参照平野龙一《犯罪论的诸问题（上）总论》，1981年，第157页以下、第165页（平野龍一『犯罪論の諸問題（上）総論』、1981年、157頁以下、165頁）以及平野龙一《总论Ⅱ》，第414页。

〔2〕 作为关于政策说的详细研究，金泽真理《关于中止未遂体系性定位的备忘录》载于《东北法学》16号，1998年，第83页以下（金澤真理「中止未遂の体系の位置づけに関する覚書」、東北法学16号、1998年、83頁以下）；金泽真理《关于中止未遂中的刑事政策说的意义》载于《法学》63卷5号，1999年，第39页以下、64卷1号，2000年，第53页以下（金澤真理「中止未遂における刑事政策説の意義について」法学63卷5号、1999年、39以下、64卷1号、2000年、53頁以下）；城下裕二《关于中止未遂中的必要见面》载于《北大法学论集》36卷4号，1986年，第173页以下（城下裕二「中止未遂における必要的減免について」、北大法学論集36卷4号、1986年、173頁以下）；城下裕二《围绕中止未遂的减免根据的近时的理论动向》载于《渡边保夫先生古稀纪念·误判救济与刑事司法的课题》，2000年，第569页以下（城下裕二「中止未遂の減免根拠をめぐる近時の理論動向」『渡辺保夫先生古稀記念·誤判救済と刑事司法の課題』、2000年、569頁以下），是重要的。

〔3〕 譬如说，参照自首（《刑法》第42条）、伪证、虚伪告诉的情形的自白（《刑法》第170条、第173条）、身体的赎金目的的拐带等罪的情形的解放减轻（《刑法》第228条之二）等。关于这一点，参照高桥则夫《刑法中的损害恢复的思想》，1997年，特别是第16页（高橋則夫『刑法における損害回復の思想』、1997年、第16頁）。

〔4〕 关于这一点，参照城下裕二《关于中止未遂中的必要的减免》载于《北大法学论集》36卷4号，1986年，第208页以下（城下裕二「中止未遂における必要的減免について」、北大法学論集36卷4号、1986年、208頁以下）。

法对一定类型化的行动，通过不同轻重的制裁，引导其向着回避法益侵害的方向规范犯罪人的行动。即便这与对禁止法益侵害的一般性的犯罪构成要件或者以回避法益侵害为目的的中止犯的规定完全不同，如果否定用规范与制裁为手段控制国民行动可能性的话，大概也不得不否定刑法存在意义本身了吧[1]。

但是，以上那样的政策性说明的界限在于不能明确那是中止行为本身的可罚性评价（即，具体的行为是否符合哪种程度上的重刑或者轻刑）。在现行法上，当中止成立时无论是免除刑罚还是减轻刑罚，必须明确处刑的程度。然而从政策说的立场来看，并不能确定这样的标准[2]。该标准只可能从根据中止行为的可罚评价中引导出来。而且，更为决定性的是在认为犯罪预防（特别是一般预防）作为本质的技能的现行刑罚上，刑法的规定当然具有政策性的意义，但这并不表示它揭示了中止犯规定中固有的本质。只要中止犯规定的政策性意义是指向法益的保护，它理应（如一般的犯罪所是的那样）只通过违法与责任的犯罪要素，才能被具体化[3]。

三、法律说

对中止犯的宽大处理是从违法与责任的犯罪成立要件的相关性立场进行说明的，就是所谓的法律说。杀人的障碍未遂、杀人的中止未遂，与实行譬如说举枪射击对他人生命产生危险的未遂行为完全相同，只与在此之后的中止行为的有无不同。对已经实行的违法、有责的未遂行为的评价，通过事后中止行为的有无如何说明溯及变化是重点，在这里存在中止犯理论的难度[4]。

---

[1] 关于这一点，参照山口《探究》，第225页。

[2] 参照团藤《总论》，第361页。

[3] 另外，所谓刑法减免的法的效果，虽然也有与政策性考虑相结合之处，但是并没有那样的必然的关系。即便是关于过剩防卫（《刑法》第36条第2款）、过剩避险（《刑法》第37条但书），也预定了刑的减免的可能性。关于这一点，参照城下裕二《关于中止未遂中的必要的减免》载于《北大法学论集》36卷4号，1986年，第201页以下（城下裕二「中止未遂における必要的減免について」、北大法学論集36巻4号、1986年、201頁以下）。

[4] 关于这一点，参照城下裕二《关于中止未遂的必要减免》载于《北大法学论集》36卷4号，1986年，第225页以下（城下裕二「中止未遂における必要的減免について」、北大法学論集36巻4号、1986年、225頁以下）；中谷瑾子《中止未遂的法的性格》载于《法学论坛》300号《学说展望》，1964年，第296页以下（中谷瑾子「中止未遂の法的性格」、ジュリスト300号『学説展望』、1964年、296頁以下）；野村稔《未遂犯的研究》，1984年，第441页（野村稔『未遂犯の研究』、1984年、441頁）；山口《探究》，第223页以下。

当然，即便说是可罚性评价的溯及性变更，因为在中止行为的时点还没有完成犯罪，所以不能最终确定评价（在这一点上，与已经既遂的案件不同），只要在这个限度内，也许不是不可能承认评价的变更（而且，等到中止行为的时点，确定全部行为的最终评价）。历来的法律说可以说都是以此为前提的[1]。

责任减少说是在中止未遂的情况下，通过与普通的障碍未遂相比减少对行为者的非难，以减免刑罚为根据的学说[2]。的确，如后述的那样，现行法要求"根据自己的意思"的中止是指中止行为要求行为者具有规范意识，只能是责任减少不可欠缺的要件。但是，中止犯作为未遂犯的一种被规定的现行《刑法》第 43 条的解释，与对中止犯特别的处理是违法性上的评价并不是没有关系，至少以违法性上的犯罪的未完成（即违法的减少）作为前提。于是，中止犯规定的基础只要是以通过规范控制行动的法益侵害回避的一般预防目的考虑，就以责任减少说为前提，必须根据刑法要求的行动标准先行实行中止行为的评价，即违法性程度上的肯定性评价（而且，如果强调责任层面上的道义非难减少的侧面的话，虽然是基于悔悟的中止行为，至少要求实行根据"应该被表扬的"动机的中止行为，但那可以认为是一种过渡。一般而言，因等待其他更好的机会而中止的情形，譬如说，从被害者处得到金钱中止强奸的情形等也可以成为中止犯）。

责任减少说，对从自身发生法益危险而被消灭的，也承认违法性的减少[3]。虽然产生了某种法益的消极侵害，但是在没有完成该行为的阶段，如

---

[1] 关于这一点，金泽真理《中止未遂及其法的性质》载于《刑法杂志》41 卷 3 号，2002 年，第 32 页以下（金澤真理「中止未遂とその法的性格」、刑法雑誌 41 巻 3 号、2002 年、32 頁以下）；清水一成《中止未遂中的"成为自己意思"的意义》载于《上智法学论集》29 卷 2 号-3 号，1986 年，第 236 页以下（清水一成「中止未遂における『自己ノ意思ニ因リ』の意義」、上智法学論集 29 巻 2=3 号、1986 年、236 頁以下）。

[2] 譬如说：香川《总论》，第 306 页以下；曾根《总论》，第 251 页以下；曾根《刑事违法论之研究》，1998 年，第 244 页以下（曾根『刑事違法論の研究』、1998 年、244 頁以下）；团藤《总论》，第 362 页；中山《概说》，第 247 页以下；前田《总论》，第 164 页以下；山中《总论Ⅱ》，第 714 页以下；山中《中止未遂之研究》，2001 年，第 24 页以下、第 63 页以下（山中『中止未遂の研究』、2001 年、24 頁以下、63 頁以下）等。

[3] 内田《概要中卷》，第 390 页以下；大谷《总论》，第 408 页以下；清水一成《中止未遂中的"成为自己意思"的意义》载于《上智法学论集》29 卷 2 号-3 号，1986 年，第 235 页以下（清水一成「中止未遂における『自己ノ意思ニ因リ』の意義」、上智法学論集 29 巻 2=3 号、1986 年、235 頁以下）；西原《总论》，第 287 页以下；野村《总论》，第 351 页以下；平野《总论Ⅱ》，第 332 页以下；福田《总论》，第 231 页以下；堀内《总论》，第 241 页以下等。

果对同一法益产生积极的效果的话，就可以说具有准违法性阻却事由的事态，只要在这种限度内就可以承认违法性的减少（即，虽然对法益产生了危险，但是事后自身消灭了该危险，在某种程度上可以认为是"销账"）。对于违法减少说来讲，存在一个问题是——如何说明中止未遂的效果的一身专属性。中止的效果是一身专属的，虽然对只涉及实行中止行为的本人而不涉及其他任何共犯者没有疑问，但若根据违法减少说进行论证，从违法评价的连带性原则来看，它就会产生是不是对相关人员不起作用的疑问。与此相反，以行为无价值论的立场为前提，行为的规范违反性的评价，根据该行为者的中止行为与该行为者之间的关系在某种程度上可以认为是"销账"（即，违反禁止一定的法益侵害行为的规范者，当实行保了将要侵害的法益的行为时，可以减少规范性一般预防的必要性，对该行为者的行为规范违反性给予较轻的评价）（但是，在这里关于中止行为以及中止结果的"故意"就会成为要件）。

280　　但是，这种形式的违法减少说也存在根本性的问题。中止未遂不是只要实行了中止行为就可以承认，而是只有在"根据自己的意思下"的中止（任意的中止）的情形下才能够成立。虽然给予违法评价有"根据自己的意思控制可能的行为"的话是可能的[1]，但是中止犯中任意性的要件仅仅是"根据自己意思控制可能性"以上的要件。换言之，即便是欠缺任意性的中止行为，虽然也能肯定行为性（违法性的要件），但是，以不是根据规范意识起作用的心理状态为理由也可以否定中止未遂的成立。任意性不是违法减少的要件，而是责任减少的要件[2]。中止未遂以中止行为（根据行为意思的中止行为）、结果不发生的违法减少要件以及任意性的责任减少要件双方为主才能成立。

四、作为"负面犯罪"的中止犯

如果像以上那样考虑的话，中止犯的理论是"表里相反的犯罪论"，中止

---

[1] 关于作为违法评价前提的"行为性"的要件，参照第二章第一节。根据规范意识能否制御行为意识的形成是责任问题。

[2] 在这一点上，川端《总论》，第465页、第466页以下；盐见淳《中止行为的构造》载于《中山研一先生古稀祝贺论文集》（第3卷），1997年，第266页以下（塩見淳「中止行為の構造」『中山研一先生古稀祝賀論文集第3巻』、1997年、266頁以下）；林《总论》，第376页以下，为正确。

犯规定很明确是"转向相反方向"的构成要件[1]。如果不能肯定违法性和有责性的话就不能成立犯罪，如此，只要不符合违法减少（中止行为与结果的不发生）与责任减少（任意性）双方的要件，就不能肯定中止犯的成立。即便假设存在规范性一般预防的必要性（即便存在违法性），如果不能将此主观地归责到行为者，即只要不能说可以回避通过规范意识起作用的行为意思的形成，就不得承认犯罪的成立；与此完全相同，即便有规范性一般预防的要求（即，通过它减少了行为的违法性），能动地用根据规范意识所起的作用的事情没有实行中止行为的话（如果是由于外部的事情强制了意义决定），因为归于该行为者的违法减少不能被正当化，所以就无法解释对当初的行为的责任非难的减少，从而不能承认中止未遂的恩典。另外，如肯定犯罪成立并不需要行为的违法性的认识那样（责任说），也没有必要要求中止行为者知道中止规范（《刑法》第43条但书）的存在。

如果回溯到刑法的存在理由来考虑的话，以上所述的是极为自然的主张。刑法的目的是法益保护，为此不仅要禁止法益侵害的行为，而且根据不同情况还有必要要求回避具有法益侵害的行为。为此，不可能只有刑法所使用的手段通过语言（规范）的行动控制。在这一点上，无论是关于以法益侵害为目的的一般性的犯罪构成要件还是关于以回避法益侵害为目的的中止犯的规定都是完全相同的。如果一般的犯罪要考虑违法与责任两个成立要件参照法益保护的目的的合理性（当然，一般都是这样考虑的），即便是关于中止犯，在违法与责任中的两个方面订立要件，参照法益保护的目的理应也是合理的。如成为以违法和责任为首的犯罪那样，也能成立以违法减少与责任减少为首的中止犯（负面犯罪）（冠以负面符号的犯罪）。通常的犯罪与中止犯，具有正面犯罪与负面犯罪的关系。中止犯的规定通常是与普通犯罪的构成要件的规定隔离开来，作为独自（负面）犯罪的要件的规定来理解的[2]。

中止犯规定在普通犯罪的可罚评价的框架内不能加以说明，它是负面的

---

[1] 平野龙一《犯罪论的诸问题（上）总论》，1981年，第146页以下、第162页（平野龍一『犯罪論の諸問題（上）総論』、1981年、146頁以下、162頁）；山口《探究》，第224页以下。

[2] 山口《探究》第224页以下，认为中止犯规定的意义是关于中止行为自身必须独立地成为一个问题，盐见淳《中止行为的构造》载于《中山研一先生古稀祝贺论文集》（第3卷），1997年，第247页以下（塩見淳「中止行為の構造」『中山研一先生古稀祝賀論文集第3卷』、1997年、247頁以下）所主张的中止行为的评价应该与现在实行的行为的评价隔离开来，也完全是正确的。

犯罪或者特别的"表里相反的构成要件"。只要在这个限度内，政策说的主张就是正确的。但是，政策说忽视了与普通犯罪的处罚完全相同的政策性考虑，在给予只有中止未遂的情况下才起作用的特别的政策性考虑是令人误解的。中止犯，只有符合与通常的犯罪相同的违法与责任的双方的要件（而完全符合是一定）时，才能承认成立。另一方面，历来的法律说没有将中止犯的问题作为基于规范的行动控制的问题进行把握，在没有说明违法与责任双方的要件的必要性这一点上，肯定是不充分的。关于中止未遂的法的性质，在上述意义上的违法责任减少说是妥当的[1]。

第二节 中止犯中的违法减少

一、概说

为了承认中止犯的成立，要求已经着手实行犯罪的行为者根据自己的意思中止犯罪，并且要求结果没有发生（参照《刑法》第43条但书的规定）。其中，中止行为以及结果不发生是关于违法（减少）的要件。

二、结果的不发生

首先，中止犯作为未遂犯的一种样态被规定，以结果的不发生作为前提的意义就产生了问题。如上所述，在根据为了法益侵害回避的规范行动控制的问题捕捉中止犯时，结果没有发生，只要实行了符合规范的中止行为，如果能够肯定任意性要件的话，就可以充分地考虑承认刑的减免效果。该问题只能是对在现行刑法中区别对待未遂和既遂，比照未遂加重处罚既遂，对根据犯罪的性质只作为既遂可罚的问题的大致使用的情形进行理解。现行刑法对中止犯规定，既然结果已经发生，即便减少行为无价值性也不能承认违法减少，可以理解为采用了不能给予必要的减免效果的立场。当结果发生时就

---

[1] 学说上，采用违法/责任减少说的是：金泽真理《中止犯》载于西田典之、山口厚编《刑法的争点》（第3版），2000年、第92页以下（金澤真理「中止犯」西田典之＝山口厚編『刑法の争点［第3版］』、2000年、92頁以下）；金泽真理《中止未遂及其法的性质》载于《刑法杂志》41卷3号，2002年、第29页以下（金澤真理「中止未遂とその法的性格」、刑法雑誌41巻3号、2002年、29頁以下）；川端《总论》，第462页以下；林《总论》，第372页以下；山口《探究》，第240页以下；山口《总论》，第240页以下。

是所谓的"中止犯的未遂",不能适用只有在"既遂"情况下才能承认法的效果的第43条但书的规定,应该支持这种通说的解释[1]。

如果这样的结果不构成中止犯的要件的话,那么,我想中止行为与结果的不发生之间的因果关系自然也可认为是中止犯的要件。即,如果没有根据中止行为防止了结果发生的关系(条件关系以及相当因果关系)的话,是不是不能说不得承认中止关系呢?但是,如果要求中止行为与结果不发生之间存在因果关系的话,与中止行为无关,而是根据其他的原因(譬如说他人的行为)防止了结果的发生,或者结果从一开始就不能发生的情况下,不得不说中止犯不能成立。尤其是区分存在结果发生可能性的情形与从最初开始就不可能发生的情形的话(至少从事前判断的立场来看),就会产生不均衡的结论。譬如说,盗窃犯在撬开金库的途中改变主意任意中止时,金库中装有钱的是中止犯,但若金库是空的就不能成为中止犯。而且,让被害者饮用致死量毒药的,只要是通过任意的中止行为防止死亡结果发生的就可以成立中止犯,但是从最初开始就没有让被害者饮用致死量的毒药因而不可能存在死亡的客观危险的话,行为者即便尽力防止了结果的发生也不可能成立中止犯。为了回避这样不平衡的结论发生,多数学说采用了不需中止行为与结果不发生之间存在因果关系的见解[2]。

在这里为了明确以因果关系不要的理论而得出的理论根据,就有必要探讨关于结果不法与行为不法之间的关系。让我们先看一下刑法上的因果关系产生问题的普通情形。在否定既遂的成立而承认未遂的情形下,特别是在结果不发生也可以完成犯罪的情形下,可以说从行为的时点来看不要求结果发生就是妥当的。即便行为者的行为介入了没有因果关系(没有条件因果关系)

---

[1] 反对参照香川《总论》,第315页。
[2] 譬如说:大塚《总论》,第247页;大谷《总论》,第415页;曾根《总论》,第256页;曾根《刑事违法论之研究》,1998年,第247页以下(曾根『刑事違法論の研究』、1998年、247頁以下);团藤《总论》,第365页以下;福田《总论》,第236页;前田《总论》,第169页以下;山中《总论Ⅱ》,第723页等。另外,林《总论》,第375页以下;山口《探究》,第225页、第228页以下;山口《总论》,第244页以下,虽然要求中止行为与危险消灭之间的因果关系,哪种情形的危险消灭必须是根据事前判断的危险消灭。关于这一点,参照平野龙一《犯罪论的诸问题(上)总论》,1981年,第147页以下(平野龍一『犯罪論の諸問題(上)総論』、1981年、147頁以下)以及平野《总论Ⅱ》,第337页。《改正刑法草案》第24条第2款与根据立法的解决是相符的。

的事情从而防止了结果的发生，或者即便在异常的因果过程结束后也没有发生结果的，那也是未遂，不能成为既遂。根据作为本书前提的二元论，在结果不法行为的时点，至少就一般人而言，可以归属于只有在实现预见可能性的情形（结果不法实现时才能肯定行为的不法）的行为但结果不法没有实现，从而朝着减少违法性的方向上考虑时，结果不法的不发生在行为的时点就没有必要要求预见可能性。在这个意义上，通常的犯罪成立的情形，就会无条件地实行对结果不法的不发生的行为的归属。正因为如此，在结果不发生成为中止犯的必要要件的同时，也有可能考虑不要求中止行为与结果不发生之间的因果关系作为中止犯的要件。

三、中止行为

因为中止行为符合为了回避犯罪实现的行为者所期待的行动要求，在中止行为时（以事前判断为标准）就必须充分地预见到回避犯罪实现的行为。但这不必是独立实行的，有可能是借用他人之手实行的。虽然只是打电话呼叫救护车、依靠他人救助，而自己却逃离现场，被害者的被救助率很低，作为中止行为并不充分，但与此相反，将被害人送往医院，在向医生说明造成伤害经过的基础上给与治疗的话，可以看作是中止行为的要件。根据判例/通说，中止行为必须是为了防止结果发生而"真诚努力"的行为[1]。虽然"真诚性"是一种容易招来误解的表现[2]，但是与借助他人之手实行的中止行为比较而言，没有依赖他人的（它不是能够保证阻止结果发生的行为），如果是要求实行结果不发生高确度的行为的宗旨的话，可以说那是妥当的[3]。

关于中止行为的样态分为着手未遂情形（实行行为没有完成的情形）的着手中止与实行终了的（终了未遂）的情形（虽然完成了实行行为，但是结果还没有发生的情形）的实行中止。前者只要停止继续的实行行为就可以成

---

[1] 详细的参照城下裕二《结果防止行为的真挚性》载于芝原邦尔等编《刑法判例百选Ⅰ总论》（第5版），2003年，第142页以下（城下裕二「結果防止行為の真摯性」芝原邦爾ほか編『刑法判例百選Ⅰ総論［第5版］』、2003年、142頁以下）。

[2] 曾根《总论》，第225页，称为"积极的努力"。

[3] 判例认为，在借助他人的帮助时，需要付出看作与犯人自身实行防卫行为时一样就符合的程度的努力（大判昭12.6.25. 刑集16卷998页）。对此，存在一考虑犯罪痕迹的隐蔽等的事实，就否定"真挚性"那样的思考方法上的问题。

立（不作为），而后者要求为了积极地防止结果发生的作为，这是传统的思考方式（《德国刑法》第 24 条第 1 款第 1 项明记中止行为的两种样态）。即，作为中止行为只需不作为就足够了，还是也要求积极的作为与实行行为什么时候完成的问题，是联动性地被讨论的（顺便说一下，实行行为的终了时期，其他与共犯成立的界线问题之间的关联也很重要。本书第二十五章第二节二）。

但是，即便通过实行了以结果实现的意思为目的的客观危险行为，为了发生有意图的结果还需要进一步实行行为的，如果意识到这一点并且任意停止了犯罪的单纯的不作为的话，也应该承认中止犯的成立（现行刑法上的中止未遂的法的效果，因为不是必要的减免，所以过于严格地考虑要件也有问题）。换言之，为了达成保护濒临危殆的法益的目的，即便认为完成了实行行为，如果对法益存在危险，并且通过单纯的不作为就可以阻止结果发生的事态的话，就有对此期待而奖励的理由。因此，中止行为的样态问题必须与实行行为终了时期的问题隔离开来〔1〕。考虑该问题时应该注意的基础时点既不是当初行为者计划的时点，也不是客观的危险发生的时点，而是实行为了回避结果的中止行为的时点。事前判断中的结果发生的危险越高，在仍然认为存在阻止它的可能性的这个时点上应该要求什么样的中止行为就越必须加以讨论〔2〕。

作为前提，虽然存在结果发生的高危险（通过事前判断），但是必须认为存在阻止其可能性的事态。具有哪种事态的危险性，既有存在根据客观事情的情形，也要有存在发生行为者主观上所抱有的结果实现的意思发生的情形。譬如说，为了杀人购买手枪的行为，虽然是由于行为者的故意产生了危险的事态，但正因为在那样的时点才是要求阻止危险实现的中止行为，在这种情况下，通过阻止射击的单纯的不作为就可以充分地符合中止行为的要件。相反，在行为者扣动了没有装有子弹的手枪的扳机而没有射中的情形下，那时

---

〔1〕 关于这一点，参照大谷《总论》，第 413 页；山口《总论》，第 244 页。
〔2〕 关于这一点，德国的争论可作为参考。参照金泽《未终了未遂的意义》载于《法学》57 卷 4 号，1993 年，第 115 页以下（金澤「未終了未遂の意義」、法学 57 卷 4 号、1996 年、1 頁以下）；金泽《中止未遂的成否》载于《东北法学》14 号，1996 年，第 1 页以下（金澤「中止未遂の成否」、東北法学 14 号、1996 年、1 頁以下）；山中《中止未遂之研究》，2001 年，第 107 页以下、第 223 页以下（山中『中止未遂の研究』、2001 年、107 頁以下、223 頁以下）等。

既然不存在实行杀人行为的危险事态，中止行为就不成为问题。或者，譬如说，行为者对路人存在未必的故意而实行暴行，但路人没有穿过那里，虽然也不存在那个时点中止犯产生问题的危险事态，但假如行为者再次射击的话，危险就会再次发生，成为中止行为的问题的事态就会到来。如果像以上那样思考，在没有按照行为者的事前计划继续实行行为的可能性时，因为这里可以否定危险事态，所以就欠缺了（不是任意性的要件）中止行为的要件[1]。

以这样的危险事态的存在为前提，要求哪种样态的中止行为，不是实行行为是否终了，而是通过回避所产生的危险作为结果现实化，从而要求某种行为来决定。如果通过单纯的不作为考虑可以回避法益侵害的话，单纯的不作为就足够了，如果没有遮断因果流程而产生结果发生的危险性状况（譬如说，射击后命中被害者，没有带被害者去医院而导致其死亡的状况），积极的救助行为就成为中止行为的内容[2]。

但是，在决定应该要求的中止行为的内容的危险判断上，必须以事前的判断作为基础。中止行为是以一般人可能认识的事情（以及行为者特别认识的事情）为前提，要求判断危险的有无/程度，以消灭该危险的必要的行为作为中止行为的。如果通过中止行为能够判断被害者为轻伤的话，那么通过实行相对应的救助行为，作为中止行为的要件也就充足了。即便被害者为真正的重伤，也有可能实行应该要求的中止行为（但是，由于救助行为不充分，没有阻止结果发生的话，中止犯也不能成立）。另外，关于没有故意的行为，如不得承认违法性那样，在没有"故意"的中止行为中，也不能承认违法性的减少。为了能够承认违法性的减少，也要求认识危险事态的行为者具有实

---

[1] 盐见淳《中止行为的构造》载于《中山研一先生古稀祝贺论文集》（第3卷），1997年，第255页以下（塩見淳「中止行為の構造」『中山研一先生古稀祝賀論文集第3卷』、1997年、255頁以下）。譬如说，以暗杀特定的政治家而着手实行，但是因为看错了人而中止的情形、为了盗取特定的秘密资料而着手实行盗取的，但是因为知识记载了众所周知的情报而没有盗取的情形（中山《总论Ⅱ》，第721页），可以否定作为中止行为前提的危险事态。

[2] 参照大谷《总论》，第413页；曾根《总论》，第254页；西原《总论》，第292页等。关于判例、裁判判例，参照盐见淳《不作为的中止的可否》载于《平成11年度重要判例解说》，2000年，第150页以下（塩見「不作為による中止の可否」『平成11年度重要判例解説』、2000年、150頁以下）。

行作为消灭危险行为的主观要件[1]。

另外，为了能够成立中止行为，没有必要要求最终放弃犯意。以后还保留实行，而在此时离去的，我想也可以承认中止行为。但是，另行继续的实行行为，没有能够阻止实行行为的情形另当别论。进入仓库时由于物资太多，想开车再来，从而离开的行为并不能成为中止行为[2]。

第三节　中止犯中的责任减少

一、围绕任意性的学说与判例

为了能够承认中止犯的成立，要求犯罪实行的着手的行为者"通过自己的意思中止犯罪"，并且没有发生结果。其中存在是不是能够说是"通过自己的意思"的中止行为的任意性的问题。

主张没有受到外界影响而是发自自己内心的动机中止的，为任意中止的见解，被称为主观说（即便没有受到外部的影响，而是由于急性腹痛等生理性的障碍不能实行以上行为的情形，当然是障碍未遂）。但是，实际上并不存在内部的动机中不受外界影响的情形，因为看到哀求的被害者的样子（这也是外部的事情）而达到中止却被否定任意性，在结论上是不妥当的。于是，即便是在受到外部事情的影响而中止的情形下，也必须区分承认中止未遂的情形与障碍未遂的情形两种[3]。因此，围绕这一点，学说上存在对立。

客观说，从一般经验上看，由于存在对意思给予强制性影响的事情，因而通过是否达到中止来加以区别[4]。但是，因为区别的是是否"通过自己的意思"中止的问题，所以就忽视了外部事情给予行为者动机的影响到底是什

---

[1] 关于这一点，参见盐见淳《中止行为的构造》载于《中山研一先生古稀祝贺论文集》（第3卷），1997年，第263页以下（塩見淳「中止行為の構造」『中山研一先生古稀祝賀論文集第3巻』、1997年、263頁以下）；中山《总论Ⅱ》，第721页以下。这样的中止行为的行为意思，是违法（减少）要素。

[2] 平野龙一《犯罪论的诸问题（上）总论》，1981年，第149页以下（平野龍一『犯罪論の諸問題（上）総論』、1981年、149頁以下）。

[3] 关于这一点，参照平野龙一《犯罪论的诸问题（上）总论》，1981年，第152页以下（平野龍一『犯罪論の諸問題（上）総論』、1981年、152頁以下）。

[4] 川端《总论》，第468页以下；西原《总论》，第288页以下；前田《总论》，第166页以下等。

么，只是通过一般地具有什么影响来决定其任意性的有无（但是，关于客观说的理论，是不是真的那样考虑也不是没有疑问）。在行为者看到流血实行中止的情形下，只以"一般经验上，对意思给予强制性影响的事情"就做出结论并不妥当，本来，这就不可能一般地做出决定（如果是看到流血后悔而中止的话，虽然规范意识起作用，但是看到流血而身不由己中止的情形中完全没有减少责任）。于是，当具体地探讨外部的刺激对行为者动机的影响时，那是相当于强制中止的物理性障碍的情形，还是生理性障碍或内容性障碍〔1〕导致达到中止情形的障碍未遂，因为在不是生理性障碍或内容性障碍情形下可以考虑到实行了根据规范意识起作用的心理状态的中止行为，所以可能会主观地归责为违法减少，从而能够承认中止未遂（在那时，本人想"能"或者感觉到"不能"并不重要）。这种见解称为折中说〔2〕，我认为这种思考方法是妥当的〔3〕。

另外，关于这一点，也有要求作为规范意识的具体化的中止行为，或者法益保护或者规范遵守成为动机的中止行为的见解〔4〕。这种见解在使用上可与限定性主观说归结为同一见解，我认为作为现行法的解释是过度限制性的见解〔5〕。因为在规范意识能够起作用的心理状态下，实行中止行为就够了，没有必要要求法益保护或者规范遵守变成现实性的动机。

限定的主观说，虽然主张根据有价值地否定广义的后悔（悔悟、惭愧、同情、恐怖感等）或者犯罪动机的情形为任意的中止〔6〕，但是属于少数说。

---

〔1〕 关于生理性障碍或者内部性障碍，参照平野龙一《犯罪论的诸问题（上）总论》，1981年，第156页以下（平野龍一『犯罪論の諸問題（上）総論』、1981年、156頁以下）。

〔2〕 那个标准与"如果想做就做"的情形是任意中止、"即便想做也做不成"的情形为障碍未遂，所谓的"弗兰克公式"可归为同一。

〔3〕 植松《总论》，第321页以下；大塚《总论》，第244页以下；大谷《总论》，第410页以下；香川《总论》，第308页以下；福田《总论》，第233页以下等。

〔4〕 香川《总论》，第307页；清水一成《中止未遂中的"成为自己意思"的意义》载于《上智法学论集》29卷2号-3号，1986年，第266页以下（清水一成「中止未遂における『自己ノ意思ニ因リ』の意義」、上智法学論集29巻2＝3号、1986年、266頁以下）；林《总论》，第378页以下等。

〔5〕 所谓不合理决断说［山中《总论Ⅱ》，第724页以下；山中《中止未遂之研究》，2001年，第75页以下（山中『中止未遂の研究』、2001年、75頁以下）等］，虽然也与法益保护或者规范遵守成为中止行为的动机的情形下的肯定任意性的见解实质性地相同，但是在现实的动机内容的不合理性成为问题的这一点上，都孕育着相同的问题性。

〔6〕 佐伯《总论》，第322页以下；中《总论》，第211页以下；中山《概说》，第248页以下等。

尽管该见解只能是根据规范意识要求中止行为的见解，但是可能混同了法的评价与伦理评价之间的关系，根据只是单纯地以刑的必要性减免事由承认中止犯的日本的刑法，加上条文中没有规定的要件，就限制了成立的范围，实际上承认中止犯的范围非常狭窄的问题已经相当泛滥了。

日本最高法院判例在否定中止犯的情形中使用了客观说的标准。即，在被告人着手实行强奸的犯人因看到被害者流血而惊慌，因此中止犯罪的案件中，认为"考虑到成为惊慌的原因的事情，它应该成为被告人强奸未遂障碍的客观性的事情"，所以不能成立中止犯（最判昭24.7.9刑集3卷8号1174页）。而且，虽然被告人在着手实行杀人，但是在由于看到从被害者头部流出来的血而惊慌中止犯罪的案件中，以"应该承认是基于足够妨害犯罪完成的性质的障碍事情"否定了任意性（最决昭32.9.10刑集11卷9号2202页）。与此相反，在下级法院肯定的中止犯的成立案件中，采用了承认那种情形下的悔悟、怜悯、悲哀等心情的立场（即，从限定主观说能够更好地加以说明）。譬如说，在被告人看到流血惊慌的同时想到实行了严重的行为而中止犯罪的事情中，中止行为是根据反省、悔悟的情绪等的任意的意思实行的，可以承认中止犯的成立（福岗高院判昭61.3.6高刑集39卷1号1页）。虽然在事例中被害者的颈部是被水果刀刺伤，但是被告人看到从被害者的口中吐出大量的血，惊慌的同时想到实行了严重的行为，立即努力用毛巾捂住被害者颈部止血，并且给消防署打电话叫急救车，并且通报警车，当救护车到达时帮助将被害人抬入车内[1]。

二、具体判例

根据折中说，对被告人看到流血中止的情形，只要是恐怖、惊愕的程度很强，给予了被告人的动机显著影响的（譬如说，身体吓到不能施行以上行为的情形），就可以否定任意性。与此相反，对动机的影响不是那么强，如果只是相当于物理性的障碍，或者不能说引起生理性的话，就可以肯定任意性。

让我们看一下其他的具体事例，即便在迷信的犯人因看到黑猫预感到不

---

[1] 关于任意性的判例/裁判例，详细的参照金泽《中止行为的任意性》载于《刑法判例百选Ⅰ总论》（第5版），第138页以下（金澤「中止行為の任意性」『刑法判例百選Ⅰ総論［第5版］』、138頁以下）。

吉祥而突然变得恐怖且不能继续实行犯罪的情形下，也是根据规范意识的中止[1]。即便在正准备强奸妇女时，因为被害者请求帮助并且拿出很多的现金，被告人接受了现金从而中止实行离开的情形中，不能说外部的事情给予内部动机的影响相当于物理性的障碍，因为可以说是规范意识起作用的心理状态，所以可以肯定任意性。而且，从事前的计划来看，产生了重大性预见错误的情形下，譬如说，误认为被害人具有很多的现金着手实行抢劫之时，因为被害者只有少数的现金从而中止的，不能说是规范意识起作用的心理状态[2]。但是，预见错误并不是那种程度的情形，譬如说，在以上的案例中，虽然没有达到所期待的金额，但是被害人仍然携带了相当多的现金，外部的刺激所给予行为者的动机的影响就不能说是相当于物理性的障碍了，就应该承认任意性[3]。与此相反，听到脚步声想到什么人来了从而中止实行的情形，因为可以说是相当于物理性障碍的事情，所以不能承认中止犯。正准备强奸熟悉的女子，从其背后抱住她时，由于她当日化妆方式的违和感减低了性欲从而中止的情形，我想应该否定由于生理障碍产生的任意性[4]。

---

[1] 相反观点参照中野《总论》，第134页注（7）。
[2] 关于根据"与行为计划之间的龃龉"而欠缺"行为持续可能性"的情形，参照山中《总论Ⅱ》，第721页。但是，当不存在参照行为者的计划以及行为持续可能性时，可以说中止行为本身就不存在（本章第二节三）。
[3] 虽然也有当这种预见不同时大概就不能成为中止犯的见解，但是中止犯成为问题的情形，因为多少也能有预见不同的通常情形，所以大概是过度限定了中止犯的成立范围。
[4] 另外，参照看到被害者露出的皮肤，由于受寒起了鸡皮疙瘩，从而中止强奸的案例，否定中止犯成立的东京高判昭39.8.5高刑集17卷6号557页。

第二十章 正犯与共犯

第一节 正犯的概念

一、正犯概念论的课题

现行刑法是将犯罪者区分为正犯与共犯,作为处罚对象的(参照《刑法》第60条)。作为立法论,对犯罪的实现者(与结果发生具有因果关系者)全作为正犯者(行为者)捕捉,适用同一的法定刑,实行者与教唆/帮助者之间的区别不过只是具有量刑上的意义。这是统一的正犯概念的立场[1]。但是,拒绝这样统一的正犯概念,将正犯与共犯作为区别犯罪类型的刑法[2],有必要明确正犯与共犯之间的关系,以及相互之间的区别。大概来说,正犯与共犯的区别是实现事实的第一次性归属的主犯者(中心的存在)还是附随的/周边存在的区别。将此以更加严密、精致的形式明确化,成为正犯概念的课题。

二、限制性的正犯概念与实质性的客观说

曾经有主张将对结果发生波及因果性影响的所有行为是正犯,因此,就产生了共犯本质上也是正犯的见解(根据该见解不能轻易地解释不符合实体法上共犯概念的"间接正犯"的正犯性)。将这种广义的正犯概念称为

---

[1] 作为统一的正犯概念的详细研究,高桥则夫《共犯体系与共犯理论》1988年的第一编《统一的正犯体系与共犯体系》(高橋則夫『共犯体系と共犯理論』1988年の第1編「統一的正犯体系と共犯体系」),具有代表性。

[2] 但是,日本的实务是不是在实际机能上采用了统一的正犯概念的问题应当别论。关于这一点,参照平野龙一《犯罪论的诸问题(上)总论》,1981年,第135页以下(平野龍一『犯罪論の諸問題(上)総論』、1981年、135頁以下)。

扩张的正犯概念。但是，现在对与结果之间的关系具有因果关系的行为也不主张立即就成为正犯行为的见解，与采用限制性的（或者限缩性的）正犯概念的学说是一致的[1]。根据限制性的正犯概念，为了肯定正犯性，该行为具有一定程度的危险性与犯罪实现之间只具有相当因果关系是不够的，那么在此之上"什么"是必要的呢？的确，根据罪刑法定主义原则，如所谓的形式性客观说所主张的那样，必须认为只有实行了该当构成要件的行为的人才是正犯（虽然曾经有基于正犯与共犯的主观意思内容的不同的主观说，但是现在已经没有这种主张）。但是，如果形式的客观说认为直接实行构成要件该当性行为的人才能是正犯的话，就不能肯定间接正犯的正犯性（在德国，形式的客观说可以被理解成这种见解）。而且，在规范上能被看作是直接正犯行为的（即，在构成要件上可以说是同等的）行为是构成要件该当行为的话，就得承认在什么情形下能够承认与直接正犯具有同等的构成要件该当性，正犯（或者实行行为）的概念必须对这样的构成要件解释提供指导性的实质性基准。应该所求的是明确正犯实质性标准的实质的客观说。

三、危险性与支配说

在实质的客观说内部存在两个不同的方向。即，以行为的构成要件实现或者结果发生"危险性"为基准的方向，和以行为者是否支配"构成要件实现的程序"为基准的方向。前者是日本多数学者所采用的见解[2]，后者的见解作为行为支配说是德国的通说[3]。

然而，教唆行为、帮助行为也是对发生结果在一定程度上具有危险性的行为，是可以达到与正犯行为一样的既遂，与结果之间也承认具有相当因果

---

[1] 但是，限制的正犯概念一词的用语，是在古典的限制性正犯概念，即根据不承认间接正犯的严格的形式客观说的正犯概念的意义上使用的。另外，参照松宫《总论》第243页。

[2] 譬如说：参照大塚《总论》，第154页以下；大谷《总论》，第423页（但是，该书第165页以下，关于间接正犯的正犯性，支持行为支配说）；川端《总论》，第510页以下；福田《总论》，第247页以下等。

[3] 关于行为支配说，最重要的基础研究是桥本正博《"行为支配论"与正犯理论》，2000年（橋本正博『「行为支配論」と正犯理論』、2000年）。最近的论文是成瀬幸典《正犯、共犯》载于《法教》280号，2004年，第81页以下（成瀬幸典「正犯．共犯」、法教280号、2004年、81頁以下），也是以行为支配说为"基本性的妥当见解"。

关系的行为。譬如说，即便具有危险性的行为，如果与结果没有关系的话，为了实现结果有必要让别人完成其行为的意思决定的行为也不符合实行行为，即正犯行为。譬如说，劝说因失恋悲伤度日的人自杀、提供毒药让其自杀时，其行为就具有导致让他人死亡危险的行为，但它不是杀人罪（《刑法》第199条）的实行行为［构成自杀教唆罪的独立犯罪（《刑法》第202条前段）］。而且，即便在这样的案件中，也可以否定行为者的正犯性[1]。即，行为者X知道自己的仇敌A由于内脏的疾病去医院接受治疗，从医生那里接受了严格饮食限制的指示，想让A病情恶化，频繁地向A馈赠像高价牛肉等那样的被强行禁止食用的食品，A无法克制诱惑，食用了X所馈赠的食品，以致加重病情住院的案例。在这种案例中，虽然存在X是不是应该承担伤害罪（《刑法》第204条）罪责的问题，但是该行为并不符合产生伤害结果的危险性。因为存在排除被害者A的新的意思行为介入的正犯性的事情，所以可以否定伤害罪的实行行为性。A根据自己的意思在知道可能恶化病情的情况下，仍然食用馈赠的牛肉，是否发生结果完全取决于A自由意思的决定。X的行为不过是引诱A自伤的行为，不能说是伤害罪的实行行为［刑法作为在他人自杀的干预行为的范围内，将此行为规定为自杀干预罪（《刑法》第202条前段），自伤行为的教唆就不能成为处罚对象］。

四、行为支配说的妥当性

根据到目前为止的论述，作为正犯性的标准，必须决定危险性与支配性哪一方更加妥当。的确，介入他人新的意思行为否定正犯性，反过来讲，为了能够承认正犯，可以说有必要要求事先没有障碍的结果，正犯行为与教唆/帮助行为相比，可以说是更具有危险性的行为。但是，以危险性作为判断的标准是妥当的吗？或者论者真的是根据危险性的大小实行了对正犯与共犯的区分吗？这就产生了问题。正犯行为与教唆/帮助行为同样都是具有结果发生的危险性的行为。既然以行为具有一定程度的危险性，而且，在与结果之间存在相当因果关系作为前提，该行为者就会产生是不是正犯的问题[2]。如果是

---

[1] 井田《案例研究》，第272页（井田、『ケーススダデイ』、272頁）。
[2] 参照木村《总论》，第378页。

这样，用目前使用的危险概念来区别正犯就应该是困难的[1]。即便以危险性的大小区别，只要有与教唆相同程度的危险行为，也有应该考虑为正犯行为的情形。通说在承认正犯（间接正犯）的事例中，多数包含这种事例，尤其是像利用他人实现自己犯罪的情形那样。

不仅如此，背后者为了实现轻的犯罪，甚至可能会利用比通过直接行为者更重的犯罪。即，对意图实行的犯罪，即便在承认比预期的犯罪更高的规范障碍的情形下，也有可能成立间接正犯。虽然是一个突发性的设想，让我们设想一个试图从某个建筑物中夺取一个能够导致建筑物整体倒塌的构成物的案例。X 知道这种情况，并且为了毁坏建筑物，就教唆不知道这种情况的 Y 盗窃（《刑法》第 235 条）那个建筑物的构成物，从建筑物损害（《刑法》第 260 条）的事实来看，可以肯定 X 正犯的罪责。具有诱拐行为的危险性（结果引起确率的可能性）不是肯定正犯性的决定性理由，在这样的事例中可以说如实所示。

如此，根据通说，在肯定正犯性的事例中，不能承认存在将不法完全归结到直接行为者的某种理由，相反，只能认为是想将实行的事实第一次性地归属于背后者的情形。总的来说，这里不法归属的分配已经成为问题。在日本学说所使用的"危险性"中，加入了对谁的行为是可以完全地归属于不法的判断。将这种判断的实体，直接地、理论地反映出来的是行为支配说。根据该学说，作为正犯性的基准，针对该当不法实现所扮演的主要角色的"支配者"就是正犯。当然，即便说支配不法侵害没有必要要求"左右因果过程"的程度，在应该将实现事实能够第一次归属的程度上扮演主导性角色的话，就应该考虑可能成为正犯，或者说这样思考的就是行为支配说。如果是这样，行为支配说的基础方法（虽然作为标准不能消除一定的不明确性）在方法论上的优越性（尤其是与知性上的简单明了更为一致）更为明显。

---

[1] 作为详细的批判，有岛田聪一郎《正犯・共犯的基础理论》，2002 年，第 61 页以下（島田聡一郎『正犯・共犯論の基礎理論』、2000 年、61 頁）。关于共同正犯与狭义的共犯之间的区别，主张"作用分担模式"的龟井源太郎《共犯的"内侧的界限"・"外侧的界限"（下）》载于《东京都立大学法学会杂志》38 卷 1 号，1997 年，第 576 页（亀井源太郎「共犯『内側の限界』・『外側の限界』（下）」東京都立大学法学会雑誌 38 巻 1 号、1997 年、576 頁以下），也批判了以因果性为标准的"因果性区别模式"。进一步的研究也参照成瀬幸典《正犯・共犯》载于《法教》280 号，2004 年，第 80 页以下（成瀬幸典「正犯・共犯」法教 280 号、2004 年、80 頁以下）。

另外，行为支配说关于身份犯、亲手犯（本章第三节五）是否相当于正犯性的标准也存在问题。即便身份犯是利用非身份者的形态性的间接正犯，直接行为者欠缺完全的不法，相当于身份者的背后者，因为是为了自己的犯罪利用了他，所以可以理解为收纳在行为支配的范畴内[1]。虽然也能通过行为支配决定亲手犯正犯性[通过构成要件该当行为的亲手实行支配（直接的）犯罪事实的行为者为正犯者]，但是在规定的解释上，应该理解为具有特别的构成要件性制约（关于不作为犯的正犯性，参照本书第二十九章第二节一）。

五、与违法实质论之间的关系

与因果性/危险性（如考虑承认间接正犯的事例所知道的那样，即便危险性相当低也足够了）相并列，以正犯性为基础的本质要素是利用因果经过实现结果的意思，即为"故意"（正因如此，行为支配说也称为"目的性行为支配说"）。故意的有无成为正犯性的决定性标准，从考虑以下事例可以得以明确。X命令不知道内情的Y用刀划伤患有血癌的A，如果X是故意的话，X就是杀人的间接正犯，X只是伤害的故意的话，就只能是伤害的共犯。即便因果性/危险性完全相同，也是通过对结果发生的故意产生支配性（因此，过失犯中行为支配的有无不成为问题）。如果是这样，因为正犯性的有无是构成要件该当性，也是类型性的违法问题，所以故意不是违法要素，在体系中就不能采用行为支配说。实际上，行为支配说是通过让行为者舍弃故意，停止规范违反，保护法益的刑法理论，即只能是行为无价值论的共犯论中的别称。正因为如此，结果无价值论就只能归结于（那在结论上不妥当，而且不得不歪曲共犯的概念，参照本章第二节三）将正犯仅仅限定在直接正犯的正犯论之上（因此，后述的扩张的共犯论）。

最近，从结果无价值论的立场来看，为了回避那样的归结所主张的溯及禁止论[2]，就能够作为正确认识的理论构成，评价用危险性的有无/大小不能判断正犯性的情形，而且，只用实际上的因果性肯定违法性（因果性的违

---

[1] 关于这一点参照桥本正博《"行为支配论"与正犯理论》，2000年，第91页、第175页以下（橋本正博『「行為支配論」と正犯理論』、2000年、91頁、175頁以下）。

[2] 岛田聪一郎《正犯、共犯的基础理论》，2002年（島田聡一郎『正犯・共犯論の基礎理論』、2000年）；山口《总论》，第64页以下。

法性），在对判断事后具有重大责任的人给予处罚（作为责任类型的正犯与共犯）的这一点上，可以说正确地反映了结果无价值论的思考方法。但是，从行为支配说的立场来看，通过回避提示定位正犯性的积极要件，它只能是实际上将行为者的故意定位正犯性不能表面化的理论构成[1]。而且，直接行为者只因为欠缺故意或者责任，只要承认背后者的行为与最终结果之间存在相当因果关系就能肯定正犯性（相当于溯及禁止原则的例外）的话，与历来根据正犯性标准的处罚范围相比较，它带来了相当大的扩张（参照本书第二十二章第二节三）。并且，将正犯与共犯作为责任类型来捕捉，责任重的为正犯的话，当杀人犯为无责任能力者时，该人不能成为杀人的正犯（Täter），也是奇异的（虽然是杀人的正犯者，只是没有责任）[2]。

第二节　共犯的概念

一、概说

关于设定正犯概念（这里指教唆/帮助的概念）最重要的是承认共犯从属性的问题，以及根据对它的承认如何思考从属性的内容的问题。如区别正犯的概念与对其处罚的根据问题那样，必须区别共犯的概念与所处罚的根据问题（关于共犯的处罚根据，以及从属性与处罚根据之间的关系我想在本书第二十一章探讨）。

二、实行从属性

关于作为狭义的共犯的教唆犯与帮助犯（从犯），围绕"对正犯从属性是否为必要的"，存在共犯独立性说与共犯从属性说的对立。根据共犯从属性

---

[1] 另外，也参照照沼亮介《帮助犯的构造与因果性》载于《法学政治学论究》48号，2001年，第387页以下、第409页注（31）（照沼亮介「幇助犯の構造と因果性」、法学政治学論究48号、2001年、387頁以下）的批判。

[2] 作为最近的批判有：成瀬幸典《正犯・共犯》载于《法教》280号，2004年，第82页以下（成瀬幸典「正犯・共犯」、法教280号、2004年、82頁以下）；宫川基《"溯及禁止论"的批判的探讨》载于《阿部纯二先生古稀祝贺论文集・刑事法学的现代的课题》，2004年，第99页以下（宮川基『『遡及禁止論』の批判的検討』『阿部純二先生古稀祝賀論文集・刑事法学の現代的課題』、2004年、99頁以下））。也参照本书第二十二章第二节（三）。

说，教唆犯、帮助犯的成立要求现实地实行了正犯的行为[1]。共犯从属性说就是承认实行从属性的见解。根据该见解，即便实行了教唆行为/帮助行为，如果正犯没有达到实行着手的情形下（这称为教唆的未遂或者帮助的未遂）也不处罚[2]。与此相反，根据共犯独立性说，共犯者不是因为他人的行为被处罚，而是以自己实行的行为为根据处罚，因为不是从正犯"借用可罚性"，也不以等待正犯行为的实行为理由，必须独立于正犯而处罚。关于未遂的处罚犯罪，只有实行教唆行为或者帮助行为的，作为教唆的未遂或者帮助的未遂才存在可罚性。

虽然共犯独立性说是对主张应该以性格的危险性为处罚根据的主观主义刑法理论的归结（既然危险的性格在外部已被充分地表现出来，所以没有不处罚的理由），但是，既然是独立于正犯的，个人应该只以自己的行为为根据处罚，处罚依赖他人的行为很奇怪，即便是现在也以值得倾听的见解为基础。但是，教唆行为以及帮助行为自身作为独立的"实行行为"把握（换言之，把第61条以及第62条规定自身解释为独立犯罪），在这里包含对第43条的"犯罪实行"的解释[3]在内，都是否定正犯行为与共犯行为类型性的区别（即，无视正犯行为与共犯行为的法益侵害之间的最近的不同）。不仅如此，如果将教唆未遂/帮助未遂一般地加以处罚的话，就会提前处罚的时期，处罚的范围就会飞跃性地扩大。如果从所能看到的预备罪处罚的现行刑法的谦抑性态度来看，它是一个很不平衡的结论。如果教唆未遂一般来讲是可罚的话，那就会出现即便是自己实行了准备盗窃的实行的预备行为不可罚，反而只因教唆他人实行盗窃，即便他人没有准备实行盗窃，也会受到处罚的结果。这样，虽然现在否定实行从属性的原则的共犯独立性说完全失去了支持者，但是必须说它仍然是有道理的[4]。

[1] 关于未遂犯被处罚的犯罪，如果正犯者着手实行的话，虽然教唆者/帮助者产生未遂犯的教唆犯/帮助犯的罪责，但是关于未遂不处罚的犯罪，正犯行为只要没有达成既遂，就不可处罚共犯者。
[2] 特别法上，独立教唆罪的处罚规定的情形（譬如说，参照《破坏活动防治法》，第38条以下、第41条），成为例外。
[3] 通常，第43条规定的"犯罪实行"是指该当杀人罪、盗窃罪等的刑法分则的各个犯罪构成要件的实行行为。
[4] 详细的参照齐藤信治《正犯与共犯》载于阿部纯二等编《刑法基本讲座》（第4卷），1992年，第61页以下（斎藤信治「正犯と共犯」阿部純二ほか編『刑法基本講座第4巻』、1992年、61頁以下）。

三、从属性的内容

即便承认实行从属性（因此，教唆未遂/帮助未遂也认为不可罚），当说是从属性时，就会产生是什么、在哪种程度上从属的问题（所谓的要素从属问题）。现在的通说，采用了如果作为正犯行为是该当构成要件违法性的行为的话，对此的共犯就能成立的限制从属性说。以对可罚的不法的从属性为充要条件的根据，具有在违法评价原则上与相关者全体起连带作用的性质，与正犯者的合法行为（譬如说，正当防卫行为）相关联，作为共犯违法并不奇怪，另一方面，是否有责任要求应该个别地考虑每一个行为者[1]。

限制从属性说否定责任的连带性，只承认对可罚的不法的从属性。但是，这里产生了以下问题。第一个问题，虽然历来的通说要求关于正犯与共犯的同一的构成要件（即，如果不存在杀人罪的正犯，就认为不成立杀人罪的教唆犯），是不是不存在那种必然性。反对说认为正犯行为只要在某种意义上是违法性行为就够了，并不要求构成要件该当行为（这是罪名从属性的问题或者狭义的共犯上的"犯罪共同说"与"行为共同说"的对立问题）。换言之，历来的通说认为"只要在正犯者没有实行该当 P 罪的构成要件的违法行为，关于共犯者就不能成立 P 罪的教唆犯/帮助犯"，但反对说则主张正犯者的行为即便在只不过该当 Q 罪的构成要件的违法行为的情形下也可以成立 P 罪的教唆犯/帮助犯，而且即便正犯者不该当其中某一种犯罪的构成要件，在某种意义上可以说是违法行为的话，也可以对应共犯者故意成立教唆犯/帮助犯。

一旦根据反对说，特别在以下的三个事例中就缓和了从属性[2]。①譬如说在公务员利用知情的非公务员从贿赂者那里接受贿赂的情形（所谓的"具有故意"的问题的情形）下，（非公务员的行为不该当受贿罪的构成要件，最多不过能成立受贿罪的帮助犯）公务员成立受贿罪的教唆犯（同样，当医生

---

[1] 另外，正犯的行为该当构成要件，不仅是违法而且是有责的行为的话（换言之，如果没有完全具备作为犯罪的要件），主张对此行为者的教唆犯/帮助犯也不成立的极端从属性说，非常有力。因为作为规定实行"犯罪"的《刑法》第 61 条的解释，那是很自然的。

[2] 佐伯《总论》，第 341 页以下、第 355 页以下、第 367 页以下；中《总论》，第 221 页、第 231 页以下、第 262 页；中山《总论》，第 446 页以下、第 469 页以下、第 485 页以下；中山《概说》，第 261 页、第 262 页、第 278 页以下；野村《总论》，第 387 页以下；中山《总论Ⅱ》，第 764 页以下、第 769 页以下等。另外也参照林《总论》，第 420 页以下。

教唆护士泄露秘密时，医生成立秘密泄露罪的教唆犯）。②具有对现住宅建筑物放火罪（《刑法》第108条）的故意的X，教唆只有对非现住宅建筑物放火罪（《刑法》第109条第1款）的故意的Y，实行对现住宅建筑物放火的情形下（即，背后者利用没有故意或者其他别的犯罪故意的人实现犯罪意图的情形），教唆者X只成立现住宅建筑物放火罪的教唆犯。③没有保护责任者身份的X，教唆保护责任者遗弃被害者的情形（产生共犯与身份的问题的情形），也能够成立单纯放弃罪的教唆犯。在这些案例的任何一种情形下，尽管正犯者不承认P罪的构成要件该当性，共犯者中都能成立P罪的教唆犯。

但是，如果不要求正犯与共犯同一的（或者至少是重合的）犯罪的话，就不自然地扩张了共犯的概念（就拿①的情形来说，受贿罪的正犯都不存在，却承认共犯教唆犯，就变成了肯定所谓的没有正犯的共犯）。反对说，通过无视作为共犯行为的类型性的要求，不限定共犯的成立范围，只要肯定因果关系就承认共犯的成立，可以将这样的见解称为扩张的共犯论。共犯的概念（譬如说，《刑法》第61条的"教唆"）作为语言具有制约性，而且在共犯中也应该有作为行为类型的界限，不能因为一引起带有犯罪意图的犯罪结果，就立即承认共犯的成立。共犯的罪名从属性应该要求阻止共犯处罚范围无限制的扩大。另一方面，正犯是将不法的实现第一次归结的主犯者，①案例中的公务员、②案例中的X在这个意义上具有被肯定正犯性的可能性（本章第三节）。与此相反，就③案例中的教唆者X而言，承认单纯遗弃罪的教唆犯的罪责作为结论是妥当的。单纯遗弃罪（《刑法》第217条）与保护责任者遗弃罪（《刑法》第218条）以在单纯遗弃罪的限度内构成要件重合，肯定没有保护责任者身份的X的单纯遗弃罪（的教唆）的成立，并不违反罪名从属性的原则（本书第二十六章第二节四）。

第二个问题与第一个问题密切相关。即，是指应不应该承认对所谓的故意的从属性。否定它就是扩张的共犯论的立场[1]。于是，虽然维持实行从属性，但是从属性的内容却是稀薄的，大幅度地扩张了共犯的范围维持（相反，

---

[1] 佐伯《总论》，第341页以下、第355页以下；中《总论》，第223页、第231页以下；中山《总论》，第449页以下、第475页以下；中山《概说》，第278页以下；野村《总论》，第411页以下；中山《总论Ⅱ》，第772页以下等。也参照林《总论》，第425页、第429页以下。

间接正犯的范围反而在缩小）。根据扩张的正犯论，譬如说，在①医生 X 故意递给护士 Y 有毒的注射器，命令给患者 A 注射，导致 A 死亡，而 Y 注意到了不妥当的注射器的事例；②Z 打算用毒品杀害吸毒者 B，将毒品调换成毒药给他，导致不知情的 B 自我注射后死亡的事例中，X 与 Z 不是间接正犯，而应该作为杀人犯的教唆犯处罚。但是，正犯是应该第一次性地归结于不法实现的主犯者，可以肯定 X 与 Z 在这个意义上的正犯性。正犯没有必要被限定在亲自直接实现犯罪的情形。不仅如此，如果像在以上所述的事例的情形下作为共犯处罚的话，与以上所述相同，就会不自然地扩张共犯的概念。将 X 与 Z 认定为"教唆实行杀人罪"（参照《刑法》第 6 条）是困难的[1]。

第三个问题在于，即便说是违法评价的连带，违法评价在一定的限度内是不是相对化的这一点。以正犯者与共犯者之间的关系区分违法评价并不少。譬如说，X 教唆 Y 对 X 自身的生命加以重大伤害的，即便 Y 的行为是作为伤害行为的违法，X 的教唆行为也不能成为刑法上的不法。根据《刑法》第 204 条，X 的身体的法益是受到不通过 X 之外的他人的侵害保护的。作为被害者的 X 自身不能违法地侵害自己的法益，所以产生的结果，就 X 而言，不是违法性的结果。作为其他的事例，虽然正犯者正当防卫的要件不充足（譬如说，欠缺防卫的意思），但是共犯者的要件却是充足的（具有防卫的意思），即便在这样的情形下也能产生违法评价相对化的现象。行为无价值论，即以人的违法论为前提时，特别通过行为者的主观的认识的不同，相对地决定违法的有无并不是罕见的现象。因此，违法的连带性，永远应该作为原则性的连带性理解[2]。

---

[1] 详细的参照井田《犯罪论》第 175 页以下；井田《再论·对无故意者教唆犯能否成立》载于《法律时报》63 卷 10 号，1991 年，第 78 页以下（井田「再論・故意なき者に対する教唆犯は成立しうるか」、法律時報 63 巻 10 号、1991 年、78 頁以下）。另外，教唆犯说在把握有教唆犯不法内容这一点上也存在问题。参照照沼亮介《帮助犯的构造与因果性》载于《法学政治学论究》48 号，2001 年，第 401 页、第 413 页注（100）（照沼亮介「帮助犯の構造と因果性」、法学政治学論究 48 号、2001 年、401 頁、413 頁注（100）以下）。

[2] 参照平野《总论Ⅱ》，第 358 页。尤其在行为无价值的要素成为问题的情形下，违法评价相当大幅度地相对化，只要在这个限度内就应该否定其连带性。另外，关于共同正犯与违法性的相对性，参照本书二十三章第三节。

第三节 间接正犯论

一、正犯与共犯的关系

正犯与共犯的区别问题，可以说是在承认犯罪成立的情形下，作为正犯处罚还是作为共犯处罚的处罚分配问题。虽然存在不能作为共犯处罚的情况（《刑法》第64条），或者相反只能作为共犯处罚的情形（参照《刑法》第65条第1款），但是，根据关于正犯与共犯的区别问题的见解的不同，作为犯罪所能处罚的范围，大概不可能有更大的区别。如果广泛地考虑正犯范围的话，与此相对应，共犯的范围就会变小，如果狭窄地考虑正犯的话，就会扩张共犯的范围。正犯与共犯的区别问题，应该根据在哪种程度上宽泛（狭小）地承认实行行为性（正犯的范围）以及在哪种程度上严格地（或者缓和地）考虑共犯的从属性（共犯的范围）的两个思考相结合来决定。然后，正犯与共犯的区别，具体地说是以作为间接正犯与教唆犯的区别问题讨论的。以下想对间接正犯的本质及其成立范围加以探讨[1]。

二、问题所在

甲用棒将 A 打伤的情形、与乙将 B 引诱落入陷阱导致受伤的情形，如果甲为伤害罪的正犯的话，乙也是伤害罪的正犯。前者为直接正犯，后者是通过将他人作为道具利用从而实现犯罪情形的间接正犯。围绕什么情形承认间接正犯（相反，什么情形下成为教唆犯/帮助犯）存在学术上的深刻对立，因为间接正犯的问题是关于正犯与共犯各自本质的根本性问题。

如之前所看到的学说主张的那样，采用严格的正犯概念（形式的客观说）（"杀人"与"让去杀人"不同，只有前者才认为该当杀人罪的构成要件），背后者利用操控直接行为者的，不能将其认为是正犯。在此之上，如极端从属性说所主张的那样，如果认为没有责任效益的共犯不成立的话，将责任无能力者当作工具利用实行犯罪的情形，背后者不能成为正犯（不是"杀"，不

---

[1] 关于判例/裁判例，参照岛田聪一郎《间接正犯》载于西田典之、山口厚编《刑法的争点》（第3版），2000年，第100页以下（島田聡一郎「間接正犯」西田典之＝山口厚編『刑法の争点 [第3犯]』、2000年、100頁以下）。

过是"让去杀"），而且也可能以不成立共犯（责任无能力者不能成为正犯，所以不存在应该从属的正犯）为由，可能都不可罚。于是，虽然曾经间接正犯不是本来的正犯而只能是补充性地、例外地作为正犯处罚的情形，也可以说是"为了回避产生不处罚情形的弥缝政策"。

在现在的学说中，否定极端的从属性说，并达到采用限制从属性说的程度。虽然只因如此扩张了共犯的范围，但是，只要以共犯的从属性作为原则，大概作为共犯就不能作为共犯处罚，而且，因为不能作为共犯处罚，所以也不妥当。这种情形存在相当多的事例[1]。

三、通说及其对此的批判

现在的通说舍弃了严格的形式客观说，即便肯定间接正犯的构成要件该当性，如在这个意义上也能够包含间接正犯那样，从最初就广泛地定义正犯的概念。间接正犯不是为了填补处罚间隙而被政策性地看成正犯的情形，该行为从最初就在构成要件的评价上等同于直接正犯行为，而且只能是肯定构成要件该当性的实行行为。譬如说，医生故意将有毒的药物加进注射器，然后递给（不知情的）护士让给患者 A 注射，结果 A 死亡的情形（利用非故意的间接正犯），医生根据《刑法》第 199 条的意义上肯定"杀人"没有任何问题。通说，作为实质性的标准，间接正犯中（关于教唆行为/帮助行为，只承认间接的危险）背后者的行为本身包含了实行犯罪的现实的危险性，即没有特别阻碍达到法益侵害的可能性（它可以与没有障碍物的，从坡上滚下来的石头相比）[2]。

但是，危险性作为正犯性的实质性的标准所存在的问题如上所述（本章第一节四）。正犯是应该第一次性地归结于实行不法的主犯者（中心性存在），在这一点上，间接正犯与直接正犯同价值，在与构成要件的评价上不存在不同这一点是本质性的（如前所述，甲用棒打伤 A 的情形、乙将 B 引诱落入陷阱导致受伤的情形，在结果上应该承担第一次性的责任的责任者的这一点上，两者是同价值的，并不存在构成要件的评价上的不同）。即，承认间接正犯具

---

[1] 而且，一旦如故意当作构成要件要素来捕捉，没有故意的行为不该当构成要件那样思考，如前所述，为了肯定共犯的成立，就成为必须承认对故意的从属，利用没有故意者的背后者，就不可能成为共犯（本章第二节三）。在那种意义上，共犯的范围是狭窄的。

[2] 作为代表性的记述，参照福田《总论》，第 259 页。

有不能承认将完全不法归属于直接行为者的某种理由，在其反面，只能是想承认背后者是第一次性的犯罪主体。在这个意义上，不法归属的分配在这里就成为间接正犯与教唆犯之间的区别问题（但是，也可能存在直接行为者与背后者都应该被认为有正犯性的情形。是后述的"正犯背后的正犯"的事例）。

举一个有界限的事例进行探讨。X 知道是"现在有人居住使用的"现住建筑物，欺骗 Y 并教唆 Y 对其放火（《刑法》第 108 条），Y 相信那家是非现住建筑物（《刑法》第 109 条）。在结果实现了现住建筑物放火罪的不法的关系上，对事态有正确认识的只有 X，在这个范围内，Y 被 X 所利用。Y 虽然成立非现住建筑物放火罪（第 38 条第 2 款），X 应该作为现住建筑物放火罪的正犯承担第一次性的刑事责任。另一方面，如果 X 不是现住建筑物放火罪的正犯而是共犯，从共犯的概念来看那是困难的。即，以不是现住建筑物放火罪的正犯者肯定教唆犯的成立，如前所述的那样，就超出了共犯概念的框架[1]。

与此相反，从通说的间接正犯论的立场来看，X 不过是现住建筑物放火罪的教唆犯[2]。的确，以与障碍物不合但达到构成要件的危险性为标准的话，不容易承认 X 的正犯性。但是，如果那样思考的话，介入大概在那样的意义上不能利用他人的意思行为的情形就全部不能看作间接正犯，作为教唆犯的扩张的共犯论的立场就是最彻底的。全部都如已经论述的那样，这种见解所存在的问题是不存在的，正犯是将所实现的不法第一次性地归属的主犯者，必须限定正犯亲手直接实行犯罪的情形的理由。不仅如此，如果勉强地作为共犯处罚的话，也不得不扩张共犯的概念。

四、诸类型

如果将承认间接正犯的情形类型化的话，第一，存在意思支配型的间接正犯的事例。①利用者利用他人身体的动作的情形；②背后者在大幅度地左

---

[1] 同样，背后者对直接行为者 Y，假装被害者 A 同意死亡，让 Y 实行杀害行为的案件中，也不能肯定背后者 X 普通杀人的实行行为性，尽管相当于同意杀人罪的教唆的见解也存在［譬如说，佐久间修《事例解说·现代社会与刑法》，2004 年，第 44 页（佐久間久『事例解説·现代社会と刑法』、2004 年、44 页）］，但是，对 X 而言，应该解释为普通杀人罪的间接正犯。

[2] 大谷《总论》，第 169 页；西原《总论》，第 310 页以下。

右直接行为者意思决定的立场时，譬如说，利用幼儿、高度精神病患者盗窃的情形，可以认为成立间接正犯。但是，即便是刑事未成年人，对没有加以强制的，年龄为十二三岁的未成年人，教唆其实行犯罪的为教唆犯。间接正犯是不法归属的分配问题，只要在不法的程度上承认完全的不法，背后者就可看作为共犯。根据积极的从属性说，因为正犯者没有责任，所以背后者不过是作为教唆犯，但根据限制性从属说成立共犯就不存在障碍。而且，③背后者在压抑直接行为者的意思之后实现构成要件的情形，也可以承认广义的间接正犯。这种情形下存在紧急避险或者以此为准的事态，承认违法阻却或者违法性的大幅度减少，其反面应该将所有的不法归属于背后者[1]。日本最高法院的判例。被告平时就较为暴力，命令12岁的养女按照自己的意思实行盗窃的事例，判决成立盗窃的间接正犯（最决昭58.9.21刑集37卷7号1070页）是正确的。其他，④在利用不知情的被害者的行为的情形，譬如说，诱导被害者掉入陷阱导致受伤的情形、欺骗触及高压线死亡的情形，都可以归入意思支配性的间接正犯的类型。

第二个类型是直接行为者欠缺完全不法的情形（所谓的不法欠缺利用间接正犯的事例）。首先，被利用者的行为由于欠缺构成要件要素从而没有构成要件该当性的情形，如果能够将不法完全地归属于背后者的话，就承认其为间接正犯。譬如说，⑤在被利用者欠缺构成要件性故意的情形（利用过失行为或者无过失行为的情形）之外，⑥被利用者有与背后者具有不同（更轻的罪）构成要件的故意的情形，背后者也可以成为间接正犯。X知道有人在屏风后面，教唆Y破坏屏风（器物损坏），由于不知情的Y的行为实现了杀害结果的情形，X成为杀人罪的间接正犯[2]。这种情形，在与实现重犯罪之间的关系上，可以承认背后者以被利用者的行为为道具，从而能够肯定背后者的正犯性（第一次性的犯罪主体）。而且，⑦在目的犯或者身份犯中，被利用者（即便是故意）欠缺目的或者身份的情形下，背后者也可以成立间接正犯。譬如说，欺骗没有"行驶目的"的行为者伪造文书、有价证券的情形（《刑法》第155条以下、第162条等参照）、公务员作为非公务员的朋友（但是，

---

[1] 关于这一点，也参照岛田聪一郎《正犯·共犯的基础理论》，2002年，第293页以下（島田聡一郎『正犯・共犯論の基礎理論』、2000年、293頁以下）；桥本正博《"行为支配论"与正犯理论》，2000年，第90页以下（橋本正博『「行為支配論」と正犯理論』、2000年、90頁以下）。

[2] 团藤《总论》，第159页注（十四）。

知情）接受进行贿赂金钱的情形等，利用者可成为间接正犯。这些都可以成为以利用无目的故意工具的间接正犯、利用无身份道具的间接正犯。

在间接正犯成立的界限上所产生的问题，首先是⑧被利用者的行为该当的构成要件欠缺违法性的情形，尤其是在该行为相当于正当防卫行为、紧急避险行为时的情形。譬如说，背后者 X 正教唆 Y 袭击 A 时，X 从最初就预想通过倔强的 A 的正当防卫，按照计划 Y 受到伤害（进一步被杀害）那样的情形。在这种情形下，对由 Y 产生结果的 X，立即就可以成立间接正犯的话，那不得不说就回到只用相当因果关系与结果的发生承认正犯成立的扩张的正犯概念了。即便是这样，在这种情形下，也不能承认被害者 Y 成为被教唆者的教唆犯成立的正犯概念。强制、错误的利用等，根据存在以背后者 X 的正犯性为基础的特别事情的情形，Y 所产生的结果应该是既不能承认正犯也不能承认共犯[1]。

理论上最成为问题的是，尽管能肯定关于直接行为者的完全的不法要件（构成要件该当性以及违法性），但还是存在能够承认肯定背后者（单独）的正犯性的情形或者为什么能被承认的理由。被讨论的，首先是正犯背后的正犯的情形。背后者通过药物等作用使得直接行为者丧失责任能力，让其实行一定犯罪的、使得直接行为者陷入不能回避的违法性的错误实行犯罪的，直接行为者的行为就完全违法，因而不能丧失正犯性。但是，这样的不法可以说是通过背后者创造出的，而且，是单方面地实现的因果性的支配。如果是这种情形的话，直接正犯者的不法就应该完全归属于背后者，也可以承认背后者的正犯性[2]。另一方面，譬如说，秘密地拿到过激派组织引发爆破事件的情报的 X，具有通过让 A 去现场卷入爆炸从而达到杀害 A 的意图时，X 不是构成杀人的帮助犯，而是在与具体的 A 的死亡结果的关系上，可以成立杀人的间接正犯（与利用预知将要发生雪崩等自然现象杀人的情形本质上没有什么不同）[3]。如果正犯性意味着第一次性的主体性的话，以这种形式实现

---

[1] 参照大塚裕史《思考方法》，第81页。
[2] 关于这一点，参照桥本正博《"行为支配论"与正犯理论》，2000年，第92页以下（橋本正博『「行為支配論」と正犯理論』、2000年、92頁以下）。
[3] 围绕这种形态的"正犯的背后的正犯"的德国学说，参照高桥则夫《共犯体系与共犯理论》1988年的第一编《统一的正犯体系与共犯体系》，第77页以下（高橋則夫『共犯体系と共犯理論』1988年の第1編「統一的正犯体系と共犯体系」、77頁以下）。

一定结果的相互独立的、复数的行为支配，没有理由排除存在竞合的情形。

在利用有故意的帮助犯的道具的情形下，故意地实行该当构成要件的行为的直接行为者为帮助犯，在其背后的为正犯，但是现在产生了这种情形是不是可能的问题。即便可以说在结果上实现最大的利害关系，将背后者作为正犯，只有根据主观说才有可能，根据客观说时原则上不可能成立。但是，也不是不能考虑寄予背后者最大事实的为共同正犯，根据构成要件上预定的行为的性质，通过机械的/直接的动作也能捕捉背后者指示的行为性文言的使用，只要在这个范围内，就可以考虑能够成立背后者（单独）正犯的情形[1]。

五、亲手犯

如果是没有通过本人自身的直接正犯形态就不能实行的犯罪，即，间接正犯的形态不能实行的犯罪为亲手犯[2]。譬如说，伪证罪（《刑法》第169条）、重婚罪（《刑法》第184条）、不携带驾照罪（《道路交通法》第95条第1款、第121条第1款第10号）等为亲手犯的例证。亲手犯的概念意味着划出成立间接正犯的一个界限。严密地说，亲手犯应该说是即便是直接正犯也不能以间接正犯的形态实行的犯罪，必须与身份犯加以区别。譬如说，即便非公务员X（非身份者）没有故意利用公务员A（身份者）实行贿赂接受金钱，虽然背后者X不能成为贿赂罪的正犯，但那是因为X没有身份，而不是因为不是亲手犯[3]。相反，如强奸罪（《刑法》第177条）那样，虽然没有身份的（即，女性）不能成为直接正犯，但是也有以利用身份者（即，男性）从而成为间接正犯的形态，因此也可以实行该犯罪的犯罪（于是，也有将强奸罪称为拟似身份犯。条文上没有只限定主体为男性）。

---

[1] 譬如说，参照最判昭25.7.6.刑集4卷7号1178页。
[2] 福田《总论》，第264页以下。对此，从结果无价值的立场出发，否定亲手犯的，是内田《概要中卷》，第470页。
[3] 本来将受贿罪那样的身份也能称为"广义的亲手犯"。参照福田《总论》，第265页注（一）。

第二十一章　共犯的处罚根据与从属性

第一节　共犯的处罚根据

一、责任共犯论、不法共犯论、惹起说（因果共犯论）

为什么某种行为违法并成为处罚对象的根据，虽然是被作为"犯罪的本质"问题提出而讨论的（本书第一章第一节），但是与其相反，如果用共犯论表现的话，就成为围绕共犯处罚根据的讨论[1]。在这里得到的认识是从统一的视点，期待对共犯论的诸问题的整体性解决进行理论上的梳理[2]。共犯的处罚根据，虽然讨论的是关于狭义的共犯，即教唆犯与帮助犯（关于狭义的共犯的处罚根据，与共同正犯的处罚根据，参照本书第二十三章第二节），但尤其针对共犯处罚的根据与处罚正犯的根据在本质是不是相同的问题。

曾经的共犯处罚根据在于使得他人"堕落"为犯罪者（由于这种堕落，在

---

[1] 作为代表性的研究，参照大越义久《共犯的处罚根据》，1981年，（大越義久『共犯の処罰根拠』、1981年）；大越义久《共犯论再考》，1989年，第19页以下、第173页以下（大越義久『共犯論再考』、1989年、19頁以下、173頁以下）；齐藤诚二《论共犯的处罚根据的浅见》载于《下村康正先生古稀祝贺・刑事法学的新动向上卷》，1995年，第1页以下（斎藤誠二「共犯の処罰根拠についての管見」『下村康正先生古稀祝賀論文集・刑事法学の新動向』、1995年、1頁以下）；高桥则夫《共犯体系与共犯理论》1988年，第93页以下（高橋則夫『共犯体系と共犯理論』1988年、93頁以下）；山中敬一《因果性的共犯论与责任共犯论》载于阿部纯二等编《刑法基本讲座》（第4卷），1992年，第94页以下（山中敬一「因果的共犯論と責任共犯論」阿部純二ほか編『刑法基本講座4巻』、1992年、94頁以下）。

[2] 强调这一点的是大越义久《共犯的处罚根据》，1981年，第1页（大越義久『共犯の処罰根拠』、1981年、1頁以下）；大越义久《共犯论再考》，1989年，第19页以下、第173页以下（大越義久『共犯論再考』、1989年、19頁以下、173頁以下）。

社会中创造出一个犯罪人），这称为责任共犯论[1]。该见解，因为要求正犯者实行违法、有责的行为（即犯罪），虽然与限定从属性说的立场不相容，如果重视正犯者实行的违法行为（让社会中出现违法行为者）或者加重正犯不法的话，与限制从属性说也不矛盾。这也能够称为不法共犯论[2]。无论是责任共犯论还是不法共犯论，都因认为正犯者由于侵害法益而被处罚，共犯者由于创造出犯罪者或者违法行为者而被处罚，所以，都是以正犯与共犯根据本质地加以区别犯罪性质的立场。

与此相反，现在的学说，认为无论是正犯行为还是共犯行为都应该以针对该当保护法益的侵害为理由而处罚，因为应该认为正犯与共犯有共同的处罚根据。共犯者不是由于创造出犯罪者或者违法行为者而受到处罚，共犯行为在惹起违法的法益侵害这一点上与正犯行为具有共通的基本的本质性，只是在正犯者介入的间接性的法益侵害行为上不同于正犯行为，这称为"惹起说（因果性共犯论）"[3]。

二、"修正惹起说"的问题性

可以说不法共犯论与惹起说的不同就是一纸之隔。在教唆犯的情形下，如果没有教唆行为就不会引起正犯不法，如不法共犯论所主张的那样，以寄

---

[1] Eberhard Schmidhäuser, Strafrecht, Allgemeiner Teil, Lehrbuch, 2. Aufl. 1970, 14/59, S. 534，将此称呼为堕落说（Korruptionstheorie）。另外，关于责任共犯论，也可参照：齐藤城二《论共犯的处罚根据的浅见》载于《下村康正先生古稀祝贺·刑事法学的新动向上卷》，1995年，第14页以下（斎藤誠二「共犯の処罰根拠についての管見」『下村康正先生古稀祝賀論文集·刑事法学の新動向』、1995年、14頁以下）。

[2] 齐藤城二《论共犯的处罚根据的浅见》载于《下村康正先生古稀祝贺·刑事法学的新动向上卷》，1995年，第16页以下（斎藤誠二「共犯の処罰根拠についての管見」『下村康正先生古稀祝賀論文集·刑事法学の新動向』、1995年、16頁以下）；曾根威彦《刑法的重要问题（总论）补订版》1996年，第285页以下（曽根威彦『刑法の重要問題「補訂版」』、1996年、285頁以下）；高桥则夫《共犯体系与共犯理论》，1988年，第115页以下（高橋則夫『共犯体系と共犯理論』、1988年、115頁以下）。

[3] 即便到最近，惹起说也被认为是基于结果无价值论的学说。譬如说，町野朔《惹起说的整备·点检》载于《内藤谦先生古稀祝贺·刑事法学的现代的状况》，1994年，第115页（町野朔「惹起説の整備·点検」『内藤謙先生古稀祝賀·刑事法学の現代的状況』、1994年、115頁以下）。但是，行为无价值的本质在于重视在行为的时点明确违法/合法的界限、根据刑法法规的提示/告知机能，它与惹起说不能相容的理论是不可能被理解的。现在，即便在行为无价值论（违法二元论）支配下的德国，通说也支持惹起说。

予给予正犯不法的实现之原因为理由处罚共犯者成为充分的根据。那是自从属正犯不法而产生共犯不法的理解，在惹起正犯不法的实害这一点上寻求共犯处罚的根据，这一点可以说是惹起说的一种〔1〕。但是，那被看作是正犯不法惹起的充要条件，根据对正犯不法的从属，共犯处罚就成为可能，所以在正犯者的处罚中强调没有成为问题的从属性原则，以依存正犯者不法的形式处罚共犯者，在这个限度内修正了惹起说的基本思想。这称为修正惹起说（从属性志向惹起说）。

但即便有正犯不法的惹起，对共犯而言，不限于存在违法事态的惹起。举例说明，期望死亡的 X 拜托 Y 杀害自己，虽然 Y 对 X 实行了杀害行为，但是如果 X 还残活的话，Y 虽然承担嘱托杀人罪（《刑法》第 202 条后段）的未遂犯的罪责，但被害者 X 不能成为该罪的教唆犯。如果 X 的行为与产生行为结果的事态之间有关系的话，那是对自己法益的攻击（自伤行为），因而不是违法。对 Y 来讲，产生了违法的事态，虽然可能以此为理由处罚 Y，但是从 Y 来看并不存在违法的事态，不能以此为根据处罚作为共犯的 X。更加严密地说，根据《刑法》第 202 条，因为是 X 的生命受到 X 之外的他人的侵害的保护，作为被害者的 X 自身不能侵害自己的法益，所以不能以处罚自己产生的法益侵害的惹起为理由进行处罚。在该案件中，通过 X 所产生的事态就不是违法的结果，因而不能以这个惹起为理由处罚 X。总的来讲，实行从属的原则是，如果没有实行违法的正犯行为，就不能处罚共犯的消极原则。正犯不法的惹起，即便是共犯处罚的必要条件，但不是充分条件。就共犯者而言，如果不承认惹起违法事态，也不能处罚共犯。在这个意义上，修正惹起说并不妥当〔2〕。

三、共犯行为惹起正犯不法与共犯不法

虽然惹起说是以惹起违法事态为共犯处罚的理由的见解，但是，的确也必须明确共犯行为所惹起的违法事态是什么。如不法共犯论或者修正惹起说

---

〔1〕 Günter Stratenwerth, Strafrecht, Allgemeiner Teil Ⅰ, 4. Aufl. 2000, S. 335., 在德国将包含惹起说的修正说取名为"不法共犯论"。
〔2〕 宛如是"这个问题领域中基本的对抗轴心应该是向着纯粹惹起说 VS 混合惹起说的地点移动"。葛原力三《共犯的处罚根据与处罚界限（上）》载于《法教》281 号，2004 年，第 63 页（葛原力三「共犯の処罰根拠と根拠の限界（上）」、法教 281 号、2004 年，63 頁）。

所主张的那样，共犯者因为对正犯者实行了违法正犯行为，所以可以说惹起了正犯不法。为了成立狭义的共犯（即，教唆犯与帮助犯），也要求正犯实行的违法行为。即便是如杀人罪那样处罚未遂的犯罪，至少正犯者没有实行着手的话，教唆者/帮助者就不产生杀人未遂的教唆/帮助的责任。这可以说是共犯实行从属性的原则，为现在的判例/通说的立场（第二十章第二节二）。

与此相反，如果完全地贯穿正犯与共犯并行理解的话，就会无视正犯不法的惹起点，拒绝对正犯不法的从属/依存，对共犯而言，其本质就变成了惹起违法事态。就共犯而言，只要惹起违法事态的话就可能处罚共犯的见解，是对惹起说理论的彻底化，称为纯粹惹起说。在日本有力地主张一部行为的扩张的共犯论，只能说是纯粹惹起说的立场[1]。的确，如这种见解所主张的那样，通过共犯者产生的违法事态（共犯不法）是共犯处罚根据的核心部分。但是，为了限定共犯处罚，有必要要求正犯不法的从属性惹起，与正犯不法的关系上的罪名从属性（以及对故意的从属性），否定它的扩张的共犯论可能会不限定共犯处罚的范围（本节四）。关于共犯处罚，正犯不法的惹起应该附条件的。譬如说，X 欺骗 Y，让 Y 损毁自己的所有物的情形，因为 Y 的行为不是该当器物损坏罪的违法行为，所以对 X 不应该承认器物损坏罪的教唆罪的成立（X 可以成为器物损坏罪的间接正犯）。医生 X 教唆自己的配偶 Y 泄露秘密，虽然纯粹惹起说承认泄露秘密的教唆犯的成立，但是因为 Y 的行为不是该当秘密泄露罪的构成要件的违法行为（可罚的违法性），所以应该也不能承认 X 教唆犯的成立（在该案件中，如果承认泄露秘密罪教唆犯成立的话，非身份犯者的 Y 教唆其他非身份者的 Z 实行泄露秘密罪的情形，就 Y 而言，也不能否定泄露秘密罪教唆犯成立的理由）。其次，在 A 打算杀害兴奋剂常用

---

[1] 关于扩张的共犯论，参照本书第二十章第二节三。明确采用纯粹惹起说是浅田和茂《未遂的教唆》载于《修订刑法1——共犯》，1997年，第90页以下（浅田和茂「未遂の教唆」『レヴィジオン刑法1-共犯』、1997年、90頁以下）；葛原力三《共犯的处罚根据与处罚界限（上）》载于《法教》281号，2004年，第63页以下（葛原力三「共犯の処罰根拠と根拠の限界（上）」法教282号、2004年、63頁以下）；葛原力三《共犯的处罚根据与处罚界限（上）》载于《法教》282号，2004年，第68页以下（葛原力三「共犯の処罰根拠と根拠の限界（上）」法教281号、2004年、68頁以下）；野村《总论》，第393页以下；山中敬一《因果性的共犯论与责任共犯论》载于阿部纯二等编《刑法基本讲座》（第4卷），1992年，第99页以下（山中敬一「因果的共犯論と責任共犯論」阿部純二ほか編『刑法基本講座4巻』、1992年、99頁以下）；山中《总论》，第763页。

者 B，递给他伪装成兴奋剂的毒药，导致不知情的 B 自己注射死亡的事例中，既然不存在杀人的正犯不法的惹起，就不能承认 A 的杀人教唆犯的成立（A 成为杀人罪的间接正犯）。再次，A 教唆某种刑事案件的犯人 B 伪造关于 B 的事件证据的，B 不可罚（参照《刑法》第 104 条），虽然教唆者 A 也应该不可罚，但是根据纯粹惹起说的话，完全可以对 A 作为证据伪造罪的教唆进行处罚[1]。

这样一来，为了共犯处罚的可能，虽然通过共犯者产生的违法事态（共犯不法）是必要的，但在此之上，就正犯者而言，也有可能确认产生的违法事态（正犯不法），肯定双方就成为要件。这样的见解是纯粹惹起说与修正惹起说的中间见解，因为同时要求正犯不法的惹起和共犯不法的惹起，所以称为[2]混合惹起说[3]。根据混合惹起说，共犯处罚被予以两重限定。虽然必须要求通过共犯者惹起违法事态，但是只有它是不充分的，必须具备正犯不法惹起的一定的形式（从属性关系）[关于共犯中的结果惹起的关系（因果关系）的内涵，参照本书第二十五章第三节]。

四、与从属性原则之间的关系

为了共犯的成立，"正犯不法的惹起"为必要，不是正犯者的行为在某种意义上违法的话就可以成立，而是如"只要在正犯者 P 该当构成要件，并且没有实行违法行为的范围内，共犯者 P 教唆犯/帮助犯就不能成立"那样，对同一的构成要件是必要的（所谓的罪名从属性）。在正犯者与共犯者实行了该当不同的构成要件的行为的情形下，两方的构成要件只要重合就可能承认共犯的成立。而且，在没有某种正犯行为，共犯就不能成立（在利用过失行为的情形下，背后者不是共犯，而是间接正犯）的意义上，也要求对故意的从

---

[1] 作为对纯粹惹起说的批评，山口《探究》，第 238 页以下是最彻底的、最具有说服力的。
[2] Claus Roxin, in: Leipziger Kommentar, 11. Aufl. 1993, Vor § 26 Rdn. 1ff.
[3] 在日本支持混合说的，是齐藤诚二《论共犯的处罚根据的浅见》载于《下村康正先生古稀祝贺·刑事法学的新动向》（上卷），1995 年，第 23 页以下（斎藤誠二「共犯の処罰根拠についての管見」『下村康正先生古稀祝賀論文集・刑事法学の新動向』、1995 年、23 頁以下）；高桥则夫《共犯体系与共犯理论》，1988 年，第 153 页以下、第 269 页以下（高橋則夫『共犯体系と共犯理論』1988 年、153 頁以下、269 頁以下）；照沼亮介《帮助犯的构造与因果性》载于《法学政治学论究》48 号，2001 年，第 382 页以下（照沼亮介「幇助犯の構造と因果性」、法学政治学論究 48 号、2001 年、382 頁以下）；山口《总论》，第 253 页以下等。

属性（本书第二十章第二节三）。

在学说中，否定了这些意义上的从属性，以相当无限定的形式肯定共犯处罚的扩张共犯论相当有力。这种见解大概不要求正犯不法惹起的要件，对共犯来讲，因为如果惹起违法事态的话就有可能处罚共犯，所以是纯粹惹起说的立场（因果共犯论彻底化的立场）。既然通过共犯者惹起违法事态，即便不具备作为一定形式或者处罚框架的从属性的关系也能处罚，所以，在共犯的领域中可以说适用的是结果无价值论[1]。这样的扩张共犯论或者纯粹惹起说，无限制地扩大了共犯处罚的范围，从而导致无休止的处罚，这正是受到指责之处（本书第二十章第二节三）。

坚持共犯从属性的原则，即便通过共犯者惹起违法的结果（动机），只要不以该当构成要件的违法性的正犯行为为前提（手闸），就不应该承认共犯的成立。对"只有实行该当P罪的构成要件的正犯的违法行为的，才能成立P罪的共犯"的正犯不法的从属性原则，是共犯行为的类型性的要求[2]，是形式性的处罚范围的限定问题[3]。那与即便是侵害相当法益的行为不具备条文要求的行为样态也不能成立犯罪一样，原理相同［即便是妨害他人业务的行为，只要没有以"散布流言""使用诡计、暴力"为手段，就不能成立业务妨害罪（第233条以及第234条）］。但是相反，即便形式上具备了一定的行为样态，没有产生条文预定的违法结果的行为，也不能成为处罚的对象（第一章第六节）。混合惹起说当然不过是将这样的（至少采用了违法二元论）事理使用于共犯论。即便说因为存在从属性的关系，即存在正犯不法惹起的关系，也不能立即就承认共犯的成立，有必要探讨是否通过共犯者惹起违法结果的

---

[1] 曾根威彦《刑法的重要问题（总论）补订版》，1996年，第292页以下（曽根威彦『刑法の重要問題「補訂版」』、1996年、292頁以下），将纯粹惹起说归结为人的违法论（行为无价值论）。浅田和茂《未遂的教唆》载于《修订刑法1——共犯》，1997年，第88页（浅田和茂「未遂の教唆」『レヴィジオン刑法1-共犯』、1997年、88頁），以及前田《总论》，第382页，是将修正惹起说作为结果无价值型的理论，但是即便在人的违法论为支配性的德国，也几乎没有采用纯粹惹起说的论者。参照日本学说的现状，纯粹惹起说可归结为结果无价值论。

[2] 关于这一点，参照大塚裕史《思考方法》，第345页以下（大塚裕史『思考方法』、345頁以下）。

[3] 参照Claus Roxin, in: Leipziger Kommentar, Vor §26 Rdn. 4ff.。山口《探究》，第243页，也是以"共犯处罚的二次性"为理论前提的，主张"根据正犯的违法构成要件的实现，以共犯当作作为'限定性的基础'"。

处罚根据[1]。

第二节 处罚根据的归结

一、关于身份共犯

如上所述，关于违法相对性，通过什么立场采用惹起说可以分成三种学说。通过共犯者惹起违法事态，不能等于同通过正犯惹起违法事态。①只注意正犯不法，并肯定它，以从属性的形式肯定共犯者处罚的是修正惹起说；②只注意共犯不法，继而肯定它，所以肯定共犯处罚的是纯粹惹起说；③本书支持的混合说，就共犯者来讲，在以惹起违法事态为中心的同时，也要求正犯不法的惹起。

围绕正犯不法与共犯不法之间的关系问题中最重要的是，不作为正犯处罚的是否可以作为共犯处罚的问题。譬如说，为了成立通货伪造的正犯，行为者有必要抱有"行使的目的"，可以将此作为一种身份把握（本书第二十六章第三节一）。但是，它不能成为共犯的要件。X对Y教唆实行通货伪造，虽然Y必须具有行使的目的，但是X自身没有必要具有行使的目的，只要承认Y认识到具有行使的目的，就可以承认X作为教唆犯的成立。X如果实行了让Y通货伪造的话，就共犯者X而言，就实现了违法事态，没有理由要求共犯X具备正犯中所要求的"行使目的"的要件。换言之，即便共犯自身没有行使目的（即，正犯的要件），由于介入了具有行使目的的正犯者，因而就具有了可实现违法事态的可能。同样，譬如说，在与刑法的秘密泄露罪（《刑法》第134条）的关系中，非具有身份的护士教唆对具有身份者的医生泄露患者秘密的，即便秘密泄露罪的保护法益中不仅有个人的秘密，也包含了对医生职业的信赖，但是，护士通过介入医生的行为也有可能侵害那些法益，实现全部同罪的不法。非身份者的泄露秘密罪行为自身，即便不是可罚的违法行为，非身份者让身份者实行秘密泄露行为的，就是作为教唆者也可以说惹起了刑法上违法的事态。同样，在不真正不作为犯的情形下，即便关于非

---

[1] 同旨，照沼亮介《帮助犯的构造与因果性》载于《法学政治学论究》48号，2001年，第382页以下（照沼亮介「幇助犯の構造と因果性」、法学政治学論究48号、2001年、382頁以下）。

保证者的案件也可以说是保证者的不作为[1]。即便教唆犯自身不可能通过不作为进行法益侵害，通过教唆行为介入保证者的不作为实现法益侵害时，作为教唆者惹起违法事态，以正犯不法的从属为条件，也可承认教唆的成立。《刑法》第65条第1款可以解释成为明确这种情形的规定（因此，不是创设处罚的规定，而是明示即便没有该条也能承认处罚的规定）。

如果是这样，第65条第1款的基本的思考方法就是，即便是不真正身份犯，只要在以身份为理由对刑的加重能够以独立的保护法益为观念的限度内，都可以完全同等地加以适用。譬如说，以抢劫犯人为主体的抢劫杀人罪（第240条后段）是身份犯[2]，而且可以解释成为不真正身份犯，既然X对Y教唆抢劫杀人的，X自身通过Y介入完全能够侵害抢劫杀人罪的保护法益，那么就必须作为抢劫杀人罪的教唆犯处罚。与此相反，以具有身份为理由加重刑罚的，是不能以独立的保护法益为观念的情形，作为非身份者的共犯者也认为只能成立通常的犯罪，这也是混合惹起说的归结。譬如说，没有保护责任的非身份者教唆保护责任者遗弃被害者的，虽然保护责任者自身是违法要素（本书第一章第四节），但是因为在与共犯者的关系中不能说实行了保护责任者遗弃的违法行为，所以只能成立单纯的遗弃罪的教唆犯[3]。只要在这个限度内，违法性就相对化了。当谈到违法的相对性时，该当法益从正犯者中得到保护，但是并没有能够从共犯者中得到保护，如此而言，也是基于法益的性质的相对性[4]。但是，如以上的案例那样，通过人的/主观的要素，比较广泛地得以承认在正犯与共犯之间的违法性相对化，违法的连带性永远不过是原则性的（本书第二十章第二节三、第二十六章第二节四）。

---

[1] 关于不真正不作为犯的保证者说，将不真正不作为犯的构成要件作为身份犯的构成要件理解时，参照第三章第二节。

[2] 大塚仁《刑法概说（各论）》（第3版），1996年，第227页（大塚仁『刑法概説（各論）「第3版」』、1996年、227頁以下）。

[3] 另外，这种情形，因为正犯者成立保护责任遗弃罪，所以教唆者在构成要件重合的范围内承认单纯遗弃罪的教唆犯的成立，即，所谓不违反罪名从属性的原则。

[4] 譬如说，X教唆Y对X自身的身体进行显著的伤害的案件中，虽然X的身体的法益可以不受到来自Y的伤害而得到保护，但是不能从X自身得到保护。因此，虽然Y的行为可以说是违法的，但是X的行为却不能认为是违法。

二、未遂的教唆

未遂的教唆是指教唆者以被教唆者的实行行为为开端，以未遂终了的意思教唆的情形。譬如说，X故意让Y陷入犯意，递给他通常能够引起痢疾的致死性的药物，让其混入药物中杀害A，Y故意让A饮用这种药物，A仅仅引起痢疾但没有其他状态的，这里就产生了X是不是承担杀人未遂罪的教唆犯的罪责问题。其中可以考虑到，作为未遂的教唆事例，X递给Y没有装有子弹的手枪，指示用该手枪杀害A，Y故意射击A（但是没有子弹）的情形，X知道A的口袋中什么也没有，却教唆Y去偷A的情形等。应该注意的是，作为成为未遂教唆问题的前提，关于被教唆者（正犯者）必须成立未遂犯。在以上的事例中，Y的行为是不能犯，其结果，虽然根据任何见解都包含了X不可罚的可能性，但是产生未遂的教唆问题只限于被教唆者成立未遂犯的情形。

未遂的教唆的情形，因为教唆者没有实现违法结果的意思，所以就产生了否定故意但又不是不可罚的问题。关于通常的单独犯，在行为者从最初就以未遂终了的意思实行行为的情形下，即行为者对结果的实行没有故意的情形下，不能成立未遂犯。为了未遂犯的成立，发生结果的意义是不可欠缺的（譬如说，在没有发生杀害结果的故意的限度内，杀人未遂罪是绝对不成立的）。因此，只要在就共犯而言实质地重视实现违法性事态，对正犯以与共犯相同构造来捕捉的惹起说为立足的范围内，未遂的教唆就不可罚。如果没有法益意思，关于法益侵害的惹起就不能追问故意犯的刑事责任。

与此相反，强调正犯不法的从属性方面时，既然正犯者实行了该当构成要件的违法性行为，可见也有可能成立对教唆者承认从属于正犯的共犯，但这就成为只用正犯不法的从属性承认共犯的处罚。本来，无论是正犯还是共犯，法益侵害意思都是故意犯的本质要素，对从开始就没有故意实现结果的行为，不能作为故意犯处罚（即，对作为故意犯可能惹起的结果追问刑事责任）。尤其是对法益没有进一步危险意思的心理状态，不能说是故意（譬如说，用没有装有子弹的手枪射击的情形、教唆偷盗没有钱的金库的情形等，不存在法益侵害危险性的认识）。成为问题的是，教唆者对法益有一定危险性认识的情形。但是，即便A的死亡可能性是从X的头脑中产生的，"虽然X没有让A死亡的未必的故意，但因为是具有认识的过失，所以，应该以故意处罚"是可笑的。

关于如何思考未遂教唆的可罚性，就惹起说而言，可以说是试金石，惹起说的基本思想在于正犯与共犯（只以是直接的法益侵害或是间接的法益侵害的不同）作为犯罪是相同的。这里强调的是，如果对正犯不法的从属肯定具有可罚性的话，就已经不能再说是惹起说的修正，而是否定了基本思想本身了[1]。另外，就教唆者而言，关于意外发生结果的情形，根据未遂教唆的不可罚说，结果的发生最多不过可以承认过失的责任（对被害者而言，如果存在伤害的故意，可以承认伤害致死罪）。但是，即便根据肯定未遂教唆可罚性的见解，既然发生的结果没有触及故意，也不过是能承认未遂罪的教唆犯的成立。

三、必要的共犯

一般来讲，必要的共犯，如内乱罪（《刑法》第 77 条）、骚乱罪（《刑法》第 106 条）那样，有多数者在同一方向上合力/协力实行行为的情形（多众犯或者众合犯）以及像贿赂罪（《刑法》第 197 条以下以及 198 条）中贿赂者与受贿者那样，2 人以上在相互合力的方向上实行的行为（对向犯）。虽然必要的共犯产生了关于任意共犯的总则规定（《刑法》第 60 条以下）的适用问题，但不是没有受到限制的问题，共犯的处罚根据论能够对问题解决有一定的寄予是后者的对向犯的情形，尤其是像刑法典中猥亵物散布罪（《刑法》第 175 条）那样，规定只处罚存在对向关系双方中的一方，没有规定处罚当然预想到的另一方的情形（所谓的片面对向犯）。现在通说/判例主张对方一方的其他行为，即便作为教唆犯、帮助犯也不能处罚，但是，他们对不可罚的根据及其界限的见解是不相同的。

判例以及历来的通说采用了所谓的立法者意思说，当然地预设了某种犯罪的成立，因为立法者敢于对不能欠缺的相关行为不闻不问，所以处罚作为接受相关者一方的可罚性的行为的教唆或者帮助就不是立法的意图（最判昭 43.12.24 刑集 22 卷 13 号 1625 页、最判昭 51.3.18 刑集 30 卷 2 号 212 页）[2]。

---

[1] 以共犯的构成要件为"修正的构成要件"为理由，与正犯不同，不以结果实现意思为必要的大塚《总论》，第 294 页以下；大谷《总论》，第 460 页以下；川端《总论》，第 555 页以下；团藤《总论》，第 406 页以下等，已经是超越惹起说框架的理论。

[2] 在学说中，具有代表性的是团藤《总论》，第 432 页。

| 第二十一章　共犯的处罚根据与从属性 |

的确，不能否定立法者的意思在决定必要的相关者的处理上具有重要性的意义[1]。贿赂罪是从受贿罪（第 197 条至第 197 条之 4）以及赠贿罪（第 198 条）的构成，教唆/帮助公务员受贿等相关行为作为共犯，当然是可罚的，但是其中只是赠贿行为作为赠贿罪处罚是法的宗旨，不能适用总则的规定作为受贿罪的共犯的处罚（顺便说一下，根据旧法赠贿行为不可罚）。在这个限度内，立法者意思说具有决定性的意义。

但是，对立法者意思说存在以下疑问。首先，存在只处罚对向性关系双方中的一方的规定，没有规定想当然地处罚另一方的行为的情形下，是立法者对此不处罚的宗旨还是作为共犯处罚的宗旨并不明确。而且，若采用立法者意思说，在超越通常预想的限度积极地处理犯罪的情形（譬如说，猥亵物买方迫使卖方贩卖时）下，虽然能够承认共犯规定的适用[2]，但是究竟可以怎样适用呢？

如果适用关于共犯的处罚根据的混合惹起说的话，对共犯而言只要没有惹起违法性事态，就不能作为共犯处罚。于是，共犯者在接受被害者的立场，作为该当规定的保护对象时，作为共犯欠缺违法事态的惹起，就不能作为共犯处罚相关者。因此，譬如说，不能将未成年人拐卖罪（《刑法》第 224 条）中被拐卖者作为同罪的共犯。而且，依赖不是律师的人处理关于自己事件的法律事务的，不能成为违反《律师法》第 72 条犯罪（同法第 77 条）的教唆犯（前述最判昭 43.12.24，根据立法者的意义对此不可罚）。因为行为者只能成为根据同条应该被保护者利益的被害者。同样，即便是关于迫使贩卖猥亵物的，也否定了教唆犯、帮助犯的成立。在这些案件中，该当相关者超过了通常预想的限度，即便积极地关涉到犯罪，也不可改变不可罚的结果。共犯处罚根据在这个限度内可以寄予必要的共犯问题的解决。

有一些与以上所列举的不同的案件，具有在必要的共犯的范畴内所讨论

---

[1] 西田典之 "必要的共犯"《刑法基本讲座第 4 卷》，1992 年，第 268 页（西田典之『刑法基本講座 4 巻』、1992 年、268 頁）；平野《总论Ⅱ》第 379 页；丸山雅夫《必要的共犯》载于西田典之、山口厚编《刑法的争点》（第 3 版），2000 年，第 113 页（丸山雅夫「必要的共犯」西田典之＝山口厚編『刑法の争点「第 3 版」』、2000 年、113 頁）等。相反，林《总论》，第 434 页以下。

[2] 参照西田典之《必要的共犯》载于《刑法基本讲座》（第 4 卷），1992 年，第 266 页（西田典之『刑法基本講座 4 巻』、1992 年、266 頁）。

的问题。即，产生关于一定的行为没有合法行为的期待可能性的，特别是从作为正犯的处罚范围排除时，是不是可以将它作为共犯处罚呢？不仅具有是不是符合必要的共犯情形的犯罪人藏匿罪（《刑法》第103条）[1]，而且犯罪人隐蔽罪（同条）、证据销毁罪（《刑法》第104条）也是在这个关系上被列举的[2]。关于这些犯罪，即便是由先行刑事案件的犯罪人自身实行这些行为，也不该当构成要件[3]，但是在犯罪人教唆第三者实行这些行为的情形下能够作为教唆犯处罚就会产生问题。判例不认为它是必要的共犯的一种事例，从大审院时代起一贯肯定作为教唆犯的可罚性[4]。学说分成承认教唆犯说与不可罚说两种[5]。

犯罪人藏匿罪、证据毁灭罪等的保护法益是国家刑事司法作用的适当实现。这些行为是具有妨害（抽象性）刑事司法适当实现的危险形成的处罚对象。如果认为即便犯罪人对自己的事件实行了这些行为，这样的危险性的存在也完全没有改变，犯罪人自身对自己的事件实行的这些行为（正犯的情形）完全从处罚范围排除的理由，只能从作为不得已的行为不能追究类型性责任的行为（类型性地没有期待可能性的行为）中获得（但是，因为从规范的对象中排除，所以那样的行为应该说是欠缺可罚的违法性[6]）。

以这样的思考方法作为前提彻底化的话，不只是犯人自己实行的情形（正犯的情形），就是他人介入实行的情形（共犯的情形）也一样，应该解释为不能处罚。一般而言，他人介入实行的法益侵害（共犯）是比自己实行的

---

[1] 团藤《总论》，第433页注（四）否定了它。
[2] 大越义久《共犯的处罚根据》，1981年，第4页以下、第17页以下（大越義久『共犯の処罰根拠』、1981年、4頁以下、17頁以下），主张必要的共犯的问题实质上存在于以宣言法律作为正犯不可罚的行为作为共犯能够处罚这一点上，没有必要狭义地理解成"必要的共犯"的概念。
[3] 根据通说，如像犯罪人自身关于自己的事件不实行证据销毁那样，不能期待犯人自身的证据销毁的行为从不能类型性地追问责任的行为的构成要件中排除。于是，这可以成为构成要件有责类型的根据。
[4] 根据通说，犯人本人对自己的事件不能期待不实行证据毁灭，从犯人自身证据毁灭等的行为是类型地不得追究责任的行为来看，应该从构成要件中排除出去。而且，这是以构成要件是以有责类型为根据的。
[5] 关于判例，详细的参照中谷瑾子《由于犯人的伪证教唆》载于西原春夫等编《判例刑法研究7卷》，1983年，第53页以下（中谷瑾子「犯人による偽証教唆」西原春夫ほか編『判例刑法研究7卷』、1983年、53頁以下）。
[6] 参照武藤真朗《对司法的罪与共犯》载于《刑法的争点》（第3版），2000年，第246页（武藤真朗「司法に対する罪と共犯」『刑法の争点「第3版」』、2000年、246頁以下）。

法益侵害（正犯）轻的违法行为（这样主张从《刑法》第63条以及第64条来看解释得很清楚）。既然刑法较重的样态的违法行为被看作没有责任，关于较轻的间接违法行为，更不能追究责任。这就是正犯与共犯成为相同的处罚根据的惹起说的立场归结，如果以"引起他人犯罪的"教唆者没有被处罚，只处罚了正犯者是不公平的理由处罚教唆者的话，那只能成为责任共犯论的理论[1]。

但是，从司法作用的保护与犯人的防卫权的保护之间调整的见解来看，只限于不追问自己实行的自己藏匿/隐蔽行为、相关自己的刑事案件的证据毁灭/伪造行为，并不是不可能存在与其他人协力实行的司法妨碍行为是可罚的法的规制的。犯人自己单独实行的行为、具有相关事件的种种情报的人给予他者情报与他人一起实行的行为，很容易认为是对司法作用的侵害性不同的类型，也不能说不可能这样考虑。在作为犯罪人与事件之间的关系中（情报的保持、场所的接近等），虽然说具有特权的立场，但是利用那样的立场与第三者一起实行司法妨害的，与单独行为的情形不同，也可看作是独自的违法。如果能够这样考虑的话，就得出了犯人作为共犯可罚的结论。关于这样的论点，我想存在另外的理论性探讨的余地[2]。

---

[1] 如果相同的法益侵害与自己实行的情形不同，将他人陷入犯罪的情形中不能说有期待可能性的话，在共犯处罚的理由中，就包含了将他人陷入犯罪的情形在内。而且，因为教唆者让正犯者实行该当构成要件的违法行为，作为从属正犯应该受到处罚的话，就不是在限定处罚的方向上，而是在处罚根据的定位方向上使用从属性的原则。

[2] 关于这个问题，在樽谷祐辉《教唆自己隐蔽的犯罪能否成立教唆犯——可罚说的再构成》，庆应义塾大学大学院法学研究科2004年度硕士学位论文（樽谷祐輝「自己隠避を教唆する犯人に教唆犯は成立しうるか―可罰説の再構成―」、慶応義塾大学大学院法学研究科2004年度修士論文）中，有所论述。

第二十二章　原因自由行为

第一节　讨论的现状

一、意义

欠缺责任能力时，因为不可能存在做出针对违法行为的法的非难，所以犯罪不能成立。责任能力显著减低时，虽然犯罪能够成立，但要进行一定的减刑（参照《刑法》第39条）。直接该当构成要件的行为（结果犯的情形，最终的结果惹起行为）的时点（这里指结果行为的时点）上的行为者，即便处于因饮酒所致的一时的责任无能力或者限制责任能力的状态时，在先行的时点（即，原因行为的时点）上能够认识到责任能力的否定适用第39条，是不是也存在可以肯定完全责任的情形呢？这就是"原因自由行为"的问题。那是在什么时点必须存在责任能力的存在时期问题，同时也是（至少如后述的那样，从本书的立场来看）相当于刑罚的非难（责问）对象的违法行为（即，可罚的不法）要求什么样性质的实行行为性（正犯性）的问题。

顺便提一下，该问题可以作为责任能力以外的"违法性意识的可能性""期待可能性"的责任要素在什么时点必须存在（是不是必须在实行该当构成要件的行为"可罚的违法行为"的时点上）的、作为更一般化问题的应用场面之一来捕捉。而且，与它并存的状况也能够在构成要件论/违法论的领域中发生。即，虽然在结果行为的时点上合法，但是在与因果相关联的原因行为的时点上是违法的情形[1]。当这样思考时，以更一般的形式提起的话，在这里要问的是构成犯罪的诸要素必须在什么时点或者在什么样的相互关系中

---

[1] 譬如说，结果行为的时点，虽然补充了正当防卫的要件，但是比先行的原因行为更可能违法地招致正当防卫的情形、过失犯罪中，虽然结果行为的时点上否定客观的注意义务违反，但是在先行行为的时点上可能会肯定不注意的情形。

存在。

二、"同时存在"的原则

对这个问题的传统解答是，该当构成要件的时点（即实行行为）是必须同时具备全部的犯罪要素之时。因为该当从刑罚法规导出的构成要件的行为是处罚的对象，所以为了成立犯罪，该当构成要件的行为被评价为违法的、该当构成要件的，并且是有责的违法行为。在犯罪论中，构成要件作为"要点"，各个犯罪要素的全部必须同时存在，而且，各个犯罪要素在内容上必须相互关联。这样的实行行为与犯罪要素的同时存在成为原则，通过刑罚法规所明示的规范违反行为，具体地是违法的，并且对该违法行为的意义决定没有非难可能的话，才能成为犯罪。像该原则的例外那样所能看到的是结果发生的违法要素。譬如说，杀人罪中被害者的死亡结果，即便从实行行为开始经过数个月后才发生也没有任何障碍，甚至与先行的实行行为一致可以得到更重要的违法性的根据，但这也不能说是同时存在原则的例外。结果不是独立的违法要素，只要行为发生在相当因果关系中的限度内，行为与结果作为一个整体就该当既遂的构成要件，成为违法评价、责任评价的对象。

特别从责任的场面来看，在实行行为的时点，责任要素（即，虽然责任能力是违法性意识的可能性、期待可能性，但成为问题的是责任能力）必须同时存在。这可以称为实行行为与责任同时存在原则。于是，这里所指的问题，就是能否承认该原则的例外的问题。关于这个问题，通过围绕原因自由行为的问题的理论构成的不同关联，如要更加严密地展示，如下所述。

三、构成要件的模式与例外的模式

围绕原因自由行为的理论构成，存在"构成要件模式"和"例外模式"两种[1]。构成要件模式本身溯及责任能力存在的时点，从而守护实行行为与责任的同时存在原则。历来，它是称为间接正犯类似说的间接，将原因上的

---

[1] 这在德国是一般性的用语，田野朔《"原因上自由行为"的整理・整顿》载于《松尾浩也先生古稀祝贺论文集上卷》，1998年，第346页（田野朔「『原因において自由な行为』の整理・整顿」『松尾浩也先生古稀祝贺论文集上卷』、1998年、346页以下），作为与此相对应的区别，对置了在原因行为中寻求"可罚性行为"的原因说与在原因行为中寻求"结果行为"的"结果行为说"。

自由行为收纳在通常的犯罪理论的一个适用事例的框架内，可以说是从政策上的考虑认容例外原理场面的一种思考方法[1]。与此相反，例外原则是将心神丧失/心神耗弱状态下的结果行为当作构成要件该当行为，关注原因行为时点上的行为者的意思决定的非难可能性，从而肯定之后发生的构成要件该当行为的有责性的见解[2]。换言之，例外的模式将结果行为作为构成要件该当行为的同时，只溯及责任非难的对象，从而获得原因行为的意思决定（而且，至少承认只溯及责任要素的存在时点）的理论构成。

两个理论构成的对立是作为所谓的"责任非难的对象（只是）的溯及（例外模型）"或者构成要件该当行为本身的溯及（构成要件模式）表现的，但是构成要件模式是不承认实行行为与责任同时存在原则的例外的理论构成，例外模式是从正面承认例外原则，在这一点上存在根据上的差别。在这里先做出结论的话，不应该采用例外模式，而应该采用坚持实行行为与责任同时存在原则的"间接正犯类似说"或者构成要件模式。但是，即便承认构成要件该当行为的溯及，也存在围绕用什么理论或者什么形式承认它的对立见解。决定这一点的对立见解是本章的研究课题。

---

[1] 作为代表性的作品，有大塚《总论》，第 159 页以下；团藤《总论》，第 161 页以下；福田《总论》，第 193 页以下等。

[2] 内藤文昭《关于"原因上自由行为"》载于《西原春夫先生古稀祝贺论文集》（第 2 卷），1998 年，第 175 页以下（内藤文昭「『原因において自由な行為』について」『西原春夫先生古稀祝賀論文集第 2 巻』、1998 年、175 頁以下）；大越《总论》，第 144 页以下；大谷《总论》，第 348 页以下；川端《总论》，第 403 页以下；齐藤信宰《原因上自由行为》载于《西原春夫先生古稀祝贺论文集》（第 2 卷），1998 年，第 193 页以下（斎藤信宰「原因において自由な行為」『西原春夫先生古稀祝賀論文集第 2 巻』、1998 年、193 頁以下）；中空寿雅《原因上自由行为的理论之探讨》载于《早稻田大学大学院法研论集》52 号，1990 年，第 173 页以下、53 号，1990 年，第 141 页以下、54 号，1990 年，第 217 页以下（中空寿雅「原因において自由な行為の法理の検討」、早稲田大学大学院研論集 52 号、1990 年、173 頁以下、53 号、1990 年、141 頁以下、54 号、1990 年、217 頁以下）；中森喜彦《原因上自由行为》载于芝原邦尔等编《刑法理论的现代性展开・总论Ⅰ》，1990 年，第 226 页以下、第 242 页以下（中森喜彦「原因において自由な行為」芝原邦爾『刑法理論の現代的展開・總論Ⅰ』、1990 年、226 頁以下、242 頁以下）；西原春夫《犯罪实行行为论》，1998 年，第 150 页以下、第 168 页以下（西原春夫『犯罪実行行為論』、1998 年、150 頁以下、168 頁以下）；安田拓人《原因上自由行为》载于西田典之、山口厚编《刑法的争点》（第 3 版），2001 年，第 85 页（安田拓人「原因において自由な行為」西田田之＝山口厚編『刑法の争点「第 3 版」』、2001 年、85 頁）等。

第二节　学说上的探讨

一、对例外模式的批判

根据例外模式，虽然（只有）结果行为是该当构成要件的行为（实行行为），但是会产生为什么能够对原因行为的意思决定追问责任可以看作与对结果行为的法的非难一样的问题。例外模式中具有代表性的理论构成，从对责任是行为意思的否定性价值判断的理解出发，以贯穿在具有完全责任能力的原因行为的时点上的一个特定的意思决定的形式实行的实行行为（结果行为），从而能够捕捉将整体作为一个意思的实现过程的一个"行为"。于是，形成对该"行为"的最终的意思决定的，是作为整体行为的开始时点的原因行为的时点，在该时点上既然有完全责任能力，就可以追问关于结果行为（实行行为）的完全责任[1]。该见解，认为责任能力没有必要在实行行为的时点上存在，只要是在以贯彻一个意思决定的"行为"时点上存在的话，就应该只要求这个意义上的行为与责任同时存在的原则，不存在要求实行行为与责任同时存在的原则的理由。另外，根据这样的理论构成，即便在结果行为时点上的行为者处于限定责任能力的状态，贯彻原因设定时的意思决定而实行结果行为时，就可以追问完全责任。

但是，代表这种理论构成的例外模式存在几种问题。首先，如论者所主张的那样，责任能力（只是）如果在原因行为的时点上存在就够了的话，即便在结果行为的时点上开始产生杀意实行杀人的，也可能承认故意杀人罪的成立[2]。譬如说以下案件：虽然进行了在完全责任能力的状态下实行暴行的意思决定，但也可以考虑那个暴行的意思是在心神丧失状态下提高了故意。

---

[1] 西原春夫《犯罪实行行为论》，1998年，第150页以下、第168页以下（西原春夫『犯罪実行行為論』、1998年、150頁以下）。

[2] 关于这一点，对于例外的模式，参照田野朔《"原因上自由行为"的整理·整顿》载于《松尾浩也先生古稀祝贺论文集上卷》，1998年，第344页以下（田野朔「『原因において自由な行為』の整理·整頓」『松尾浩也先生古稀祝賀論文集上巻』、1998年、344頁以下）的批判。另外，关于违法性意识的可能性、期待可能性等的责任要素，仍然必须维持与实行行为同时存在的原则，而且，那应该是充分的。关于这一点，参照 Hans Joachim Hirsch, Zur action libera in causa, S. 85ff. 载于《西原春夫先生古稀祝贺论文集》（第5卷），1998年，（『西原春夫先生古稀祝賀論文集第5卷』、1998年）。

如此，在结果行为的时点开始产生故意的情形，即便只能溯及责任，对原因行为的意思决定（在某种意义上）也能够评价为非难可能，但是必须说承认故意犯的成立是不妥当的[1]。当然，论者在原因行为的时点没有杀害的故意的话，就有不能说是"贯穿一个意思的行为"的反对论[2]。但如果是这样，即便在心神丧失状态下的结果行为时点存在故意的核心违法要素，也不是故意，而通常必须在原因行为的时点存在。这种情况表示了正是原因行为才是实行行为（严密地说，虽然结果行为也可以当作构成要件该当行为的一部分该当构成要件，但是那只是与结果发生相关联的因果流）的特性。

其次，以上那样的例外案例实际上具有以下那样的缺点。虽然那就是以贯彻当初的意思决定的形式实行的结果行为，但是在行为者没有认识到自己无能力状态的情形下，作为原则的例外可能不承认完全故意犯的刑事责任。譬如说，行为者X决意杀害A，在去A住处的途中，由于不是在自我有意招致的激情下进入心神丧失状态，在那种状态下杀害了A的情形。在这种事例中，即便承认杀人的意图是一贯的，但是承认完全责任能力，作为杀人既遂罪并不妥当。即便这种情况意味着是在先行的完全责任能力下实行结果行为的意思决定（因此，犯罪实行本身在那个时点即便可能回避），但只有它并不能承认犯罪的成立[3]。与此相反，例外模式的大多数主张者不仅要求在原因行为的时点上发生最终的结果的故意，而且要求具有对自己陷入责任无能力事态的认识（所谓的双重的故意）。但是，从例外模式的立场来看，很难论证为什么要求那样的附加条件[4]。虽然因为当突破理论时产生了不妥当的结论，所以由于限定处罚范围可能需要那样的要件，但是，那也不能作为一个根据而成立。

例外模式的根本在于将原因行为的时点作为实行行为来捕捉时，"实行的

---

[1] 德国的学说中，参照 Hans Joachim Hirsch, Zur action libera in causa, 载于《西原春夫先生古稀祝贺论文集》（第5卷），1998年（『西原春夫先生古稀祝賀論文集第5巻』S. 85ff）的批判。尤其是以作为纯粹故意的违法要素的定位立场为前提，在采用例外模式时，不能导入那种不当的结论。

[2] 参照西原春夫《犯罪实行行为论》，1998年，第176页以下（西原春夫『犯罪実行行為論』、1998年）。

[3] 在这点上，对于例外模式的林美月子《情动行为与责任能力》1991年，第190页以下（林美月子「情動行為と責任能力」、1991年、190頁以下）的批判，完全是决定性的。

[4] 主张不要二重故意的大谷《总论》，第315页，是首尾一致的。

着手"时期就过早提前了。但是，如果将原因自由行为本质上作为间接正犯的一个形态来捕捉，那么关于间接正犯的着手时期的思考方式也是合适的。即，在间接正犯中，即便完成背后者的诱拐行为也不能肯定结果发生的自动性，因而存在为此等到产生结果发生时间的紧迫性的时点的情形，只要在这个限度内，实行行为的时点与实行着手的时点也有可能错开（本书第十七章第三节二）。无论哪一个，实行着手时期的问题都不能成为实行行为与责任同时存在原则的修正（因此，必须忍耐以上所见的不当结论）理由。

二、两个构成要件模式

如上所述，例外模式具有理论上的难点，导出不妥当结论的原因在于对实行行为与责任同时存在原则加上了修正。于是，残留了将原因自由行为，在通常的犯罪理论原理的一个适用事例的框架内，说明构成要件模式只作为选择条件的问题。作为构成要件模式的本质性的问题，是为什么（构成要件该当行为的溯及）能够被承认的问题。通常情形下"肯定构成要件该当性只在构成要件的结果与结果行为之间，原因行为不过是预备行为（或者就连预备行为都不是）"[1]。通常，不承认对"构成要件该当行为的溯及"，在原因自由行为的状况下所承认的根据，在哪里寻找呢？

日本的构成要件模式是作为"间接正犯类似说"主张的。它使原因自由行为（故意犯的情形）具有间接正犯的构成，使得自己陷入责任无能力（特别是在不作为犯的情形下认为是行为无能力的）的状态，以那种状态下的自己的身体的动静"作为工具"引起犯罪结果的情形。在通常实行犯罪的情形下，只有先行的结果发生的行为（结果行为），是该当构成要件文言的实行行为（譬如说，杀人的行为），之前的预备行为解释为不符合该实行行为。但是，因为规定的文言是"应该作为规范来理解"，所以间接正犯案件中的背后者（间接正犯）利用行为也能够肯定构成要件的该当性（即，虽然是"让人杀人"，但是根据一定的要件也可以解释成为只能是"杀人"）。可以肯定在这种意义上的构成要件该当性的基准为"正犯性"。分则的处罚规定只将"正

---

[1] 山口厚《原因上自由行为——从溯及禁止论的立场》载于《现刑》2卷12号，2000年，第32页（山口厚「原因上において自由な行為—遡及禁止論の立場から—」现刑2卷12号、2000年、32頁以下）。

犯行为"作为构成要件该当行为预定,虽然在通常情况下只有结果行为可以承认是正犯性的行为,但是只要能够清楚间接原因设定的行为的正犯性基准,也可以实行对"构成要件该当行为的溯及"(因此,作为构成要件模式,本质上不是能否与间接正犯相并列,而是能否承认原因行为具有正犯性这一点)。

以上所述是历来的通说的理论见解,与此相反,最近提出了新的理论构成[1]。根据该理论,在通常情形下不允许对原因行为的溯及,因为只有故意的、直接引起结果的行为才应该是引起结果的行为,禁止溯及对之前的原因行为追究其刑事责任,但是与此相反,在原因自由行为的状况中,因为结果行为的时点上欠缺责任从而溯及禁止原则并不妥当,所以可以承认对"构成要件该当行为的溯及"。

如此,在构成要件模式中,明显有两个不同的理论构成。其中之一是"间接正犯类似说",原因行为通过具备因果性与正犯性两个要件,作为构成要件该当性加以评价,在这个限度内,就发生的结果承认故意既遂犯的刑事责任[2]。首先一个是"溯及禁止论",在原因自由行为的状况中,由于结果行为的时点欠缺责任,溯及禁止的原则不妥当,因此可以承认对"构成要件该当性行为的溯及"。后者的学说也不是例外的理论,因为通过一般的正犯原理解决了原因自由行为的问题,所以只能是一种"间接正犯类似说"。因此,共同点也显著地得到承认。首先,两个理论构成在要求以因果关系存在论为前提这一点上是共同的[3]。而且,关于主观的要件也是共同的。即,根据前者的"间接正犯类似说",作为故意的要件有必要承认以正犯性为基础的事

---

[1] 山口厚《原因上自由行为——从溯及禁止论的立场》载于《现刑》2卷12号,2000年,第31页以下(山口厚「原因において自由な行為—遡及禁止論の立場から—」、现刑2卷12号、2000年、31頁以下)。更为详细的参照山口厚《原因上自由行为》载于《最前线》,第139页以下。作为最近的批判,有岗上雅美《原因上自由行为》载于《法教》277号,2003年,第89页以下(岡上雅美「原因において自由な故意」法教277号、2003年、89頁以下)。

[2] 作为以明快的形式表现的这种理论构成,田野朔《"原因上自由行为"的整理·整顿》载于《松尾浩也先生古稀祝贺论文集上卷》,1998年,第341页以下(田野朔「『原因において自由な行為』の整理·整頓」『松尾浩也先生古稀祝贺论文集上卷』、1998年、341頁以下),最为重要。

[3] 另外,因为如果没有饮酒的原因行为的话,在由于饮酒的原因丧失正常判断力的状态下,不能作出犯罪实行行为,所以存在原因行为与最终结果之间的条件关系。认为即便没有饮酒等,仍然否定存在杀人的条件关系的想法,与否定举枪的行为与杀害结果之间的条件关系的想法是一样的。

情，作为当然的归结要求原因行为的时点上存在两个故意，即不仅是关于最终结果的故意，而且要求使自己丧失正常精神能力的故意。在溯及禁止论中，将原因行为作为构成要件该当行为予以承认的要件，加之因果性，因为没有要求妨害溯及的事情，所以，在如果认识到妨碍溯及就否定故意的意义上要求"双重的故意"[1]。另外，在学说上，虽然常常使用"利用意思"一词，但是那可以说是一种误导。在构成要件模式中，只要求与一般间接正犯所要求的同样的主观性要件，关于以此违法为基础的事情只要有故意（包含未必的故意）就足够了。顺便说一下，即便有将自己陷入心神丧失状态的意识，也不要求与严密的法的概念相适应。作为故意的要件，以"意思的认识"就能满足，即便在这里也与通常的情形相同[2]。

如此，作为"间接正犯类似说"，在两个理论构成之间，尽管存在共同的基盘，但是也存在相当决定性的不同。对新的"溯及禁止论的途径"，通过与传统的"正犯性基准的途径"相比较，是不是更具生产性，还是能够带来更为妥当的结论，我想在以下进行探讨。

三、溯及禁止论的讨论

关于理论构成的优劣的探讨，不得不进入间接正犯论的领域进行讨论。溯及禁止论的途径也是一种"间接正犯论"，焦点在于在什么情形下溯及，就不是直接行为者的行为（结果行为），而是背后者的利用行为（原因行为），从而承认构成要件该当性的问题。另外，关于间接正犯的成立与否，背后者、直接行为者、或者其他的人，没有本质上的不同，也不是不能考虑到犯人自身利用自己行为的间接正犯的情形。因此，虽然间接正犯"类似"说的称呼是否妥当也存在疑问，但是无论如何，本质问题是是否不得不承认原因行为的正犯性。

第一，在通说的正犯论中，即便是对直接行为者能够肯定完全不法的要件（构成要件该当性与违法性）的情形下，也可以承认能够肯定背后者的正犯性。其中的一个代表例就是"正犯的背后的正犯"的案件（本书第二十章第三节四）。譬如说，秘密地获得过激派团伙计划引爆事件情报的X，通过让

---

[1] 山口厚《原因上自由行为》载于《最前线》，第147页以下。
[2] 正确的可以参照西原春夫《犯罪实行行为论》，1998年，第177页以下（西原春夫『犯罪実行行為論』、1998年、177頁以下）所主张的"陷入没有先后辨别的状态下"的那种程度上认识即可。

A去现场卷入爆炸从而达到杀害的意图，X不是达成杀人的帮助犯，在与A的死亡结果之间的具体关系中，我认为完全应该是杀人的正犯（是间接正犯还是同时犯不是本质的问题）。因为那与预先知道发生雪崩的自然现象、并且利用其杀人的情形没有本质的不同。理论上，如果正犯性意味着是第一次性的犯罪主体的话，就没有排除实现关于一定的结果的相互独立的复数的行为支配可能竞合的理由（本书第二十章第一节四、第三节四）。与此相反，根据溯及禁止论不能承认那样的情形，根据论者的话，X可能应该作为片面的共同正犯处罚。虽然在作为"正犯"的处罚这一点上能够评价它，但是，在这个案件中与共同正犯之间的结论是不是不自然，而且，本来承认片面的共同正犯的观念是不是没有限定共同正犯的成立范围，于是禁不住要提出作为单独犯不能成为正犯的同时，也可以成为共同正犯时的正犯的基准是不是欠缺统一性等疑问。

第二，根据通说的正犯论，间接正犯存在对直接正犯者不能承认完全不法的归属的某种理由，相反，考虑应该承认背后者的第一次性的犯罪主体性的情形（本书第二十章第一节四、第三节三）。正犯者欠缺责任时，不能成为立即肯定背后者存在正犯性的理由。正因如此，就为原因自由行为提供了困难性的问题。与此相反，根据溯及禁止论，直接行为是不是欠缺责任好像不能成为溯及/不溯及的基准。的确，该基准对在心神丧失状态下实行结果行为时的原因自由行为的案件，只要因果性的要件清楚，在能顺利地承认故意既遂犯的成立这一点上，就可能成为简明的解决问题的方式。在这个意义上是一个相当优异的理论构成。但是，当将间接正犯论置于视野下时，只因直接行为者欠缺责任，在承认背后者的行为与最终结果之间存在相当因果关系的限度内，如果肯定正犯性，与历来的正犯性的基准相比，就会带来相当大的处罚范围的扩大（作为处罚的范围，就可以与关于共犯的极端从属形式和关于正犯概念的扩张的正犯概念一起采用的情形同样归属）。那只用因果关系就可以肯定违法性（因果的违法论），在对事后判断为了特别加重处罚责任者（作为责任类型的正犯与共犯）这一点上，正确地反映了结果无价值论的基本立场。

这一点是溯及禁止论的最大的弱点。于是，处罚范围的适正化不得不说只能通过对结果归属（因果关系）的判断加以限定。根据论者的观点，是在为了肯定结果行为的意思是由原因行为惹起的"非连续型"的情形下的因果关系，行为者存在容易做出结果行为的"性癖"的事情、客观地存在容易导致结果行为的状况等的特别的事情就成为必要[1]。但是，肯定相当因果关系没有必要达到结果发生的高度盖然性。发生这样的因果路径的结果，有某种程度的可能性就够了，在"大概稀有"或者"极其偶然"的情形下不过是否定了结果发生的相当性。那是承认通过过失犯中的预见可能性（通说中的所谓的具体的预见可能性）的缓和。如果是这样的话，在原因行为的阶段上只要存在故意，即便展开连过失都不能承认的事件，也得承认故意既遂犯。总的来说，只根据相当因果关系的限定作为处罚范围的限定很不充分。溯及禁止论，虽然通过历来的相当因果关系必须同时主张限定性的结果归属论，但那样的标准也不是很明确。

四、根据正犯标准的解决途径（传统的"间接正犯类似说"）

与此相反，通说中的正犯论具备重要的处罚限定机能。那就是通过处罚规定的文言能够捕捉可能的事态的观点得出的不法限定。历来的"间接正犯类似说"，关于故意犯，因为承认原因自由行为的实行行为性[2]，所以也是这种表现。本来，犯罪的遂行样态必须收纳在规定的文言的文理意义的框架内，现在并不明确[3]。将间接正犯、不作为犯、通过作为的不作为犯的情形等置于观念中的话，不能直接地表现本身构成要件特征的行为成为处罚对象（不法）的情形并不少见[4]。但是，另一方面，在相当因果关系的范围内实

---

[1] 山口厚《原因上自由行为》载于《最前线》，第 147 页以下。相同宗旨的，也有内藤《总论下Ⅰ》，第 880 页以下、第 886 以下。

[2] 譬如说，在打算通过饮酒而置于酩酊状态下杀害被害者的情形下，成为原因行为的饮酒时点就承认实行行为性的，也不是没有道理。特别参照团藤《总论》，第 163 页。

[3] 关于这一点，参照田野朔《"原因上自由行为"的整理·整顿》载于《松尾浩也先生古稀祝贺论文集上卷》，1998 年，第 356 页以下（田野朔「『原因において自由な行為』の整理・整頓」『松尾浩也先生古稀祝賀論文集上卷』、1998 年、356 頁以下）。

[4] 关于这一点，虽然与"通过作为的不作为犯"相关联，参照井田《维持生命治疗的界限与刑法》载于《法曹时报》51 卷 2 号，1999 年，第 16 页以下（井田「生命維持治療の限界と刑法」、法曹時報 51 卷 2 号、1999 年、16 頁以下）。关于原因上自由行为的否定说，即便在间接正犯、不作为犯、通过作为的不作为犯等的情形下，也不能导出否定其故意犯的正犯性的结论吧。主张否定说的有：浅田和茂《原因上自由行为——全面否定说的展开》载于《现刑》2 卷 12 号，2000 年，第 42 页以下（浅井和茂「原因において自由な行為一全面否定説の展開」、现刑 2 卷 12 号、2000 年、42 頁以下）；平川宗信《原因上自由行为——否定说与立法性解决的提案》载于《现刑》2 卷 12 号，2000 年，第 36 页（平川宗信「原因において自由な行為—否定説と立法の解決の提案—」、现刑 2 卷 12 号、2000 年、36 頁）等。

现构成要件结果就足够了，不能说完全无视构成要件的制约是可行的。譬如说，从杀人的禁止规范在哪个射程中禁止某种行为的见解来看，处罚范围的限定在起作用。具体而言，为了能够包含构成要件的射程，背后行为与实现结果之间，只要加入相当因果关系，就不得不肯定正犯性。因为可以说正犯性是根据结果实现意思的因果流的主导设计，所以必须存在根据原因行为有意地实现最终结果的那种关系。如后述的那样，原因行为者与直接行为者之间是同一人的，通过对直接行为的意思决定归属于原因行为者（通过他者利用的间接正犯的情形），可以说更容易达到可能性，尽管只有这个还不充分，但是，譬如说，以杀人的目的将被害者囚禁在狭小的房间，并将凶器放在手边，由于受到通常药物的影响而频繁地实行暴行那样的事情为开端，就可以给与正犯性以基础[1]。

第三节 适用法理的意义与界限

以以上那样的立场为前提，"原因自由行为的法理"只能意味着对构成要件该当行为的溯及，那不是特殊的例外的法理，不过是犯罪论通常原理的应用形态。如直接正犯与间接正犯之间的区别在那个界限事例中决不是明确的那样，对原因自由行为的法理适用是不是必要的判断，微妙的情形并不少见。在那种情形下，围绕是不是"原因自由行为"问题的讨论是没有意义的。以下虽然探讨①结果行为是在心神耗弱的状态下实行的情形；②实行着手之后，丧失或者减弱责任能力的情形，都以先行行为的有责性为理由，承认在完全责任的意义上适用了原因自由行为的理论。但是，②的情形中，通过对间接正犯的法理适用，即便不溯及构成要件该当的行为，也包含了承认完全刑事责任的可能性事例。

一、结果行为以心神耗弱状态实行的情形

关于利用自己招致的心神耗弱状态实行犯意的情形的解决，从严格维持

---

[1] 田野朔《"原因上自由行为"的整理·整顿》载于《松尾浩也先生古稀祝贺论文集上卷》，1998年，第363页以下，（田野朔「『原因において自由な行為』の整理・整頓」『松尾浩也先生古稀祝賀論文集上卷』、1998年、363頁以下），尽管可以承认通过酩酊而剥夺或者殄灭自己的责任能力，但它只固定故意的正犯性，那是一种太单薄的要件，因此正犯性的要求就变得有名无实。

实行行为与责任同时存在原则的构成要件模式的立场来看，承认心神耗弱状态下的行为的背后的原因行为的正犯性是困难的[1]。如果没有对实行构成要件该当行为的溯及，只有结果行为才是可罚的违法行为的话，就能够承认第39条第2款的刑的减轻[2]。但是，在实现具有犯意的原因行为中存在完全责任能力的状态，以将自己陷入心神耗弱的状态实现犯意的方式，在相当因果关系的范围内只因为发生了最终的结果，就承认刑的减少，实质上是不妥当的。而且，理论上也不存在甘受这样归结的理由。关于这种情形的原因行为，通过利用责任无能力状态的结果行为的情形，可以说有更强的理由能够肯定正犯性。

学说上利用自己的心神耗弱状态的情形，作为回避《刑法》第39条第2款适用的理论构成有几种主张。特别应该注意的是在这种情形下肯定原因自由行为正犯性的理论构成。譬如说，以作为能够并行地理解为利用"没有身份的故意犯为道具"的间接正犯为理由，可能肯定招致心神耗弱状态的原因行为的实行行为性[3]。但是，可能将这种情形下的原因行为视同为与利用像非身份者那样的不被刑法规范的行为。于是，进一步，在一般肯定利用限定责任能力状态的直接行为者的间接正犯的可能性的方向上，好像可以考虑缓和正犯基准[4]。与此相反，一旦特别地考虑正犯性在基本违法程度上的问题，一般来讲，就可在此加上不能缓和正犯性的批判（第二十章第一节四、第三节三四）。解决的关键在于必须承认通常的间接正犯的情形与原因自由行为的情形的差别。即，在利用限定责任能力的自己行为的形态的情况下，与利用限定责任能力状态下的第三者形态的通常的间接正犯的情形相比，可以考虑到更容易承认其正犯性[5]。不容易承认被他者利用的情形下的正犯性，在让他人实行不法的意思决定是困难的（而且，虽然利用完全做出意思决定

---

[1] 譬如说，团藤《总论》，第162页；福田《总论》，第196页注（七）。对此，关于过失犯，因为没有特别要求正犯性（本书第二十四章第四节一），对原因行为的溯及也不承认其问题性。

[2] 同项承认刑的必要的减轻，也不存在为了缓和正犯性的特别的规定（譬如说，参照《修正刑法草案》第17条）。

[3] 大塚《总论》，第162页。

[4] 参照大越《总论》，第148页以下、佐伯仁志《评论（2）》载于《最前线》，第165页以下。

[5] 关于这一点，日高义博《关于原因上自由行为理论的框架》载于《西原春夫先生古稀祝贺论文集》（第2卷），1998年，第234页以下（日髙義博「原因において自由な行為の理論の枠組について」『西原春夫先生古稀祝賀論文集第2巻』，1998年、234頁以下），在结论上是正确的。但是，该理论的根据并不明确。

的人是比较容易的，但是在那种情形下，因为对结果第一次性的犯罪主体成为直接行为，就不能肯定背后者的正犯性），在此之处存在那种理由。与此相反，原因自由行为是实行犯罪意思决定的行为者完全通过实行对犯罪意思决定的自己的事后行为达到犯罪意图，与诱拐他人犯罪的情形相比，可以说对结果行为的意思决定归属于原因行为者更为直接。不仅如此，如在限定责任能力状态下，与责任无能力状态相比，可以成为对应更为柔弱状况的行为，从而提高了作为阻击最终结果实现的准确度。在这个限度内，比利用责任无能力状态的情形更容易肯定正犯性。当这样思考的时候，在通常的间接正犯的情形下，即便在利用限定责任能力状态的他人的案例中，承认正犯性一般而言比较困难，但在原因自由行为的情形下承认正犯性也可以说是可能的。

另外，所谓一个理论构成是指加上通过心神耗弱状态者的结果行为惹起结果（减弱）责任，通过追问由于对心神耗弱状态下的结果行为的相关性间接地惹起结果的责任，可以"一并"追问完全责任的理论构成〔1〕。即，虽然减弱，但是追问直接的责任；虽然是完全的，但是指追问了加算间接责任在内的完全的责任。这样的理论，从通说的正犯论的立场来看，可能转用了不法的程度。即，正犯不法（但是责任减弱）与共犯不法一起，作为整体追问完全的刑事责任。主体是同一人，而且，虽然存在对同一法益侵害的不法样态的不同，不过可以认为允许这样的不法内容的合一。通过这样的细微技巧上的理论构成，以以上所述的内容为理由肯定原因上自由行为的正犯性更为合理，可以说是更为容易理解的方式。

二、实行途中的责任能力的丧失/减弱

这里首先是在实行着手后陷入心神丧失状态中实现构成要件的情形下产生的问题。譬如说，杀人行为实行着手后，实行途中陷入心神丧失状态，在那种状态下实行致命伤发生死亡结果的情形，至少成立未遂犯，应该没有争议，但是不是不能成立既遂呢〔2〕？如前所述，为了根据间接正犯的理论能够

---

〔1〕 平野《总论》，第305页；山口厚《原因上自由行为》载于《最前线》，第149页以下。
〔2〕 虽然通说承认既遂犯成立的可能性，但是常常只有未遂，参照浅田和茂《实行行为开始后的心神丧失·心神耗弱》载于《宫泽浩一先生古稀祝贺论文集第2卷》，2000年，第361页以下（浅井和茂「実行行為開始後の心神喪失・心神耗弱について」『宮澤浩一先生古稀祝賀論文集第2巻』、2000年、361頁以下）。

承认该当构成要件的行为的溯及要求"双重的故意",因此在实行原因行为时,必须认识到之后自己达到那种状态。如果不是这样的话,就不能承认从原因行为当时起实行的实行行为的故意。但是,关于实行行为开始后陷入心神丧失状态的情形,可以以开始实行实行行为的故意的行为为前提。因此,即便根据间接正犯的理论不承认对构成要件该当行为的溯及,因为实行行为完全是作为一部实行,所以从该行为出发如果发生了相当因果关系范围内的结果的话,既遂犯就可以成立。

应该注意的是在这里因为存在一种因果关系的错误,所以可以考虑到结果发生的故意被阻却的案件。成为问题的,尤其是实行行为实行了与完全责任能力下的行为完全不同的其他样态的行为惹起的结果的情形、行为者为了让第三者摄取秘密地混入饮食中的药物进入心神丧失状态的情形,根据事情的情形能否可以完全否定相当因果关系;或者通过因果关系的错误能否否定故意(本书第五章第一节、第六章第三节);或者虽然一般可以说是因果关系的错误,但只是实行了着手,行为者没有到达所认识的侵害作用波及客体阶段的时点,行为者就陷入心神丧失状态的情形,也不能承认故意既遂犯吧[1]。无论哪一个,在实行着手后陷入心神丧失状态的案件中,没有必要实行构成要件该当行为的溯及,不需要根据间接正犯的理论构成,因此,即便行为者在自己招致责任无能力状态的情形下或者即便陷入责任无能力的状态下的行为者完全没有责任的情形下,客观的/主观的归属在可能的范围内,都能够成立既遂犯。

结果加重犯,即便在伤害致死罪发生问题的情形下,心神丧失的行为与结果的惹起,从当初的基本犯的实行行为,譬如说伤害行为,发生的因果流捕捉也是可能的。如果是这样的话,成立作为基本犯的伤害罪就没有问题,如果承认以重结果之间的因果关系为过失的话,也可以追问伤害致死罪的罪责。但是,可能会产生作为结果加重犯一般应该所要求的必要的要件,在与重结果之间是不是应该要求"相当因果关系上加上过失"以上的密切关系(一般应该称为直接性的关系)的问题。具体而言,可以考虑基本犯实行之际

---

[1] 关于这一点,井田《故意中的客体的特定性以及关于个数特定性的考察(3)》载于《法学研究》58卷11号,1985年,第64页(井田「故意二おける客体の特定及び個数の特定に関する一考察(3)」法学研究58巻11号、1985年、64頁)。

要求行为者认识到以成为重结果发生的根据及行为的特别危险性为基础的诸事情。如果没有的话，达到产生的结果伴随故意犯实行的同时偶然发生结果的，我认为就没有必要承认结果加重犯的成立（相当于基本犯的故意犯与过失结果犯之间的概念的竞合的话也就够了）（本书第二十八章第二节三）。

关于实行途中陷入心神耗弱状态产生结果的情形，通过心神耗弱状态下的行为给予致命伤的话，因为该行为就是实行行为，所以只要不承认根据间接正犯理论的构成要件该当性的溯及，通过《刑法》第39条第2款的适用就必须减轻刑罚。在这种情形下，为了肯定对构成要件该当行为的溯及，必须在认识到完全责任能力的时点之后自己陷入限定责任能力的状态[1]。

---

[1] 参照本章第三节一。关于伤害罪的大阪地裁昭58.3.18判时1086号，第158页、长崎地裁平4.1.14判时1415号，第142页，虽然都否定了《刑法》第39条第2款的适用，但是在陷入心神耗弱之前的行为的时点，因为他自己具有陷入"酒醉先后没有辨别"状态的认识，所以能够支持那个结论。对此我不能赞成，在着手实行杀人后，通过陷入情动性朦胧状态的心神耗弱导致致命伤害的案件中，东京高判昭54.5.15判时937号123页否定第39条第2款适用。既然实行了在使得具有意图的心神耗弱状态下决定的行为，我认为好像不应该否定刑的减轻。

第二十三章　共同正犯的基础理论

第一节　共同正犯的本质

一、作为立法形式的"共犯"

共同正犯是指根据《刑法》第60条规定的"二人以上共同实行犯罪"的情形。如即将在以下所述的那样（如第60条规定的那样），虽然共同正犯是"正犯"的一种，但同时也是作为"构成要件的修正形式"[1]的广义上的共犯[2]。"修正形式"成为必要，共同正犯者的各种各样的行为不限于完全满足从刑罚法规中导出的（单独犯的）构成要件，因此，如果没有根据总则规定的修正，适当的处罚就会变得困难。但是，这不过是关于处罚的形式侧面（立法形式）。关于共同正犯处罚的实质特色是作为如下所述的意义上的因果性的（相互的）补充/扩张与正犯的不法（结果）。

二、一部行为的全部责任

当共同正犯成立时，各自都可成为"全部的正犯"（《刑法》第60条）。即，对通过共同行为实现的整体，追问共同正犯的全体人员作为正犯者的责任，根据各罚条的刑处断［当然，所判处的刑（宣告刑）的轻重根据行为者各自不同的状况可能会有所不同］。即便各自只分担全部行为的一部分，但是各个不同的人对所实现的不法的整体，承担被追问作为正犯的全部刑事责任。将此称为"一部行为（或者一部实行）全部责任"原则，但是，正是承认这

---

[1] 小野清一郎《犯罪构成要件的理论》，1953年，第99页以下、第254页以下（小野清一郎『犯罪構成要件の理論』、1953年、99頁以下、254頁以下）；团藤《总论》，第373页以下等。
[2] 那是由"第十一章共犯"的一章所规定的。在谈到狭义的共犯时，只指教唆犯以及帮助犯（从犯）。

个法理才是共同正犯的本质，明确该原则的根据所在就成为共同正犯论的根本课题。

譬如说，共谋杀害 A 的 X 和 Y 之间，X 压住 A 的身体，Y 用刀刺向 A 的胸口导致 A 死亡，如果物理地/自然地表现的话，X 执行的是控制或者暴行的行为，但是 X 对 A 的死亡结果负杀人的正犯责任。而且，X 与 Y 具有不同的故意同时狙击 A 射击的，虽然是 Y 的子弹命中了 A 导致死亡的，X 的子弹没有命中 A，根据意思的联络成立共同正犯时，不只是 Y，X 也同时作为杀人既遂的正犯加以处罚[1]。

在这里，对 X 而言，通过 Y 的行为补充了自己行为的因果性，所以结果也归属于 X。可以承认所谓的"因果性的补充或者扩张"。但是，对 X 而言，与自己的行为没有因果性的 Y 的行为及其结果不能承担连带责任。Y 的行为只有在根据同时实行犯罪的合意（意思联络）实行的情况下，才可以说 X 想介入 Y 的行为引起结果[2]。但在这样的意义上，与结果之间（介入他者的意思决定）仅仅能肯定因果性，即便共同正犯的共犯性的部分是明确的，对于肯定共同正犯的正犯性也不充分。为了充分地给予"超过对其他的共同者的教唆/帮助的共同正犯的罪责"[3]以基础，就必须在因果性之上要求正犯性。总的来说，共同正犯的本质是因果性的（相互的）补充/扩张，在承认作为正犯的不法（结果）的归属之处，有必要明确该正犯性的实体及其根据。

顺便说一下，假如不同的共同者的行为（单独犯）均符合构成要件，即便在没有根据总则的修正（因此，一部行为全部责任的法理的适用）也能够肯定关于发生的结果作为正犯的完全刑事责任时（即便在与量刑事情的关系上通过共同者的行为的补充没有必要时），理应不能承认共同正犯成立。但是，只要是根据合意实行的全体行为，应该说将全体人员都称为共同正犯并没有障碍。虽然有必要修正构成要件的本来的共同正犯是指为了防止结果发生必须保证全体人员协力合作的情形（譬如说，为了淹死孩子，父母两人必

---

[1] 瞄准 A 的子弹，即便在可能射中 X 或者 Y 任何一方不明确的情形下，当能够成立共同正犯时，也要承担对 X、Y 杀人未遂罪的罪责。如果是同时犯的话，对 A 的死亡结果不追究责任，而指追究对 X、Y 的杀人未遂责任。另外，关于伤害罪（以及伤害致死罪），作为对同时犯的特例的规定，有第 207 条。

[2] 关于这一点，参照平野《总论Ⅱ》，第 381 页。

[3] 山口厚《共同正犯的基本问题》载于《最前线》，第 210 页（山口厚「共同正犯の基本問題」、最前線、第 210 頁）。

须合力协助完成的情形），但是即便不是在那种情形下，合意实行了各自不同的构成要件该当性的不作为，也不妨碍两者称为共同正犯[1]。

三、正犯的内涵——机能的行为支配

为了能够成立共同正犯，如果在因果性的同时必须肯定正犯性的话，就必须明确作为与因果性相区别的附加要件的正犯性基准[2]。一般来说，正犯者在加以犯罪的实现者中是最应该给予重要评价的人，是"关于犯罪实现应该负第一次性责任的中心存在"。这样的抽象性质不只适用于单独犯，也适用于共同正犯。共同正犯者作为共同实行犯罪的人，是"关于犯罪实现的应负第一次性责任的中心存在"。

在日本的学说中，所称的"共同意思主体"的超个体存在已被观念化，对在此之上实行的全体行为追问相关的各自不同的个人责任的共同意思主体说受到了有力地支持[3]。的确，在关于实行抢劫的、进行意思联络的 X 和 Y 之间，X 对被害者 A 进行了暴力侵害，压制 A 的反抗，Y 从 A 身上获取财物，因为作为整体的一个抢劫已经被观念化，X 与 Y 构成的超个人的意思主体的活动自然是从那里被设想的。在明确与共同正犯中的问责对象（即，根据共同意思实现的构成要件该当事实）之间的界限上，共同意思主体说是极其有效的[4]。但本质上最重要的在于，尽管 X、Y 各自不同，但就产生的整体行为的结果作为正犯追究罪责是一个很好的根据。在德国的学说中，各行为者通过作业分担，关注为实现犯罪起本质性机能效果的机能性行为支配说更为有利[5]。共同者通过各自的参与行为企图实现整体犯罪，或者在通过停止参与行为得以受挫的意义上，因为亲手掌握了犯罪的整体而获得"支配"，得以

---

[1] 譬如说参照 Claus Roxin, StGB, Leipziger Kommentar, 11. Aufl. 1993, §25 Rdn. 215.

[2] 关于这个问题的研究，有照沼亮介《共同正犯的正犯性》载于《法学政治学究》51 号，2001 年（照沼亮介「共同正犯の正犯性」、法学政治論究 51 号、2001 年），德日的学说状况也总结了那个要领。

[3] 参照立石二六《"共谋共同正犯"论的现状》载于《现刑》3 卷 8 号，2001 年，第 53 页以下（立石二六「『共謀共同正犯』論の現在」、現刑 3 巻 8 号、2001 年、53 頁以下）；西原《总论》，第 325 页以下。

[4] 而且决定实行着手时期之际，有必要进行判断整体的意思主体的活动是不是达到当罚的实行阶段。

[5] 参照 Claus Roxin, StGB, Leipziger Kommentar, 11. Aufl. 1993, §25 Rdn. 154.

以各个不同的共同者为中心存在进行评价。如此，以对犯罪实现的本质的机能（或者重要的期望）为理由肯定共同正犯者的各个人的正犯性见解，基本上可以认为是妥当的。

但是，这里产生的问题是关于参与者对不法实现是否有重要寄予的判断，那个作为标准的点是从什么时候开始？譬如说，X与Y合意故意狙击A并同时射击，Y的子弹命中A导致A死亡，X的子弹没有命中A的情形，事后看到当时X的行为根本没有对结果的实现起作用，以这样的理由主张X不可能成为共同正犯，不能说是妥当的。介入合意构成要件的实现波及心理性要素的同时，如果可以说作为行为时的判断，通过减低失败的风险，从而提高构成要件实现的危险的话，完全有可能评价为有本质性的寄予。举一个更为极端的例子，X与Y一起故意地狙击A时，即便只有Y的子弹发射出去打死了A，实际上X的手枪中没有装子弹的案件，X也应该承认具有共同正犯的罪责。如果是这样的话，对不法实现期望的有无与程度，以行为者以及共同者的认识为基础，应该通过事前判断来决定[1]。

现在有一个问题是，对以共同正犯的正犯性为基础的不法实现的寄予，要求在实行阶段上实行还是在预备阶段上实行的寄予，作为重要的要素给予实行阶段以影响的，也可以成为共同正犯性的基础吗？该问题想在之后与共谋共同正犯论的关联上进行讨论（本章第四节）。

第二节 犯罪共同说与行为共同说

一、学说对立的意义

为了能够承认共同正犯，什么样的要件才是必要的？作为这个问题的对立见解，存在共同正犯以关于同一犯罪具有意思联络为开端，还是仅凭存在因果关系的利用关系的话就足够成立共同犯罪的争论。犯罪共同说认为，如果相关复数者的行为与同一构成要件无关的话，就不能成立共同正犯（所谓的"数人一罪"的思想）。与此相反，行为共同说（或者事实共同说）认为，共同正犯是遂行各自不同的犯罪，对实现结果的事实根据各自的故意/过失进

---

[1] 参照中野《总论》，第147页。

行处罚,即便关于各个不同的行为的构成要件(譬如说,P罪与Q罪那样)不同,也可以考虑共犯的成立(所谓的"数人数罪")。

与此相反,虽然主要是关于共同正犯的见解的对立,但就共犯的成立也只能是围绕犯罪是否具有共通性(罪名从属性)的争论,因此也产生了关于教唆犯、帮助犯的成立的问题。的确,这里的要点是以下两种学说的对立:是因果性思考的彻底化,只要有因果性的话就可以承认共同正犯(行为共同说),还是根据为了实现特定的同一犯罪合意实行分工负责时,才产生法律所预定的正犯性(犯罪共同说)。从结果无价值论的立场来看,支持所谓的扩张的共犯论者采用了行为共同说,从加之因果性、附加性的角度考虑行为的类型性,从守卫犯罪行为轮廓的立场来看,就支持犯罪共同说。在这个意义上,通过共犯论整体见解的基本对立就表现了出来(关于本书的立场,特别参照第二十章第二节、第二十一章第一节)。

二、所谓的部分的犯罪共同说

犯罪共同说主张是只有在完全同一的构成要件的情形下才承认共犯成立的严格形式。但如果是这样,X以杀人罪(《刑法》第199条)的故意,Y以伤害罪(《刑法》第204条)的故意,共同对A实施暴行,其结果导致A死亡的情形,关于杀害的结果是考虑不能产生共同正犯的罪责(因此,一部行为全部责任的法理不起作用)呢,还是不得不承认两者都是杀人罪的共同正犯(即便Y也成立杀人罪的共同正犯,但是以伤害致死罪的刑的限度处断)呢[1]?这两个结论中的任何一个都不妥当,犯罪共同说是以即便在关于不同的构成要件的行为共同实行的情形下那些构成要件同质性地重合,在那个"重合"的范围内承认共同正犯成立的形式主张的。这是部分的犯罪共同说。在以上的案例中,那只能是在伤害罪的范围(因此,伤害致死罪的限度)内承认作为因果性的相互补充性/扩张性与作为正犯性的结果归属。于是,X与Y在伤害致死罪的限度内成立共同正犯,X担负杀人罪的罪责、Y担负伤害致

---

[1] 龟井源太郎《共犯的"内在的界限"、"外在的界限"(上)》载于《东京都立大学法学杂志》37卷2号,1996年,第241页(亀井源太郎「共犯の『内側の限界』、『外側の限界』(上)」、東京都立大学法学会雑誌37巻2号、1996年、241頁),将前者的见解取名为"片面的犯罪共同说",将后者的见解取名为"片面部分的犯罪共同说"。

死罪的罪责。在这个限度内，犯罪共同说接近行为共同说[1]。最高法院判例，关于共谋暴行或者伤害的 7 人中的 1 人具有未必的故意杀害被害者的事例，虽然也主张对没有杀意的 6 人"在杀人罪的共同正犯与伤害致死罪的共同正犯的构成要件的重合的限度内成立轻伤害或者伤害致死罪的共同正犯的成立"（最决昭 54.4.13 刑集 33 卷 3 号 179 页），但是可以解释为是站在了构成要件重合的限度内争论共同正犯成立的部分的犯罪共同说的立场。

另外，无论是 X 与 Y 的哪一方的行为所致的死亡结果，结论好像都不会改变。学说中也存在，在没有故意的 Y 的行为导致死亡结果的情形（以及在不能排除那种可能性的情形）下，具有故意的 X 只承担杀人未遂的罪责，作为学说可以被理解成为部分的犯罪共同说的见解[2]。如果部分的犯罪共同说是那样的学说的话，的确是不值得支持的。但是，如果承认共同正犯成立的本质性意思在于肯定一部行为全部责任［因此，因果性的相互补充/扩张与作为正犯性的结果（不法）归属］的话，在伤害罪的范围内，只要存在犯罪行为的共同性（如判例以及通说主张的那样，既然就结果加重犯中的重结果的惹起的部分可以承认共同正犯成立），那么关于死亡的结果（因此，结果归于 X）也有可能归属各自正犯。那可以称为是被正确地理解的部分的犯罪共同说。正是在这个意义上的部分的犯罪共同说，我想才是应该被采用的［但是，关于抽象事实的错误的问题，放弃了"构成要件重合"的基准，肯定更为缓和的符合说（本书第七章第四节）。在论述共同正犯的成立之际，必须以比到目前为止的部分的犯罪共同说更加缓和的基准承认共同正犯的成立］。

三、行为共同说的评价

行为共同说是作为区别于以上所述意义的部分犯罪共同说的学说被主张的。即，即便在构成要件该当行为之间完全不承认"重合"的情形（与自然

---

[1] 采用部分的犯罪共同说的是：大塚《总论》，第 267 页以下；团藤《总论》，第 389 页以下；福田《总论》，第 265 页以下等。

[2] 龟井源太郎《共犯的"内在的界限"、"外在的界限"（上）》载于《东京都立大学法学杂志》37 卷 2 号，1996 年，第 282 页以下（亀井源太郎「共犯の『内側の限界』、『外側の限界』（上）」、東京都立大学法学会雑誌 37 巻 2 号、1996 年、282 頁以下）；林《总论》，第 408 页以下；山口厚《共同正犯的基本问题》载于《最前线》，第 219 页以下（山口厚「共同正犯の基本問題」、最前線、219 頁以下），以那样的把握作为前提，支持行为共同说。

行为同时实行的情形）下，不仅如此，甚至在完全只有一方的行为利用关系的情形下也能肯定共同正犯（尤其是片面的共同正犯[1]）。这种形式的行为共同说不通过无视作为行为的类型性（处罚的框架）来限定共犯的成立范围，只要肯定因果关系就可承认共同正犯的成立。只要肯定因果性，好像就能承认共同正犯的成立，是只以结果无价值论为前提整合扩张的共犯论的方法。

从部分的犯罪共同说的立场来看，在不存在犯罪实行的合意时，即便利用一方的行为引起结果的发生也不能成立共同正犯，只能达成同时犯（或者间接正犯）或者片面的从犯。譬如说，虽然秘密地帮助朋友实行强奸的情形能够达成片面的从犯，但是偶然得到过激派将炸毁某建筑物的消息让某人去现场以卷入期间致死的情形却能承认其正犯性（本书第二十章第三节四）。

第三节 作为构成要件问题的共同正犯

一、体系的地位

共同正犯的成立与否关涉到能不能肯定作为因果的相互性补充/扩张的结果归属的问题，那是体系中不法构成要件（的修正形式）的问题，也是体系性地不法构成要件的问题。只要将具有共同构成要件（至少是部分地）的行为置于在共同的限度内（好像可以承认适用一部行为全部责任的原则的关系）就可以解决共同正犯的成立。作为共同正犯成立的要件，要求每个行为具备相同的违法性不是必然的[2]。

二、"加算"说与"控除"说

关于 X 与 Y 走向现场，在现场因为 Y 突然被 A 攻击，于是 Y 与 X 之间达成了实行杀人的现场共谋并用菜刀杀害 A 的事例，虽然判例主张 X 与 Y 之间成立杀人罪的共同正犯，将 Y 判为过剩防卫（《刑法》第 36 条第 2 项），但是 X（因为存在"积极的加害的意思"）欠缺"紧迫性"，所以不能承认过

---

[1] 肯定片面的共同正犯的有：大越《总论》第 189 页以下；内藤《总论Ⅱ》，第 1432 页以下；中《总论》，第 238 页以下；中山《概说》，第 269 页以下；堀内《总论》，第 292 页以下；松宫《总论》，第 250 页；山口《总论》，第 296 页以下；山中《总论Ⅱ》，第 792 页以下等。
[2] 即便在这个意义上，共同正犯也不同于从属犯的教唆犯/帮助犯，本质上是正犯。

剩防卫（最决平4.6.5刑集46卷4号245页）。即，"判定共同正犯成立情形下的过剩防卫的成立与否，应该探讨是否满足共同正犯者各自不同的要件"。

讨论这样的案例之际，在肯定因果性的相互补充性/扩张性以及作为正犯的不法归属的前提下斟酌共同正犯的要件，换言之，加算各自实现的构成要件该当事实之上，只要探讨相关者各自有无违法性即可。这样的理论构造称为加算法。当然，既然是关于同一行为，通常违法评价是连带的，但是以行为无价值论（人的违法论）为前提时，特别地通过行为者的主观认识，相对地决定违法的有无也不是稀有的事（正当防卫中的防卫意思是个例外，如判例那样，解释为通过存在积极地加害意思否定紧迫性的话，紧迫性的有无由于相关者也可以相对地决定）。违法的连带性永远应该作为原则性的连带性理解（本书第二十章第二节三）。

与此相反，该问题也存在作为"具备违法身份的人与不具备的人之间的关系"来把握的立场[1]。将所实现的事态的整体与所谓的合法部分与违法部分相区分，在排除对合法行为者的行为寄予之后，只将违法部分作为探讨对象，这样的理论构成可以称为控除说。但是，在共同正犯中，就所实现的构成要件该当性的整体，因为具有因果性（以及正犯性）而各自不同，所以将合法部分区分出来的思想本身，我想好像与它是矛盾的（而且，根据行为无价值论，那样以不可能的形式的"区分"自身并将违法性的情形相对化也是多数）。不仅如此，根据控除说，在合法者对违法者的行为给予一定寄予的限度内，合法者常常肯定作为共同正犯的违法性。譬如说，在正当防卫成为问题的状况下，X与Y共同对A进行的攻击进行反击，从而伤害A的，只有X满足正当防卫的要件，而Y是欠缺该要件的，只要在X认识到它的限度内，X也应该被追究刑事责任。我不认为那是妥当的结论。

第四节 关于共谋共同正犯

一、问题所在

在《刑法》第60条的解释上，要求共同者整体直接对各自的实行行为承担

---

[1] 山口厚《共同正犯的基本问题》载于《最前线》，第213页以下（山口厚「共同正犯の基本問題」、最前線、213頁以下）。

责任，是历来的通说（所谓的实行共同正犯说）。与此相反，大审院确立的判例，承认共谋共同正犯的理论，事前没有分担实行行为的共谋者也可能成为共同正犯。即，由两人以上实行犯罪是共谋的，如果做出该部分的参与者，可以成立共谋者全体人员的共同正犯（另外，也参照《修正刑法草案》27条第2款）。

共谋共同正犯说的目的是对背后者作为大人物的存在以"正犯"处罚[1]。的确，现行刑法的正犯/共犯规定的基础是，应该对实行了实行行为的罪犯给予更重的评价，对与此之外的相关者应该给与相对轻的评价[2]。然而，正因为背后者是犯罪计划整体的守门员角色的情形，在预备阶段上的共同的意思决定才是最重要的，共谋者中谁分担实行行为在可罚的评价上可以考虑到非本质性的事态。可以考虑到全体成员在共谋中依次确定决意，谁教唆、谁帮助并不是特定的（或者，那本身也不具有重要性）。在这些情形下，虽然关于共同的意思形成具有重要影响力，在没有直接地分担实行行为的人作为"正犯"处罚成为可能这一点上，共谋共同正犯的理论具有重要的意义。如果这样的话，考虑到与单纯犯不同的共犯现象的特殊性的同时，必须讨论自己没有亲自实行的共谋者在某种意义上是否可以肯定正犯性。相反，虽然强调共同正犯的共犯性，作为共犯的一种，肯定共谋共同正犯的见解也是有利的[3]，但考虑到作为理论构成的方向性，就要求论证正犯性[4]。

另一方面，不能否定共谋共同正犯说包含的以下问题[5]。即，现行刑法的正犯与共犯之间的区别方法，与"自律性的个人的自由与责任"的近代刑法的基本原理（或者人生观）相连接，从这里开始，对犯罪实现应该追问第一次性的罪责，理应是在最接近结果发生之时做出最终实行的人。在没有强

---

[1] 如果说是刑的轻重的话，只要将背后者作为教唆犯，就可以与实行担当者一样处罚，甚至也有可能判处更重的刑罚。但是，将背后者作为正犯，即作为主犯评价具有重大的意义。

[2] 对此，历史上存在过重罚背后的教唆者的法制，在旧刑法中的教唆犯也是"正犯"（《刑法》第105条）。

[3] 西田典之《关于共谋共同正犯》载于《平野龙一先生古稀祝贺论文集》（第2卷），1990年，第364页以下（西田典之「共謀共同正犯について」『平野龍一先生古稀祝賀論文集上巻』、1990年、364頁以下）。

[4] 另外，《刑法》第60条文言上不能解释成关于共同者的各个人至少要求分担实行行为的一部分，不能成为解决本问题的关键。

[5] 即便在今天坚持否定说的也有：阿部《总论》，第240页；曾根《总论》，第282页以下；中《总论》，第246页以下；山中《概说》，第272页以下；福田《总论》，第273页以下；松宫《总论》，第255页以下；山中《总论Ⅱ》，第813页以下。

制或者没有错误的状况下，将介入他人的自发性意思决定惹起结果的背后者作为"正犯"评价，是肯定从属于他者的意思决定自律性的不平等主体，只要在这个限度内，就意味着否定个人的意思决定的自律性的公共准则。以这种形式的基本原理的根本性的修正，现行刑法预定的正犯与共犯的区别界线一直暧昧不清是不可避免的现实。共同正犯与教唆犯/帮助犯之间的区别暧昧化，进而将几乎所有的共犯事例作为共同正犯那样处罚，是对共谋共同正犯说的必然的归结，是像一个硬币的两面那样不能分割的现象[1]。

二、共谋者的正犯性的论证

成为出发点的是，即便是在形式上没有承担一部分实行行为的人，寄予与直接行为者在同样的程度上，存在对犯罪实现毫无疑问没有本质寄予的事例。譬如说，一个人制作了恐吓的信，另一个人将信送给被害者的情形；或者计划毒死被害者的两人中，一个人巧妙地调和了粉状毒药，另一个人用此替换感冒药让被害者喝下的情形；计划令被害者陷入洞穴受伤，一个人挖洞，另一个人诱导被害人的情形等，只有一方是正犯，另一方作为帮助犯减轻一定刑罚的，无论如何都不合理（虽然判例当初限制"知能犯"的情形下使用共谋共同正犯的理论，但是将此一般化了）。

的确，关于单独犯，直接行为者在正犯性原则上排除了背后者的正犯性。与此相反，根据合意实行作业分工的，因为那样的正犯性排除原则没有起作用的理由，所以如以上几种情形那样，我想也可以肯定直接的实行者或者没有亲手实行的实行行为的背后者，作为共同正犯的正犯性[2]。虽然那是对重视实行行为性的现行刑法的基本立场所加的一个变更，但是形式上共同正犯允许修正单独犯的构成要件，实质上从集团犯罪中的各行为者的可罚评价的适正观点来看，可以解释为是妥当的[3]。

---

[1] 但是，即便如此，关于共同正犯与狭义的共犯之间的区别，应该不是根据当罚性的综合判断，而是考虑是不是必须以不法的实质肯定正犯性为标准。关于判例的理论参照西田典之《关于共谋共同正犯》载于《平野龙一先生古稀祝贺论文集》（第2卷），1990年，第378页以下（西田典之「共謀共同正犯について」『平野龍一先生古稀祝賀論文集上卷』、1990年、378頁以下）。

[2] 虽然学说中存在以作为共谋共同正犯具有"间接正犯类似的构造"的正犯性为根据的见解，但是诉诸单独犯的理论的类推时会考虑决定性的界限。

[3] 顺便说一下，间接正犯与共同正犯双方能否成为竞合问题时，因为共同正犯承认构成要件的修正，所以优先考虑间接正犯。

根据这样的思考方法，背后者与直接实行者相并列能够承认其正犯性，根据优越的知识可制定详细的犯罪计划的；为了犯罪亲自准备/提供特别的重要手段的那样，可以说是达到了具体构成要件实现的过程中所不可欠缺的那种程度的本质性的事实寄予的情形。但是，承认背后者（共同）的正犯性，我想并不限于那样的情形。即，对直接实行者的意思，事实上能够保证强有力的心理上的拘束状况的情形，对可能进行那样的心理拘束，成为重要的寄予人，也可能会承认其正犯性。那种情形下的正犯性的内涵，在集团现象中只能是通过相互地强制规制集团成员的行动的规则而形成的意思支配。那个原理不仅符合一个人支配其他共同者（支配型）的共谋共同正犯，而且适用于关于在共同者之间分担各自不同作用的"分担型"。越是要求达到各自不同目的利益行动，就越是需要听从整体的规则〔1〕。

另外，在判例实践中，作为共谋者一员参与谋议，通过是不是作为"自己的犯罪"主体性地实现该当犯罪来判断共同正犯的成立与否〔2〕，在这里可以考虑的不仅是主观意思的存在方式，而且还有合意成立以及对其实现作用的强度及与结果之间的利害关系的有无/程度等。

---

〔1〕 那样的思想具有说服力的展开是学生发表的论文，藤沼健太郎《共谋共同正犯理论的再构成》载于《法律学研究》（庆应义塾大学法学部法律学科研究委员会编）23 号，1992 年，第 6 页以下（藤沼健太郎「共謀共同正犯理論の再構成」、法律学研究、「慶応義塾大学法学部法律学科ゼミナール委員会編」、23 号、1992 年）。
〔2〕 关于判例的立场，详细的参照松本时夫《共同正犯——与帮助犯之间的区别》载于芝原邦尔编《刑法的基本判例》，1988 年，第 64 页以下（松本時夫「共同正犯ー帮助との区別ー」芝原邦爾編『刑法の基本判例』、1988 年、64 頁以下）。

第二十四章 共同正犯的构成要件

第一节 共同正犯的构成要件

一、概说

共同正犯成立时，即便共同者各自只实行了整体行为的一部分，但也会将所有实现的不法（结果发生）归属于他，承担作为正犯的刑事责任（《刑法》第60条）。即，通过①共同者行为的因果性（相互性的）补充/扩张，以及②作为正犯的不法（或者结果）的归属为正犯的本质（本书第二十三章第一节）。承认共同正犯的成立，是可以承认那种关系的情形，相反，否定共同正犯的成立，只能是不得承认那种关系的情形。于是，为了确定共同正犯构成要件的内容，必须区分因果性的补充/扩张、与作为正犯的不法（或者结果）的归属（当然，这些是密切关联的），必须明确能够承认共同正犯的要件。

二、共同正犯的因果性

在共同正犯中承认上述意义上的因果性的补充/扩张，是因为根据共同者形成的合意实行了实行者的行为。X 与 Y 合意杀害 A，在现场各自对准 A 同时射击，即便只有 Y 射击的子弹命中 A 导致 A 死亡，X 与 Y 都承担杀人罪的共同正犯的罪责。从 X 的立场来看，通过 Y 的行为补充了自己行为的因果性，最终实现的不法可以归属 X。这对 X 而言，不是对自己的行为与没有因果性的 Y 的行为以及让其产生的结果担负连带责任，而是只要 Y 的行为是根据合意实行的，X 通过自己（共同）形成的合意，就可以说以 Y 的行为为媒介（共同地）引起了最终结果。

在这里，作为共同正犯的独自的因果关系，①X 个人的行为在合意形成中具有因果性，②通过根据合意的实行者实行的结果行为（直接发生结果的行为）两个阶段的因果关系是必要的。对任何一个共同行为者（X）个人而言，都是通过他人（Y）的心理介入的因果关系，所以以心理性因果关系作为共同正犯的因果性本质。当然，如共同者的一方准备/提供凶器，另一方使用它杀害被害者的情形，共同者的行为与最终实现的结果之间存在物理性的因果关系（然而，是不是消灭物理性的因果关系，相当于是不是承认从共同正犯中关系的脱离，具有重要的意义）。换言之，作为共同正犯的因果关系，心理性因果关系是不可欠缺的要件，物理性因果关系不过是附加性存在的。

作为原则，关于两个阶段的心理性因果关系与已经论述的因果关系（第四章）是相符合的。即，在各自不同的事实中承认条件关系，并且，必须在此之上肯定相当性。一般而言，关于条件关系，在依次讨论两者之间的事实经过时，能够承认以能够通过各自不同的因果法则说明的形式结合在一起的情形（合法则的条件说）。关于心理性因果关系所使用的因果法则，尽管在关于人的意思形成的心理法则这一点上存在特殊性，但那是在合法则的条件关系的框架内达成的[1]。即便在这里，因为要询问每个人的个别行为对现实因果关系与具体结果是否具有某种因果性的影响，所以因果的流程与结果也不应该抽象化，而应该具体地把握，无视没有影响现实的因果流程的假定事实。如果X、Y、Z三人之间成立共谋，其间实行实施方法的决议的话，即便认为只有X、Y完全同意，也不能否定Z的相关行为与意思形成之间的因果关系[2]。

关于共同正犯的要件之间所要求的相当因果关系，不是单独的相当因果关系，而必须是预定共同正犯的构成要件的因果关系[3]。譬如说，X、Y、Z共谋杀害A，Z负责这次行动，Z认为杀害B对X、Y而言更有利，从而杀害了B的情形；Z陷入客体的错误，将C误看成A而杀害了C之后，发现对象错误，又进一步杀害了本来要杀害的A的情形，因为B、C产生的结果已经是"合意外围"的内容，所以可能解释为欠缺预定共同正犯的构成要件的相

---

[1] 林幹人《刑法的基础理论》，1995年，第159页（林幹人『刑法の基礎理論』、1995年、159頁），关于心理的因果关系，虽然通常的条件关系的理论是不妥当的，但是心理的因果关系只要在根据心理法则说明的可能性的限度内，它就与合法则的条件说没有任何的矛盾。

[2] 另外，关于合法则的条件关系说适用于心理性因果关系时的问题，参照本书第二十五章第三节。

[3] 关于这一点，譬如说第1款诈骗罪的构成要件中，不是"欺诈行为"与最终的"财物的占有的取得"之间的因果存在单独的相当因果关系的话就足够了，而是与一定的事实的连锁作为构成要件的因果关系之间的事情是相同的。

当因果关系（本书第二十七章第一节二）[1]。

三、共同正犯的正犯性

为了承认共同正犯的成立，虽然必须承认因果性，但是在与犯罪实现之间（介入他者的意思决定）只肯定因果性，仅仅能说明共同正犯的共犯性的一部分，在此之上必须肯定（共同）正犯性（本书第二十三章第一节二）。因此，共同正犯的构成要件就必须包含能够承认作为共同正犯的正犯性要件。共同正犯预定了作为构成要件的"修正形式"的一定的类型性（处罚的框架）。即，这里如果没有关于实现同一构成要件该当事实的相互性的意思联络，就不能肯定正犯性。然而，即便是将要实现该当各种不同构成要件事实的情形（通过意思同时实行自然行为的情形），在因构成要件同质而重合时，在"重合"的范围内可以承认共同正犯的成立（部分的犯罪共同说）。那就变成了承认正犯性的形式要件。与此相反，即便是构成要件该当行为之间完全不承认"重合"的情形（通过意思实行自然行为的情形），不仅如此，即便在完全只有一方行为的利用关系的情形下，也能肯定共同正犯（所谓的片面的共同正犯），虽然这样的见解也相当有力，但是，不能赞同这种观点与由于无视作为行为的类型性将共犯成立范围作为无限定之物，只要在肯定因果关系的限度内就承认共犯成立的"扩张的共犯论"，是同根的立场（本书第二十三章第二节三）。

肯定正犯性的实质性基准，是各共同者为了实现犯罪所起的本质性的作用（机能）（机能性的行为支配说）。共同者的各个个人，在通过相关行为者使得整体的犯罪企图得以实现或者在通过阻止相关者而使其受到挫折的意义上，因为将犯罪的整体控制在自己手中从而得以支配，所以可以评价为作为共同者各自不同的犯罪实现的中心存在（本书第二十三章第一节三）。另外，关于正犯性的判定，虽然作为正犯的不法（或者结果）的归属成为问题（本书第二十章第一节四、第三节三），但所实现的不法全部归属于共同者整体的情形是共同正犯。最高法院在被告人X因为希望得到生活费而指示命令12岁10月的长男Y实行抢劫的案件中，指出"本案件当时Y具有辨别是非的能力，被告人的指示

---

[1] 关于这一点，也参照井田《被教唆者的客体错误与教唆者的故意》载于《法学研究》65卷12号，1992年，第55页（井田「被教唆者の客体の錯誤と教唆者の故意」、法学研究65巻12号、1992年、55頁）以及在那里所引用的文献。

命令不足以达到抑制 Y 的意思的程度，既然 Y 通过自己的意思决意实行抢劫，并能够完成抢劫，这样的判决是很明确的。按照这些事情，如所论述的那样，不能承认该被告人成立本案件的抢劫的间接正犯。那么，既然被告人由于想得到生活费而计划抢劫，并对 Y 传授犯罪的方法，并给予犯罪工具等，而且发出实行抢劫的实行命令，并且将 Y 所夺来的财物全部占为己有，那么被告人就不能成为本案件的抢劫的教唆犯，而可以承认能成立共同正犯"（最决平 13.10.25 刑集 55 卷 6 号 519 页）。最高法院的判例，明确了即便对刑事未成年人（因此，责任无能力者）也能成为（共同）正犯，可以说正确地认识到了正犯性的有无以及正犯形态内部的相互区别是违法性程度的问题（那是"不法归属的分配"的问题，原则上与责任没有关系）[1]。在此之上，在这个案件中，所实现的不法不是主要归属于 X（在哪种情形下可以成立间接正犯），因为 X 与 Y 各自有不同的归属，所以解释为可以肯定共同正犯的成立。

围绕共同正犯的正犯性，存在几个应该探讨的问题。本章中想提出承继的共同正犯、预备罪的共同正犯、过失犯的共同正犯三个主题（关于结果加重犯的共同正犯在第二十八章第三节，不作为的共同正犯在第二十九章第二节探讨）。

第二节 承继的共同正犯

一、(限定的) 肯定说的理论

某人（先行者）已经完成实行行为的一部分之后，他者（后行者）与先行者合意，之后共同实行实行行为的残留部分的情形。对这种情形下的后行者，能追求包含介入之前先行者已经完成的部分在内的构成要件实现的共同正犯的罪责吗？这称为承继的共同正犯的问题[2]。

如果说是关于共同正犯的因果性问题的话，人一般不能对过去事实的因果性产生影响，在那个意义上，因为对与自己的行为没有因果关系的事情不

---

[1] 因此，以"共同正犯也是共犯的一种，狭义的共犯的限制从属说是妥当的"那样的形式理解，只能作为论述那样的宗旨解释该最高法院的判例。
[2] 关于最近德国以及日本的学说状况，参照照沼亮介《围绕所谓的承继的共犯的讨论》载于《法学政治学论究》46 号，2000 年，第 321 页以下（照沼亮介「いわゆる承継の共犯をめぐる議論」、法学政治学論究 46 号、2000 年、321 頁以下）。

能追究责任,所以先行者的行为以及该行为产生的结果不能归属于后行者。关于这一点,我想完全是多余的议论。判例中,后行者以将先行者的行为以及该行为产生的结果作为犯罪遂行的手段、以积极利用的意思实行行为时,该后行者应该担负包含先行者的行为以及该行为产生的结果在内的、作为共同正犯的罪责[1],支持这种观点的见解也相当有力[2]。但是,我认为基于积极利用的意思而将他人产生的事实作为自己的犯罪遂行的手段利用,不能成为对过去他人产生的事实负担刑事责任的根据。即便先行者 X 以实现抢劫为目的实行了暴行的结果,导致被害者 A 身负重伤时,后行者 Y 积极利用 A 身负重伤的这种状态,与 X 一起夺取财物,X 能成为抢劫罪的共同正犯,但是不能成为抢劫致伤罪的共同正犯[3]。

另外,在肯定说中,是以适用《刑法》第 207 条情形之间的均衡为根据的。即,先行者 X 首先对 A 施行暴行,之后后行者 Y 对 A 也施行暴行,而伤害结果发生在哪一个阶段并不明确的案件中,如果 X 与 Y 完全没有意思联络(或者不能证明存在联络)的话,根据《刑法》第 207 条,也可以追问 Y 的伤害罪的共同正犯的罪责。于是,如果 X 与 Y 之间存在中途合意的关系(或者能够证明存在这种关系)时,不成立关于 Y 伤害罪的共同正犯就会失衡。但是,《刑法》第 207 条是一个承认刑事裁判的大原则的例外规定,限定性地加以解释也很自然。这里成为问题的是后行者 Y 介入后与先行者 X 存在意思联络的关系,因此,对先行者 X 发生的结果可以追究责任的案件(与此相反,是预定《刑法》第 207 条,对发生的结果可能谁也不负罪责的情形),即便对此承认与刑法第 207 条相同的法的效果,也存在疑问,何况将这样的理论一般化(抢劫致伤罪、强奸致伤罪等成为问题),那是不可能波及承继的共同正犯的整体的[4]。

与此相反,作为(限定性)肯定说的理论,认为应该注意共同正犯的正

---

[1] 譬如说:大阪高判昭 62.7.10 高刑集 40 卷 3 号 720 页。
[2] 譬如说:福田《总论》,第 269 页等。
[3] 这与单独犯的情形相比较的话就明白了。譬如说,从阴暗处看到 X 将 A 置于昏迷,试图盗窃其财物 Y,即便等 X 走后,以积极利用其事态的意思,独立地从 A 盗窃财物的,Y 也不可能成为抢劫罪。如果是这样的话,与当 X 正要离开的时候,知道 Y 想盗窃财物的意图,之后让于 Y 盗窃而离开现场的情形是相同的,而且,即便是 X 与 Y,在那个时点预先共同从 A 夺取财物的情形,其事态理应也不会改变。
[4] 关于以上的一点,参照西田典之《承继的共犯》载于芝原邦尔编《刑法的基本判例》,1988 年,第 71 页以下(西田典之「承継的共犯」芝原邦爾編『刑法の基本判例』、1988 年、71 頁以下)。

犯性。即便是从继续实行行为的中途开始的相关者，在实现最终构成要件的决定性的阶段，与先行者之间合意成为不可欠缺的要素时，可能会产生能否被评价为正犯的问题。即便对实行行为的整体没有因果性，以那个重要的部分所具有的因果关系作为前提，对该部分构成犯罪完全是决定性的，不能先入为主地排除将此作为共同正犯的评价[1]。譬如说，先行者 X 以抢劫为目的对 A 施行暴力，虽然抑制住了被害者 A 的反抗，但是受到 A 的抵抗，X 自身也身受重伤，X 在此之上陷入不可能继续实行的状态时，在与 X 合意后实行财物掠夺的后行者 Y，将那个没有相关性的、大概不可能实现的犯罪实现变为可能。在那种情形下，（不是溯及归属于先行者的行为与结果，而是只完全关注于介入后的行为）以构成要件实现的本质的给予为理由，肯定（共同）正犯性也具有充分的说服力。

如果能够承认这种理论的话，只要在对后行者的相关共同行为，作为实行行为本质的部分进行评价可能的限度内，那就意味着可以论证成立（共同）正犯性。学说中的（限定性）肯定说就是以"效果性继续"为基准的。即，在介入先行者实行的效果后继续的情形下，利用先行者的行为实行后行者担当的行为，应当接受作为包含先行者实行行为的评价。譬如说，通过欺诈先行者的行为将被害者陷入错误之中，在这种状态下，后行者协助先行者一起取得财物的情形，财物取得的行为只能是欺骗行为，只有财物取得的行为是共同的，才可以说后行者也实行了欺诈罪的实行行为的一部分，而且，先行者以抢劫为目的实行暴行、胁迫的效果正在继续时，将被害者控制于无反抗的状态下（譬如说，扭捆住被害者的），如果后行者一起夺取财物的话，夺取行为只能是"强取"，相当于同时实行这种行为的后行者作为共同实行抢劫罪的实行行为的一部分的共同正犯[2]。

二、否定说的理论

对以上所述的（具有相当说服力的）限定肯定说而言，如果不具有与全

---

[1] 桥本正博《"承继的共同正犯"论的现状》载于《现刑》3卷8号，2001年，第73页（橋本正博「『承継の共犯正犯』論の現在」、現刑3巻8号、2001年、73頁），暗示了这个方向。

[2] 特别参照平野《总论Ⅱ》，第383页。其他，最近的有大塚《总论》，第280页；西田典之《承继的共犯》载于芝原邦尔编《刑法的基本判例》，1988年，第71页（西田典之「承継の共犯」芝原邦爾編『刑法の基本判例』、1988年、71頁）；堀内《总论》，第290页以下等。

部构成要件要素的实现（"该当不法内容的全部领域"[1]）的因果性的话，就不能肯定其与正犯性的见解[2]相对峙。以抢劫罪来看，那是对人身的犯罪，可以对共同正犯的全部（包含对被害者加以暴力或者胁迫的事实在内）追究刑事责任。只要以此为前提（限定性肯定说只有在否定这种前提时才有可能主张），对被害者加以暴行和胁迫不能追究责任的，就不能成为正犯。该种见解以实质性的考察为前提，在与实现全部的构成要件要素的关系上具有因果性是为了肯定正犯性的最低要件，意味着为了肯定正犯性的"形式的框架"。关于单独犯是不是能冲破考虑共犯现象的特殊性前提就成为问题的焦点。在这里，即便存在对于共谋共同正犯的争论，也可以说存在自相矛盾的状况。因为可能会对能否缓和重视实质性的考察从而肯定正犯性的形式框架而提出疑问。

另外，根据否定说，后行者从先行者实行行为的中途开始协助，从而使之可能达成既遂，追究帮助犯的罪责是当然的事[3]。譬如说，抢劫犯 X 实行暴力、胁迫的行为，在继续的过程中被害者 A 被置于压制反抗的状态下时，后行者 Y 与 X 一起从 A 那里夺取了财物的话，关于 Y，除了盗窃罪的正犯（或者在那个限度内的共同正犯）外，也可以承认抢劫罪的帮助犯的成立（两罪在概念竞合的关系上成立）。同样，即便在强奸的案件中，后行者成立强奸罪（第177条）的帮助犯与准强奸罪（第178条第2款）的正犯（或者在这个限度内的共同正犯）；在欺诈产生问题的案件中，后行者只担负诈骗罪的帮助犯的罪责[4]。

第三节 预备罪的共同正犯

一、问题所在

关于符合刑法分则基本构成要件的犯罪（以及未遂），虽然当然可以成立

---

[1] 照沼亮介《围绕所谓的承继的共犯的讨论》载于《法学政治学论究》46号，2000年，第552页（照沼亮介「いわゆる承継の共犯をめぐる議論」、法学政治学論究46号、2000年、552頁）。

[2] 譬如说，参照山口《总论》，第300页。

[3] 帮助犯的成立是因为正犯行为可能达到既遂。参照照沼亮介《围绕所谓的承继的共犯的讨论》载于《法学政治学论究》46号，2000年，第561页（照沼亮介「いわゆる承継の共犯をめぐる議論」、法学政治学論究46号、2000年、561頁）。

[4] 采用相同结论的是：高桥则夫《共犯的因果性》载于西田典之、山口厚编《刑法的争点》（第1版），2000年，第97页（高橋則夫「共犯の因果性」西田典之＝山口厚『刑法の争点「第3版」』、2000年、97頁）。

共同正犯，但是像预备罪那样，即便在该修正型的构成要件的关系上，讨论共同正犯的成立与否也会成为问题。最高法院的判例中有肯定预备罪的共同正犯的判决（最决昭37.11.8刑集16卷11号1522页）。该事例中，X得知Y实行杀害行为，于是将获得的氢硫酸给了Y，X自己没有实行的意思。以否定他人预备行为的可罚性判例/通说的立场为前提时，虽然不能捕捉X自身的行为作为预备罪（的单独犯）处罚[1]，但是，可以作为共同正犯的处罚[2]。如此，承认预备罪的共同正犯的意思，在于能够处罚没有亲手实行目的的人（作为正犯）。因此，这里就会产生，是否应该通过总则的共犯规定扩张对本来例外的预备罪的处罚而将没有实行目的的参与者作为处罚对象的疑问。多数学说虽然采用了肯定说，但是依然存在有力的否定说[3]。

二、探讨

否定说的根据在于，当解释《刑法》第60条所规定的"实行"（与《刑法》第43条规定的"实行"相同）应该是实行了该当基本构成要件的实行行为之时，预备行为是实行着手之前的行为，不能有"共同犯罪实行"的观念这一点。但是，预备罪，既然作为相当于重法定刑的预定的独立犯罪被规定下来，因为该构成要件该当行为可以作为"实行行为"捕捉，所以就不能说没有讨论共同犯罪实行的余地。更为重要的是实质性的理由，否定说认为预备行为本身是相当无限定的/无定刑的行为，进一步承认其共同正犯时，该内容就变得极其暧昧[4]。但是，在大概承认预备罪处罚的正当性的范围内，一点都不过问没有亲自实行目的的人的共同行为，就会产生是不是存在实质性的不妥当等的疑问。而且，《刑法》在第64条中，虽然规定应该只处罚拘留或者科料的罪的教唆者以及从犯，原则上规定有不加以处罚的旨意，但是关于共同正犯，并没有承认那样处罚的限定。鉴于预备罪被作为相当的重犯罪加

---

[1] 如果X具有亲自实行的目的，着手行为自身是预备行为，作为预备罪的单独犯就可能被处罚。
[2] 本来简单的是将"具有实行目的"解释成是指第65条第1款规定的身份，适用同条就可成为将X与Y作为预备罪的共同正犯的理论构成。
[3] 大塚《总论》，第292页以下；曾根《总论》，第304页以下。
[4] 于是，福田《总论》，第255页以下注（七）采用了，如通货伪造罪（《刑法》第153条）、信用卡电磁记录不正作出预备罪（《刑法》第163条第4款）那样，因为构成要件是在法律明确地、独立地规定的情形下得出的"实行行为"概念，可以承认共同正犯的可罚性的见解。

以规定（参照法定刑），我想与否定说的宗旨是不一致的[1]。

第四节 过失犯的共同正犯

一、问题所在

关于过失犯的共同正犯的问题，与之前犯罪共同说和行为共同说的对立相关联，采用犯罪共同说的话就与否定说相关联，采用行为共同说的话就与肯定说相关联。即，根据犯罪共同说，关于特定犯罪的实行意思的共同就成为必要，只有犯罪意思的自然意思的共同不能说是不充足的。不仅如此，在被认为过失不过是责任的形式或者种类、是主观方面的问题的时代，虽然以"故意的共同"就是以合意（或者意思的联络）的形式考虑，却不认为是过失（即，不注意的心理状态）的共同。但是，即便关于过失犯可以认为是违反客观注意义务的实行行为，存在将共同地实行那种不注意的行为，也有作为"犯罪共同"来捕捉的余地。因此，从犯罪共同说的立足点来看，立即否定过失犯的共同正犯为时过早。另一方面，行为共同说，以共同实行自然行为的理由，认为对所实现的不法（或者结果）整体能够肯定共同者的刑事责任也有错误。如果必须明确对应故意的共同的"共同过失"的内容及其要件必须明确的话，也必须明确"共同过失"与各自不同的过失之间的关系[2]。

---

[1] 另外，以大致相同的宗旨，可以认为教唆犯/帮助犯的共同正犯也能被承认。这里现行刑法自身承认教唆的教唆（《刑法》第61条第2款）、帮助犯的教唆（《刑法》第62条第2款）的可罚性是重要的。

[2] 关于日本以及德国的学说，参照内海朋子《围绕过失的共同正犯的问题》载于《法学政治学论究》43号，1999年，第347页以下（内海朋子『過失の共同正犯をめぐる問題』、法学政治論究43号、1999年、347頁以下）；内海朋子《关于过失共同犯肯定说的归责问题》载于《法学政治学论究》48号，2001年，第71页以下（内海朋子『過失共同正犯肯定説における帰責問題について』、法学政治論究43号、1999年、71頁以下）；内海朋子《过失共同正犯与管理监督过失论》载于《法学政治学论究》51号，2001年，第35页以下（内海朋子『過失共同正犯論と管理監督過失論』、法学政治論究51号、2001年、35頁以下）。特别是关于日本的判例和学说，伊东研祐《"过失犯的共同正犯"论的现状》载于《现刑》3卷8号，2001年，第60页以下（伊東研祐「"過失犯の共同正犯"論の現在」、現刑3卷8号、2001年、60頁以下）以及杉田宗久《过失犯的共同正犯》载于大塚人、佐藤文哉编《新实例刑法［总论］》，2001年，第332页以下（杉田宗久『過失犯の共同正犯』大塚人＝佐藤文哉『新実例刑法「総論」』、2001年、332頁以下）有所论述。

从判例来看，曾经有最高法院的判例承认过失犯的共同正犯（最判昭28.1.23刑集7卷1号30页），可以说在最近的裁判实践中肯定的见解是主流。"在肯定说的地平线上，在那样的案件中，在什么要件下才能够肯定的问题（要件论）正是实践中最大的讨论课题"[1]。

另外，本问题在过失犯的处罚中，与所谓的具有"正犯性"要件的困难性理论问题密切相关。其是以"通过对他人的过失行为而实现的教唆/帮助是否可能"的形式，产生的实际性问题。虽然到目前为止不能说已经有充分的研究[2]，但是，通过对他人的过失行为的共犯样态的参与，只要该相关行为全部具备通常的过失犯的要件，就可以作为过失犯处罚，我想那不是现在大多数的见解吗[3]？如果是这样的话，过失犯中正犯与共犯的区别就不会成为问题，也不存在与过失犯的要件相区别的正犯性的要件。因此，只要能够肯定与结果之间的相当因果关系，即便是介入他者的过失行为发生的结果，就该结果而言，也可以追究作为单独的过失犯的罪责。在这一点上，当介入他者的故意行为发生结果时，如果没有构成要件修正的话，与不得承认作为正犯的结果归属的故意犯的情形就有本质的不同。虽然在德国关于过失犯的共同正犯的否定说是到目前为止的通说，但也可以说是以那样的理论为基础。

二、探讨

承认故意犯的共同正犯中的因果性的补充/扩张的理由是，只要各种各样的共同者的行为是根据共同实行同一特定的犯罪合意（意思联络）而实行的，就可以说一个人介入他者的行为可以引起结果。然而，在过失犯的情形下，既然没有关于结果实行的合意，就不能以合意作为根据肯定结果的共同责任。本来，是否是过失犯，是每个行为者应该个别判断的事情，不能只因为共同

---

[1] 杉田宗久《过失犯的共同正犯》载于大塚人、佐藤文哉编《新实例刑法［总论］》，2001年，第332页以下（杉田宗久「過失犯の共同正犯」大塚仁＝佐藤文哉『新実例刑法「総論」』、2001年、332頁以下）。

[2] 详细的参照内海朋子《过失犯中的正犯·共犯的界限极其判断标准》载于《法学政治学论究》36号，1998年，第251页以下（内海朋子「過失犯における正犯·共犯の限界づけとその判断基準について」、法学政治論究36号、1998年、251頁以下）以及在那里所引用的文献。

[3] 严密地说，有（1）根据限制的正犯概念的过失共犯不可罚说、（2）根据限制的正犯概念的过失共犯可罚说、（3）根据扩张的正犯概念的过失共犯可罚说。日本多数的论者可以说采用了（3）的分类的见解。进一步可参照平野《总论Ⅱ》，第393页以下。

实行了一定的行为，就可以承认一部行为全部责任的原则。譬如说，猎人 X 与 Y 以"预备一起设计"同时射击的情形，X 错误地瞄准人射击从而将人杀害，而 Y 正确地瞄准鹿并射中，虽然说射击行为的自然行为是共同的，即便对 Y 的行为（业务上的）也不能立即承认过失致死罪的共同正犯。这一点，历来的犯罪共同说的思考方法是妥当的。

于是，在过失犯的共同正犯的问题中，成为本质的问题是在什么情形下，即便是关于他人的注意义务违反，也可以肯定自己应该承担责任的关系。如果应该肯定在过失犯中"因果性的补充/扩张"以及"作为正犯的结果归属"的话，只有共同者各自对单独的行为加以注意是不够的，存在对他者的行为也要加以注意，即便对他者的担当部分也要确认安全的注意义务[1]，必须限定在具有被看作共同行为者各自违反了该注意义务的事态内。因此，以上的猎人案件中，就 Y 而言，会产生是否存在心理地或者物理地促进 X 的行为或者停止 X 的行为或者防止 X 的行为可能产生结果等义务的问题。

如果是这样的话，在共同者对各自结果可以承担罪责的事例中，如果没有其他的共同者的不注意行为所产生的结果应该归属于自己的话，其结局就意味着该人作为过失犯的正犯必须对自己行为的结果承担罪责的情形[2]。故意犯的情形，当明确存在各共同者的行为与结果之间各自的因果性与正犯性时（譬如说，二人一起将一个巨石推下去砸死被害者的），即便没有构成要件的修正，追究各共同者作为正犯的罪责也不会产生议论。这样的情形下，承认共同正犯的成立就没有任何的障碍，但如果承认共同正犯成立的案例中只限制这种情形的话，关于作为例外的构成要件修正的共同正犯的总则规定，就没有设置处罚的意义了，最多是对应犯罪整体中的共同者的寄予可能给予适当的量刑，理应没有在此以上的机能。反过来讲，如果肯定过失犯的共同正犯的话，各共同者的行为与结果之间就存在各自的因果性与正犯性，那应该是达到了个别设定的情形，不具有处罚创设的意义[3]。换言之，肯定说，在分别讨论各个人的行为时，尽管独立的过失正犯的要件不充足，在可以处

---

[1] 关于这一点，参照大塚《总论》，第 282 页。
[2] 但是，那并不限于共同者为上下关系的情形。从业务的性质来看，对等的共同者所实行的工作业务，可能产生以各自对其他共同者可以实行的不注意行为为前提的重叠的回避义务。
[3] 即，从任何一个过失行为产生的结果，在不明确的事例中，除了允许择一的认定的情形外，是不能允许质疑过失结果犯的。

罚之时仍然具有意义，但是可以承认那样的"构成要件的修正"理论根据并不明确。如前所述，在过失犯中，只要肯定与发生结果之间存在相当的因果关系，即便介入他者的过失行为发生了结果，就该结果而言，可以追究所谓单独的过失犯的罪责（在这一点上，与故意犯的情形不同）[1]。如果是这样的话，"构成要件的修正"大概在没有过失之处就不得不承认结果的归属。这是所谓的过失同时犯消解说[2]主张的真意，必须支持那样的通说。总体而言，为了处罚过失犯的共同正犯允许它所处罚的行为，本来就是不必要的，在处罚它不应该处罚的行为具有可能性这一点上，是危险的并且是有害的[3]。

---

[1] 山口《总论》，第306页以下，虽然主张扩张了"共犯的因果关系比单独犯（在条件关系这一点上），将作为过失单独犯不能处罚的事例可能当作过失犯的共同正犯处罚，所以具有肯定它的实益"，但是如前所述，不能承认"共犯的因果关系比单独犯扩张了"的前提自身。

[2] 其代表性的主张者是：曾根《总论》，第285页；前田《总论》，第424页以下。

[3] 譬如说，关于前述的猎人事例中的Y，可能会导出立即承认过失犯的不当的结论。

第二十五章　教唆犯与帮助犯

第一节　教唆犯的构成要件

一、概说

教唆犯是通过教唆他人实行特定的犯罪，被教唆的人实行该犯罪而成立的（《刑法》第61条第1款）。虽然教唆现在是指唆使没有决意实行犯罪的他人决意去实行一定犯罪的行为，但是总则规定的教唆犯受共同从属性说（实行从属性的原则）所限制，作为教唆的结果，以达到被教唆人（正犯者）实行了该犯罪为开端才成为可罚（即，教唆犯的构成要件充足[1]）。关于未遂犯受处罚的犯罪，如果被教唆的人着手实行，虽然教唆者产生承担未遂罪的教唆犯的罪责，但如果未遂不是被处罚的犯罪，正犯行为没有达到既遂的话，教唆犯也不能成立［关于作为教唆犯（以及帮助犯）的犯罪的构造，参照本章第三节的探讨］。

教唆行为只要是使人产生实行犯罪决意的行为就足够了，现行法上对教唆的手段/方法没有限制。但是，为了适用作为总则规定的第61条，有必要要求教唆者存在故意，由于过失的教唆（其中可能有正犯实行故意行为的情形以及实行过失行为的情形）不能适用同条款[2]。关于对过失（故意）犯的教唆犯，存在是否承认它的不同见解之间的对立（所谓的"故意的从属性"的问题）问题。通说采用了消极说，背后者最多不过能够成为间接正犯。其理论根据在于只要肯定对过失犯的教唆，教唆犯的成立范围就成为无限定性

---

[1]　另外，独立处罚刑法典中规定的犯罪的教唆行为的《破坏活动防止法》第38条以下的犯罪是例外。

[2]　那是因为"教唆"一词预定了故意的存在，而且即便参照《刑法》第38条第1款的宗旨，没有特别规定的，也不能包含过失行为在内。

的，于是就集中于从教唆产生的被教唆者的犯意的必要性这一点上（本书第二十章第二节三）。与此相反，通说（或者判例）承认结果加重犯的教唆犯。譬如说，X 教唆 Y 伤害 A，做出实行行为的 Y 成立伤害致死罪时，X 成为伤害致死罪的教唆犯（本书第二十八章第三节），能肯定对预备罪的教唆犯（第二十四章第三节二）等问题。有必要进一步探讨关于能否存在通过不作为的教唆犯、对不作为犯的教唆犯[1]（本书第二十九章第二节三、四）。

二、片面的教唆

作为教唆犯成立的要件，多数学者认为被教唆者（正犯者）没有必要意识到是被人教唆。因此，片面的教唆犯就有成立的可能（另外，如后述的那样，几乎没有讨论关于片面的从犯的成立可能）。譬如说，X 使用巧妙的手段，刺激本来就憎恨 A 的 Y，并在能够容易看到的地方放置凶器，随后使 Y 决意实行对 A 的伤害，在惹起这种实行伤害的情况下，即便 Y 没有意识到 X 的教唆，X 也可以成立伤害罪的教唆犯。

与此相反，作为共犯（狭义）的要件可能要求正犯者通过持续接受精神支援的安心感（以及通过它的构成要件促进实现）意义上的心理性因果关系。如果这样思考的话，共犯者所给予的心理性的因果作用就会持续不断地要求正犯者实行实行行为，而且进一步达到遂行最终的实现结果的行为的阶段。但如后述的那样，在那种意义上的心理性的因果关系，作为共犯的要件是没有必要的。在共同正犯的情形下，为了肯定全体参与者的正犯性，虽然以意思的联络或者相互了解为要件是不可欠缺的，但与此不同，通过正犯间接地惹起法益侵害的教唆犯，尽管与法益侵害之间的因果关系是不可欠缺的，但在此之上，想不出以相互沟通意思为要件的理由。即便作为第 61 条的文理解释，对采用片面的教唆犯的肯定说没有任何的障碍，而且，从结论上来看，对前述的设例中的 X 不可罚，我想也是不妥当的。

三、间接教唆以及再间接教唆

间接教唆是指《刑法》第 61 条第 2 款规定的情形，作为教唆犯仍然是可

---

[1] 彻底的目的行为论者无论如何都否定之。譬如参照 Hans Welzel, Das deutsche Strafrecht 11, Aufl. 1969, S. 206f., 221f.

罚的。但是，判例/通说将同款的适用范围解释为，相当于教唆犯的 X 以普通的教唆意思教唆 Y 实行的，Y 自己没有亲自实行，而是教唆 Z，让 Z 实行的情形（以教唆的意思实行的行为，实际上成为间接教唆的结果，是一种错误的事例）也包括在内。包含这种情形在内的间接教唆，可能表示了立法性的解决。

成为问题的是进一步教唆间接教唆者的情形，即再间接教唆的情形，以及在此之上教唆的情形（称为连锁的教唆），应该如何考虑呢？判例肯定其可罚性，受到多数学说的支持。从共同独立性说、结果无价值论的立场来看，不重视行为的类型性的差异，既然波及对结果发生的因果性的影响，就应该一般地加以肯定连锁教唆的可罚性。与此相反，根据重视行为的类型性的立场，主张消极说。该论据指出，《刑法》第 61 条第 2 款的"教唆者"被解释为是相当于同条第 1 款所规定的教唆者，作为条文的读法是自然的，如果是这样的话，刑法应该认为只承认间接教唆的可罚性，承认无限地追击正犯的背后关系就会过大地扩张处罚范围[1]。

但是，因为《刑法》第 61 条第 2 款是将间接教唆者看作为教唆者一样的规定，所以，间接教唆者进一步教唆的也被看作为教唆者，这不能说是没有理由的解释。而且，尽管该教唆成为因果的起点（发案者），对最终的犯罪的实现给以重要的寄予，但是成为再间接教唆之上的教唆的话，都不可罚，我认为这样的结论并不妥当。再次，因为刑事诉讼法上通常所要求的程度的证明是前提，在那个限度内，追击正犯的背后关系就是妥当的，是正确的。

四、故意（主观的要件）

教唆是指让他人产生实行一定犯罪的决意。为了承认教唆犯的故意，必须波及关于①通过教唆行为惹起了被教唆者（正犯者）的犯意；②通过被教唆者实行了实行行为的各种各样的认识和意思。成为问题的是为了能够说存在教唆犯的故意，是不是有必要要求被教唆者不仅要实行实行行为，而且还要有实现构成要件的故意。那无非所谓的未遂教唆的可罚性问题。如以上探

---

[1] 详细的参照船山泰范《间接教唆・间接帮助》载于阿部纯二等编《刑法基础讲座》（第 4 卷），1992 年，第 219 页以下（船山泰範「間接教唆・間接幇助」阿部純二ほか編『刑法基礎講座第 4 巻』、1992 年、219 頁以下）以及在那里所引用的文献。

讨的那样（本书第二十一章第二节二），成为共犯者只要立足于本质地重视实现了违法的事态，从作为正犯与共犯在同一框架内的犯罪加以捕捉的惹起说来看，未遂的教唆就必然不能作为故意犯处罚。如果没有法益侵害的意思，对法益侵害的惹起也不能追问故意犯的刑事责任。教唆犯的故意，与正犯的故意相同，在本质上存在法益侵害的意思，从开始对最终的结果实现没有故意的行为，就不能作为故意犯处罚（即，对可能惹起的结果，追究作为故意犯的刑事责任）。另外，就教唆犯而言，关于意外发生结果的情形，根据关于未遂的教唆不可罚说，对发生的结果最多只能承认其过失的责任。

第二节 帮助犯的构成要件

一、概说

帮助犯（从犯）是指在正犯者实行犯罪时，通过对此实行物理性的或者心理性的更为容易的行为而成立的犯罪（《刑法》第62条第1款）。关于帮助犯，比照对正犯的犯罪预定的法定刑减轻处罚（《刑法》第63条刑的必要的减轻事由）。虽然帮助行为也有可能在实行行为开始之前实行（关于帮助犯的时间成立的界线，参照本节二），但是在那时正犯者已经决意实行犯罪是必要的要件（这成为与教唆犯区别的基准），而且，从共犯从属性原则来看，帮助行为也要求之后正犯者达到现实地实行的犯罪（与教唆犯的情形一样，关于未遂犯被处罚的犯罪，被教唆者实行着手的话，帮助者就变成了产生未遂犯的从属的罪责）。

作为帮助犯的样态，有物理性的（有形的）帮助与心理性的（无形的）帮助。提供犯罪使用的毒药、借用凶器刀等，是指前者的事例；激励/鼓励是指后者的事例。其区别在于，尤其是在探讨关于所要求的因果关系的内容之际持有实益。对应行为样态的不同，关于是否能够成立帮助犯的问题（譬如说，过失的帮助、过失犯中的帮助、对预备罪的帮助等是否能够成立），可以与教唆犯的情形并行地考虑（本章第一节一）。关于帮助犯的故意（与此项关联的未遂的帮助的问题），应该与教唆的情形一样考虑。

另外，只要根据肯定共谋共同正犯的见解，共同正犯与帮助犯的区别就成了问题[1]。在承认共谋共同正犯的限度内，即便不实行实行行为的一部分（譬如说，即便只是为其放哨，即便不在现场），只要能够承认是共同地达成的犯意就能成立共同正犯，相反，即便分担了实行行为的一部分，欠缺正犯意思的也只能成立帮助犯（譬如说，参照福冈地方法院昭59.8.30判时1152号182页）。根据本书的基准，对犯罪实行起到本质性作用（机能）的为共同正犯，只是通过周边活动，使得犯罪实行更为容易的，只能成为帮助犯（本书第二十三章第一节三、第四节二、第二十四章第一节三）。

二、时间性的成立界线

虽然帮助犯的帮助行为有可能在实行行为开始之前实行，也有可能在正犯者着手之后实行实行行为之际或者在现场同时实行。在所谓承继的共犯案件中，先行者X以盗窃为目的对被害者实行暴力抑制其反抗之后Y介入，只帮助夺取财物的情形，Y的行为具有因果性不是只有X的盗窃行为吗（因此，Y是不是只承担盗窃罪的罪责呢）？虽然这样的疑问会出现，但是在Y的介入时点存在强盗行为，既然帮助完成既遂，也可以说是抢劫的帮助犯。换言之，在该行为的时点，存在禁止帮助抢劫行为完成的帮助犯的规范，可以说是实行了构成违反该规范的行为。另外，对Y只能追究抢劫既遂的帮助的刑事责任，关于X实行的暴力抢劫的不法内容，是不能归属Y的。在这一点上区别开来归属犯罪的全部不法的正犯（包含共同正犯）以及教唆犯之间的不同。只对帮助犯的刑罚预定必要的减轻（《刑法》第63条），理由也存在于此[2]。

从实行行为终了之后到结果发生（既遂到达）为止之间，帮助犯的成立是否可能也存在疑问。为了限定帮助犯的成立范围，主张以到正犯的实行行为终了为止（即，因果流离开正犯者之手为止），作为一个限度肯定其成立的见解，也具有充分的理由。

继而产生的问题是，能不能肯定既遂后犯罪达到实质地终了时（犯罪人达成了最终的目的）的帮助犯的成立。譬如说，盗窃罪已经既遂之后，帮助犯人

---

[1] 对此，根据不承认共谋共同犯罪的实行共同正犯说。共同地实行构成要件该当行为的一部分的情形是共同正犯，不是此种情形的是帮助犯，这种界限相对来说是明确的。

[2] 即便是实行着手以前的帮助行为，可见能以与教唆行为相比的行为无价值性更低为减轻的理由。关于这一点，参照照沼亮介《帮助犯的构造与因果性》载于《法学政治学论究》48号，2001年，第401页（照沼亮介「幇助犯の構造と因果性」、法学政治学論究48号、2001年、401頁）。

安全逃离现场的帮助犯，是不是可罚？在德国，肯定它的见解是有力的[1]。但是，《刑法》第62条第1款的解释，正犯达到既遂之后，既然不再存在"正犯"了，就认为不可能存在"帮助"，而且，一旦以那样的形式扩大了帮助犯的成立范围，该处罚就变得极其广泛，不得不变成无限定的情形。而且，日本的现行刑法在相当于盗窃赃物相关的犯罪、隐匿犯人的隐匿罪、证据隐匿等罪的限度内，就违反了限定性地处罚庇护罪的宗旨。在犯罪达成既遂之后，对该犯罪的帮助犯应该解释为不能成立[2]。但该行为可能具备其他的犯罪的正犯性。

三、片面的帮助犯与间接帮助

针对片面的帮助犯，判例/通说认为，[3]即便在没有意识到正犯者是谁而帮助的情形下也能成立。知道X计划实行入室盗窃的Y，预先用被害者A家的钥匙为其打开门的情形，Y可能作为盗窃罪的帮助犯处罚。即便正犯者没有被帮助的意识，尤其是使得正犯的实行行为物理性地变得容易的帮助可能有很多，但就算正犯者没有意识到，也没有必须考虑不能处罚帮助犯的理由。而且，即便作为《刑法》第62条的文理解释，也可认为没有意思联络，不要求相互了解。

间接帮助犯，是指进一步帮助从犯的情形。肯定这种可罚性的是判例，学说上多数说也持肯定说法。与此相反，既然没有像关于教唆犯的《刑法》第61条第2款那样的明文规定，就算是不可罚的见解也很有力。

在这里能够区别两者。首先，无论是否是间接的，可以认为是使得正犯行为的实行本身更加容易的情形。譬如说，X打算使得决意杀害A的Z杀人更加容易，为了让Y借给Z手枪，说明情况而委托Y，鼓励Y直接给予Z手枪（Z使用该手枪杀害A）的情形，虽然Y实行了直接帮助，X实行了间接帮助，但是对X没有不可罚的理由，不可罚是不妥当的。与此相反，有一种

---

[1] 照沼亮介《围绕所谓的承继的共犯的讨论》载于《法学政治学论究》46号，2000年，第552页（照沼亮介「いわゆる承継の共犯をめぐる議論」、法学政治学論究46号、2000年、552頁）。

[2] 关于这一点，参照照沼亮介《围绕所谓的承继的共犯的讨论》载于《法学政治学论究》46号，2000年，第559页以下（照沼亮介「いわゆる承継の共犯をめぐる議論」、法学政治学論究46号、2000年、559頁以下）。

[3] 作为反对说，譬如说曾根《总论》，第293页。

情况，是间接帮助行为，完全只是起到使得直接帮助行为更加容易作用的情形。譬如说，帮助者 Y 借给正犯者 Z 凶器时，X 让 Y 搭车带到 Z 处的情形。在这种情形下，X 既然不能说是"帮助正犯者"（《刑法》第 62 条第 1 款），就不能作为帮助犯处罚。但是，多数人共谋帮助，但在其中的一人实行直接帮助的情形（共谋共同帮助）时，常常是只处罚直接帮助的人，这是不妥当的。只要可以评价 X 是在与 Y 合意之上一起帮助 Z，就应该考虑肯定可罚性。再间接帮助（在此之上的连锁帮助）的可罚性，根据以上的思考方法，我想也可得出结论。

关于教唆从犯情形，虽然可以承认其可罚性（《刑法》第 62 条第 2 款），但是，关于教唆犯的帮助以及间接教唆的帮助，围绕是不是应该可罚的见解[1]之间存在对立。因为存在《刑法》第 62 条第 1 款"帮助正犯"的规定，我认为帮助教唆犯的行为不能作为帮助犯处罚。成为处罚可能的，可以说只限于是该帮助行为使得正犯的实行本身变得更加容易的行为。

第三节 共犯中的结果与因果关系

一、共犯的构成要件及其构造

教唆犯以及帮助犯，分别根据《刑法》第 61 条以下的总则规定，在作为该当对从刑法分则处罚规定中导出的基本构成要件加以"修正"的构成要件来捕捉是可能的[2]。即便在狭义的共犯构成要件中，虽然主要的要素是行为与结果，但其构造与单独犯的情形相当不同。从教唆犯的构成要件来看，根据教唆行为正犯产生犯意，并且根据该犯意必须实行了实行行为（只有既遂处罚结果犯的情形，才惹起结果）。在正犯者产生犯意的同时，以教唆者的立场来看是一个"结果"，正犯的实行（以及既遂的达成）是另一个"结果"。为了符合教唆犯的构成要件，必须发生两个"结果"，并且分别都是故意（错误论使用的结果，即便是这样的两重故意能够成立教唆犯，也应另当别论）。

如此，共犯的构成要件是一种结果犯的构成要件，只实行共犯行为不可罚，意味着对行为不法实行以附加结果不法为开端肯定可罚性。那与不处罚

---

[1] 在判例中，有承认对间接教唆的帮助犯的可能性的理论。
[2] 本来的处罚范围，在根据总则规定扩张的意义上，是"刑罚扩张事由"。

器物损坏罪的未遂,只有以发生结果为开端才处罚的原理基本相同。的确,行为无价值论是违法的基本,如果它存在就有处罚的基础,虽然如果没有它就不能处罚,但作为附加的要素,或者因为处罚的限定,就要求结果无价值。在刑罚论中即便现在也不能无视报应性的侧面,也是要以一定结果的发生为开端肯定当罚性的情形(那在处罚范围的外形的明确性保障中起作用)(本书第一章第六节)。共犯中实行从属性的要求是与那样构想的本书采用的违法论以及以此为基础的刑罚论整合在一起的。要求附加结果无价值的根据,在这里,如器物损坏罪的情形那样,不是应该被保护的法益的价值较低,而是可以从法益侵害中要求时间的间隔。

二、因果关系是否有必要

共犯的构成要件一旦具有以上那样的构造,就必须肯定行为与结果之间存在因果关系。特别的因果关系是否有必要成为问题的是帮助犯。的确,如前所述,帮助犯与将全部不法均可以归属的共同正犯以及教唆犯不同。就帮助犯而言,作为帮助正犯行为实行的犯罪(因此,作为与最终结果的关系中的危险犯)的理解也绝不是不可能。如果那样思考的话,可能就不要求帮助犯与最终结果之间存在因果关系[1]。但一般来讲,对未遂犯的帮助犯与对既遂犯的帮助犯应该是有区别的,作为对既遂犯的帮助犯可罚的情形(譬如说,杀人既遂罪的从犯成立的情形),也可以想到会被追问帮助犯对发生结果的罪责。不仅如此,也存在与最终结果之间能够清楚地肯定因果关系的帮助犯的事例(譬如说,为了达成犯罪的既遂,提供不可欠缺的手段的情形等),我不认为对在那样的事例中惹起结果的行为追究刑事责任的理论构成是妥当的。即便是关于帮助犯,在为了成立对未遂罪的帮助犯与正犯行为之间的关系中,在成立对既遂罪的帮助犯与正犯行为之间的关系中,必须肯定因果关系。

三、教唆犯与帮助犯中的因果关系

为了确定因果关系,有必要同时肯定条件关系与相当因果关系。关于条

---

[1] 譬如说,野村《总论》,第 384 页、第 421 页以下。其他的,作为不要求帮助行为与正犯结果之间的因果关系的解释,有大谷《总论》,第 471 页;川端《总论》,第 565 页;福田《总论》,第 287 页注 2 等。

件关系，在讨论从行为到结果性事实经过顺序达成时，在各事实以通过因果法则能够说明的形式结合起来的情形下，就能够肯定它（合法则的条件关系说）。全部教唆犯与一定的帮助犯的情形（心理帮助的事例），虽然心理性的因果关系成为问题，但是，如果适用于人的意思形成的心理法则能够说明事实性经过的话，就可以肯定条件关系。

关于相当因果关系，在教唆行为与最终的犯罪实现之间，介入正犯行为的他人的故意行为这一点上会产生问题。教唆他人杀害其他人时，教唆行为与死亡结果发生之间存在相当因果关系是通常的事。雇佣杀人的（"去给我杀人"），被雇佣的人实行杀人行为的事实的/统计的盖然性，一般来讲不能说很高。但是，那种死亡结果在法理上应该归属于该教唆行为是根据《刑法》第61条所承认的，在这里所理解的结论如下所示。即，相当性判断的实体不是单纯统计性的概率或者对事实性盖然性的判断，结果是否能够归属于行为、以行为引起结果发生为理由，给予加重的刑法性评价的可能性等的关系是否存在于行为与结果之间，已经是成熟的规范性判断（本书第四章第四节二）。

尤其是关于明确帮助犯中的因果关系[1]的内容，帮助犯的构成要件预定什么样态的因果关系，必须是讨论的出发点。帮助犯的构成要件，是禁止帮助正犯行为使得该实行犯罪变得容易的要件。因此，由于是使得实行犯罪的行为变得容易的行为（认为一般地/类型地使得实行行为容易的行为），所以，在具体事情下只要发生让其容易地实行以及结果惹起的效果就足够了。关于既遂罪的帮助犯，只要正犯的基本的构成要件充足，能够承认帮助行为，使得既遂的达成更为容易的话，就可以认为存在看作帮助犯的构成要件的事实[2]。反过来讲，如果能够评价没有帮助行为达成既遂相当困难的话，帮助行为的

---

[1] 关于学说的状况，参照照沼亮介《帮助犯的构造与因果性》载于《法学政治学论究》48号，2001年，第390页以下（照沼亮介「幇助犯の構造と因果性」、法学政治学論究48号、2001年、390頁以下）。

[2] 认为正犯结果发生的早或者强化的话就够了的学说，虽然并不明确，但是可以认为是相同的宗旨。譬如说，参照曾根《总论》，第292页等。而且，虽然说在"危险增加"的时候存在因果关系，但是我也认为这具有相同的宗旨。譬如说也可参照：浅田和茂《帮助的因果关系》载于中山研一等《修订刑法1共犯论》，1997年，第114页（浅田和茂「幇助の因果関係」中山研一『レヴィジオン刑法1共犯論』、1997年、114頁）；照沼亮介《帮助犯的构造与因果性》载于《法学政治学论究》48号，2001年，第400页以下（照沼亮介「幇助犯の構造と因果性」、法学政治学論究48号、2001年、400頁以下）；山中《总论Ⅱ》，第854页以下等。

因果寄予就能够认为"对构成要件是重要的"[1]。更加单纯地陈述的话,通常的单独犯的情形下成为问题的"结果",虽然是进一步该当构成要件的结果本身,但是帮助犯情形下的"结果"是使得既遂容易达成的效果。帮助犯协助正犯,使得既遂容易达成,从而同时惹起正犯的结果。譬如说,在实行行为的时点上放哨的行为,从事后来看,即便没有任何人经过案发地,犯罪行为完全不可能被发现;或者实行者忘记了有人放哨集中实行犯罪的,在行为的时点减少发现可能性、减轻正犯者的负担的这一点上,客观地产生了使得既遂容易达成的效果[2]。帮助犯也正因如此才被追究既遂结果的罪责。

在物理性帮助的案件中,借给杀人犯手枪的行为,正犯者使用该手枪射杀被害者的情形,毫无疑问使既遂达成变得容易。即便对正犯者而言该手段不重要,没有手枪使用其他的手段的可能性也很高,对因果关系的判断而言并不重要,或者在即便正犯者没有使用携带的手枪而是使用刀刺杀了被害者的案件中,在手枪使用可能的情形下能够实行实行行为的,也减少了失败的可能性,比没有手枪的事态下更加容易达成既遂,在这种意义上,帮助行为与最终结果之间,就可以肯定构成要件预定的因果关系(条件关系以及相当因果关系)。

帮助者在预备、实行着手阶段实行帮助行为的情形下,只要正犯者的实行变得更加容易,就可以肯定与既遂达成之间的因果关系(因为做出了实行,所以就能达成既遂)。对将正犯用汽车运到犯罪现场的帮助者,在该现场实行的杀人行为与结果,可以作为帮助犯的罪责。即便正犯者没有汽车,乘坐电车也可以(提前)到达现场,这不影响对因果关系的判断。同样,虽然帮助者给了盗窃的正犯者钥匙,但是偶然被害者家的门没有上锁,所以没有使用该钥匙就进入住所能够盗窃的,在入侵的时点上具有帮助正犯者的效果(事后来看没有起作用并不重要),在那个限度内,可以说是使得既遂容易达成[3]。但

---

[1] 那也并不意味着将本来的因果关系的要求变成为"政策性的缓和",将条件关系公式变成为"修正"(可能那样的思考是山口《总论》,第262页以下)。如果不是的话,帮助犯的构成要件,是不是要求某种事实与某种事实之间的因果关系,在这里是决定性地重要的。

[2] 这可以认为,与正犯者以没有注意的形式秘密地望风的片面的帮助犯的事例也是相同的。

[3] 对此,在德国,持续要求帮助犯的因果的寄予达到既遂为止,这种见解很强烈。代表性的是:Claux Roxin, Was ist Beihilife?, in:Festschrift für Koichi Miyazawa, 1995, S.503f. 在日本,也有很多的论者追随。

是，正犯者将从帮助犯手中借来的凶器忘在自己家从而没有使用的情形，在与所实行的杀人罪之间的关系上不得不说是帮助的未遂[1]。

与此相反，从心理的帮助案件来看，为了能够说使正犯行为的遂行更容易，我想相当清楚的心理援助行为是必要的。尤其是预备阶段的心理帮助就是那种情形。譬如说，为具体的犯罪的遂行提供不可欠缺的情报或者约好帮助实行窃取的人处理赃物、对提出打算实行杀人的人帮助逃走或者隐匿等行为是必要的。心理强化的关系只要不能够被证明，就不得作为帮助犯的未遂处罚。

---

[1] 东京高判平2.2.21判夕733号，第232页的事案中的"地下室立望风的行为"，在相同的意义上，可以说是没有起到实行行为以及达成既遂作用的行为。

第二十六章 共犯与身份

第一节 问题所在

一、犯罪主体的限定及其根据

原则上谁都可以实行犯罪，没有特别的限定犯罪主体。但是，在犯罪中也有一些犯罪主体被限定，行为者具有一定的地位、一定的身份属性或者资格才能够作为构成要件的内容。这种情形称为身份犯（参照《刑法》第65条）。譬如说，秘密泄露罪（《刑法》第134条）是将医生、护士等限定为犯罪主体的身份犯。没有特定身份的人（以下，对没有身份的称为"非身份者"，有身份的称为"身份者"），对业务上的处理泄露得知个人秘密的行为，不能成为同罪处罚的对象[1]。

虽然对这样的犯罪主体的限定可以认为具有各种各样的理由，但是作为特别重要的根据，好像只是将一定范围的人限定为直接侵害其法益的主体。譬如说，受贿罪（《刑法》第197条以下）的处罚规定所要保护的，被解释为是公务员的职务的公正，及其对此的社会信赖（信赖保护说），但可以直接侵害这种法益的只能是公务员。那是独立地保护法益可以对身份者特别的义务观念化的情形，虽然后述的多数真正身份犯也属于那种类型，但是关于不真正身份犯可以说也存在对身份者的刑的加重/减轻，是将独立的保护法益可以观念化的情形[2]。在这种情形下，非身份者介入身份者的行为也可以间接地

---

[1] 但是，即便是关于护士，根据《保健师助产师护师法》2001年（平成13年）的修正，也必须保守秘密（第42条第2款），而且应该注意，泄露秘密的行为与《刑法》第134条一样加重处罚。

[2] 譬如说，特别是《公务员暴行虐待罪》（第195条）解释成为不真正身份犯，但是对公务员的加重刑的根据，应该从所谓的公务员职务的妥当执行的独立法益的保护中获得。

侵害法益，在这种限度内，身份的效果可能是连带的［那可以称为连带可能（没有一身份）的违法身份］。与此相反，无论身份的有无，即便法益侵害本身是可能的，具有一定身份的人应该承担更为重大的法益保护义务（对身份者的法益侵害给予更重的违法评价）。譬如说，虽然刑法区别单纯的遗弃罪的情形，对有保护责任者，通过同一的遗弃行为，规定更重的刑罚（《刑法》第218条），但是在那种情形下的相同危险行为的关系中，更加强力地禁止身份者的行为，反过来讲，可以说法益保护是被更加强力地命令的。对身份者可以科处一身的特别的义务［那被称为一身性（效果上没有连带）的违法身份］。以上那样的两种类型的身份区别，可以说具有对《刑法》第65条解释的直接意义（本章第二节四）。

二、身份犯的共犯——《刑法》第65条

如看到的那样，《刑法》第65条规定了关于"身份犯的共犯"。非身份犯（譬如说医生的配偶）教唆相当于身份者的医生泄露患者秘密的情形，医生作为泄露秘密罪的正犯被处罚，但是非身份者的行为是否能作为教唆犯（《刑法》第61条第1款）则成为问题。即便本人泄露秘密不被处罚，让他人实行的反而被处罚，可以说有些奇怪。但是，根据判例/通说，《刑法》第65条第1款是适用于这种情形的规定。于是，"即便没有身份的也可成为共犯"，这种情形下的非身份者也可能作为教唆犯处罚[1]。

从《刑法》第65条来看，规定了"根据犯人的身份应该加重构成的犯罪行为的"（第1款）、"根据身份存在特别减轻的"（第2款）的两个情形。的确，身份犯中如泄露秘密罪那样，除了非身份者亲手单独实行什么罪也不构成之外，不过只是根据身份的有无加重处罚或者减轻处罚而已。前者是真正的身份犯（构成的身份犯），后者是不真正的身份犯（加减的身份犯）。作为真正身份犯的例子，泄露秘密罪之外还有伪证罪、受贿罪、单纯占有罪、渎职罪等，作为不真正身份犯的例子，除了保护责任者遗弃罪、业务上的占有罪之外，还有"怀孕中的女子"减轻刑罚的自己堕胎罪（《刑法》第212

---

[1] 但是，那不是自明的结论，关于像秘密泄露罪那样的身份，也有认为不是适用第65条第1款，非身份者作为共犯不处罚的见解。大越义久《关于身份犯》载于《平野龙一先生古稀祝贺论文集上卷》，1990年，第406页以下（大越義久「身分犯について」『平野龍一先生古稀祝賀論文集上卷』、1990年、406頁以下）。

条)。根据判例/通说，《刑法》第 65 条第 1 款与第 2 款对应这两种身份犯，是应该分别适用的。于是，以作为不真正身份犯的保护责任者遗弃罪为例，X 照顾生病卧床的丈夫 A，某时 Y 教唆 X 让她遗弃 A 的案件，X 成立保护责任者遗弃罪（《刑法》第 218 条），对教唆的 Y 根据《刑法》第 65 条第 2 款的适用，不是构成保护责任者遗弃罪，而是被处以单纯遗弃罪（《刑法》第 217 条）。

三、《刑法》第 65 条第 1 款与第 2 款及其相互之间的"矛盾"

《刑法》第 65 条被认为存在第 1 款与第 2 款之间相互矛盾的内容。之所以这样说，是因为在第 1 款中规定了对非身份者的处理，与此相反，也规定了关于非身份者不能与身份者作出相同的处理。换言之，第 1 款中规定身份与共犯者之间连带的/从属的作用，相反，第 2 款中身份是个别地起作用。围绕共犯与身份的根本问题，在于怎样解释具有第 1 款与第 2 款相互矛盾内容的《刑法》第 65 条[1]。

以这个问题为核心，围绕《刑法》第 65 条的适用范围，存在几种个别性解释上的论点。首先，①是如何理解本条所规定的"身份"。通过是宽泛地捕捉它还是限定性地解释它，来决定《刑法》第 65 条的适用范围的宽窄。其次，②围绕同条"共犯"的意义，也存在不同见解之间的对立，从而展开了关于共同正犯是否也适用《刑法》第 65 条的讨论。再次，③与《刑法》第 65 条从文言正面规定的情形相反，即身份者参与了非身份者的犯罪的处理，也成为问题。

围绕以上那样的《刑法》第 65 条的适用范围的个别性问题的解决，取决于同条第 1 款与第 2 款的关系如何捕捉的根本性问题。因为，支撑《刑法》第 65 条的基本思想只要解释成为正当化的那个思想，就不能限制在同条文理上规定的范围内，而理应是扩张地/类推地广泛适用。与此相反，关于身份犯

---

[1] 关于对该问题的日本与德国的学说状况，参照十河太朗《身份犯与共犯从属性》载于《爱媛法学会杂志》25 卷 1 号，1998 年，第 117 页以下；2 号，1998 年，第 53 页以下（十河太朗「身分犯と共同従属性」、愛媛法学会雑誌 25 巻 1 号、1998 年、117 頁以下）；十河太朗《共犯与身份的一考察》载于《爱媛法学会杂志》27 卷 2 号，2000 年，第 47 页以下、28 卷 1 号，2001 年，第 37 页以下（十河太朗「共犯と身分の一考察」、愛媛法学会雑誌 27 巻 2 号、2000 年、47 頁以下；28 巻 1 号、2000 年、37 頁以下）。

的共犯，认为起着与通常的犯罪不同的特别原理的作用，对刑法第65条作为例外的规定加以把握的话，同条的适用范围自然就被解释为限定的（根据字句来读还是应该进一步缩小解释）。以下，首先讨论《刑法》第65条的第1款与第2款的关系，然后，想探讨围绕同条的适用范围的个别的论点（本章第三节）。

第二节　《刑法》第65条第1款与第2款之间的关系

一、第一种学说

《刑法》第65条第1款规定身份具有连带的/从属的作用，它可以被理解为是共犯从属性说思想的表现。第一种学说是从共犯从属性的立场，给予该第1款核心意义，为"重"读，比照第2款不过是调整刑的轻重的规定，为"轻"读，试图消解矛盾[1]。根据该见解，第1款不仅适用于真正身份犯的规定，而且也适用于不真正身份犯的规定（因为不真正身份犯只能是"根据犯人的身份构成"的），通过身份犯的整体，是宣布或者确认非身份者也能成立身份者的犯罪的大原则的核心性规定。通过这样的规定，譬如说，即便是非身份者，当教唆/帮助身份者的，也可以从属身份者承担身份犯的共犯的罪责。与此相反，关于第2款不真正身份犯，不过是为了调整刑罚的规定。非身份者参与身份者犯罪的，因为非身份者没有提高伴随身份的义务违法的刑罚的要素，所以应该比照身份者减轻刑罚。于是，根据第1款的适用，虽然重身份犯的犯罪成立，但是根据第2款，应该比照科刑上本来的较轻刑罚处断（真正身份犯的情形中，在量刑上应该比照参与者的非身份者减轻处罚）。总的来讲，虽然关于非身份者的犯罪也从属"成立"，但是因为没有身份作为量刑问题，应该决定减轻处罚。在上述的遗弃案件中，尽管Y成立保护责任者的遗弃罪的教唆犯，但不是《刑法》第218条的"3个月以上5年以下的徒刑"，而是单纯遗弃罪（《刑法》第217条）的"1年以下有期徒刑"。

第一种学说，从共犯从属性的立场来看，以第1款为中心企图消解矛盾，对非身份者不当的加重处罚的危险，通过酌量科刑或者量刑的情形加以回避。

---

[1] 譬如说：大塚《总论》，第312页以下；团藤《总论》，第418页以下；福田《总论》，第288页以下。

因为《刑法》第65条第1款有"成为共犯"的规定,第2款有"科处通常的刑罚"的规定,该解释与通条的文理是一致的。那是一种成熟的见解(如后述的那样,判例也部分地采用了这种见解),同样量刑的解决方法在有类似规定的德国,也得到有力的支持。但是,与该见解不同,关于不真正身份犯,为什么"成立"重于身份犯的犯罪,而关于刑罚处罚,却要适用于轻的通常的犯罪法定刑,存在理论上不能说明的批判。即,在前述的例子中,能够成立保护责任者遗弃罪的教唆犯,但是刑罚却以单纯遗弃罪的教唆犯处罚,总的来讲,为什么可以承认"犯罪成立"问题与"科刑"问题的分离,对此不能有合理的说明[1]。

二、第二种学说

现在的通说主张《刑法》第65条第1款只是适用于真正身份犯的规定,同条第2款完全是适用于不真正身份犯的规定。而且,与如第1说所主张的那样承认犯罪的成立与科刑的分离相反,第1款与第2款同时都是关于犯罪成立的规定[2]。该立场,对应两个身份犯的不同,分别适用第1款与第2款,只要将这种区别形式地割裂考虑,就可能几乎明快地适用立法。在前述的遗弃案中,正犯X成立保护责任者的遗弃罪,非身份者的Y通过适用《刑

---

[1] 关于对第一说的批判,参照十河太朗《共犯与身份的一考察(1)》载于《爱媛法学会杂志》27卷2号,2000年,第54页以下(十河太朗「共犯と身分の一考察(1)」、愛媛法学会雑誌27卷2号、2000年、54頁以下)。从这里开始,十河太朗《共犯与身份的一考察(2.完)》载于《爱媛法学会杂志》28卷1号,2000年,第49页以下(十河太朗「共犯と身分の一考察(2.完)」、愛媛法学会雑誌28卷1号、2000年、49頁以下),与第一说相同,认为第65条第1款是不仅适用真正身份犯而且也适用不真正身份犯的规定,通过身份犯的整体规定妥当的共犯从属性的原则,将其思想彻底话,不承认不真正身份犯,适用第2款,因此不应该实行刑罚的减轻。就此,回避了第一说的弱点的"罪名与科刑的分离"。十河说虽然从修正惹起说的立场是首尾一贯的,但是我不能赞成那个前提。作为具体的解决,业务上的占有者,与虽然是占有者但不是业务上的占有者实行共同的非法占有的时候,即便是非业务上的占有者也可成立业务上的占有罪,从而加重科处的,只要不是在对业务上的保护作为同罪独立的保护目的来解释的范围内,应该可以说是不妥当的。

[2] 譬如说,内田《概要中卷》,第540页以下;大谷《总论》,第477页以下;川端《总论》,第578页以下;曾根《总论》,第298页以下;筑间正泰《关于身份犯的共犯》载于《齐藤城二博士古稀纪念・刑事法学的现实与展开》,2003年,第385页以下(築間正泰「身分犯の共犯について」『斎藤誠二博士古稀記念・刑事法学の現在と展開』、2003年、385頁以下);中《总论》,第259页以下;前田《总论》,第443页以下等。

法》第 65 条第 2 款，可以成立单纯遗弃罪的教唆犯。判例基本上以第二种学说为立足点，譬如说，渎职罪、单纯占有罪、伪造公文制作罪、伪证罪、受贿罪等适用第 1 款，业务上的堕胎罪、常习赌博罪等适用第 2 款。但是，他人财物的业务上的占有者和既不是业务者也不是占有者的共同实行占有罪的情形，历来都采用了以下解释，非占有者也可以适用第 1 款，成为业务上占有的共犯，通过在此之上的两项的适用，作为"通常的刑"的单纯占有罪处罚（参照日本最高法院的判例，特别是最判昭 32.11.19 刑集 11 卷 12 号 3073 页）。作为犯罪的成立是业务上的占有罪的共犯，但是，作为处刑，因为科处为单纯的占有罪，在这种限度内可以说采用了第一种学说[1]。

第二种学说的问题点在于，第 1 款关于真正身份犯承认身份的连带性作用，第 2 款关于不真正的身份犯是个别地起作用，《刑法》第 65 条的处理实质性根据没有明确之处。尤其是，相同种类的身份，关于某种犯罪是第 1 款所规定的身份，别的犯罪是第 2 款所规定的身份的情况并不罕见，这就会产生为什么可以被不同处理的疑问[2]。譬如说，相同的"公务员"成为主体的犯罪，受贿罪（《刑法》第 197 条以下）是真正的身份犯，而滥用职权罪（譬如说《刑法》第 194 条）就是不真正身份犯。而且，以"营利为目的"实行的拐骗罪（《刑法》第 225 条）是真正身份犯，但只要是以未成年人作为客体，因为存在未成年人拐骗罪（《刑法》第 224 条），就成为不真正身份犯。进一步而言，保护责任者遗弃罪（《刑法》第 218 条），尽管在单纯遗弃罪（《刑法》第 217 条）的情形下，在被处罚的"遗弃"行为之间的关系上是不真正身份犯，但是在"没有必要保护生存"的不保护的关系中却是真正身份犯[3]。这样的同一身份，在一种犯罪下起构成的作用，而在另一种犯罪中却

---

[1] 的确，业务上的占有者的占有，涉及即便是业务者但不是占有者的案件，适用《刑法》第 65 条第 1 款与第 2 款两款是妥当的。假如业务上的占有者 X 的占有行为，在涉及虽然是共同的占有者但不是业务者的 Y 与即便是业务者但不是占有者的 Z 的案件中（关于那样的事例在现实中是否存在，另当别论），Y 通过适用第 65 条第 2 款成为单纯的占有罪的共犯，Z 通过适用第 2 款成为业务上占有罪的共犯，加重处罚的话，显然就失去了平衡。关于 Z 具有，首先在通过适用第 1 款成为业务上的占有罪的共犯之上，然后通过第 2 款单独处以单纯占有罪的理由。

[2] 关于这一点，参照松宫孝明《共犯与身份》载于中山研一等《修订刑法 1 共犯论》，1997 年，第 117 页（松宫孝明「共犯と身分」中山研一『レヴィジオン刑法 1 共犯論』、1997 年、117 頁）。

[3] 而且，在杀人罪的不真正不作为犯的情形下成为问题的"保证者"的"身份"（本书第三章第二节），虽然与保护责任者自身是相同性质的，但是在如果没有该身份就不能构成犯罪的意义上，起着构成性的作用。

起加减的作用，如果分别通过第 1 款与第 2 款的适用承认个别地处理的话，就有必要明确那样的区别的实质的根据[1]。

三、第三种学说

第三种学说以《刑法》第 65 条第 1 款与第 2 款中不同的处理为根据，与"违法评价的连带性/责任评价的个别性"原则相结合，加以说明[2]。根据通说的限制从属性说，作为原则，对参与者起连带作用的是违法评价，责任是个别地被判断的。X 协助 Y 的合法行为，X 协助的行为也是合法的（譬如说，帮助对抗抢劫犯人实行正当防卫的行为，依然是合法性的行为），相反，协助 Y 的违法行为的情形，协助者 X 的行为也是违法的。与此相反，因为是否有责任取决于个人是否存在正常精神状态/心理状态的问题，所以应该是对每个人个别地加以判断的问题。于是，第三种学说认为，第 1 款所规定的身份是影响行为违法性的"违法身份"，第 2 款的身份是影响责任的"责任身份"，正因如此，前者起连带的作用，后者起个别的作用。X 协助 Y 犯罪的，如果 Y 的身份是影响行为违法性要素的话，根据身份的存在所肯定的 Y 的行为的违法性也可以成为 X 行为的违法性，相反，Y 所具有的身份是影响责任要素的话，那不过是只有 Y 才具有意义的要素。《刑法》第 65 条是决定这种宗旨的规定，与第 1 说不同，第 1 款与第 2 款也是关于共犯成立的规定。前述的遗弃案件中，《刑法》第 218 条的保护者责任的身份，根据第三种学说不过是加重责任的要素，第 2 款的责任是身份，因此，虽然针对正犯 X 能够成立保护者遗弃罪，但是 X 的身份对 Y 没有任何的影响，而 Y 只能成立单纯遗弃罪的教唆犯。

如此，参照共犯处罚的根据，适用只有关于应该承认从属性的处罚的第 1 款，应该适用只有对个别地处理的第 2 款，我想这种思想完全是正确的。当然，继而就会预想到出现违法身份与责任身份的区别，并不一定对应真正身

---

[1] 关于对第二种学说的批判，参照十河太朗《共犯与身份的一考察（1）》载于《爱媛法学会杂志》27 卷 2 号，2000 年，第 49 页以下（十河太朗「共犯と身分の一考察（1）」、愛媛法学会雑誌 27 卷 2 号、2000 年、49 頁以下）。

[2] 内藤《总论Ⅱ》，第 403 页以下；西田典之《新版·共犯与身份》，2003 年（西田典之『新版·共犯と身分』、2003 年）；林《总论》，第 436 页以下；平野《总论Ⅱ》，第 366 页以下；堀内《总论》，第 278 页以下；山口《总论》，第 278 页以下。

395 份犯与不真正身份犯的区别[1]的疑义[2]。与此相反，第 1 款与第 2 款不是对应构成身份与加减身份的规定，而是对应违法身份与责任身份的规定，贯穿这种理解是可能的[3]。即便是不真正身份犯，只要是关于违法身份（加减的违法身份）也适用第 1 款，即便是真正身份犯，只要是关于责任身份（构成的责任身份）也适用第 2 款。如此思考，虽然脱离了《刑法》第 65 条的文理，但是理论上是能成立的。

但是，第三种学说，如果将《刑法》第 65 条第 1 款与第 2 款的区别完全等值违法身份与责任身份的区别的话，就会产生问题。违法身份与责任身份的区别在形式上相符合的话，保护责任者遗弃罪中的"保护责任者"、业务上的占有的"业务者"的身份，根据结果无价值论就成为责任身份，从而适用第 2 款。从行为无价值论的立场来看，那是违法身份，应该适用第 1 款[4]。但是，在这里适用第 1 款脱离了文言，不仅违背了大致的意思，实质上也不妥当。如此，根据行为无价值论，即便是违法身份，也符合应该起个别作用的第 2 款的身份。同样，从结果无价值论的立场来看，正因为有范围广狭的差异，才必须承认作用于一身的违法身份（因此，适用第 2 款的违法身份）[5]。如果这样考虑的话，其结果围绕第 65 条第 1 款与第 2 款的关系的问题就不得不归结为"违法性的相对性"在什么限度内、而且以什么理由承认的问题[6]。

---

[1] 而且，如前所述，相同的身份，有时是构成性的，有时是加减性的，并不能说明是违法身份还是责任身份。

[2] 譬如说，十河太朗《共犯与身份的一考察（1）》载于《爱媛法学会杂志》27 卷 2 号，2000 年，第 57 页以下（十河太朗「共犯と身分の一考察（1）」、愛媛法学会雑誌 27 卷 2 号、2000 年、57 頁以下）。

[3] 特别参照西田典之《新版·共犯与身份》，2003 年（西田典之『新版·共犯と身分』、2003 年）。

[4] 从行为无价值的立场看，责任身份只有极其例外的才能被承认。惯常性的会面强请罪（《关于暴力行为的法律》第 2 条第 2 款）中的惯常性也可解释成为违法身份。关于这一点，参照小林充《关于共犯与身份的一考察》载于《刑事法的理论与实践——佐佐木史朗先生喜寿祝贺》，2002 年，第 217 页以下（小林充「共犯と身分に関する一考察」『刑事法の理論と実践—佐々木史朗先生喜寿祝贺』、2002 年、217 頁以下）。

[5] 参照平野《总论Ⅱ》，第 366 页以下。

[6] 关于这一点，参照高桥则夫《共犯与身份》载于阿部纯二等编《刑法基础讲座》（第 4 卷），1992 年，第 173 页以下（高橋則夫「共犯と身分」阿部純二ほか編『刑法基礎講座第 4 卷』、1992 年、173 頁以下）。

四、探讨

根据《刑法》第65条第1款的规定,关于非身份者、身份者的犯罪,作为共犯处罚。即便不能作为正犯处罚的,也可以作为共犯处罚。实际上,以这样的形态,经常会发生正犯要件与共犯要件的错位。譬如说,为了成立通货伪造罪的正犯,行为者有必要具有"行使的目的"。但是,那并不能成为(当然的事实)共犯的要件。X教唆Y伪造货币时,Y虽然必须有使用的目的,但是X自己没有必须有使用目的,只要承认Y具有使用的目的,就能够承认X成立教唆犯。参照共犯处罚根据,如果X教唆Y实行具有使用目的的伪造货币的行为,惹起作为正犯的违法事态的同时,作为共犯的X也实现了违法事态,处罚根据就足够了[1]。关于正犯者Y所要求的"使用目的"的要件,不能成为要求共犯者也具有完全相同要件的理由[2]。

完全一样,即便是非身份者教唆作为身份者的医生泄露患者秘密的,泄露秘密罪保护的法益不只是"个人的秘密",也包含了对医生等的专业性的信赖的确保,非身份者通过医生的介入侵害了那些法益,全部实现同罪的不法也是可能的。通过非身份者泄露秘密行为本身,即便不是可罚的违法行为,非身份者让其身份者实行泄露秘密的行为时,作为教唆也可以说惹起了刑法上违法的事态。同样,在不真正不作为犯的情形下,非保证者教唆保证者的不作为的案件,也是一样的。即便教唆者自身通过不作为的法益侵害没能成为刑法规范的对象,通过教唆行为间接地实现法益侵害时,教唆者也可以惹起违法事态。因此,在惹起正犯不法、实现作为另一个要件之上[3],就可能承认教唆犯的成立[4]。《刑法》第65条第1款可以解释为是明确这些要件的

---

[1] 为了共犯处罚成为可能,对共犯者来讲,违法事态(共犯不法)的发生是必须的,但是,在此之上,成为正犯者发生违法事态(正犯不法)也不可欠缺,肯定两者是必要的。这样的思想成为混合惹起说。参照本书第二十一章第一节。

[2] 小林充《关于共犯与身份的一考察》载于《刑事法的理论与实践——佐佐木史朗先生喜寿祝贺》,2002年,第220页以下(小林充「共犯と身分に関する一考察」『刑事法の理論と実践一佐々木史朗先生喜寿祝贺』、2002年、220頁以下),在以营利为目的诱拐未成年者的情形下,虽然与没有营利为目的的共犯者只能认为构成未成年诱拐罪,但是,参照共犯处罚的根据,我想是不妥当的。

[3] 从混合惹起说的立场来看,为了承认共犯的成立,即便作为正犯也必须惹起/实现违法的事态。

[4] 另外,不真正不作为犯的保证者的地位仍然是违法要素,《刑法》第218条的保护责任者是责任要素,这样的论证是不可能的。

规定。因此，那不是创设处罚的规定，即便它不是，也达成了确认性地表示承认它的规定〔1〕。

如果是这样的话，《刑法》第65条第1款基本的思考方法是，假设是不真正身份犯或者加减身份犯，对以存在身份为理由的刑的加重，只要在能够将独立的保护法益观念化的范围内，就应该完全同样地适用（本章第一节一）〔2〕。滥用职权罪（《刑法》第193条）一部分是真正身份犯，一部分是不真正身份犯，因为任何一个都侵害了通过公务员执行的正当性，所以都应该适用《刑法》第65条第1款〔3〕。而且，拐骗罪中的"营利目的"，因为是关于法益侵害的要素，所以是违法身份，以未成年人为客体的情形就不能适用第1款〔4〕。同样，虽然抢劫犯人作为主体的抢劫杀人罪是身份犯〔5〕，

---

〔1〕 对此，松宫孝明《共犯与身份》载于中山研一等《修订刑法1——共犯论》，1997年，第121页以下（松宫孝明「共犯と身分」中山研一『レヴィジオン刑法1共犯論』、1997年、121頁以下），第65条第1款不是确认自明的道理，而是根据"用处罚通过非身份者的身份者的义务违反的诱发/促进，企图进一步获得法益保护的充实"的特殊政策的理由的规定。但是，在那样理解的时候，同款的适用范围变就得不再明确，而且，我认为那种"特殊政策的理由"也不能说明为什么对第2款的身份犯不妥当。实际上，如后述的那样，关于盗窃杀人罪适用第2款的话，那才是不妥当的。

〔2〕 对此，关于责任身份应该解释为不适用第1款。相反，有神山敏雄《关于职权滥用罪的一考察》载于《井户田侃先生古稀祝贺论文集·转换期的刑事法学》，1999年，第818页（神山敏雄「職権濫用罪の法益についての一考察」『井戸田侃先生古稀祝賀論文集・転換期の刑事法学』、1999年、818頁以下）。

〔3〕 参照西田典之《新版·共犯与身份》，2003年，第282页（西田典之『新版·共犯と身分』、2003年、282頁）。神山敏雄《关于职权滥用罪的一考察》载于《井户田侃先生古稀祝贺论文集·转换期的刑事法学》，1999年，第803页以下（神山敏雄「職権濫用罪の法益についての一考察」『井戸田侃先生古稀祝賀論文集・転換期の刑事法学』、1999年、803頁以下）认为，公务员职权滥用罪（第193页），是以公务员作为责任身份的真正身份犯应该适用第1款，另一方面，特别公务员职权滥用罪（第194条）、特别公务员暴行虐待罪（第195条）的刑罚比一般的逮捕监禁罪更重，完全是因为责任重大，因此也应该适用第2款。对此，小林充《关于共犯与身份的一考察》载于《刑事法的理论与实践——佐佐木史朗先生喜寿祝贺》，2002年，第219页以下（小林充「共犯と身分に関する一考察」『刑事法の理論と実践―佐々木史朗先生喜寿祝賀』、2002年、219頁以下）主张，职权滥用罪中的公务员具有违法身份与责任身份双重的性质，但是只要在加重身份犯的范围内，非身份者通过第2款应该科处通常的刑罚。但是，非公务员教唆公务员实行特别公务员暴力虐待罪的（第195条），作为单独的暴力罪等的教唆是不妥当的。

〔4〕 参照西田典之《新版·共犯与身份》，2003年，第297页（西田典之『新版·共犯と身分』、2003年、297頁）。

〔5〕 大塚仁《刑法概说（分则）》（第3版），1996年，第227页（大塚仁『刑法概説（各論）[第3版]』、1996年、227頁以下）。

而且是不真正身份犯（单纯的杀人也成立犯罪），X教唆Y抢劫杀人的，X自身既然介入Y能够完全侵害抢劫杀人罪的保护法益，那么就适用《刑法》第65条第1款，必须作为抢劫杀人罪的教唆犯加以处罚。

与此相反，对以有身份为理由的刑的加重，不能独立的保护法益观念化的情形（因此，通过法益的间接性样态的侵害不能成为问题的情形），相当于非身份犯的共犯者，只能成立通常的犯罪。譬如说，没有保护责任的非身份者教唆保护责任者遗弃被害者的，保护责任者的身份自身，虽然是违法要素（本书第一章第四节），在共犯者的关系中，对法益的危险的实质，因为不改变单纯遗弃罪的情形，所以可以成立单纯遗弃罪的教唆犯[1]。对此，类似的要件、不真正不作为犯中的保护者地位，因为是关于法益侵害的要素（即，以身份为开端可能成为刑法上的违法的法益侵害），所以是《刑法》第65条第1款的身份（本书第二十九章第二节一）。同样，只要是关于《刑法》第218条规定的不保护，保护责任者的身份就是连带违法身份。

就这样，适用第2款的情形是指可罚的评价成为相对化的情形，可以说其中包括①身份由于被认为是医生的违法要素，从而使得违法评价相对化的情形；②该身份被解释为专属责任要素的情形。违法的相对性是指，虽然该当法益受到正犯者的侵害，但是没有受到共犯者的侵害。如此说来，也存在基于法益性质的相对化[2]。但是，如以上所述的保护责任者遗弃罪的案件那样，可以承认通过人的或者主观的要素，在正犯和共犯之间违法性也相对化了。尤其是在承认这样的违法的相对化的情形下，承认身份的个别性作用的规定，的确是《刑法》第65条第2款。因此，适用《刑法》第65条第2款的身份犯，可以说是科处只有身份犯一身的特殊义务的犯罪[3]。

这里看一下业务上的占有者与既不是业务者也不是业务上的占有者共同

---

[1] 在这种情形下，正犯者成立保护责任者遗弃罪，但是教唆者在构成要件重合的范围内承认成为单纯的遗弃罪的教唆犯，所以，并不违反罪名从属性的原则。关于这一点，参照大谷《总论》，第481页。

[2] 譬如说，在X拜托Y杀害X自身的案件中（参照《刑法》第202条），虽然X的生命的法益受到来自Y的伤害的保护，但是并不受来自X自身伤害的保护。因此，虽然Y的行为是违法的行为，但是X的行为可以说并不能成为可罚的违法行为。

[3] 对此，十河太朗《共犯与身份的一考察（1）》载于《爱媛法学会杂志》27卷2号，2000年，第74页以下（十河太朗「共犯と身分の一考察（1）」、愛媛法学会雑誌27巻2号、2000年、74頁以下），是对"特别义务违反说"的批判。

实行占有罪的情形,"侵害所有者的委托信任关系,不法地获得财物"的法益侵害部分,虽然非占有者也可以共同实行（关于这一点可以适用第 1 款）,但是对以业务者为理由的义务违反部分,就不能将独立的法益观念化,对身份者就必须考虑个别的作用（关于这一点可以适用第 2 款）。因此,在适用第 1 款以及第 2 款之上,关于非身份者应该解释成为成立单纯的占有罪的共同正犯[1]。

第三节 《刑法》第 65 条的适用范围

一、"身份"的意义与界限

判例以及学说,对《刑法》第 65 条规定的"身份"概念（超过了日常广泛的意义）作了广泛地理解。根据判例,身份"不仅是男女性别、国人、外国人的不同、亲族的关系、公务员资格那样的关系,还指关于所有一定的犯罪行为的犯罪人的人的关系的特殊地位或者状态"（最判昭 27.9.19 刑集 6 卷 8 号 1083 页）,也包含具有作为犯罪主观要素的"目的"（譬如说"营利目的"）身份在内[2]。

那样的判例解释是妥当的。如果《刑法》第 65 条表示一个合理解决的话,没有必要采取"身份"语言的日常的语义,而是通过本质上同一的根据,在一身的事情影响共犯成立与否的所有的情形下可以援用的概念[3]。譬如说,如前述的那样,X 实行了具有一定目的的行为,其他的参与者 Y（自身没有那种目的）知情的,如果那个目的是影响了法益的要素,应该承认 Y 也

---

[1] 判例,如前所述,基本上是前述的第二种学说的立场,但是在这里,对非占有者,根据第 65 条第 1 款构成业务上的占有罪的共同正犯,根据第 2 款科处单纯占有罪的刑法,从而采用的是第一说的解决方案。

[2] 参照关于毒品输入罪（当时的《毒品取缔法》第 64 条第 2 款）中的"营利目的"的最判昭 42.3.7. 刑集 21 卷 2 号,第 417 页、关于大麻输入罪（《大麻取缔法》第 24 条第 2 款）中的"营利目的"的东京高判平 10.3.25. 判时 1672 号 157 页。

[3] 另外,即便是所谓的"消极的身份犯",小林充《关于共犯与身份的一考察》载于《刑事法的理论与实践——佐佐木史朗先生喜寿祝贺》,2002 年,第 227 页以下（小林充「共犯と身分に関する一考察」『刑事法の理論と実践-佐々木史朗先生喜寿祝賀』、2002 年、227 頁以下）的解释,我想也是正确的。即,处罚无驾驶证驾驶的交通法的处罚规定中,无驾驶证者也是身份犯,可解释为具有驾驶执照者欠缺身份。

成立 X 犯罪的共犯，该条文上的根据可能在于《刑法》第 65 条第 1 款[1]。X 诱拐 A 女（成人），Y 打算帮助 X。X 将 A 女当作舞蹈演员并以获取大部分利益为目的（该目的可以说是以行为的特别的法益侵害性为基础的违法要素），Y 尽管知道 X 具有那样的目的，但是自己却没有获得金钱的目的。虽然对 Y 承认以营利为目的的诱拐罪（《刑法》第 225 条）的帮助犯的成立是妥当的，但是对自己没有该目的的共犯者成立同罪，要求在文法上的根据的话，那可以认为存在于《刑法》第 65 条第 1 款之外。

二、《刑法》第 65 条第 1 款中的"共犯"的意义

判例/通说认为《刑法》第 65 条第 1 款是关于真正身份犯的规定，"共犯"（与第 2 款的情形相同）除了教唆犯/帮助犯之外还包含共同正犯。因此，身份者与非身份者共同实行犯罪的情形，根据《刑法》第 65 条第 1 款，可以成立共同正犯。与此相反，前述的第一种学说认为，关于真正身份犯，非身份犯不可能成为共同正犯[2]。关于真正身份犯，非身份者大概不能成为该犯罪的主体（正犯），因为不能"实行共同犯罪"（《刑法》第 60 条），所以也不能成立共同正犯（譬如说，关于受贿罪，非公务员不能"收受贿赂"）。

第 1 款的共犯中不包含共同正犯的反对说，应该说忽视了第 1 款的身份是法益关系的身份[3]。如前所述，譬如说，虽然"目的"也被解释为可以包含在《刑法》第 65 条的身份中，但是自身没有该目的的，只要认识到共同者具有该目的就可以成立共同正犯。泄露秘密罪中的"医生"的身份基本上可以同样地理解。非身份者介入身份者也可以侵害/危殆化保护法益，只要非身份者认识到它，承认共同正犯的成立就是妥当的[4]。虽然第 2 款的身份可

---

[1] 通说也支持将目的包含在身份中的判例的见解。譬如说：大谷《总论》，第 475 页以下；团藤《总论》，第 419 页注（二）等。反对说：大塚《总论》，第 312 页注（二）；林《总论》，第 439 页；福田《总论》，第 289 页以下注（一）；前田《总论》，第 441 页以下。

[2] 大塚《总论》，第 315 页以下；团藤《总论》，第 420 页以下；中《总论》，第 261 页；中山《概说》，第 294 页；福田《总论》，第 290 页；松宫孝明《共犯与身份》载于中山研一等《修订刑法 1 共犯论》，1997 年，第 124 页，第 130 页以下（松宫孝明「共犯と身分」中山研一『レヴィジオン刑法 1 共犯論』、1997 年、124 頁、130 頁以下）。

[3] 现在，该见解认为，关于强奸罪，女性或者男性都可以成为共同正犯。

[4] 而且，如果一旦共同正犯不成立，关于身份者就成为非身份者（那只能是教唆犯或者帮助犯）实现的事实，只能是（一部）间接正犯。

以说是与身份主体的义务违反性相结合的一身的身份，但是第 1 款的身份是法益关系的身份，只要在那个范围内，就能承认起连带的作用[1]。

三、事后抢劫罪是身份犯吗？

事后抢劫罪（《刑法》第 238 条）是否是限定犯罪主体的身份犯？假如是身份犯的话，是真正的身份犯还是不真正的身份犯？围绕这些问题，看不到存在一致性的见解。如何理解这一点，应该在事后抢劫罪的犯人实行暴行、胁迫的阶段上，与另一个人开始参与的情形下的共犯成立与否问题之间的关系中讨论。

事后抢劫罪，因为是只有先行实行盗窃的行为者（包含盗窃未遂者在内）才能实行的暴行/胁迫的犯罪，所以实行行为的主体被限定理解没有什么疑问。而且，如前所述，对《刑法》第 65 条的适用范围，也不存在限制通过文理解释的理由，因此找不出妨碍将本罪解释为刑法第 65 条所规定的身份犯的理由。与把抢劫致死伤罪（《刑法》第 240 条）作为"抢劫犯人"的主体的身份犯捕捉一样，也有可能把事后抢劫罪作为身份犯捕捉[2]。但是，在盗窃行为终了后第三者参与的情形下，事后抢劫罪的罪质、尤其是同罪中盗窃行为的定位就成为问题。如果事后抢劫罪的本质性违反内容是从以盗窃实行后的一定的状况为前提的暴行/胁迫（即，财物取回困难、为了不被逮住而实行暴行/胁迫）中产生的话[3]，在事后参与者没有参与盗窃的这一点上，就不能成为关于承认共犯成立的决定性障碍。

那么，事后抢劫罪是《刑法》第 65 条第 1 款的身份犯，还是第 2 款的身份犯呢？如果先下个结论的话，那应该认为是第 1 款的身份犯。因为可以解释为非身份犯通过身份犯能够实现全部的事后抢劫的违法内容（法益侵害内容），所以可以承认身份的连带性/从属性的作用。另一方面，如果被看作是第 2 款的身份犯，事实上从结论看是不妥当的。X 从开始教唆 Y 实行事后抢

---

[1] 详细的参照西田典之《新版·共犯与身份》，2003 年，第 177 页以下（西田典之『新版·共犯と身分』、2003 年、177 頁以下）。

[2] 譬如说，X 从最初开始教唆 Y 实行事后抢劫行为的情形，考虑 X 的罪责之时，可以以第 65 条的适用提出问题。

[3] 关于这一点也有不同的见解。特别参照山口厚《问题探究刑法各论》，1999 年，第 135 页以下（山口厚『問題探求刑法各論』、1999 年、135 頁以下）。

劫行为的情形适用《刑法》第 65 条第 2 款，就不能只定为教唆实行暴行罪或者胁迫罪。因为 X 进一步教唆抢劫〔1〕，X 从犯罪中途参与 Y 的暴行/胁迫的情形，Y 通过暴行/胁迫实行的违法内容也有可能是 X 共同惹起，如果是那样，就能被解释成为事后抢劫的违法内容了。

四、身份者参与非身份者犯罪的情形

《刑法》第 65 条第 2 款的特殊的问题，与通常不同，是身份者协助了非身份者犯罪的情形的处理。譬如说，麻将赌徒 X 知道不是常习犯的 Y 等进行麻将赌博从而帮助的，Y 等成立单纯的赌博罪（刑法第 185 条），但是 X 应承担什么罪责就会成为问题。判例/通说认为应该承认 X 成立常习赌博罪的帮助犯（作为判例，大连判大 3.5.18 刑录 20 缉 832 页等）。X 既然是常习犯，与身份对应，承认加重处罚实质上是妥当的，但形式上解释《刑法》第 65 条第 2 款不妥当。然而，可以理解为同款规定了对应不同的身份成立个别性犯罪的宗旨，这也能够成为其根据〔2〕。

与此相反，一旦根据通过《刑法》第 65 条第 2 款的文言忠实地解释，因为同款预设正犯具有身份，没有共犯的情形，所以在相反的情形下就不能适用〔3〕。这种解释在理论上是正确的，可以从共犯的处罚根据中直接导出。即，就共犯而言，"正犯不法的惹起"是限制处罚的框架，可以通过对这样的正犯的从属性限定处罚范围。如果应该守护这种共犯处罚的框架，只有在成立正犯不法的框架内才应该承认共犯不法〔4〕。以上的事例，对正犯依然只能

---

〔1〕 同样对《刑法》第 240 条的罪，譬如，X 教唆 Y 抢劫杀人，当 Y 实行时，X 不过是以单独的杀人罪的教唆犯处罚的，也可以说总感到不妥当。另外，如从这个例子也可知道的那样，事后抢劫本质上是财产罪，不能将此解释成为第 1 款的身份犯的根据。抢劫致死伤罪本质上是对人身犯罪，但是即便如此，也应该解释成为第 1 款的身份犯。

〔2〕 对规定的历史沿革，最详细的论证，参见西田典之《新版·共犯与身份》，2003 年，第 316 页（西田典之『新版·共犯と身分』、2003、316 頁）。

〔3〕 大塚《总论》，第 317 页；团藤《总论》，第 423 页以下；福田《总论》，第 293 页等。与此相反，反对将文理作为根据的有：筑间正泰《关于身份犯的共犯》载于《齐藤城二博士古稀纪念·刑事法学的现实与展开》，2003 年，第 391 页、第 396 页以下（築間正泰「身分犯の共犯について」『斎藤誠二博士古稀記念·刑事法学の現在と展開』、2003 年、391 頁、396 頁以下）。

〔4〕 那是混合惹起说，松宫孝明《共犯与身份》载于中山研一等《修订刑法 1 共犯论》，1997 年，第 121 页以下（松宮孝明「共犯と身分」中山研一『レヴィジオン刑法 1 共犯論』、1997 年、121 頁以下），正确地将此表达为"共犯的违法是以正犯的违法为上限"。

承认单纯的赌博罪，只有在那个范围内才能肯定共犯的不法[1]。这样，对 X 就不能成立常习赌博罪的帮助犯，而是成立单纯赌博罪的帮助犯[2]。

---

[1] 从修正惹起说的立场来看，指出判例/通说解释的自相矛盾的是十河太朗《身份与共犯从属性（1）》载于《爱媛法学会杂志》25 卷 1 号，1998 年，第 125 页以下（十河太朗「身分と共犯従属性（1）」、愛媛法学会雑誌 25 巻 1 号、1998 年、125 頁以下）。

[2] 在结论上相同的是，山口《总论》，第 286 页。

第二十七章　关于共犯的诸问题

第一节　共犯与错误

一、概说

共犯中的错误问题是通过适用单独犯的错误理论而解决的（那不是其他的解决原理作用的效果）。能否妥当地解决共犯中的错误事例，可以说是作为错误理论的试金石。无论如何，在共犯关系中可以轻易地被想象到，因为它是"关于单独正犯难以想象的困难种类的事例"[1]。但在共犯的事例中，共犯者的行为与结果之间具有作为独立意思主体的正犯者的行为介入特殊性。于是，探讨因果关系（或者结果归属关系）的存在与否也具有重要的意义。

作为共犯的错误应该提出的有以下三种：①同一的共犯形式（这里所说的"共犯形式"是指《刑法》第60条以下所规定的共同正犯、教唆犯、帮助犯）的内部中的错误；②不同共犯形式相互之间的错误；③间接正犯与教唆犯或者帮助犯之间的错误。其中，①分成以下两种：譬如说，如 X 教唆 Y 杀害 A 时，被教唆者 Y（正犯者）认错了人（即，客体的错误）杀害 B 的典型事例那样，是关于认识事实与发生事实为同一个构成要件（这里事例中是杀人罪的构成要件）的具体事实的错误的情形、虽然帮助者只打算帮助盗窃，却与预想的相反，正犯者实行了抢劫的案件，是跨越了两个不同的抽象事实的错误的情形。在后者的事例中，虽然实现了超越共犯者的认识的重事实，那样的情形特别地成为共犯的过剩。②是跨越不同错误的共犯形式的情形，譬如说，以教唆的意思实现帮助的事实的事例等，就相当于这种形式。虽然

---

[1]　团藤《总论》，第425页。

不同的共犯形式也称为"构成要件的修正形式"，但是作为相互之间的不同的构成要件（违法行为的类型）捕捉是可能的，因此，共犯形式相互之间的错误也可以作为一种抽象事实的错误理解。这里可能会提出在某种意义上能否承认"符合"的疑问。③是正犯与共犯之间的错误，虽然是②的变异，但也包含了特殊的问题。以下分别做简单的探讨。

二、在相同共犯形式内部中的具体事实的错误

关于同一的共犯形式内部的具体事实的错误的事例，一旦符合采用判例的法定符合说导出结论，发生的事实与行为者的认识之间无论存在什么不同，只要承认行为与结果之间存在相当因果关系，就不能阻止共犯故意，就可以肯定关于发生的事实的共犯的成立。譬如说，教唆盗窃钟表时，被教唆者窃取的不是钟表而是钱包的，成立盗窃罪（既遂）的教唆犯[1]。但是，根据该见解，只肯定相当因果关系就可以承认作为故意的结果的归属，作为基准，我想就过于无限定了[2]。譬如说，在 X 教唆 Y 杀害 A，而正犯者由于方法的错误，将 B 杀害的案件中，这种无限定性很明显。在正犯者 Y 对 B 产生的结果的关系中，即便是在承担故意既遂犯的罪责的情形下，如果该结果也能立即归属于教唆者（作为故意产生）的话，那也是等于承认连带责任（以共犯从属性为根据承认它，也是不妥当的）。为了能让教唆者对发生的结果承担故意的罪责，譬如说，教唆者指示实行方法的情形、与正犯者一起前往现场的情形那样，在教唆者一方有必要认识到正犯者在什么样的状态下用以什么样的手段实行。

与此相反，看一下具体的符合说，在共犯错误的事例中，存在不能妥当地区分不阻却故意的错误（客体的错误）与阻却故意的错误（方法的错误）的基准的问题（第六章第二节二）。尤其是围绕 X 教唆 Y 对特定的客体产生结果的，对正犯者由于客体的错误产生了与 X 意图不同的个别客体的结果的情形的处理，在具体符合说的支持者的内部存在见解上的对立[3]。如果忠实于

---

[1] 团藤《总论》，第 425 页。
[2] 对法定符合说已经在本书第六章第二节二中加以批判。
[3] 详细的参照井田《被教唆者的客体错误与教唆者的故意》载于《法学研究》65 卷 12 号，1992 年，第 43 页（井田「被教唆者の客体の錯誤と教唆者の故意」、法学研究 65 巻 12 号、1992 年、43 頁）。

通说的基本思想的话，正犯者的客体的错误对教唆者而言，就是方法的错误，应该认为是阻却共犯故意[1]。但是，这种结论很难说是妥当的。譬如说，从 X 教唆 Y 杀害 A，Y 陷入了客体的错误杀害了 B 的案件中的 X 的罪责来看，与 A 的关系中教唆未遂，因为教唆未遂是不可罚的（在德国刑法中，关于重罪的限度内，教唆未遂也是可罚的），其结果就变成了不过是能够承认杀人预备罪的教唆与对 B 的过失致死罪[2]。而且，在盗窃罪等的财产犯的共犯事例中，因为也不被处罚预备罪、过失罪，所以背后者完全就变成不可罚了。

共犯的错误情形中，客体的最终的认同/确认常常不得不取决于正犯者。换言之，共犯者的因果经过的支配永远是最弱的，至少如只对一定的客体以排他性形式产生的结果那样控制事态是极其困难的。在这样的情形中，教唆者仅表现为是特定的被害者，只在与那个特定的人之间的关系中承认故意，也可以说没有理由限定既遂处罚的要件。作为教唆者，在完成教唆行为的时点上，在之后展开的一定限度内只能是"顺其自然"，虽然仅仅是让任何同种的客体产生结果（具有某种程度的盖然性），在那里所存在的是被保证的状况。而且，因为教唆者认识到那种状况而实行行为，所以发生的结果不过是行为者实现所认识到的危险的变异之一，反过来讲，行为者可以说认识到了在结果中所实现的危险。因为没有理由评价故意实现发生的结果，即便教唆者必须表现为特定的被害者，那也不过是所谓的"愿望"而已，所以不认为能够承认法的决定性的意义。正犯者的客体的错误应该解释为并不一定能阻却共犯者的故意（本书第六章第三节）。

具体符合说的主张所指出的是，只要不根据该说的标准，就会碰到故意的个数问题。即，①正犯者犯行之后才注意到没有杀害所指示的 A 而是错误

---

[1] 譬如说：参照浅田和茂《教唆犯与具体的事实错误》载于《西原春夫先生古稀祝贺论文集第 2 卷》、1998 年、第 403 页（浅田和茂「教唆犯と具体的事実の錯誤」『西原春夫先生古稀祝賀論文集第 2 巻』、1998 年、403 頁）；葛原力三《共犯与错误》载于西田典之、山口厚《刑法的争点》（第 3 版）、2000 年、第 114 页（葛原力三「共犯と錯誤」西田典之=山口厚『刑法の争点「第 3 犯」、2000 年、2000 年、114 頁）。

[2] 不仅如此，浅田和茂《教唆犯与具体的事实错误》载于《西原春夫先生古稀祝贺论文集》（第 2 卷）、1998 年、第 424 页以下、第 428 页以下（浅田和茂「教唆犯と具体的事実の錯誤」『西原春夫先生古稀祝賀論文集第 2 巻』、1998 年、424 頁以下、428 頁以下），因为不承认杀人罪的预备与对 B 过失致死罪的可罚性，不得不认为完全不可罚。

地杀害了 B，于是就会导出，进一步杀害 A 的情形下在与 A 的关系中只承认故意犯，追究教唆者两个杀人的故意是不妥当的结论[1]。但是，即便是支持具体符合说的学者，也不能回避那样的故意的个数的问题。譬如说，②正犯者根据教唆者的指示准备杀害 A，并用日本刀砍杀后逃走，之后知道被害者被救活，数周后再次打算毒死 A 没有得逞的情形；③教唆者所想的是同一客体，但在现实中所指示的是复数存在的情形，譬如说，X 指示 Y 杀害 A 而 A 实际上是双胞胎，Y 杀害了双胞胎中的一个后，认为杀错了别人，进一步再将另一个杀害的情形下，虽然会产生复数的故意犯（既遂或者未遂）的成立与否问题，但有可能限制根据教唆者的表象成立的故意犯的数目。在②和③那样的案件中，任何一个结果都同样地可能归属教唆行为，首先成立复数的故意犯，在具体地决定刑罚的阶段（量刑的阶段）上考虑只有一个故意，只要不过分地在加重处罚上下功夫，我认为在理论上就没有问题（本书第六章第四节）。

另外，特别是从①的事例来看，错误论适用之前，存在产生与发生的结果之间的关系上的共犯的成立与否或者相当因果关系（结果归属关系）的存在与否等问题的余地。既然教唆者对正犯者没有指示杀害 A，就会产生是不是不能将作为根据第二次杀人的教唆的结果归属于背后者的疑问。不能将在合意范围之外产生的结果归属于共犯者，如被教唆杀人者明知是与教唆者所指示的人不同的其他人（认为其他的原因是教唆者的方便）从而杀害的情形那样，是明确的。发生的这种结果已经是在教唆者与正犯者形成的合意的范围之外，所以认为不能归属教唆者。

三、在相同共犯形式内部中的抽象事实的错误

一旦转向抽象事实的错误的案件，就有可能区别几种情形。譬如说可以分成以下三种情形，X 教唆 Y 实行 P 罪，但是 Y 实行了 Q 罪的，①Y 明知违反与 X 的合意内容而实行 Q 罪的；②Y 从开始就误解了 X 的意图，没有实行 P 罪而是实行了 Q 罪的；③Y 自身想实行 P 罪，由于错误实行了 Q 罪的。

---

[1] 譬如说，参照葛原力三《共犯与错误》载于西田典之、山口厚《刑法的争点》（第 3 版）、2000 年，第 114 页（葛原力三「共犯と錯誤」西田典之＝山口厚『刑法の争点「第 3 犯」』、2000 年、114 頁以下）。

这些情形通常没有被区别对待，但是关于①和②的情形（尤其是①的情形），作为错误问题，共犯成立本身（或者共犯行为与正犯行为之间的相当因果关系或者结果归属关系）就存在疑问。对此，关于共同正犯历来就已经意识到了。为了承认共同正犯的成立，虽然共同者之间的意思联络或者相互之间的了解已经成为主观要件，但是即便承认客观上共同实行的事实，在不存在主观犯罪意思的一致情形下，根据（部分的）犯罪共同说，本来就欠缺共犯的成立要件（本书第二十三章第二节）。因此，尽管这里存在共犯的成立要件问题与共犯的错误问题，作为理论的顺序，前者在先。如②的情形那样，即便从最初就存在合意内容的不同，譬如说，X 有杀意、Y 有伤害的意思，共同攻击 A（任何一方的行为都可成为原因）造成伤害的，两罪的成立要件因为"重合"，在伤害罪的范围内，就可以承认共同正犯的关系（即，适用"一部行为、全部责任的法理"）。关于发生的结果，X 构成杀人未遂罪，Y 构成伤害罪。承认这样的结论是所谓的部分犯罪共同说的见解（本书第二十三章第二节二），对此存在"结论与根据不分"的批判[1]。但是，承认共同正犯成立的本质在于，能够承认作为因果的补充与正犯的结果归属，这即便是对不同的参与者只承认成立犯罪的一部分，没有任何障碍的见解也是部分犯罪共同说［另外，如下所记，关于抽象事实的错误问题，放弃了"构成要件实质性的重合"标准，当肯定更为缓和的符合说（详细参照本书第七章第四节）时，论述共同正犯的成立之际，以比到目前为止的部分犯罪共同说更为缓和的标准，必须承认共同正犯的成立］。

关于抽象事实的错误中的符合判定，根据采用的判例/通说的法定符合说，以"构成要件的实质性重合"为标准。换言之，P 罪的构成要件与 Q 罪的构成要件之间，实质地来看，只要在存在"重合"关系的限度内，在重合的范围内就可以承认故意的既遂犯的成立。教唆犯的成立与否也成为问题，如果说是②的情形的话，在 P 罪与 Q 罪之间存在构成要件的实质性重合的限度内，X 就可以产生教唆罪的罪责。与以上的共同正犯的事例相并列，X 教唆杀害 A 的，Y 误认为 X 是让其伤害 A 而接受委托，并打算实行对 A 伤害。根据法定符合说，Y 成立伤害罪，X 也产生伤害教唆罪的罪责（关于杀人的

---

[1] 葛原力三《共犯与错误》载于西田典之、山口厚《刑法的争点》（第 3 版）、2000 年、第 115 页（葛原力三「共犯と錯誤」西田典之=山口厚『刑法の争点「第 3 犯」』、2000 年、115 頁）。

教唆未遂不可罚)。但是，与法定符合说相反，只要要求在刑罚法规（裁判法规）的程度上的两个构成要件的重合，理论上就没有根据，或者，在结论上不得不狭窄地限定能够承认故意犯的成立范围。譬如说，判例 X 与 Y 共谋，决定教唆公务员 A 实行伪造公文书罪，但是 Y 教唆 B 实行伪造公文书的，也能承认 X 构成伪造公文书教唆罪（最判昭 23.10.23 刑集 2 卷 11 号 1386 页）。虽然那样的结论解释是妥当的，但是，在某种意义上作为两罪之间的裁判规范，承认构成要件的重合却是不明确的[1]。在这里成为问题的不是作为裁判规范的构成要件的重合，而是为了承认行为规范违反而最低限度地要求的"外行认识"的内容的重合。注意对行为者具体化的行为规范，当探讨行为者具有什么意思的内容而实行行为的话，就违反了那个行为规定，只要可以说在 P 罪的实行意思（那个外行的认识内容）与 Q 罪的实行意思（那个外行的认识内容）重合的限度内，就可以肯定故意。如果这样考虑的话，譬如说，即便在 X 教唆 Y 从被害者 A 处欺骗夺取财物，Y 威吓 A 获得财物（实行了恐吓的事实）那样的案件中，也可以承认 X 成立恐吓罪的教唆犯[2]。

四、跨越不同共犯形式的错误以及正犯与共犯之间的错误

411　　跨越不同错误的共犯形式的情形（譬如说，以教唆的意思实行帮助犯的事实），通说解释为在轻罪的范围内成立共犯。因为这也能认为是抽象事实错误的一种情形，关于同一犯罪的不同的共犯形式是同一的法益侵害行为的变异，所以在这个意义上，可以肯定"构成要件的实质性重合"。从本书的立场来看，虽然不同的犯罪形式是各种不同的行为规范，但是这些作为行为规范起作用时，在作为故意所要求的外行的认识的程度上，因为可以考虑到重合[换言之，同一的认识内容可以成立不同（故意的）行为规范违反]，所以可以在结论上支持通说。因为在共同形式之间存在作为犯罪的轻重，所以通过行为者认识到时实行重事实的话，应该适用《刑法》第 38 条第 2 款，此时就成为共同正犯最重，教唆犯次之，帮助犯较轻的共犯形式。

---

〔1〕团藤《总论》，第 427 页注（四）对判例的结论，虽然是令人怀疑的，但是从那个立场看也很自然。

〔2〕关于抽象事实的错误的基本思考方法，参照本书第七章第一节以及第四节。

关于一边认识到相当于间接正犯的事实，一边实行相当于教唆犯的事实的情形，所实行的事实是教唆犯的事实，作为"翻译"成裁判规范的内容，在理解可能的"意思认识"的程度上，因为间接正犯的故意可以考虑到包含教唆犯的故意，所以能够承认关于发生事实的故意的成立，也可以肯定教唆犯的成立[1]。在那种案件中，也可以认为成立间接正犯的未遂，但是因为既遂的教唆犯为重罪，所以可解释为被吸收[2]。

　　相反，一边认识到相当于教唆犯的事实，一边又实行相当于间接正犯的事实的情形，虽然对发生事实的（日语原文为"重ッ"）间接正犯的事实不能承认故意（《刑法》第38条第2款），但在轻的教唆犯的范围内，可以承认故意犯的罪责。那个典型的事实是作为背后者打算教唆一定的犯罪，并相信直接行为者故意实行行为，但与预期相反，直接行为者没有注意到背后者的真意，因而没有故意地实行，导致发生结果的情形。这里的问题是，如果在这种案件中从结论上看可以承认教唆犯成立的话，就不得不肯定对没有故意的人成立教唆犯，也不得不放弃如通说所称的故意的从属性（本书第二十章第二节三）。捕捉这一点，非难"通说的理论破绽"的见解，也很有力[3]。但是，在抽象事实错误的情形下，根据《刑法》第38条第2款可以承认"构成要件的修正"，即便不存在轻罪的构成要件该当性的事实，也不得不承认重罪的构成要件该当性的事实可以代替它（根据重罪的客观的构成要件该当性的事实可以充分满足轻罪的客观的构成要件）（本书第七章第一节、第三节），那是忽视这种情形的争论。譬如说，以遗失物占有的故意实行了盗窃事实的，承认遗失物占有罪（《刑法》第254条）的成立在日本是支配性的见解，然而，没有取得作为同罪的构成要件要素的"分离占有他人的物"，

---

[1] 另外，在间接正犯中所要求的故意时点，很明显不可能是被利用者行为的时点。利用者行为的时点的实现意思正是故意，因此，利用行为就是实行行为。关于这一点参照本书第十七章第三节一。

[2] 大塚《总论》，第326页；平野《总论Ⅱ》，第390页等。与此相反，团藤《总论》，第429页承认间接正犯将教唆犯解释成为被正犯既遂吸收。

[3] 譬如说：植田重正《共犯论上的诸问题》，1985年，第29页以下（植田重正『共犯論上の諸問題』、1985年、29頁以下）；葛原力三《共犯与错误》载于西田典之、山口厚《刑法的争点[第3版]》，2000年，第115页（葛原力三「共犯と錯誤」西田典之＝山口厚『刑法の争点「第3犯」』、2000年、115頁）；松宫孝明《刑事立法与犯罪体系》，2003年，第223页以下（松宮孝明『刑事立法と犯罪体系』、2003年、223頁以下）；松宫孝明《总论》，第264页等。

却肯定了同罪的成立。只要承认以《刑法》第38条第2款为条文上根据的"构成要件的修正",对错误事例中的共犯构成要件的修正就不能有不同的主张吧[1]。

第二节 共犯的中止与共犯关系的脱离

一、共犯的中止

即便是共犯的情形也可适用中止犯的规定(《刑法》第43条但书)。从共同正犯来看,犯罪实行着手之后,全体共同者通过故意任意地实行中止的,是中止犯[2]。仅仅是共同者的一个人决意中止,阻止其他共同者实行的,而且能够防止结果发生的话,只有这个人成立中止犯[3]。

与此相反,实行着手之后,虽然共同行为者中的一个人实行了中止行为,但是尽管如此结果仍然发生的,从这种情况来看,必须区别几个不同的情形。首先,①实行着手后,共同行为者的一个人X决意任意中止,劝诫其他人停止实行,但是其他人没有听取,并且继续实行行为的情形,只要最终的结果发生,就已经不是未遂犯,不能成为中止未遂。本来②以中止行为为标准判断的,中止其他的实行行为就是实行了充分的行为(或者是防止结果发生的充分的行为),即便由于某种事情没有起到中止作用而发生结果的,只要最终没有发生结果,只达到未遂的也可以肯定中止犯的成立。在探讨中止犯的成立与否之际,中止行为与结果不发生之间不需要因果关系(《刑法》第十九章第二节二)。此外,③共同行为者的一人X成功劝阻其他人实行,而且决意消灭了进一步实行犯罪的危险的情形下,即便如此,之后由于其他共同者实行了新的实行行为从而发生结果的,通过其他共同者产生新的行为的危险与最终结果已经不能归属X的,也可以承认X中止犯的成立。这里,在否定共同行为与最终结果之间的相当因果关系上,关于X的任意中止行为,能否成立中止犯时,最终肯定中止犯的成立。换言之,可以竞合性地承认相当因果关

---

[1] 关于这一点,已经在井田《犯罪论》,第189页中详细讨论过。
[2] 另外,即便强说成那是共同者一个人的动机,也可以承认全部人员的中止。
[3] 中止未遂可以被解释成违法、责任减少,但是即便不是责任减少也是违法减少,每一个行为者都各起各的作用。

系（或者结果归属关系）的否定以及肯定适用中止犯规定[1]。前者只能是从如前所述的共犯关系中脱离的问题。如果承认它的话，虽然关于共同正犯者的个人，因为欠缺任意性的要件不能成立中止犯，但是可能会否定相当因果关系，就发生的结果而言，可以说能够不负刑事责任。

其次，关于教唆犯、帮助犯，教唆者或者帮助者在正犯实行着手后，阻止犯罪既遂的情形下，可以成为中止犯。教唆者、帮助者不是实行实行行为者，在文言上，虽然可以看作是符合《刑法》第43条但书的，但一般可以承认那种类推的适用（或者备用）[2]。这里，中止的效果是一身专属的，不波及没有实行任意中止行为的正犯者（或者其他的参与者）。教唆行为或者帮助行为之后，让正犯者回心转意，本来就没有开始实行的情形下，正犯者已经开始预备行为时，只要在可罚的限度内，虽然也能成立预备罪的教唆犯以及帮助犯，但是类推适用（或者准适用）中止犯的规定，应该承认刑的免除的可能性[3]。

最后，教唆者、帮助者实行了阻止正犯者实行犯罪的行为，即便如此，正犯者已经实行了实行行为并且发生结果的，也可否定共犯行为与最终结果之间的相当因果关系，只要在那个限度内，就可能会产生中止犯规定的适用问题。这与共同正犯的情形相同。

二、从共犯关系中的脱离（共犯关系的消解）

共犯行为与实行行为以及最终结果之间的相当因果关系是探讨中止犯成立与否之前必须提出的前提问题。那就是以特别是从共犯关系中脱离（或者共犯关系中消解[4]）的成立与否的形式讨论的问题。之前，虽然该题目也作为中止犯规定的共犯关系的问题被讨论，但是，伴随对关于共犯的处罚根据的认识的加深，作为这个应用，是以关于中止犯成立与否之前的、共犯的成

---

[1] 参照西田典之《关于共犯的中止》载于《法学协会杂志》100卷2号，1983年，第31页（西田典之「共犯の中止について」、法学協会雑誌100巻2号、1983年、31頁）。相反的参照大塚《总论》第329页以下。
[2] 譬如说：团藤《总论》，第430注（四）等。
[3] 即便是承认独立教唆罪的情形也同样。关于这一点，参照平野《总论Ⅱ》，第384页。
[4] 根据大塚《总论》，第331页以下注（三十），"从共犯关系的脱离"是从一部分进一步继续实行的行为中脱离的情形，"共犯关系的消解"是共犯关系终了之后离开的情形，但是，以下并没有加以区分。

立与否本身的问题来理解的[1]。譬如说，共犯者的一部分为了排除来自其他的同伙的意图，在不能参与犯罪实行时，即便"欠缺任意性"（因此，即便中止犯没有产生问题），被排除者无论是对实行行为还是关于最终的结果（因为可以否定相当因果关系）都可以解释为承担罪责[2]。而且，虽然中止犯是未遂的一种，实行着手之后才开始产生问题，但是，从共犯关系中的脱离正是在通过实行的着手前后才产生问题的[3]。

对于脱离之后的行为与结果不负刑事责任的理由，虽然可以从否定与该行为者的行为之间的相当因果关系中获得，但是相当因果关系是危险创造与实现之间的关系，而且是对结果发生的寄予给予最大理由的归属关系（本书第四章第三节、第四节）。消解/消灭（至少在相当的程度上降低）该行为者依自己的行为产生的危险或者因果的影响（那些无论是物理性的因果关系还是心理性的因果关系都不是本质的），关于之后的行为与结果，虽然必须承认能够评价只有其他的行为者应该承担的事态，但是也足够了[4]。根据相当因果关系的公式表现的话，一旦消解危险，尽管仍然实行了实行行为，（即便能够肯定条件关系）那样的因果流程也可评价为是"不相当的"。在这里应该明白的是相当因果关系的规范本质。在相当因果关系中所产生的问题，不是单纯的统计性的概率或者事实的盖然性，而是对结果寄予的理由，是可否加重违法评价的判断（本书第四章第四节二）。

416 关于脱离的要件，必须区别实行着手的前后。虽然判断中产生的问题是共同正犯，但在实行着手前，计划实行、支持其他的参与者的首谋者另当别论，

---

[1] 特别参照西田典之《关于共犯的中止》载于《法学协会杂志》100卷2号，1983年，第1页以下（西田典之「共犯の中止について」、法学協会雑誌100巻2号、1983年、1頁以下）；平野《总论Ⅱ》，第384页以下。
[2] 关于这一点，参照西田典之《关于共犯的中止》载于《法学协会杂志》100卷2号，1983年，第6页以下（西田典之「共犯の中止について」、法学協会雑誌100巻2号、1983年、6頁以下）。名古屋高判平14.8.29判时1831号158页，被告人与其他数人共谋一起对被害人实行暴力（第一暴力）之后，由于受到主犯者的殴打丧失意识被放弃在现场，其他的共犯者将此移动到其他的地方，对被害者进一步实行殴打（第二暴力）的案例，殴打之后放弃该现场，共犯关系单方面被消解了。但是，根据同时伤害的规定（第207条），被告人对无论是第一暴力还是第二暴力哪一个暴力产生的，或者是由两者相继产生的，即便是并不明确的伤害，也要负伤害罪的刑事责任。
[3] 而且，在成为结果加重犯的案件中，也存在应该讨论与发生的重结果之间的关系为脱离的情形。
[4] 前田《总论》，第463页认为，即便是"消解"，也没有将因果性看作是"零"。"在没有必要归责结果（包含未遂的结果在内）的程度上，这是否是弱的规范性的评价呢？"

预定共同实行推翻自己的计划,表达了从其他的共谋者中脱离的意思,其他共谋者接受/了解时,值得关注的是主张成立脱离的日本最高法院判例[1]。但是不应该顽固地认为,通常必须有明示的意思以及其他共谋者的接受/了解[2]。作为一般论而言,对行为者已经实行的寄予(共谋者做出的危险的寄予)的程度,脱离的要件也可能或严格或缓和地变化[3]。关于教唆犯,如果成功地消灭了自己行为的因果影响的话(即便不是完全消灭,首先消解的程度也应该是充足的),在与实行行为之间的关系中也可否定因果关系。譬如说,教唆者一旦说服对做出决意的被教唆者犯意,被教唆者真正了解的(如果借给罪犯凶器后又将其取回的),也有可能承认脱离[4]。如果承认实行着手前的脱离的话,最多能产生预备罪的共犯的问题(但是,通过中止犯规定的类推适用或者准适用也有可能承认刑罚的免除)。

虽然实行着手之后基本的思考方法本身也是相同的,但就一般论而言,危险的消解或者消除因果关系的影响是更为困难的事实。关于共同正犯的判例可解释为采用了在明示犯意放弃的意思回归的程度上不承认脱离,而要求阻止其他共犯者的立场(譬如说,最判昭 24.12.17 刑集 3 卷 12 号 2028 页参照)。与此相反,最近的日本最高法院判例作出了以下判决,"在被告人 X 回家的时点,由于可能没有消灭对 Y 所给予的制裁,因此对被告人 X 没有采取特别的防止措施,不过是任其从现场自然离开,在与 Y 之间的当初的共犯关系以上的时点上不能说消解,因此根据以上的共谋实行承认之后 Y 的暴行是妥当的"(最决平 1.6.26 刑集 43 卷 6 号 567 页)。这可以说为表示脱离通过某种措施消灭危险性的话就足够了,并不一定要求阻止共同者进一步的犯行。另外,实行着手之后的脱离的效果,虽然不能归属于发生的结果,但是只要任意性的要件充足,也有可能适用中止犯的规定。

---

[1] 学术上,根据不承认共谋共同正犯的见解的时候,只要是关于共同正犯,实行着手之前的脱离不成其为问题。只要没有共同实行行为,本来就不能成为共同正犯。

[2] 参照西田典之《关于共犯的中止》载于《法学协会杂志》100 卷 2 号,1983 年,第 21 页以下(西田典之「共犯の中止について」、法学協会雑誌 100 巻 2 号、1983 年、21 頁以下)。

[3] 关于这一点,参照今井猛嘉《从共犯关系的脱离》载于西田典之、山口厚《刑法的争点》(第 3 版)、2000 年,第 116 页以下(今井猛嘉「共犯関係からの離脱」西田典之=山口厚『刑法の争点「第 3 犯」』、2000 年、116 頁以下);林《总论》,第 395 页以下。

[4] 参照西田典之《关于共犯的中止》载于《法学协会杂志》100 卷 2 号,1983 年,第 10 页以下(西田典之「共犯の中止について」、法学協会雑誌 100 巻 2 号、1983 年、10 頁以下)。

共犯中的相当因果关系，对持续实行共同的合法行为，继而实行了违法行为的情形也产生了问题。譬如说，正当防卫等的合法行为在共同实行的情形下，继续共同行为之后实行的一部分的行为转换成为违法行为（譬如说，过剩防卫行为）的，该违法行为及其结果能否归属于其他的共同者就是个问题。最高法院关于涉及对数人共同实行防卫行为的暴行，即便对方终止了侵害，另一部分的人还继续实行暴行的事例，作出了以下的判决："在承认侵害时的暴行是正当防卫的情形下，关于侵害终了后的暴行，不是从作为侵害当时的防卫行为的暴行的共同意思讨论能否脱离，而应该讨论是不是成立了新的共谋，从承认共谋的成立时开始，应该整体考察侵害当时以及侵害终了后的一系列的行为，从而探讨作为防卫行为的相当性"。关于该事例，因为对追击行为不能承认新的暴行的共谋的成立，所以对没有做出暴行的被告者，也能成立正当防卫（最判平 6.12.6 刑集 48 卷 8 号 509 页）。虽然关于该判例也有其他的解释，但是鉴于当初的行为是合法行为[1]，从规范的角度认为可以否定共犯中的相当因果关系[2]。当合法行为诱发违法行为时，如果存在事实的寄予的关系或者事实上的盖然性的关系，即便不能积极地消解危险，也可以否定立即将违法的发生结果归属于合法行为。

---

[1] 对此，注意到当初行为影响程度的是，今井猛嘉《从共犯关系的脱离》载于西田典之、山口厚《刑法的争点》（第3版）、2000年，第117页（今井猛嘉「共犯関係からの離脱」西田典之＝山口厚『刑法の争点「第3犯」』、2000年、117頁）。

[2] 关于这一点，参照山中《总论Ⅱ》，第895页以下。

第二十八章 结果加重犯论

第一节 问题所在

一、结果加重犯的意义

结果加重犯是指,在实行一定犯罪的情形下(以下将这种犯罪称为基本犯,以该实行行为为基本行为),在此基础上发生较重的结果时,以此为理由比照基本犯加重处罚的犯罪。譬如说,伤害致死罪(《刑法》第205条)从作为基本犯的伤害罪(《刑法》第204条)的实行行为开始,发生了行为者没有意图的死亡结果时,比照作为基本的伤害罪加重处罚(虽然伤害罪的刑的上限是15年有期徒刑,但是伤害致死罪的徒刑可根据《刑法》第12条第1款判处20年徒刑)。作为结果加重犯的例子,其他的还有强制猥亵、强奸致死罪(《刑法》第181条)、建筑物损坏致死罪(《刑法》第260条后段)、延烧罪(《刑法》第111条)等。根据判例/通说,伤害罪也被包含在暴行罪(《刑法》第208条)的结果加重犯的情形中。关于抢劫致死罪(《刑法》第204条),与一定的结合犯相并列,包含在结果加重犯中也没有争论[1]。虽然基本犯为故意犯是通例,但是也存在过失犯的情形[2]。

为了承认结果加重犯的成立,作为最低限度的要件,在与重结果的关系上也不是不能肯定过失结果犯的不法/责任[3]。那正是责任主义原则所要求

---

[1] 而且,危险驾驶致死伤罪(《刑法》第208条第2款)也是一种结果加重犯。对此参照井田《危险驾驶致死伤罪的立法论的·解释论的探讨》载于《法律时报》75卷2号,2003年,第33页以下(井田「危険運転致死傷罪の立法論的・解釈論的検討」、法律時報75巻2号、2003年、33頁以下);井田《刑法各论》,2002年,第29页(井田『刑法各論』、2002年、29頁)。
[2] 譬如说,参照《关于涉及人的健康的公害犯罪处罚的法律》(公害罪法)第3条第2款的罪。
[3] 反对的有,香川《总论》,第250页以下。

之处。结果加重犯的基本犯，在与重的结果的关系上，是以承认客观性的注意义务违反的情形类型化来把握的，所以在具体的情况下只要能够预见到结果发生，就应该能够肯定在与结果的关系上的过失的罪责。结果加重犯上的"过失"的部分，常常可以换言为"预见可能性"，能够在这个意义上被理解。但是，应该注意这种情形下的"预见可能性"。即，即便大概不能预见在发生结果之前的经过中的事情（譬如说，被害者所隐藏的老病等）介入发生了结果，无论根据该行为的危险性如何，可以说还是存在承认过失（于是，作为该行为的相当因果关系）的余地。行为本身存在高度危险时，即便说存在具体的因果经过的一部分的不可预见性，也不能立即否定结果的归责。在预见可能性的判断中，尤其根据本书的立场，即便结果发生可能性的程度相当低也不妨碍在一定的限度内也有可能承认结果发生的样态的"抽象化"[1]（本书第八章第三节二）。

另一方面，结果加重犯，虽然通常情形在与重结果的关系上行为者没有故意的情形[2]，但是也没有在该概念上排除存在故意情形的理由[3]。该规定以结果通常能够预想到存在故意、特别是规定重刑罚（于是，排除故意的情形就会产生刑的不平衡）为理由，完全有可能解释为不排除故意的情形。在这个意义上，譬如说，关于强奸致死罪（《刑法》第 181 条第 2 款）、抢劫致死罪（《刑法》第 240 条）、汽车等颠覆/破坏致死罪（《刑法》第 126 条第 3 款），可以解释为包含了存在故意的情形。对结果加重犯来讲，本质在于要求在基本犯与重结果之间，存在如后述的那样（本章第二节三）的特殊关系（那是根据结果加重犯的构造必须要求的特殊的要件）这一点，只要是在要求那样的关系限度内，就应该包含结果加重犯的概念。与此相反，对基本犯与重结果之间不要求特殊的关系（即，从基本犯的实行，在相当因果关系的范围内发生重结果的话就足够了）的话，那不过是两个犯罪的单独的结合形态（结合犯），不会成为结果加重犯。只要根据这样的解释，就不会有解释为结

---

[1] 关于这一点，参照井田《犯罪论》，第 89 页以下。
[2] 譬如说，在伤害致死罪的情形下，在死亡结果之间的关系下是故意的话，可以成立杀人罪。即便该两罚条的适用是可能的，根据杀人罪的规定，也可解释为行为的违法性，从而完全地加以评价。由于这种情形下的关系成为吸收关系，应该作为择一的关系捕捉（本章第三十章第二节）。
[3] 将此称为"不真正结果的加重犯"或者"故意结果的加重犯"。譬如说，参照大谷《总论》，第 221 页；林《总论》，第 246 页。

合犯或者结果加重犯的简单用语的问题〔1〕。

反过来讲,对重结果存在故意时,没有必要承认普通的加重犯的成立,通过成立的故意犯,完全可以评价为惹起重结果,而且,基本犯部分的评价,如果承认作为个别的、基本犯的故意犯成立的话也就足够了。譬如说,强奸致死罪(《刑法》第 181 条)的情形就是这种情形。在关于死亡的结果存在故意的情形下,就可以承认杀人罪的成立。虽然关于实行了危险的强奸行为的事实的评价也是必要的,但那是通过作为基本犯的强奸罪来考虑的。如果那样考虑的话,如判例那样,与杀人罪相并列,同时承认强奸致死罪的成立,作为观念上的竞合处断(最判昭 31.10.25 刑集 10 卷 10 号 1455 页),就成了对死亡结果的不必要的二重评价〔2〕。

二、结果加重犯的本质性问题

实行暴行罪的实行行为从那里出发发生被害者死伤结果时,可以成立伤害罪或者伤害致死罪(假如没有伤害致死罪的处罚规定的话,就只能承认伤害罪与过失致死罪的成立,可以作为观念性的竞合处断)。与此相反,由胁迫行为导致伤害、死亡的结果发生时,即便行为与结果之间承认相当因果关系,现行法上胁迫罪与过失致死罪之间也不过是观念上的竞合〔3〕。如此,一个行为导致数个犯罪结果发生时,通过以所成立的最重的犯罪的刑罚的限度处断,虽然也可以考虑到充分的评价是刑法的基本的思考方法,但是所成立的数罪以观念竞合的处断作为评价并不充分的例外的情形,也可以说是设计了结果加重犯的规定。于是,结果加重犯的根本问题在于明确在什么情形下、为什么设计加重的规定。如果将这些加以明确,自然地就能显示出刑罚的加重的

---

〔1〕 顺便,当承认"故意的结果加重犯"时,在与重结果发生之间的关系上肯定未遂犯的理论也是可能的。那时,《刑法》第 243 条预定的第 240 条的罪的未遂犯就成为其中一例。

〔2〕 如果是法条竞合的吸收关系的话,还是可能理解的。无论如何,关于围绕结果加重犯的竞合问题,包含具有故意的情形的结果加重犯,只适用结果加重犯的规定,不包含具有故意的情形的结果加重犯的情形应该通过采用承认与基本犯、故意犯之间的观念的竞合的"理论上流畅的立场"〔平野龙一《犯罪论的诸问题(上)》,1981 年,第 112 页以下(平野龍一『犯罪論の諸問題(上)』、1981 年、112 頁以下)〕解决。

〔3〕 于是,无论是由于暴行行为发生死亡的结果,还是由于胁迫行为发生死亡结果,都会产生很大的不同。

要件与界限[1]。

三、刑事政策的意义

结果加重犯的处罚规定在于不能否定具有对应社会一方的报应刑要求的机能。但是，作为更为合理的机能，可以考虑如下。即，在由一定的故意行为产生的一定的重结果常常发生时（高度类型的伴随性），具有特别强烈地禁止具有重结果发生的危险的基本行为的机能。在重结果发生的基本行为的高度危险性被具体地确证时，通过对所给予重的刑罚的评价，可以认为更强有力地制止危险的基本行为。在那种意义上，就有可能将一般预防理解成为结果加重犯的规定的注意（本章第二节）。而且，譬如说，关于看到死亡结果发生的情形，不是在过失致死或者杀人既遂的两个阶段上评价，而是通过过失致死—伤害致死—杀人既遂的三个阶段上评价，根据事件就可能给出刑法的评价。从那里开始，作为所隐藏的机能，在不能证明关于重结果的故意的情形下，刑罚也可能不过是减轻而已。即便在杀人罪的故意不能成立的情形下，也可以通过伤害的故意，作为伤害致死罪加以处罚。

第二节　结果加重犯的构造与成立要件

一、刑的加重根据

当暴行行为产生死亡结果时，虽然能够成立结果的加重犯，即便是由胁迫行为产生的加重结果，也不存在处罚结果加重犯的规定。虽然存在抢劫的结果加重犯，但是没有恐吓的结果加重犯。设计结果加重犯是指具有基本犯

---

[1] 作为关于结果加重犯的包括性研究，丸山雅夫《结果的加重犯论》，1990年（丸山雅夫『結果の加重犯論』、1990年）很重要。而且，作为最近的研究，内田浩《结果加重犯的构造极其成立要件》，刑法杂志44卷3号，2005年，第1页以下（内田浩「結果的加重犯の構造とその成立要件」、刑法雑誌44巻3号、2005年、1頁以下）。但是，与结果加重犯的实践的重要性的高度相比，可以说理论研究相对薄弱。譬如说，在西田典之、山口厚《刑法的争点》（第3版）、2000年（西田典之＝山口厚『刑法の争点「第3犯」』、2000年）中，结果加重犯没有被包含在60篇总论的论文中。与此相反，在德国的《联邦法院创设50周年纪念论文集》（2000年）中，作为总论的14个题目中的1个，详细地进行了讨论。Kristian Kühl, Erflgsqualifizierte Delikte in der Rechtsprechung des Bundesgerichtshofs, in: Claus-Wilhelm Canaris u. a.（Hrsg.）, 50 Jahre Bundesgerichtshof, Bd. IV, 2000, S. 237 ff.

的行为产生重结果的类型的危险性的情形,即可以说是普通类型的行为多产生那种结果的情形。但是,一般地/抽象地由那种行为产生的重结果也不少,仅仅以此为根据,离开具体的事实的评价,大幅地加重刑罚的话,那必须说是露骨的威慑思想。而且,结果的发生,多少受到偶然因素的支配。即便能够肯定过失(因此,预见可能性),如果没有经过慎重地探讨行为是否具有具体的高度危险性、是否存在该危险性作为重结果实现的事情,仅仅因为产生了重结果就以此为理由大幅地加重处罚的话,即便批评为结果责任主义的残渣也是没有疑问的。

如日本通说所主张的那样,如果说结果加重犯不过是"故意犯与过失犯的结合犯"[1]的话,理应没有科处两罪的观念性的竞合之际的处断刑以上的刑罚的理由(至少科处两罪法定性的数罪并罚以上的刑罚,不能合理地加以说明)[2]。关于结果加重犯,应该以在基本犯上加算重结果的过失犯之上的犯罪实体为观念[3],正因为有那样的实体,才有相当于基本犯的故意犯与过失犯的致死伤罪之间的竞合处断,作为评价成为轻的判断,可以解释为正当化刑罚的加重。结果加重犯的刑罚的加重,根据具体情况,通过基本犯的实行,产生重结果发生的高度危险性(因此,关于基本犯的实行,比照通常的基本犯的情形可以肯定加重的不法/责任),可在通过该危险性实现的直接结果被确证(因此,关于结果的惹起,比照通常的过失结果可以肯定加重的不法/责任)这一点上获得[4]。

另外,虽然基本犯只是未遂,但是当重结果已经发生时,能成为结果加重犯的既遂还是能成为未遂犯的问题,应该根据结果加重犯的不法的重点在

---

[1] 譬如说,大塚《总论》,第196页;团藤《总论》,第337页;福田《总论》,第81页注(二);山口《总论》,第172页、第308页等。

[2] 但是,譬如说,对遗弃致死伤罪(《刑法》第219条),规定为单纯遗弃罪的法定刑与重过失致死罪(《刑法》第211条第1款后段)的法定刑合算之后的刑。而且,即便对抢劫致死罪(《刑法》第240条),也规定了抢劫罪(《刑法》第236条)的法定刑与重过失致死罪的法定刑合算之后的重刑。关于结果加重犯的法定刑,丸山雅夫《结果的加重犯论》,1990年,第69页以下(丸山雅夫『結果的加重犯論』、1990年、69頁以下)最为详细。

[3] 关于这一点,参照丸山雅夫《结果的加重犯论》,1990年,第230页以下(丸山雅夫『結果的加重犯論』、1990年、230頁以下)。

[4] 也参照内田《概要上卷》,第270页以下;町野《总论》,第178页以下。对这样的结果加重犯的理解的批判,是林《总论》,第149页。

哪一点上获得来决定[1]。一般论来讲，就结果加重犯而言，正因为重结果发生才被认为是决定性的[2]。虽然那是强制猥亵/强奸致死伤罪的规定（《刑法》第181条），但由于是明文规定，即便是由基本犯的未遂行为产生的结果，也明确地表示了可以承认结果加重犯的既遂犯的成立[3]。

二、结果加重犯的构造

结果加重犯不是单纯的故意犯与过失犯的结合，而是在基本行为现实性地包含了加重结果发生的危险性的意义上具有具体的危险性，而且，在作为重结果的直接实现那个危险性这一点上，是比单纯的过失犯与结果之间的关系更为密切的犯罪。在单纯的基本犯的实行之际，仅在相当因果关系以及预见可能性的范围内发生加重结果并不充分。那是以刑罚的加重为基础，不是立即意味着比基本犯更高度的危险性直接实现结果，仅仅因为如此，最多不过是承认了基本犯的犯罪与过失犯之间的观念性的竞合理由而已。

同时，作为主观的要件，有必要认识到以行为者作为重结果实现的基本行为的危险性为基础的事情。关于伴随基本犯实行的偶发性结果的发生情形，没有必要承认结果加重犯的成立（只要有作为基本犯的故意犯与过失结果犯之间的观念性竞合的话就足够了），当行为者以认识到的事情为前提，只有在发生了不能排除像普通的结果发生的情形下，才能说基本行为直接实现了重结果。在那样的意义上，在与重结果发生之间，就要求单纯的过失以上的密切的关系。

基本犯的行为与重结果的发生之间，应该以那样的形式要求客观地/主观地限定的关系。这样的关系，与德国的判例、学说相并列，可以称为直接性

---

[1] 但是，关于要求重结果介入基本犯的既遂结果发生的结果加重犯（但是，与现行法上那样的犯罪相当的问题），如果基本犯以未遂终结的话，即便是重结果，也不可能成为结果加重犯的未遂。

[2] 关于这一点，参照丸山雅夫《结果的发生加重犯论》，1990年，第314页（丸山雅夫『結果的加重犯論』、1990年、314頁）。

[3] 对此，平野龙一《犯罪论的诸问题（上）》，1981年，第119页以下（平野龍一『犯罪論の諸問題（上）』、1981年、119頁以下），在抢劫致死伤罪以及抢劫强奸致死罪的情形下，基本犯当作为未遂终结的话，就可以承认各种各样的结果的加重犯的未遂犯。但是，根据这种解释，即便抢劫导致被害人死亡的，如果任意中止财物的抢劫的话，也可以成立中止犯。鉴于被害者的生命、身体的保护是重点，与财产犯相比更加重视人身犯方面的强盗致死伤罪的性质时，我并不认为那是妥当的结论。

的关系〔1〕。但是，如何取名也是非本质性的。重要的是要求那样的特殊关系从结果加重犯的本质性的构造中直接地导出来〔2〕。

三、结果加重犯的成立要件

以以上那样的理解为前提，首先考虑关于重结果发生的原因行为必须是什么样的行为。从结论来论述的话，那必须是该当基本犯的构成要件的行为。因此，以强制猥亵/强奸致死伤罪（《刑法》第 181 条）为例的话，必须限制从作为强制猥亵或者强奸的手段的暴行/胁迫导致结果发生的情形、从强制猥亵行为或者强奸行为导致的结果的情形。譬如说，虽然将被准备实行猥亵行为的犯罪人追赶的被害者摔倒负伤的情形包含在内也是妥当的，但是犯罪人在犯行后为了逃走，对被害者加以伤害阻止的情形就不应该包含在内。与此相反，东京高判平 12.2.21 判时 1740 号 107 页，关于行为者在电车内实行了强制猥亵行为，行为后下电车准备逃走时抓住被害者女性的手腕并施以暴行的案件，就因此驳回了原判，将强制猥亵和伤害罪作为合并罪作出判决，肯定了强制猥亵致伤罪的成立。是为了避免被逮捕的行为，可以说通过"伴随强制猥亵的行为"给予被害者以伤害。的确，因为能够解读为对强制猥亵罪（或者强奸罪）的被害者将其身体置于进一步危险的类型可能性，即便是在实行行为后也会存续（人的变态心理可能是继续的），所以东京高级法院的解释就存在相当的理由。但是，从对以上那样的结果加重犯的构造的理解来看，仅仅因为结果是伴随基本犯的行为产生的，或者仅仅由于基本犯的行为与结果之间存在相当因果关系，应该是不充足的。具有基本犯的构成要件该当行为危险性在实现原来的结果之处，必然存在结果加重犯的加重处罚的根据。

---

〔1〕 关于德国的判例和学说，详细的参照丸山雅夫《结果的加重犯论》，1990 年，第 152 页（丸山雅夫「結果的加重犯論」、1990 年、152 頁）。

〔2〕 以上所述的结果加重犯的构造的理解，已经在井田《关于结果加重犯中结果归属的界限的备忘录》载于《法学研究》60 卷 2 号，1987 年，第 250 页（井田「結果の加重犯における結果帰属の限界についての覚書」、法学研究 60 巻 2 号、1987 年、250 頁）中明确说明。对此，山中《总论 I》，第 167 页注 27，主张不需要结果加重犯中的特别的归属限定原理，一般的客观性归属理论就可以消解。但是，即便在成立作为基本犯的故意犯与重结果之间的关系的过失犯的概念的竞合的情形下，也可以承认结果加重犯特有的归属限定原理，那是根据结果加重犯的特别的构造建立的原理。

如果是这样的话，原审判决的结论就应该是妥当的[1]。

其次，为了能够说是直接地实现的结果，什么样的情形是必要的，就成为问题点。在德国，为了承认伤害致死罪的成立，比照基本犯造成的伤害有必要成为死因的见解是有力的。因为日本刑法的伤害罪也是暴行的结果加重犯，所以不能将此见解原封不动地移植进来，但是，就伤害致死罪而言，只限定在行为者的暴行行为直接接触到身体的部分所导致的伤害结果发生的情形以及它作为原因引起死亡结果发生的情形下适用的解释，也是可能的。被害者为了回避暴行导致身体下滑时，将头部触在桌角边受伤那样的情形或者跌倒在地碰到石头受伤的情形，可以肯定伤害罪的成立也是明确的。而且，被害者为了逃避暴行行为、伤害行为逃走时跌倒的情形，或者行为者执着地追踪，直追到疾速倾斜只能跌落时，追踪行为的危险的有形性所产生的结果，也是十分有可能的。在这个意义上的德国的见解，虽然过于狭窄，但是另一方面，行为者在开始实行暴行时，被害者冷不防逃出的，有时跌倒负伤那样的情形下，譬如说，即便可以肯定存在相当因果关系的，但是立即承认结果加重犯的成立也有问题。由于以那种形式的被害者的逃走致死伤的危险，常常可能会伴随恐吓罪等，不仅如此还有可能伴随不能构成犯罪的行为，所以可以解释为不包含预想到结果加重犯的事态[2]。

另外，发生暴行行为等造成被害者的PTSD（创伤后应激障碍）的结果的情形下，关于作为预定将此称为结果加重犯的犯罪类型的结果的发生是不是符合致伤罪（将问题更一般化地来讲，那是不是相当于刑法上的伤害概念或者存在什么要件时才能够解释为符合伤害罪），我认为需要慎重探讨[3]。

作为主观的要件，行为者必须认识什么事情，也是个问题。如前所述，

---

[1] 另外，在《刑法》第181条罪中，发生死伤结果、强制猥亵行为或者强奸行为的被害者是必要的。譬如说，在女性A与B之间打算强奸A，为了压制两个人的反抗，即便由于殴打但没有预定强奸的B导致受伤的，也不能解释成为强奸致伤罪。

[2] 但是，判例对行为者实行暴力，因为表示追赶的气势，被害者为了避难而出逃，在狂跑的过程中跌入水田，正好碰到铁杆上跌倒，从而受伤的案件，承认其伤害罪的成立。最判昭25.11.9刑集4卷11号2239页。

[3] 参照否定伤害罪成立的福田高判平12.5.9.判时1728号，第159页。另外，作为包括性的研究，蕺中悠《刑法中的"伤害"概念与PTSD》，庆应义塾大学大学院法学研究科2004年度硕士论文（蕺中悠「刑法における『傷害』概念とPTSD」、慶應義塾大学大学院法学研究科2004年度修士論文）富有暗示。

结果加重犯不是单纯的故意犯与过失犯的结合犯，将基本犯高度的具体危险性作为前提，通过从此开始直接实现的结果，在确证该高度的危险性之处应该存在科处重刑罚的根据。因此，至少必须认识到以发生重结果的基本行为的高度危险性为基础的事情、作为结果加重犯中的结果归属的主观要件才能够充分。譬如说，行为者认为其用木棒轻轻殴打被害者而实际上用的是尖锐的刀，从而导致被害者死伤的结果的案件、行为者轻轻冲撞被害者的身体，而后者站在陡立的台阶上从而导致跌落发生死伤的案件中，行为者如果没有认识到那是尖刀、背后是台阶的话，即便行为者自身承认暴行的故意，死伤的结果也是偶然发生的过失的结果，好像不能承认结果加重犯的成立。

而且，由于方法的错误，对本来意图者以外的客体产生结果的情形下，行为者所认识的危险行为本身没有起作用，而是因为通过别的同种客体存在的偶然的危险要因产生结果，只要没有认识到那样的客体的存在，原则上应该否定结果的归属。而且，如果在合理的限度内限制结果加重犯成立范围的话，是不是应该预见到防止对本来给予被害者的客体以外的客体产生结果的规定的宗旨也成为问题。关于伤害罪、伤害致死罪、抢劫致死伤罪、强制猥亵/强奸致死伤罪，打算加以暴行的客体必须与发生结果的客体的同一性，应该是结果归属的要件〔1〕。

---

〔1〕譬如说，大阪高判昭 38.1.28 刑集 16 卷 1 号 23 页，在以下的案件中，否定了伤害致死罪的成立。被告人对醉酒的 A 实行了暴力行为，为此 A 由于醉酒绊倒了同样饮酒中的 B，由于撞击导致 B 肋骨骨折而受伤，最终死亡。在这个案件中，大阪高判认为伤害致死罪的死亡结果，要求直接实行作为基本犯的暴力行为的客体的发生，从而否定了伤害致死罪的成立。支持该观点的是团藤重光《刑法纲要各论·第 3 版》，1990 年，第 415 页（団藤重光『刑法綱要各論·第 3 版』、1990 年）。与此相反，行为者对客体 A 实行暴力或者实行伤害的行为之时，有意使 B 发生死亡结果的情形下，肯定伤害致死成立的判例很少。根据法定符合说，既然有意在使客体 B 的关系上实行故意的实行行为，如果该客体发生重结果的话，就可认为符合结果加重犯的成立的条件，是判例的基本立场。譬如说，参照大判大 11.5.9 刑集 1 卷，第 313 页、大判昭 6.9.14 刑集 10 卷，第 440 页。而且，东京地判平 15.3.6 判夕 1152 号，第 296 页，被告人在大楼两层的风俗店中胁迫 3 人，压制反抗抢劫现金之时，因为在店中一室内，被告人对那时还有意识的被害人进行威胁恐吓，从而导致逃难，从窗户试图逃跑，逃跑失败跌落受伤的案件，也承认了抢劫致伤罪的成立。关于裁判案例，即便在胁迫行为成为原因发生死伤结果的，也存在是不是可以承认同罪成立的问题。参照内田浩《判例选集 2004》载于《法教》294 号，2005 年，别册附录，第 34 页（内田浩『判例セレクト 2004』、法教 294 号、2005 年、別册付録、34 頁）。

第三节　结果加重犯的共犯

一、历来的判例和学说

在结果加重犯的基本犯是故意的情形下（譬如说，强奸致死罪的强奸行为），关于这一部分成立的可能性没有疑义，但是关于包含加重结果发生的部分在内的结果加重犯的整体，是否能够成立共犯却成为问题[1]。结果加重犯中的重结果的惹起部分（一种），如果是过失犯的话，就必须提出与过失犯的共犯成立与否的问题之间的关系问题。判例原本如此，多数的学说也承认结果加重犯的共犯的成立可能性。关于共同正犯，即便是采用了否定过失犯的共同正犯的论者，多数也肯定结果加重犯的共同正犯[2]。而且，关于狭义的共犯，通说不承认过失犯（由于过失）的教唆/帮助说，但是，多数见解承认对结果加重犯的教唆犯/帮助犯的成立[3]。

二、探讨

的确，尽管说不承认过失犯的共犯，但是立即不承认结果加重犯的共犯是理论上的飞跃。从共同正犯的角度看，只要基本犯是故意犯，危险的基本行为直接导致重结果发生时，在该高度上，如果追问危险的基本行为的共同者作为正犯的完全罪责的话，理应可以根据不同情况，在那里归属直接产生的重结果。于是，在这里起决定性的是以共同者是否认识到了产生重结果的

---

[1] 关于结果加重犯的共犯的判例和学说，详细的参照丸山雅夫《结果的加重犯论》，1990年，第339页以下（丸山雅夫『結果的加重犯論』、1990年、339頁以下）。

[2] 譬如说，团藤《总论》，第402页；前田《总论》，第427页以下等。作为否定说，曾根《总论》，第285页以下。

[3] 譬如说，大塚《总论》，第324页；大谷《总论》，第490页以下；川端《总论》，第587页以下；齐藤《总论》，第246页、第274页；野村《总论》，第439页注（5）；林《总论》，第151页；前田《总论》，第458页；山口《总论》，第308页等。相反，桥本正博《结果的加重犯的共犯》载于《刑法基本讲座》（第4卷），1992年，第159页（橋本正博「結果的加重犯の共犯」『刑法基本講座第4卷』、1992年、159頁）；福田《总论》，第296页注（四）。

行为的特别危险性为基础的事情[1]。譬如，X与Y共同故意对A实行暴行，Y实行了高强度的暴行，导致A重伤（进一步导致死亡的）的案件。虽然追问X（相当于结果加重犯）作为伤害罪（进一步伤害致死罪）的共同正犯的罪责的是判例/通说，但是关于重结果的发生仅仅存在单纯的预见可能性，也不应该立即追问关于重结果的刑事责任。在特别认识到可能实行危险暴行的行为事情（凶器的存在、共同者的一般的粗暴性、愤怒的程度等）的范围内，我想应该承认结果加重犯的共同正犯。何况，X与Y受到紧急不正的侵害，波及作为对攻击者A实行正当防卫的共同的暴行时，Y实行的过剩防卫行为导致A负伤的，只要没有X与Y同时开始的过剩的反击行为那样的事情，X对过剩结果的发生就不应该承担罪责[2]。

同样，关于狭义的共犯也可以这样说。不承认对过失犯（由于过失）的教唆犯的成立的理由，与肯定它为"教唆"的文言发生冲突时，只要犯意的唤起不是教唆犯的要件，教唆犯的成立范围就会变成无限定[3]。如果是这样的话，对不应该先验地否定结果加重犯的教唆犯（譬如说，伤害致死罪的教唆犯）的成立[4]。但是，如果结果加重犯不过是单纯的故意犯与过失犯的结合犯的话，就教唆者的重结果而言，就不能仅仅以存在预见可能性立即归属教唆者。教唆者本身，有必要看作是重结果归属的正当化的客观的/主观的要件。具体而言，应该解释为，譬如说，教唆者必须认识到正犯根据什么事情、使用什么手段实行基本行为等事实[5]。

---

[1] 另外，大塚《总论》，第322页，主张"从结果加重犯的性质来看，没有看成关于重结果的过失的事态是极其少见的"，但是不是可以这样断言，存在疑问。另一方面，丸山雅夫《结果的加重犯论》，1990年，第388页以下（丸山雅夫『結果的加重犯論』、1990年、388頁以下），由于共同者发生结果的行为认识到"具有发生重结果"，而且，只要在认识到"实行该当行为的其他行为者"的情形下，就能够肯定共同正犯的成立。如果要求这种程度的话，同样可以归属以关于结果发生的故意为要件。

[2] 参照最判平6.12.6刑集48卷8号，第509页（本书第二十七章第二节二）。

[3] 那并不是根据关于过失犯应该采用限制性的正犯概念的理由。

[4] 关于这一点已经在井田《犯罪论》，第197页论述过。如果结果加重犯是故意犯与过失犯的结合犯的话，过失犯中的扩张的正犯概念就是妥当的，只要可能对故意的基本犯的故意的共犯、与对重结果的单纯的过失正犯相结合处罚，就可以肯定结果加重犯的共犯的成立。

[5] 另外，详细的参照丸山雅夫《结果的加重犯论》，1990年，第391页以下（丸山雅夫『結果的加重犯論』、1990年、391頁以下），主张在教唆犯/帮助犯中，"必须存在将具有固有的危险性的行为当作正犯实行的认容对该当行为的危险性的认识"。

第二十九章　围绕不作为犯的未遂论/共犯论

第一节　不作为犯的未遂

一、不作为犯的实行着手

实行的着手（实行的开始），即便在处罚未遂的犯罪中或者在不是那种犯罪中，都可能成为同等的问题。实行的着手，是在未遂成为可罚的犯罪中划定未遂犯能否成立的概念，而且是在关于结果犯之外的犯罪（即举动犯）中没有未遂规定的情形下，决定是否作为既遂犯的处罚可能成为问题的概念[1]。实行的着手成为困难的问题，尤其是在惹起一定结果的规范对象于条文中有记述的犯罪而该未遂犯成为可罚之时。虽然不作为犯区别为真正不作为犯和不真正不作为犯，但是因为真正不作为犯中没有那种犯罪[2]，所以成为实际问题的是不真正不作为犯，尤其是杀人罪的情形。在通过不作为犯杀人的情形下，未遂犯何时成立就成为讨论的焦点[3]。

围绕这一点，可能有以下两种思考方式：①在以救命作为义务的时点上，通过没有实行成为着手实行的思考方式；②在此之上，承认迫于结果发生的

---

[1] 关于不处罚未遂的举动犯，如果在作为犯的情形下，即便已经着手实行（即便存在实行行为的一部分），也不得作为既遂处罚（即，达到不可罚的未遂）。关于不作为犯，只要在经过能够履行保证义务的时间之前中断的话，就成为达到不可罚的未遂。

[2] 根据日本通说的定义，尽管这不过是偶然的，但是如果真正不作为犯是处罚不作为本身的情形下，不存在相当结果犯的真正不作为犯就不是偶然的。

[3] 另外，为了不作为犯中的保证义务（作为义务）的履行，不得不承认一定时间的余地，在"作为义务的开始时点与作为义务的遂行可能的最后时点被区别开来"的时间性间隔之间，应该认为不作为的实行行为是持续的。关于这一点，参照野村稔《未遂犯之研究》，1984年，第105页、310页以下（野村稔『未遂犯の研究』、1984年、105頁、310頁以下）。

危险（被害者的死亡危险）时开始实行着手的思考方式[1]。但是，在那里发生的不同结论，实际上也没有那么大差别。根据通常的思考方式，救命的保证义务是在被害者迫于死亡危险的时间点上开始产生的[2]。于是，成为问题的是如何解决例外地作为义务的履行与结果发生之间所产生的时间的间隔案例。譬如说，虽然被害者可能在法益受到侵害且持续数日的情形下，如果预想到没有立即接受医生治疗措施，就不可能长期维持生命的事态，但是在目前的时点上怠慢了采取救命措施的案件，正是如此。或者，预先实行了行为者自身在保证义务发生时被要求的作为是不可能的情形（即，事前实行了为了使得自己的作为能力或者作为能力消失的积极行为的情形）下，也存在相同的问题（其中，多数应该是作为犯的情形）。举例说明，对婴儿应负保证义务，但是决意饿死该婴儿，于是将婴儿独自放在家中离开，去了不能立即回家之地（譬如说，去了国外）的情形，虽然说是一个典型的案例，但是也可以考虑到"对上司或者世人存在一般性的憎恨的铁路司机，在列车通过之前，给被害人灌入麻醉药，并使其即刻昏迷"的情形[3]。

如果根据以在法益侵害的迫切性的意义上的危险性作为一元性的基准的、前述的②的方式思考的话，即便在以上的事例中，也不能承认在现实的迫切的结果发生时点的实行着手。那是在客观地/物理性地确定的危险事态的惹起中寻求未遂犯的违反性的实质，作为否定违法判断的人的相对化的可能性的见解，可以说是首尾一贯的归结。但是，如果没有迫切法益侵害的结果（或者构成要件的实现）的话，大概也能肯定未遂犯。未遂不法不仅在肯定结果发生的迫切性的情形下，而且在行为者设定放弃（放任事态发展）结果发生/不发生的控制（对事态放手），可能达到没有大的障碍的状态的情形（肯定结果发生的自动性的情形）下也可以承认（本书第十七章第二节三）。在那种情形下，参照行为者的行为计划，应该发生的都发生了，结果的发生/不发生仅

---

[1] 譬如说，参照大谷《总论》第390页；曾根《总论》第241页；内藤《总论Ⅱ》，第245页以下；堀内《总论》，第234页以下；前田《总论》，第148页等。
[2] 关于这一点，参照野村稔《未遂犯之研究》，1984年，第311页以下（野村稔『未遂犯の研究』、1984年、311页以下）。
[3] 中《总论》，第173页。在这里成为问题的是汽车颠覆等未遂罪以及杀人未遂罪的成否。

仅受到偶然性左右。事到如此没有应该控制刑法权介入的理由[1]。

二、不作为犯的不能犯

关于不作为犯，成为问题的是应该用什么标准区分可罚的未遂犯与不可罚的不能犯。这里当然是应该适用通常的不能犯的理论。但是，当根据具体的危险说（本书第十八章第三节二）时，在本来保证义务不存在的情形（譬如说，已经没有救命可能性的情形）下，只要以一般人的认识作为前提就可以肯定结果发生的危险性的话，（即便客观上无意义）虽然结果回避行为成为刑法上的义务，但对是否是妥当的结论可能出现疑义。譬如说，虽然已经死亡，但对一般人而言不能看透的情形、伤害极其严重几乎完全没有被救可能性，但是对一般人来讲几乎看不到绝望的伤害的情形，对具有杀意而持旁观事态的保证人（应该相当的人）能否承认杀人未遂罪的成立，成为争点[2]。

这种案件，如果行为者误认以保证者的地位为基础的事情，不作为犯当作为一种身份犯的话，可以成为"主体的不能"的一种情形。在客观地不可能存在作为义务的事态中，大概可能欠缺根据规范义务的前提，对不能救命就不可能（法不能命令不可能）具有救命义务的话，这种情形可以解释为不过是不可罚的不能犯。我想这种思考方法也具有一定的说服力[3]。但是，在通常的不作为犯的情形下，某种构成要件要素（以违法性为基础的事实）实际上并不存在而认为它存在时，如果能够肯定构成要件的实现的危险性，并且承认未遂犯成立的话，在误认为以不作为犯中的保证者的地位为基础的事情的情形下，没有与此不同的处理的理由。对虽然实际上死亡，但现在看上

---

[1] 野村稔《未遂犯之研究》，1984 年，第 313 页以下（野村稔『未遂犯の研究』、1984 年、313 頁以下）；山中《总论Ⅱ》，第 688 页，作为结论我想应归属于同一。

[2] 而且在虽然被害者是行为当时产生的，如果不是住在医院附近，完全不可能救命的案例中，也应该同样处置。对此，盐见淳《不作为犯的不能未遂》载于《法学论业》148 卷 3、4 号，2001 年，第 277 页以下（塩見淳「不作為犯の不能未遂」、法学論業 148 巻 3、4 号、2001 年、277 頁以下），涉及"对法益主体欠缺客观的危险的案件"与"不能回避结果的案件"的区别，给出了不同的解决方式。

[3] 盐见淳《不作为犯的不能未遂》载于《法学论业》148 卷 3、4 号，2001 年，第 277 页以下（塩見淳「不作為犯の不能未遂」、法学論業 148 巻 3、4 号、2001 年、277 頁以下），继续以具体的危险说的立场为前提，因为不作为埋掉了与作为之间的构造上的差异，所以"不作为先行导致客观上存在危险"是不可欠缺的，在"对法益客体欠缺客观的危险的案件"中应该一律否定未遂犯的成立。

去像活人一样的 A，实行故意杀害人的行为，根据不同情况，也可作为杀人未遂处罚，但是那种现场，对 A 具有杀意并不能救命的保证人（相当的人），并不一定能与作为不能犯不可罚区别开来。不能对不能救命的人赋予义务（法不可能命令不可能）的批判，与不能杀害不存在的人的批判，是相同次元的，但不是决定性的。既然支持具体危险说的基本思想，只对不作为犯的情形加以那种思想的限制，可以解释为不能犯理论上的矛盾错误。

第二节　不作为犯的正犯与共犯

一、作为身份犯的不作为犯

数人通过不作为涉及犯行时，各自承担什么罪责就成为问题。保证者（具有保证者地位的人）当作不作为犯中的犯罪主体的要件，如果能够将不作为犯作为一种身份犯捕捉的话（第三章第二节），只有具有那种身份的才能够成为"正犯"[1]。于是，关于不作为犯，不是通过行为支配（那是以因果关系的控制作为内容包含在内的）的有无，而是通过保证者的地位的有无，解释成为正犯性的标准。

该"身份"是违法身份，而且，因为关涉法益侵害，所以也是连带性地作用（接受《刑法》第 65 条第 1 款的适用）于参与者的身份（本书第二十六章第一节一、第二节四）。即，没有保证者地位的人（非保证者），与具有那种地位的人（保证者）共同实行，能够作为正犯侵害法益，根据《刑法》第 65 条第 1 款的适用，可能会成为共同正犯。而且，不是保证者的人，通过保证者参与不作为犯时，如果达到教唆/帮助的话，根据《刑法》第 65 条第 1 款的适用，非保证人也可以承担教唆犯/帮助犯的罪责[2]。

于是，就产生了如何区别成为共同正犯的人与不过是教唆/帮助人的问题。只要作为不同类型区别正犯与共犯，从犯行的前后事情综合判断情形，并不能通过情形是否恶劣决定，也不能通过对结果发生的主观性心情的差异

---

[1] 岛田聪一郎《不作为犯》载于《法教》263 号，2002 年，第 113 页以下（島田聡一郎「不作為犯」、法教 263 号、113 頁以下），虽然"排他性的支配"是不真正不作为犯的正犯要素，但是为了肯定正犯性只有它是不够的，也要求保证者的地位。

[2] 同旨，大谷《总论》，第 486 页；山口《总论》，第 309 页。

加以区别。在不作为的情形下，由于不能给予食物、没有送往医院等消极的态度产生结果的，就可能成为处罚对象。因此，大概可以说不可能非保证者分担不作为本身的实行的一部分。于是，其结果是不是给予不作为的保证者的意思达到决定重大影响，就会成为正犯性的标准，非保证者鼓动保证者不履行作为义务时，那就可能成为共同正犯[1]。一旦那样考虑，非保证者的参与者，就成为应该以共同正犯（作为教唆犯的评价是可能的话，也可以被吸收）或者帮助犯处罚，可以说实际上没有作为教唆犯处罚。

二、数人保证者参与的情形

具有保证者地位的数人，通过意思联络达到不作为的情形[2]下，承认共同正犯的成立，我想是当然的事情，但是也有可能存在异论。即，这里共同正犯和同时正犯的区别就会成为问题，如果共同正犯是"构成要件的修正形式"，构成要件的修正在没有必要的情形下为同时正犯的话，也可以认为就足够了。换言之，既然承认由于共同者的行为的因果性的（相互性的）补充/扩张，共同正犯的本质就在于将所实现的不法事态的整体作为正犯的归属（本书第二十三章第一节、第二十四章第一节），但是如果没有必要承认"通过共犯者的行为的因果性的补充/扩张"的话，就没有承认共同正犯的实益。譬如说，对拱手旁观自己的孩子溺水死亡的父亲 X 与母亲 Y，可以分别追问作为对结果的杀人不作为正犯的罪责（为了结果回避，任何一方都可以独立履行保证义务），即便相互可以加强犯意，也不能对承认构成要件的修正，成为共同正犯的实益。但是，在这种情形下，作为先行刑法的解释论，是否应该否定共同正犯的成立另当别论。在通过作为实行共同正犯的案件中，共同者各自的行为在结果之间可能具有独立而充分的因果关系（在这个限度内，构成要件的修正是不必要的）。即便在那种情形下，也不是单独犯的同时犯，承认共同正犯的成立是一般的见解（本书第二十三章第一节二）。如果是这样的

---

[1] 对此，关于没有保证义务的人构成帮助犯的，有大塚《总论》，第286页注（二十三）；内藤《总论Ⅱ》，第443页；松宫孝明《修订刑法1共犯论》，2002年，第192页以下（松宫孝明『レヴィジオン刑法1共犯論』、2002年、192頁以下）；山中《总论Ⅱ》，第811页以下。

[2] 作为关于围绕在那种情形下的共同正犯的诸问题的明快分析，最重要的是，齐藤彰子《不作为的共同正犯》载于《法学论业》147卷6号，2000年，第102页以下、149卷，2001年，第25页以下（斎藤彰子「不作為の共犯正犯」、法学論業147卷6号、2000年、102頁以下；149卷、2001年、25頁以下）。

话，在复数的保证者之间意思相通，同时实行不作为犯的情形下，可以认为将此作为共同正犯也没有障碍。

通过对共同者行为的因果性的补充/扩张成为必要的案件，是指不能单独地实行所要求的结果回避措施，以 X 与 Y 的协助为开端才能实行时，意思相通而故意怠慢那种措施的情形。如果被害者的救命措施不可欠缺两个人的协力，X 不能单独地完成救命行为的话，只要注意 X 的不作为就可以否定保证义务违反。在那个限度内，就能承认共同正犯的成立，就会产生可能修正构成要件的必要性[1]。进一步而言，在这种情形下，为了能够正当化因果性的补充/扩张化，X 说服 Y 根据不同的情况使用所有的手段让 Y 改变主意，协力实行救命行为，对 X 就没有必要加以义务（同时，Y 说服 X 改变主意协力救助的，有必要对 Y 加以义务）[2]。以 X 对 Y 共同实行救命行为的义务为前提，在 X 与 Y 的意思联络上相互之间具有不救助的动机，而且，如果至少有相互加强犯意的事情的话就可以承认 X 与 Y 之间共同正犯的成立。

另外，复数的保证者共同联络意义怠慢结果回避义务时，就会产生不是共同正犯，而是如一方为正犯，另一方为帮助犯那样是不是存在应该设计差异情形的问题。但是，不作为犯中具有保证者地位的，以正犯性为基础，既然是正犯，就不能以"作为义务的强弱"等为理由，区别正犯与帮助犯了。如前所述，即便没有保证者的地位，与保证者协力也可以成为共同正犯的话，即便考虑到彼此的平衡，保证者之间沟通意思不采取结果回避义务时就应该成为共同正犯。那种情形完全与不能由自己一个人实行结果回避义务，不依赖其他保证人就不能采取结果回避手段的情形相同[3]。

三、基于不作为的作为犯的参与——不作为犯中的正犯与共犯的区别

不作为的教唆是否可能会成为一个问题呢？[4]"教唆"如果是指让他人

---

[1] 关于以上这一点详细的，参照神山敏雄《关于不作为的共犯论》，1994 年，第 302 页以下（神山敏雄『不作為をめぐる共犯論』、1994 年、302 頁以下）。

[2] 如果要求这种程度的话，不作为的共同正犯应该可以消解为不作为的同时正犯吧。

[3] 对此，齐藤彰子《不作为的共同正犯（2・完）》载于《法学论业》149 卷 5 号，2001 年，第 38 页以下（斎藤彰子「不作為の共犯正犯（2・完）」、法学論業 149 巻 5 号、2001 年、38 頁以下），认为那种情形下的保证人能够成立共犯。

[4] 作为详细的研究，有神山敏雄《关于不作为的共犯论》，1994 年，第 333 页以下（神山敏雄『不作為をめぐる共犯論』、1994 年、333 頁以下）。

具有犯意的话，通过不作为实行也不是不可能[1]。譬如说，在预料到 Y 读信就对 A 产生杀意的情形下，X 知道内情没有阻止 Y 读信，为此 Y 产生了故意杀害的案件[2]。虽然这种事态在文言上能否可以称呼为"教唆"存在疑问[3]，姑且不论那个问题，将那样的行为当作不作为犯处罚的，其前提应该是 X 负有阻止 Y 犯意形成的作为义务。但是，如果因为 X 与 Y 之间存在特殊的关系（譬如说，亲子关系），X 就负有阻止 Y 犯罪义务的话，那么就会产生故意怠慢的 X 是不是不能够成为正犯（同时犯或者共同正犯）的疑问。

同样，也可以说与不作为犯的帮助[4]有关系。只有在相当例外的情形下才可以预想到不作为的心理性帮助与不作为的教唆相同[5]。与此相反，不作为的物理性帮助是容易想象的[6]。譬如说，存在警察在实行犯罪的现场因为知道是自己的熟人而没有制止犯罪，并放任的情形；商场的保安在发现盗窃后以恐吓犯人为目的而放任盗窃的那种情形。关于这些案件，如果存在犯罪阻止义务的话，会产生是否故意怠慢的行为不得不承认为正犯（同时犯或者共同正犯）的疑问。

这样，虽然 X 有阻止 Y 犯罪的保证义务，而怠慢这种义务从而导致犯罪实现时，究竟成为正犯还是相当于（狭义的）共犯的教唆/帮助是一个相当困难的问题[7]。在存在 X 阻止 Y 犯罪的义务的情形中，也有①X 对与自己亲密关系的 Y（譬如说，配偶、子女）实行犯罪加害被害者 A 负有阻止义务的情形，与②X 为了保护自己的孩子 A 的利益，负有阻止第三者犯罪的义务

---

[1] 相反的参照大谷《总论》，第 487 页；福田《总论》，第 282 页注（四）；前田《总论》，第 452 页。
[2] 对此，"不作为的态度"可以认为是具有犯意形成的因果力的案例，但是应该说是根据那种态度（作为）的教唆。
[3] 参照大谷《总论》，第 462 页；山中《总论Ⅱ》，第 832 页以下。
[4] 作为详细的研究，有神山敏雄《关于不作为的共犯论》，1994 年，第 333 页以下（神山敏雄『不作為をめぐる共犯論』、1994 年、333 頁以下）。
[5] 虽然能够设想 X 没有阻止 Y 的犯行，而是在旁边无言地加以帮助的情形，但那无非是一种根据态度（作为）的帮助。
[6] 否定根据不作为的教唆可能性的学说，通常也能肯定根据不作为的帮助犯。
[7] 关于这个问题的判例和学说，参照阿部纯二《关于不作为从犯的最新的判例》载于《研修》639 号，2001 年，第 3 页以下（阿部純二「不作為による従犯に関する最近の判例について」、研修 639 号、2001 年、3 頁以下）；神山敏雄《关于不作为的共犯论》，1994 年，第 217 页以下（神山敏雄『不作為をめぐる共犯論』、1994 年）；齐藤城二《特别讲义刑法》，1991 年（斎藤誠二『特別講義刑法』、1991 年、217 頁以下）等。

（作为保护者的保证义务）的情形〔1〕。丈夫 Y 在激烈虐待幼儿 A，妻子 X 在旁边没有制止对 A 实行暴行的 Y 的案件，那［尽管包含了①的要素］相当于后者②的情形〔2〕。

一个思考方法是，除了前者①的案件中，Y 因为没有辨别是非的能力，背后者 X 可以成立正犯的情形之外〔3〕，X 因为不过是怠慢阻止 Y 的正犯的犯行，所以成为帮助犯（例外的是教唆犯）。既然存在发生结果，就应该第一次性地归属主犯 Y，对 X 作为下一个层次的共犯评价就足够了，可以说那是一个存在相当理由的见解〔4〕。

但是，如果 X 具有保证者地位的话，就 X 而言，就等合正犯性的要件，没有否定正犯成立的理由〔5〕。原则上成为共犯的学说，就结果发生来讲，虽然通过起"主要的作用"还是不过只承担"次要作用"区别正犯与共犯，但是考虑到不明确的情况，那好像是设计了差异，只要理解正犯与共犯作为违法类型的不同，就不能得到支持。而且，虽然能够考虑区别"以正犯为基础的作为义务"与"以帮助犯为基础的作为义务"，但是，那样的区别也是极其困难的。实际上，当考虑到②的案件时，由于自然现象被害者自身的行为产生 A 的危险时，将不作为者当作正犯，一旦第三者 Y 的犯罪对 A 产生危险，成为共犯的理由也就不存在了，而且，以上述见解（原则上是共犯说），Y 将 A 推入湖中之后离开，A 能够简单救助，但怠慢没有救助时，也可以肯定不

---

〔1〕 顺便，对"犯罪阻止义务"的观念持批判观点的是，堀内《总论》，第 294 页以下。

〔2〕 札幌高判平 12.3.16 判时 1711 号，第 170 页，在被告人不管丈夫将幼儿放置遮拦中，从而导致该孩子死亡的案件中，承认由于不作为引起的伤害致死帮助罪的成立。

〔3〕 顺便，那是极端的不作为犯的"正犯"，不能称呼为"间接正犯"。另外，关于是否存在由于利用作为的不作为的"间接正犯"，详细的参照神山敏雄《关于不作为的共犯论》，1994 年，第 270 页以下（神山敏雄『不作為をめぐる共犯論』、1994 年、270 頁以下）。

〔4〕 特别参照神山敏雄《关于不作为的共犯论》，1994 年，第 181 页以下（神山敏雄『不作為をめぐる共犯論』、1994 年、181 頁以下）。齐藤《总论》，第 267 页以下；内藤《总论Ⅱ》，第 444 页以下；堀内《总论》，第 295 页以下；前田《总论》，第 452 页；松宫孝明《修订刑法 1 共犯论》，2002 年，第 267 页以下（松宫孝明『レヴィジオン刑法 1 共犯論』、2002 年、267 頁以下）；山口《总论》，第 310 页等，也很相近。而且，中《总论》，第 266 页；松宫《总论》，第 254 页以下；山中《总论Ⅱ》，第 848 页，主张（1）的犯罪放置义务违反的情形成为不作为的帮助，（2）的法益保护违反的情形可以成为正犯。

〔5〕 虽然通常看作同时犯，但是如果存在两者之间的意思联络的话，也可能成为共同正犯。不过，如前所述，是不要求构成要件的修正那样的共同正犯。

作为的正犯[1]，即便考虑到与这种情形的平衡，原则上成为帮助犯的，好像也会引起疑义[2]。阻止他人的犯罪行为的确很困难，所以，反过来看，作为正犯的重评价可能也能感到有些过度。但是，由于能够预想到容易中止犯罪的情形，一般而言，没有必要下降到共犯一格。而且，如果作为义务履行困难的话，怀疑保证者地位存在本身至少不可能对行为者追究责任，因此，不作为犯的成立与否就成为问题。原则上共犯说应该认为由于容易地承认帮助犯，可能会扩大处罚的范围。一旦如以上那样考虑，原则上保证者就应该解释成为同时正犯[3]。当然，欠缺保证者地位之外的正犯要素就成为理由，从而不能成为正犯，而可能成为共犯[4]。

四、通过作为的不作为犯的参与

不作为犯实行之际，通过参与的行为，可能作为教唆犯或者帮助犯处罚[5]。但是，背后者X（非保证者）使用欺骗或者强制手段使得保证者实行不作为的，X成为间接正犯（作为）[6]。问题是，在不存在保证义务的情形下，对善意的救助行为者劝说不要救助而放任事故发生，遭遇危难，导致被害者死亡的行为，应该如何评价呢？作为讲堂上的案例，散步中的X与Y（同是非保证者）看到发生了孩子落水，Y准备救助跳入池子中时，X劝阻，

---

[1] 神山敏雄《关于不作为的共犯论》，1994年，第183页以下（神山敏雄『不作為をめぐる共犯論』、1994年、183頁以下），虽然认为那个案件中的X也不过是帮助犯，但是其结论的妥当性上存在疑问。
[2] 关于这一点，参照齐藤城二《特别讲义刑法》，1991年，第217页以下、第224页以下（斎藤誠二『特別講義刑法』、1991年、217頁以下、224頁以下）。
[3] 但是，当犯罪阻止义务成为帮助行为阻止的内容时，该不作为只能作为帮助犯是很自然的。
[4] 譬如说，关于身份犯，只要不作为者欠缺犯罪的身份，就不可能成为同时犯。而且，百货商店的警卫发现扒窃之后，以恐吓犯罪人为目的没有制止的案例中，如果考虑百货商店的财物否定不法占有的意思的话，警卫员不过成立盗窃罪。与此相反，札幌高判平12.3.16判时1711号，第170页的案件中的被告人，关于在犯罪现场没有制止可能制止的伤害行为的警察，就可以看作是同时犯。另外，采用如在这里所示的那样的基本见解（原则上是正犯说）的是：Claus Roxin, StGB, Leipziger Kommentar, 11. Aufl. 1993, §25 Rdn. 209ff.。日本的学说中，支持该观点的是阿部纯二《关于不作为从犯的最新的判例》载于《研修》639号，2001年，第5页以下（阿部純二「不作為による従犯に関する最近の判例について」研修639号、2001年、5頁以下）。
[5] 关于学说的详细研究，参照神山敏雄《关于不作为的共犯论》，1994年，第555页以下、第598页以下（神山敏雄『不作為をめぐる共犯論』、1994年、555頁以下、598頁以下）。
[6] 因为行为直接产生结果的，也有可能成为直接正犯，但因为是通过Y的不作为产生的结果，应该成为间接正犯。

从而中止救助，结果如预想的那样，孩子被淹死的情形。在这个事例中，背后者 X 不能成为作为的杀人正犯[1]（而且，因为从属性的要件不充足，不能成立共犯）。的确，X 的行为与结果发生之间存在相当因果关系。但是，即便与结果之间可以承认相当因果关系的行为，也不能因此就认为与结果有关，那是不符合为了实现结果进一步的意思决定成为必要的行为（这样考虑的见解，是限制正犯概念的立场）。如背后者 X 欺骗救助者 Y 使得陷入错误（法益侵害结果的发生/不发生的误信），物理地或者心理地强制中止救助的情形那样，不得不处罚可以承认背后者正犯性的事例。如果那个结论中残留疑念的话，那应该归结于没有关于紧急救助义务犯的处罚规定（《德国刑法》第 323 条 C 那样的规定）的日本刑法本身的"不完善"[2]。

---

[1] 这样思考的，有 Armin Kaufmann, Die Dogmatik der Unterlassungsdelikte, 1959, S. 191-204; Hans Welzel, Das Deutsche Strafrecht, 11. Aufl. 1969, S. 206.
[2] 关于以上这一点，参照井田《犯罪论》，第 184 页。

第三十章 罪数与犯罪竞合

第一节 "罪数"论的意义与本质

一、犯罪的个数与犯罪的竞合

当犯罪成立时,原则上(国家)刑罚权就会发生[1]。于是,就会出现以成立的犯罪为理由,具体地应该科处什么刑罚、应该通过什么样的判断确定刑罚的问题。关于这一点,从刑法典的规定来看,决定对行为者应该判处的刑罚,在这里预定了从法定刑到处断刑、从处断刑到最后的宣告刑的阶段的操作。关于某种具体的犯罪事实的一个刑罚法规[譬如说,只适用盗窃罪(《刑法》第235条)的规定]的情形,存在该法规的刑,即"法定刑"(如果是盗窃罪的话,就判处"一个月以上10年以下有期徒刑"),在实行法律上的加重、减轻或者酌量减轻[2]之上(关于该方法参照《刑法》第68条),在成为"处断刑"(半年以上5年以下的有期徒刑)的那个范围内,决定对被告人判处"宣告刑"(譬如说,判处"2年的有期徒刑")。对此,针对某种犯罪事实适用复数的刑罚法规时,以不同的法定刑为前提,就会出现从哪里出发、如何决定处断刑(进一步宣告刑)的问题。

---

[1] 作为例外,即便承认犯罪的成立,也有对行为规范的评价以无关系的政治性考虑为理由否定其刑罚权的情形。那是不存在客观的处罚条件的情形或者是存在人的处罚阻却事由(一身的刑罚阻却事由)的情形。譬如说,亲族之间相互盗窃的就可以解释成为人的处罚阻却事由,对此参照井田《刑罚分则》,2002年,第88页(井田『刑法各論』、2002年、88頁)。

[2] 现行法上,作为法律上的刑的必要的加重事由有:合并罪加重(第45条以下)、再犯加重(第56条以下),作为法律上刑的任意的减轻事由有:过剩防卫(第36条第2款)、过剩避险(第37条第1款但书)、法的不知(第38条第3款但书)、自首、首服(第42条)、未遂罪(第43条本文)。作为法律上的刑的必要的减轻事由,有:心神耗弱(第39条第2款)、中止犯(第43条但书)、帮助犯(第63条)。作为裁判中的刑的减轻事由,有:酌量减轻(第66条以下)。

从这里出发,明确地区别①适用单一的刑罚法规就够了呢,还是根据复数的刑罚法规评价(或者根据同一的刑罚法规的复数的评价)是必要的两者之间的不同;②作为这个问题讨论的结果,根据复数的刑罚法规的评价为必要的情形下,在科刑上应该如何处理(如何决定处断刑以及宣告刑)。一般来讲,①与②一起成为"罪数"论的问题,但更为严密地讲,①是"犯罪的个数"问题,因此是(狭义的)罪数问题,②是"犯罪的竞合"问题。

二、作为量刑判断的罪数/犯罪的竞合

"犯罪的个数"与"犯罪的竞合"是属于广义上量刑过程的问题。量刑(刑的量定)〔1〕,虽然狭义上是指在处断刑的范围内决定判处被告人的具体的刑(宣告刑),但是广义上是指为形成处断刑的必要的判断(譬如说,是否允许刑种的选择、刑的任意的减轻、酌量减轻的判断),包含对其他被告人的具体处理的决定(譬如说,关于刑的免除、缓期执行/观察保护的判断、未处断之前的拘留日数的通算等)〔2〕。进一步讲,根据立法者的构成要件与法定刑的规定,法官优先决定具体量刑,可以认为是作为量刑决定的第一阶段(最广义的)的一部分。构成要件要素可以说是立法者预先考虑的量刑事情〔3〕。而且,作为决定法律上的加重/减轻事由的事情,是所谓的法定的量刑事情。虽然这些是在修正法定刑本身形成处断刑的阶段上所应该考虑的,

---

〔1〕 关于量刑,我的基本思考,在井田《围绕量刑的理论与实践》载于《司法研修所论集》113号,2004-Ⅱ,第203页以下(井田「量刑をめぐる理論と実務」、司法研修所論集113号、2004-Ⅱ、203頁以下)中已经论述。

〔2〕 那指出了"对接受有罪认定的被告人,在根据法律承认的裁量权的范围内决定刑罚之外的其他的刑事上的处分的法院的作用"[铃木义男《刑的量定》载于大塚仁、宫泽浩一编《演习刑事政策》,1972年,第337页以下(鈴木義男「刑の量定」大塚仁=宮澤浩一編『演習刑事政策』、1972年、337頁以下)]的全部。

〔3〕 从这里,在量刑上导出了不能允许考虑作为构成要素的事实自身(而且进一步,当然还有该当犯罪类型预想的事情、成为立法理由的事情、通常伴随行为实行的事情等)的二重评价禁止的原则。《德国刑法》第46条第3款,虽然对量刑规定"已经成为法律上的构成要件要素的诸事情不得再考虑",那就是该宗旨。对立法者在法定刑的确定之时已经考虑一次的事情,在法定刑的框架内量刑时再次考虑,可能会加重与该当事情不相当的比重。譬如说,在杀人罪的量刑之际,不允许酌量所谓的"被告人侵害了最有价值的法益的生命"的当然事情,从而加重的量定。关于该原则参照林美月子《量刑中的二重评价的禁止》载于《神奈川法学》26卷1号,1990年,第135页以下(林美月子「量刑における二重評価の禁止」、神奈川法学26卷1号、1990年、135頁以下)。

但是在处断刑的框架内决定宣告刑之际所考虑的是通常的量刑的事情,与法的性质是共同的。就立法者而言,规定具有要达到将某种事情作为法律上的加重/减轻事由或者作为通常的量刑事情,在狭义的量刑的范围内考虑的自由。从立法者的角度来看,法律上的加重/减轻不是从最初整体地/直观地评价的事例,而是通过先行的分析判断、通过量刑判断具有可视性的机能。而且,法律上的加重/减轻事由,通过从分则的构成要件概括出的例外的事情,应该可以缩小法定刑的幅度[1]。而且,法律上的加重/减轻规定,在变换量刑的问题为法规的解释/适用的问题这一点上,存在很大的意义。在达到单纯的量刑问题的范围内,虽然依赖法官的判断,不能成为解释论上讨论的对象,但是将量刑的问题变换成为法规解释/适用的问题,不仅仅具有单纯的程序法上的意义,而且也意味着将量刑的问题组入进了解释论的对象范围内。

如此,不仅是罪数论/犯罪竞合论,包含犯罪论在内,也有可能在宣告刑的最终获得的整体性量刑程序中定位。在这个程序中,为了决定量刑的最终目的,立法者与法官分担起实行作用。立法者规定细化的犯罪构成要件,如果按照该规定缩小法定刑的话,只有它就可以缩小法官的量刑中的判断幅度,相反,如果规定了幅度大的犯罪构成要件与法定刑的话,就会扩大法官的判断。从以上的观点来看,在犯罪论(或者,讨论关于该当案件是否应该成立为何罪,换言之,应该适用什么刑罚法规则是刑法分则的解释论的问题)中或者在罪数论/犯罪竞合论中,那样的目的是适正量刑的确保。犯罪论(以及刑法分则的解释论),为了能够确保适正量刑,应该注意可能决定适用于事例的法定刑的刑罚法规,罪数论/犯罪竞合论,应该注意可能作为确定事例的妥当性评价的处断刑来捕捉。罪数论/犯罪竞合论,应该给予在最广义的量刑的程序中将犯罪论与狭义的量刑论相结合的定位。

三、作为罪数决定的标准的构成要件标准说

关于决定在"犯罪个数"的意义上的罪数的标准,虽然有意思标准说、

---

[1] 日本的刑法诸规定丧失了指导/控制法官量刑的意义的原因之一是广泛地规定法律上加重、减轻事由的同时,也承认一般的酌量减轻(《刑法》第66条),而且正在规定大幅度的法定刑。

行为标准说、法益标准说等，但是现在的通说采用了构成要件标准说[1]。根据该学说，一个构成要件评价一次的情形是一罪，需要数次评价的（复数的构成要件的评价或者一个构成要件的复数的评价）情形是数罪。一个构成要件在什么范围内能够被评价一次，根据条文的解释（尤其是保护法益的理解）决定。譬如说，一次爆炸杀死A、B、C三人的，虽然杀人罪成立几个杀人罪成为问题，但是因为每一个人的生命的法益可以认为每一个都独立地被保护，所以在与各自不同的被害者的关系上必须实行三次构成要件的评价，成立3个杀人罪。一次的放火行为点燃数个现住建筑物的，根据现住建筑物放火罪（《刑法》第108条）的规定，不是作为独立的法益分别保护各人家，而是作为产生了一个公共危险，成立一个现住建筑物放火罪。如果是共犯情形的话，一个帮助行为对三个人帮助其他人实行三个杀人行为的，成立三个杀人帮助罪（但是，这些都是观念的竞合）[2]。尽管那样，构成要件一次的包括性，并不是只由法益所决定（或者，在这一点上，也存在与法益标准说相区别的构成要件说的独自性）。譬如说，正在盗窃手提包的时候，即便放进属于该手提包中数个所有者的数个财物，也只能成立一个盗窃罪。这里不是根据对盗窃罪的保护法益的见解对立如何（即便采用本权说），而是通过关注占有侵害的行为的样态来决定罪数[3]。

关于构成要件标准说，在这里作为标准的"构成要件"是否与作为犯罪成立的一个要件的"构成要件"不同而存在疑问。譬如说，用刀刺杀人的同时划破了衣服的情形，只适用杀人罪（《刑法》第199条）的规定，一般不单独考虑器物损坏罪（《刑法》第261条）的成立（相当于后述的法条竞合中的吸收关系）。但是，杀人罪的"构成要件"将器物损坏罪说成为"包括

---

[1] 譬如说，参照大塚《总论》，第469页以下；大谷《总论》，第502页以下；川端《总论》，第600页以下；小林充《刑法》（第2版），2003年，第149页以下（小林充『刑法「第2版」、2003年、149頁以下』）；团藤《总论》，第437页以下；内藤《总论Ⅱ》，第457页以下；中《总论》，第269页；野村《总论》，第442页以下；福田《总论》，第302页以下；藤木《总论》，第340页；山中《总论Ⅱ》，第900页以下等。

[2] 参照最决昭57.2.17刑集36卷2号，第206页。另外，作为对"共犯的罪数"采用构成要件标准说，表示其结论的重要研究，是中野次雄《刑事法与裁判的诸问题》，1987年，第78页以下（中野次雄『刑事法と裁判の諸問題』、1987年、78頁以下）。

[3] 对此提出疑问的，有山口《总论》，第318页。

性的评价"也存在问题[1]。因为器物损坏的事实没有该当杀人罪的构成要件[2]。本来，犯罪论中的"构成要件"的概念是具有明示可罚性行为界限机能的，成为评价对象事实也被限制、类型化了。对此，量刑的判断，对可罚性行为的量的评价而言，可认为是必要的、多样性的。行为作为为了成为可罚的最低限度的要件的构成要件该当事实的范围，与根据一个刑罚法规的适用的量刑判断评价可能的事实范围并不相同。即便是该当某种犯罪（譬如说器物损坏罪）的构成要件的事实，认为达到作为根据别的犯罪（譬如说杀人罪）的处罚规定的量刑事情，也不可能作为独立的犯罪事实成立。如果是这样的话，本质上就变成了作为通过某种刑罚法规能够解决的对象，能够包括什么范围的事态的刑罚法规的适用或者罚条适用的问题[3]。变成"一罪"是以一个（不是"构成要件"）刑罚法规的一次适用就充分的情形，换言之，认为成为处罚的对象（可以作为违法要素的量刑的事情来考虑）的事实的全部，通过那种刑罚法规的适用，就能覆盖的情形[4]。如果是这样的话，关于犯罪的个数的罪数论的根本问题是通过某种刑罚法规，在什么范围的事实可成为处罚的对象的问题，更严密地讲，虽然构成要件该当事实以外可能扩大处罚对象（作为违法要素的量刑事情），但只能是为什么、在什么范围是可能的问题。虽然认为"成立几个犯罪的问题（罪数论），与数个成立的犯罪在科刑上应该如何处理的问题（犯罪竞合论）自然不同，本来前者是犯罪论，而后者是刑罚论，必须分别处理"[5]，但是，我想那也并不一定是正确的。

---

[1] 参照平野《总论Ⅱ》，第412页以下；林崎精一《刑法中的法条竞合》载于《金泽大学法文学部论集·法学编》14，1966年，第15页（村崎精一「刑法における法条競合」、金沢大学法文学部論集、法学編14、1966年、15頁）。

[2] 同样，譬如说，当抢劫罪成立时，虽然不能成立作为"不可罚的事前行为"抢劫预备罪，但是，如果考虑抢劫罪的构成要件的评价涉及抢劫预备的话，理应不能在构成要件中期待实行着手的界限。

[3] 关于这一点，参照铃木茂嗣《罪数论》载于中山研一等编《现代刑法讲座》（第3卷），1979年，第284页（鈴木茂嗣「罪数論」中山研一ほか『現代刑法講座 3巻』、1979年、284頁）。平野《总论Ⅱ》，第413页以下，是与将"构成要件"与"刑"对置的见解相同的宗旨。

[4] 假设在那种场合，肯定复数的刑罚法规的适用或者一个刑罚法规的复数次地适用的话，就成为事实上的二重评价。

[5] 中山善房《罪数论的现状》载于《中野次雄刑事还历祝贺·刑事裁判的课题》，1972年，第169页以下、第187页以下（中山善房「罪数論の現状」『中野次雄判事還暦祝賀·刑事裁判の課題』、1972年、169頁以下、187頁以下）。

在以上所述的意义上，两者在本质上都是刑罚论（刑罚适用论）的问题。

第二节 一罪（本来的一罪）的样态

一、一罪（本来的一罪）的意义与种类

如上所述，能够成为"犯罪个数"的问题的前提，是一个刑罚法规（罚条）在可以处罚的对象的事实（即，作为违法要素的量刑事情）范围内存在界限。正因为考虑到在各个不同的刑罚法规中的量刑之上存在一定的界限，一个刑罚法规的一次的适用，作为事实的评价并不充分，有必要同时适用复数的刑罚法规或者一个刑罚法规复数次地适用。

相反，适用一个刑罚法规，在可以成为处罚对象（可以作为违法要素的量刑事情）的范围内，只适用该当刑罚法规一次，可以说作为对事实的刑法评价是充分的[1]。所指的这种事情，称为"一罪"。但是，即便称为"一罪"，作为刑法的评价的问题，有必要要求复数的刑罚法规的适用（或者一个刑罚法规的数回的适用），在那个意义上，实质上是"数罪"，但在科刑上是作为一罪处理的情形。这是在后述的科刑上的一罪（观念的竞合与牵连犯）的情形（本章第三节），用与此相区别的宗旨，如果一次只适用一个刑罚法规的话，作为刑法的（实体法的）评价充分的情形下，就可以称为"本来的一罪"。

在这个意义上的一罪（本来的一罪），通例被区分为单纯的一罪、法条竞合、包括（性）一罪。但是，从"单纯一罪"的概念来看，并不明确。只适用某一个刑罚法规，而其他规定完全没有可能适用的情形，换言之，虽然它相当于一罪的成立没有产生疑问的情形，但是通过比较单纯的构成要件该当性判断就可以肯定评价的一次性的情形（譬如说，犯罪人殴打被害者之上进一步撞到时，那也可以说构成一个暴行罪）是否也是单纯的一罪，就会成为问题。对高度的规范性进行评价时，如果已经不是单纯一罪的话，因为在实行构成要件该当性的判断之际，要求多少高度的规范性评价，所以可能会过度

---

[1] 因此，如果扩大解释量刑的事情的范围，扩大根据一个刑罚法规的评价范围，或者相反狭义解释的话，就存在不得不承认复数的刑罚法规的适用的关系。

缩小单纯一罪的范围[1]。另一方面，通过比较性的单纯的构成要件该当性判断可以肯定评价的一次性的情形，如果也组入单纯一罪的话，如历来的包括性一罪的集合犯［譬如说，如常习赌博罪（《刑法》第 186 条第 1 款）那样，在构成要件上，可以预测到同种行为反复的常习犯、作为职业实行的猥亵物贩卖罪（《刑法》第 175 条）那样的职业犯等］、结合犯（譬如说，如暴行、胁迫构成的财物盗窃的抢劫罪那样，分别独立成为犯罪的行为在构成要件上结合在一起的情形），也可以通过"比较单纯的构成要件该当性判断"，只要在能够确认评价的一次性的范围内，就可能会将这些作为单纯一罪[2]。

如果这样来看，就不是区别单纯一罪与包括一罪，①通过构成要件该当性评价肯定一个个别的情形（所谓的犯罪论中认识到个性的情形），②作为罚条评价用一次性的评价结束的情形（尤其是相当于 X 罪的量刑，作为那个量刑的事情，完全可以覆盖 Y 罪的事实的情形），通过这样的区别，可能是合理的［如后述的那样，将前者①称为构成要件的一罪］。当这样考虑的时候，可以说上述的结合犯就是指①的情形，而集合犯根据一般性质的话，相当于后者②。另外，虽然还有区别构成要件评价的同质的包括性与异质的包括性的见解[3]，但是归根到底某种问题意识中可见也存在共通的性质。近来，虽然更为明确地区别为"认识上的一罪"与"评价上的一罪"[4]，但是，那与以上所述的区别几乎是一致的。

以以上所述为前提的话，这里必须提出两个疑问。第一，有必要探讨①与②的区别。那是作为法条竞合的本质论以及法条竞合与包括的一罪之间的关系被讨论的对象。即，法条竞合存在围绕是①的情形还是②的情形的见解的对立。第二，大概肯定②的情形，虽然构成要件该当事实以外只能扩大处罚的对象（作为违法要素的量刑事情），但是就会成为为什么可以承认那种情形的问题。那也不能说是不言自明的。以下，想探讨这两个问题。

---

[1] 关于这一点，参照林幹人《刑法的基础理论》，1995 年，第 159 页，第 217 页以下（林幹人『刑法の基礎理論』、1995 年、159 頁、217 頁以下）。

[2] 譬如说，最判昭 26.4.10 刑集 5 卷 5 号，第 825 页，主张常习赌博罪中的数个行为是"构成包括性单纯一罪"。

[3] 特别是，团藤《总论》，第 437 页。

[4] 铃木茂嗣《罪数论》载于中山研一等编《现代刑法讲座》（第 3 卷），1979 年，第 283 页（铃木茂嗣「罪数論」中山研一ほか編『現代刑法講座 3 巻』、1979 年、283 頁）；前田《总论》，第 470 页以下；山中《总论Ⅱ》，第 904 页以下等。

二、构成要件的一罪与法条竞合

前述的①的情形，虽然是根据构成要件该当性评价肯定一个个性的情形，即，是内在性地认识到所谓的犯罪论的一个个别的情形，但也可以说是承认构成要件的一罪性的情形（德语称 Tatbestandliche Handlungseinheirt）。数次的殴打，在暴行罪的构成要件中，用锐利的刀数次刺杀的行为在杀人罪的构成要件中、在便利店持续盗窃数个商品的行为在盗窃罪的构成要件中、一次伪造数张1万日元在通货伪造货币罪的构成要件中，只该当一次。那由于不法或者被害者法益的同样性以及行为的场所/时间的直接的关联性，很自然可以认为在构成要件的解释上，作为一个实行行为承认一次性的该当性[1]。构成要件上预定为复数的行为，很明确是通过结合犯[本质上属于以上所述的②的集合犯]的情形，在那个限度内，承认一次性的构成要件该当性并不会产生疑义。与此相反，该当不同构成要件的事实的包摄产生问题的情形，是因为已经超过了构成要件评价的界限。那属于前述的②的问题。

在这里成为困难的问题，是法条竞合的定位。法条竞合，虽然是指好像触犯了数个刑罚法规的事实，但是通过这些刑罚法规之间的关系，最终只适用其中一个的情形。作为法条竞合的种类，通常可以列举出特别关系、补充关系、吸收关系、择一关系。但是，其中的择一关系是与解释上的两个刑罚法规对立的（相互排斥的）关系，只能适用其中一个的情形[2]，从结论上来看，必须承认复数的刑罚法规的适用范围的重合。换言之，虽然认为条文的文言存在两个规定都可以适用的余地，但是，通过解释决定适用关系，其结果是只能适用其中一个罚条的情形[3]。虽然为了表现那种事态，"择一关系"的用语是有益的，但是可以说与其他法条的竞合性质不同[4]。

特别关系与补充关系，是指任何一个通过复数的法规之间的理论性的关系优先适用一个法规，而排除其他的情形。特别关系是指复数的刑罚法规存

---

[1] 关于这一点，参照 Hans Welzel, Das Deutsche Strafrecht, 11. Aufl. 1969, S. 226.
[2] 譬如说，当适用贪污罪的规定（《刑法》第252条）的时候，就不能适用渎职罪（《刑法》第247条）。除此之外，盗窃罪与贪污罪也有择一的关系。
[3] 参照山口《总论》，第314页。
[4] 另外，当适用以营利为目的诱拐罪的规定（《刑法》第225条）时，不能适用诱拐未成年人罪的规定（《刑法》第224条）的，也不能成立择一关系，前者的规定因为是关于将未成年人作为客体的情形，后罪的加重是特别规定。

在一般法与特别法的关系的情形［譬如说，背任罪（《刑法》第247条）与特别背任罪（伤害罪，《刑法》第486条以下），相当于特别法的刑罚法规优先适用（在特别法中也存在加重特别规定和减轻特别规定）］。补充关系是指基本法规与补充法规的竞合情形，在适用上基本法优先。譬如说，伤害罪（《刑法》第204条）与暴行罪（《刑法》第208条）的关系，文书等毁弃罪、建造物等毁弃罪（《刑法》第258条）与器物毁坏罪（《刑法》第261条）的关系，现住建筑物放火罪、非现住建筑物放火罪（《刑法》第108条、109条）与建筑物等意外的放火罪（《刑法》第110条）之间的关系为此例。

从关于法条竞合的代表例的特别关系来看，在构成要件的阶段上能够排除一般法规的适用已经成为问题。譬如说，当承认业务上占有罪的构成要件该当性时，可以排除在构成要件该当性判断阶段上的单纯占有罪的适用，因此，是否能够否定单纯占有罪的构成要件该当性[1]已经成为问题。德国的一般见解认为，法条竞合不是在构成要件该当性的判断程度上，而应该是在犯罪成立之后的刑罚法规（罚条）的适用论上定位。因此，业务上的占有罪成立时，虽然肯定单纯的占有罪的构成要件该当性，并且也能成立同罪，但是在刑罚法规的适用程度上，可以认为只承认适用业务上占有罪的规定[2]。的确，刑罚法规的适用论应该在与犯罪论不同的次元上定位，或者在与存在错误的情形、共犯者参与的情形一起考虑时，也能成立相当于一般法的犯罪，可以说很容易具有妥当的解释意图[3]。如果这样考虑的话，法条竞合（即便是作为该代表性的例子的特殊关系）也不属于通过构成要件该当性评价肯定一个的、前述的①（构成要件的一罪）的情形，而是属于作为罚条评价用一次性的评价就结束的前述的②的情形[4]。

吸收关系，是指以一个刑罚法规吸收其他的形式，包括性地评价整体的情形。但是，在包含这种吸收关系的情形中，与特别关系一样，也有通过理

---

[1] 如此考虑的是，町野朔《法条竞合论》载于《平野龙一先生古稀祝贺论文集上卷》，1990年，第413页（町野朔「法条競合論」『平野龍一先生古稀祝賀論文集上卷』、1990年、413頁）。

[2] 在日本这样解释的，是林幹人《刑法的基础理论》，1995年，第159页，第232页以下（林幹人『刑法の基礎理論』、1995年、159頁、232頁以下）。

[3] 譬如说，在吸收关系的一种情形的不可罚的事后行为（后述）的情形，以及如果否定构成要件该当性的话，共犯也成为不可罚，那是不妥当的。

[4] 另外，如果那样思考的话，当加重特别规定优先适用时，最终规定不影响法规的刑的下限上升到规定优先适用的法规的下限时，就可能不允许宣判刑下降。

论性判断决定适用关系的情形，或者具有必须进行相当高度的评价，即罚条评价的情形[1]。譬如说，虽然在实行抢劫行为的过程中的暴行行为可以说被抢劫罪所吸收，但是，这些是接近理论上包摄关系的情形，与特别关系一样，成为法条竞合的一种情形，这不会产生疑问。与此相反，在用刀刺杀人的同时刺破衣服的案件中，只适用杀人罪的规定，虽然其中也吸收地评价器物损坏罪[2]，但是那是通过一个刑罚法规的罚条评价，包括性地覆盖了事实的情形，可以说应该作为包括一罪的一种［即，作为前述②的中心情形］来把握[3]。

顺便，根据判例／通说，以伪造货币行使（《刑法》第148条第2款）为手段实行欺诈的，可以说欺诈罪吸收了伪造通货行使罪（这里也指作为包括一罪的一种吸收一罪的情形）。可见行使罪的规定当然预定了欺诈的事态，所以，可以导出该法定刑与欺诈罪的法定刑相比更重一格的解释。的确，虽然法定刑极其轻的伪造通货取得后，知情行使罪（《刑法》第152条）的存在也很重要[4]，但是，那不是决定性的理由[5]。即便删除了同规定，也应该采用不能承认根据欺诈罪独立处罚的解释。

虽然所谓的不可罚的事后行为属于吸收关系的一种情形，但是其中，接近法条竞合的特别关系的情形，不如作为包括一罪来把握。作为典型的例子，

---

[1] 关于这一点，参照中野《总论》，第170页。
[2] 对此，内田《概要中卷》，第632页，应该承认两罪的概念竞合。
[3] 关于这一点，参照平野《总论Ⅱ》，第409页以下、第412页以下。支持它的是川端《总论》，第606页以下；铃木茂嗣《罪数论》载于中山研一等编《现代刑法讲座》（第3卷），1979年，第290页（鈴木茂嗣「罪数論」中山研一ほか编『现代刑法講座3巻』、1979年、290頁以下）；中《总论》，第270页；林幹人《刑法的基础理论》，1995年，第225页以下（林幹人『刑法の基礎理論』、1995年、225頁以下）；林幹人《总论》，第458页以下；前田《一罪与数罪》载于《刑法基础讲座》（第4卷），1992年，第278页以下（前田「一罪と数罪」『刑法基本講座第4巻』、1992年、278頁以下）；前田《总论》，第472页以下；町野朔《法条竞合论》载于《平野龙一先生古稀贺论文集》（上卷），1990年，第422页（町野朔「法条競合論」『平野龍一先生古稀祝賀論文集上巻』、1990年、422頁以下）；山口《总论》，第316页以下等。
[4] 欺诈罪在不能解释为被伪造货币使用罪吸收时伪造货币取得之后取消了知情行使罪规定特别轻的刑罚的宗旨，常常根据欺诈罪的重刑处罚。
[5] 西田典之《刑法分论》（第3版），2005年（西田典之『刑法各論［第3版］』、2005年、297頁以下），第297页；前田《一罪与数罪》载于《刑法基础讲座》（第4卷），1992年，第278页以下（前田「一罪と数罪」『刑法基本講座第4巻』、1992年、278頁以下）；山口厚《刑法分论》，2003年，第419页（山口厚『刑法各論』、2003年、419頁以下），就是那样的解释。

是损坏了通过盗窃罪的财产罪获得财物的行为。即，盗窃罪等的财产所得成为状态犯，可以预想到既遂之后的继续违法状态，在那样的预想违法状态的范围内实行的损害行为不能构成其他罪行，只能在作为先行犯罪的盗窃罪等的范围内评价。这与其说是法规之间的理论性关系，不如说是通过罚条评价覆盖了事实的包括一罪的情形。与此相反，即便盗窃犯人在财物盗窃后消费了赃物也不能通过占有脱离物的占有罪独立地加以处罚；即便搬运或者保管赃物，也不能成立盗品（赃物）搬运罪、赃物保管罪；那与其说是以接近理论性的根据为由优先适用盗窃罪的情形，不如说是根据罚条的竞合的分类。另外，在任何一种情形下，这种事后行为通过盗窃罪的规定一起处罚，因为不论哪一个（这与关于财物盗窃后的盗品的单纯消费一样），所谓的不可罚的事后行为的名称都不正确，通常一般是指应该称为共罚的事后行为[1]。

除此之外，也可以称为不可罚的事前行为。通过既遂罪处罚时，不以先行的预备罪、未遂罪个别地处罚。这也是通过法规的理论关系，优先适用既遂罪的情形。一般而言，这是被作为补充关系的一种情形加以说明的。这种情形也是与先行的预备行为、未遂行为一起加以处罚的，因为这些行为不是不可罚的，所以仍然应该称为共罚的事前行为。

三、包括的一罪与异种的包括性根据

如到目前所看到的那样，虽然法条竞合与包括一罪的区别与分类是相对的、流动的，但不同的理论性关系具有更为重要的意义，或者从正面可以给予规范性的评价，不能说是那种程度的决定性的问题。更为重要的问题，是通过一个刑罚法规承认包括性评价，即便关于该当不同的构成要件的事实，只要在评价中包含它，在构成要件该当事实以外，就只能扩大处罚对象（作为违法要素的量刑事情）。为什么可以承认这样的刑罚法规的异质的包括性，

---

[1] 譬如说，参照大塚《总论》，第 477 页；大谷《总论》，第 509 页以下；川端《总论》，第 613 页；铃木茂嗣《罪数论》载于中山研一等编《现代刑法讲座》（第 3 卷），1979 年，第 292 页（铃木茂嗣「罪数論」中山研一ほか編『現代刑法講座 3 巻』、1979 年、292 頁以下）；内藤《总论下Ⅱ》，第 461 页；平野《总论Ⅱ》，第 414 页以下；福田《总论》，第 308 页注（一）等。

并不是那么自明的，这就是以上所指的第二个疑问[1]。

作为处罚犯罪 X 的规定也对属于犯罪 Y 的事实作为处罚对象来考虑的情形，①X 罪与 Y 罪保护同一法益，通过承认以 X 罪处罚，同时不遗余力地对 Y 罪的法益侵害进行评价的情形；②构成 Y 罪的事实，通常伴随重罪 X 罪的实行，关于立法者规定了 X 罪的法定刑，那些事情也要考虑进去但并没有障碍的情形。而且也存在重叠承认各种各样理由的情形。在这些情形下，X 罪的量刑事情可以认为包摄 Y 罪的量刑事情，相反如果承认对两罪的独立处罚的话，作为同一事实的双重评价就会产生违反《宪法》第 39 条的问题。

主要作为①的理由所被重视的情形，譬如说，可以列举前述的共罚的事后行为的案例，相当于对盗窃行为的量刑，作为关于那个被害的大小的事情，也会考虑到犯行后的盗品的损坏有无。而且，譬如说，一个刑罚法规规定复数的行为样态，这些在处于相互手段/目或者原因/结果的关系上时，复数的行为样态相当于各种各样的个数的行为，虽然根据那个刑罚法规也可以包括性地评价[2]，但是在那种情形下，也相当于同样的评价。

其次，共犯的竞合也是通过这个原理的适用来解决的。一个人的行为该当复数的共犯形态的情形，譬如说，教唆犯或者帮助犯达到分担实行行为的一部分的情形、教唆者实行帮助行为的情形等。共同正犯、教唆犯、帮助犯的三个共犯形式，只要在同一关系的构成要件实现的范围内，就具有共同的性质，或者各种重的共犯形式可以考虑预想有更轻的参与行为（譬如，当然可以预想到共同正犯者同时实行教唆行为、帮助行为），因为不独立成立，所以，作为更重形态的共犯被处罚，轻的共犯形式就会被吸收。因此，教唆者或者帮助者，在之后达到分担实行行为的一部分的情形，只是作为共同正犯处罚；教唆者也实行帮助行为的情形，只是作为教唆犯处罚。

与此相反，②的理由，用刀刺杀人的同时刺破衣服的案例中，只适用杀

---

[1] 对此，该当同一的构成要件的事实被反复时，从法益的性质看，只要能肯定侵害的一体性，在某种程度上承认包括性的，并不能感觉到存在各种各样的疑问。判例中，转向实行持续犯意，时间性/场所性的接近状况下的同一的法益的侵害的数个行为，通过一个刑罚法规可包括性地评价，将此称为持续犯。譬如说，在两个多小时之间，从一个仓库 3 回盗窃手表的情形，不是三个盗窃罪，而应该认定为是一个盗窃罪（最判昭 24.7.23 刑集 3 卷 8 号 1373 页）。

[2] 被称为狭义的包括的一罪。譬如说，逮捕同一个人，持续监禁时，相当于《刑法》220 条第 1 款的包括的一罪。除此之外，犯人的隐匿与犯人的隐蔽、贿赂的要求/约束/收受、第 1 款诈骗与第 2 款诈骗、赃物的搬运/保管/有偿处分等可成为狭义的包括一罪。

人罪的规定，可以充分说明器物损害罪不独立成立。在这种情形下，杀人罪的量刑中，可以认为器物损坏的事实已经完全被评价了。

第三节　合并罪（合并的一罪）与处刑上的一罪

一、合并罪

合并罪（《刑法》第 45 条以下）、科刑上的一罪（《刑法》第 54 条第 1 款），都是接受根据复数的刑罚法规评价或者根据一个刑罚法规复数地加以评价的情形，所以，实质上都是数罪的情形。合并罪与科刑上一罪，在实体法上成立复数的犯罪，关于这些犯罪，作为应该包括地处断的情形是共同的。刑法将科刑上一罪的观念性竞合与牵连犯规定为"合并罪"一章（刑法第九章），作为承认与合并罪不同的特殊的处断刑的形式定位。

其中，合并罪是指，复数独立的犯罪同时被审判，在应该对此量刑的情形下，处断的数罪[1]。刑法除了采取死刑、无期徒刑的吸收主义（《刑法》第 46 条）、财产性的并科主义（《刑法》第 48 条第 1 款、第 53 条）外，规定关于有期的自由刑，采用加重单一刑主义，在处断刑形成的阶段上承认修正，从关于最重犯罪的刑的长度可以增加 1.5 倍的重处断刑，应该直接地要求一个刑（《刑法》第 47 条。另外参照《刑法》第 48 条第 2 款）。

成为问题的是关于有期自由刑的加重单一刑主义。的确，复数的犯罪分别实行的情形，与实行了相当于单一的犯罪或者科刑上一罪的犯罪相比，原则上应该加重处罚，另一方面，对不同的犯罪分别规定之上单纯地加算（并科主义），即便作为犯罪的评价也过重，而且，（尤其特别是）从预防的角度来看，成为不必要的而且无意义的刑罚也是事实（将并科主义作为基准来考虑，现行的加重单一刑主义比宣告刑更轻之处存在问题[2]，在这个意义上，合并罪是刑罚的减轻事由，对行为者可以说存在"合并的利益"）。但是，将处断刑加长 1.5 倍不是理论上的必然，比较实行相当于单一的罪或者科刑上一罪的犯罪，看不出具有促使原则上加重量刑以外的合理性根据。《德国刑

---

〔1〕 但是，即便审判时，在有其他相同审判的可能性的情形下，作为原则可以承认以此为标准的处理。参照第 45 条后段、第 51 条。

〔2〕 关于第 47 条的立法理由，参照松宫《总论》，第 292 页。

法》（第 53 条以下）对每一个罪分别量定其刑罚（对不同罪的刑罚，在判决理由书中表示出来），在科处的复数的有期徒刑的情形下，加重处罚本来就是最重的刑罚，在跨越合计全部的刑罚的量刑范围内（但是，不超过 15 年）决定刑罚。在留意没有丧失所判处的刑罚作为对个别犯罪的评价意义的同时，另一方面，从预防的角度来看，可以说可能是过度的量刑。

　　日本现行刑法所采用的加重单一刑主义下的问题，相当于合并罪时的量刑，总是以对构成合并罪的个别的犯罪的刑罚为前提。基本上以加算的形式导出最终的宣告刑（这也被称为个别性的途径），或者科刑的根据不在加算构成合并罪的个别的犯罪，而是将这些合而为一形成新的实体，整体上以加重 1.5 倍的处断刑来对应（这也被称为整体途径）。基本思考的不同，譬如说，犯较重的 A 罪与犯较轻的 B 罪成为合并罪，通过将预定对 A 罪作为宣告刑的刑（譬如说，10 年有期徒刑），与预定对 B 罪宣告刑的刑（譬如说有期徒刑 1 年）的数罪并罚，这样就会出现是否允许加重最终的宣告刑的问题解决。关于"新潟女性监禁事件"的最判平 15.7.10 刑集 57 卷 7 号 903 页，排除了个别的解决途径，采用了整体的解决途径，从而认为并不存在妨碍判处更重宣告刑（14 年徒刑）的法的制约。

　　但是，在一罪量刑的延长线上构想合并罪的量刑，在尽可能的限度内为了正确地并且合理地实行数罪的量刑，应该采取个别的解决途径。当完全否定它的时候，就会动摇"处罚的对象永远是刑法分则类型化的个别的行为，科刑必须对应个别行为的不法/责任评价"的原则，量刑判断的内涵就会被忽视，事后再探讨也有可能会变得困难。如果这样考虑的话，最终的宣告刑就不能承认对每一个犯罪所预定的刑的合算之上再加重。像最高法院的判决那样考虑的话，尽管现行刑法鉴于并科主义的严格性而否定了它采用加重（单一刑）主义，但是即便采用并科主义时，也完全可能有不能科处的重刑[1]。

---

[1] 详细的参照井田《合并罪与量刑——围绕新潟女性监禁事件最高裁判判决》载于《法律时报》1251 号，2003 年，第 74 页以下（井田「併合罪と量刑—新潟女性監禁事件最高裁判決を巡って」ジュリスト1251 号、2003 年、74 頁以下）。另外，大阪地判平 16.10.1 判时 1882 号 159 页，大约两个月期间，对 5 个被害人实行强奸、强奸未遂、抢劫的被告人，不是下降到针对各罪行的刑合算为有期徒刑 17 年 6 个月，即便考虑"合并的利益"，检察官所请求的罪行也不过是 12 年，最终判决是 14 年。于是，正是结果的方向是相同的，所以最判平 15.7.10（前揭）是以另一个极端的理解（个别的途径）作为前提的。

二、科刑一罪

现行刑法明文承认科刑上的一罪有观念的竞合与牵连犯（《刑法》第54条第1款）。观念竞合是指一个行为接受数个刑罚法规评价（或者根据一个刑罚法规数次评价）的情形[1]。譬如说，殴打伤害执行公务中的警察的，是公务执行妨害罪（《刑法》第95条第1款）与伤害罪之间的观念竞合。牵连犯是指在两个以上的犯罪行为之间存在一方作为手段，另一方作为结果关系的情形。譬如说，入侵住宅盗窃的，成为住宅侵入罪与盗窃罪之间的牵连犯，入侵住宅实行杀人的，成为住宅入侵罪与杀人罪之间的牵连犯。

观念的竞合或者牵连犯实质上是数罪的情形。换言之，关于这个事实有必要根据数个刑罚法规评价（或者根据一个刑罚法规数回评价），是以此为开端尽可能评价该当事实的违法内容的情形。在这一点上区别于，通过一个刑罚法规的适用尽可能评价事态的法条的竞合[2]、包括的一罪[3]的情形。如此这样，观念的竞合与牵连犯具有应该作为数罪评价的实质，但是在科刑上作为一罪（即，实体法上/程序法上的一罪）处理。

作为实体法上的处理，因为数罪成立，合并罪加重处罚是原则，但是没有加重，而是比照在分别决定的各个罪中最终的刑罚处断。在数罪成立的情况下，因为合并罪加重是原则，所以这种情形必须考虑存在应该形成的轻罪处断刑的实体法上的根据。那就会回避从作为违法评价的重复或者违法要素的量刑事情的重合产生的部分的二重处罚的危险。就是说，隔离二罪，分别量定刑罚时，从在一个犯罪的量刑上到另一个犯罪（影响违法性）的量刑事情（譬如说，犯罪结果的一部分或者行为样态的危险性等），不得不作为处罚对象的一部分加以考虑，在这里会产生部分的二重处罚的危险[4]。回避量刑上的科刑对象的重合成为观念竞合/牵连犯制度的根据。针对观念的竞合/牵

---

[1] 科刑上的一罪，作为特别的观念竞合研究，只木诚《罪数论的研究》，2004年（只木誠『罪数論の研究』、2004年）是最重要的。

[2] 关于这一点，参照 Hans Welzel, Das Deutsche Strafrecht, 11. Aufl. 1969, S. 233.。町野朔《法条竞合论》载于《平野龙一先生古稀祝贺论文集上卷》，1990年，第411页（町野朔「法条競合論」『平野龍一先生古稀祝賀論文集上卷』、1990年、411頁以下），主张"法条竞合的情形是指犯罪只存在一个的，是以二重处罚禁止为核心的情形"。

[3] 关于这一点，参照内藤《总论下Ⅱ》，第459页；平野《总论Ⅱ》，第413页。

[4] 对牵连犯的立法论的批判很强烈，但是消除它，参照《宪法》第39条的宗旨就存在根本性的疑问。

第三十章 罪数与犯罪竞合

连犯的量刑，以关于重罪的量刑事情为中心，必须与轻罪特有的量刑事情一起考虑[1]。

从关于判例的解释来看，日本最高法院关于观念竞合上的一个行为的意义，认为是指"离开法的评价，根据抽象构成要件的观点的自然观察，行为者的动态接受社会见解上的一个评价的情形"（最大判昭 49.5.29 刑集 28 卷 4 号 114 页）。最高法院适用这个标准，认为醉驾罪与业务上的过失致死罪（无论醉酒状态下的驾驶是否可以构成过失的内容）不是观念的竞合而是合并罪，另一方面，毒品进口罪与关税法违反的无许可进口罪才是观念的竞合（最判昭 58.9.29 刑集 37 卷 7 号 1110 页）。但是，那样的抽象性标准的理论根据是不明确的，而且，我想不可能得出比应用更妥当的结论。应该认为本质上是以上所述那样的观念性竞合的制度宗旨[2]。同样，也可以说是牵连犯。关于牵连犯，判例认为，"在数罪之间的罪责上作为通例的一方，存在成为其他手段或者结果的关系，而且，在具体地与犯罪人相关的关系中实行那个数罪的情形，科刑上特别地作为一罪处理"（最大判昭 44.6.18 刑集 23 卷 7 号 950 页）。那可以解读成为加上具体的牵连性，好像要求客观的/类型的牵连关系。

---

[1] 关于以上那样的科刑上的一罪的理解，详细的参照井田《关于故意中的特定客体以及特定个数的一考察（4、完）》载于《法学研究》58 卷 12 号，1985 年，第 59 页以下（井田「故意における客体の特定および個数の特定に関する一考察（4、完）」、法学研究 58 卷 12 号、1985 年、59 頁以下）。主张相同宗旨见解的，在日本是中野《总论》，第 178 野以下；中野次雄《刑事法与裁判的诸问题》，1987 年，第 45 页以下、第 80 页以下、第 115 页（中野次雄『刑事法と裁判の諸問題』、1987 年、45 頁以下、80 頁以下、115 頁以下），在德国是：Ingeborg Puppe, Idealkonkurrenz und Einzelverbrechen, 1979, insb. S. 19ff.，123f.，125ff.，170ff.，185ff.，219ff.，296ff.，dies., Funktion und Konstitution der ungleichartigen Idealkonkurrenz, GA 1982, S. 143ff. insb.，S. 151ff.。但是，中野次雄《刑事法与裁判的诸问题》，1987 年，第 81 页以下（中野次雄『刑事法と裁判の諸問題』、1987 年、81 頁以下），主张在承认观念竞合的情形中不能看到构成要件要素时（譬如说，对建筑物放火烧毁它的同时，损坏了放在该建筑中的尸体的情形），"只有仅仅一个禁止，因此不过在那里只有一个违法"的给予数个违法评价这一点上，有重复的违法评价，因而能找出一罪性的根据。但是，即便在这种情形下，对该当各种不同的构成要件的行为的量刑判断，不得不将行为的样态作为量刑的事情考虑，同样在（相当于违法要素）量刑事情接受复数的评价这一点上，更为妥当的是具有特殊的判断刑形成的理由的见解。另外，只木诚《罪数论的研究》，2004 年，第 44 页、第 259 页（只木誠『罪数論の研究』、2004 年、44 頁以下、259 頁以下），主张责任要素的重复评价也可成为根据。

[2] 围绕"一个行为"的意义，学说上有：分割可能/不可能说、全部一致说、主要部分一致说、一部一致说。譬如说，参照只木诚《罪数论的研究》，2004 年，第 110 页（只木誠『罪数論の研究』、2004 年、110 頁）。

作为牵连犯的典型例,是以住宅入侵为手段的案件,那与盗窃、抢劫、伤害、杀人、强奸、放火等各种犯罪都有牵连关系。同样,各种伪造罪中,伪造罪与行使罪(以及不正做出罪与供应罪)是牵连关系。对此,杀人罪与尸体遗弃罪/损坏罪不是牵连罪而是合并罪。这些结论,我想不难说明,违法评价的重复或者作为违法要素的量刑事情的重合的有无。

关于理论地说明科刑上的一罪,特别是观念的竞合的试金石,①一发子弹打死 A 和 B 两个人的情形下称为观念竞合;②两发子弹分别打死的情形称为合并罪,应该给以什么样的解释理由呢?根据以上所述的思考方法,说明该理由并不是困难的。关于杀人罪的量刑,当然也要考虑所适用的手段的样态、危险性。如果是这样的话,在作为手段的行为是共同的事例中,对 A 的杀害量定刑罚之际,该发射的行为不得不成为评价的对象。但是,同时那也是对 B 的杀害行为的手段。这样的话,一发子弹杀死 A 以及 B 的案例中,由于相当于违法要素的量刑事情的重合,不得不承认观念性竞合。

与此相反,如②那样,由于复数的射击行为,杀害了复数人的时候,很明显不产生那样的问题。如果考虑一个过失行为导致复数人死亡的事例的话,就更加清楚了。因此,与各个不同的客体之间的关系中的违法评价,即成为重复地给于一个注意义务违反的行为[1]。顺便说一下,只要像以上那样地思考,通过一个作为同时履行复数的作为义务,也可承认不作为的观念性竞合。因为只有在那个情形下,违法评价以不可能分离的形式重复[2]。

如上所述,作为违法要素的量刑事情的重复是科刑上的一罪的实体法上的根据的话,作为现行《刑法》第 54 条第 1 款,是既可以解释为观念性竞合,也可以解释为牵连的情形,即便在不能说复数的构成要件该当行为的主要部分重合,或者不能说复数的行为建立了目的/手段或者原因/结果的

---

[1] 如此,观念竞合的规定,作为回避评价关系到违法评价的量刑事情理解的话,右手与左手双手持枪同时射杀他人的情形、用语言侮辱他人的同时用手殴打的情形等,就不应该承认观念竞合。

[2] 关于这一点,参照川端《总论》,第 620 页以下;曾根《总论》,第 314 页;中野《总论》,第 180 页以下。但是,判例以内外行为是一个行为为理由,肯定了观念竞合。即,最大判昭 51.9.22 刑集 30 卷 8 号 1640 页,关于逃逸罪的案件,交通法上的救助义务违反罪与事故报告义务违反罪是逃逸行为的一个行为,所以为观念上的竞合。作为不作为的观念竞合的详细研究,是只木诚《罪数论的研究》,2004 年,第 49 页(只木誠『罪数論の研究』、2004 年、49 頁以下)。

关系的情形下，也可能承认或者也应该承认在复数的犯罪之间的科刑上的一罪的关系〔1〕。相反，"行为的一个性"以及"复数行为的牵连性"，可以说只能是产生量刑事情的重合的盖然性很高的情形的例示。盗窃既遂后，在现场发现被害者，实行明目张胆抢劫的时候，应该解释为盗窃和抢劫在科刑上的一罪，时间性的前后放火，烧毁相邻的现住建筑物和非现住建筑物的，可能会解释成现住建筑物放火罪和非现住建筑物放火罪在科刑上的一罪。一般而言，将这样的情形称为混合的包括性的一罪〔2〕。我认为那只能是以观念上的竞合/牵连犯为基准的科刑上的一罪的情形〔3〕。关于被告人计划杀害被害人夺取兴奋剂，假装成在另一个房间中等待的购买者，在被害者那里预定兴奋剂，当拿到兴奋剂的同伙逃走后，被告人杀害了被害者，但是未遂终了的案件，最高法院认为被告人的行为是为了免除兴奋剂返还或者支付，实行了相当于盗窃的抢劫杀人两项罪，现行的盗窃罪或者欺诈罪成为包括性的一罪（最决昭 61.11.18 刑集 40 卷 7 号 523 页）。虽然在肯定一罪行的点上是妥当的，但是其实质是准观念性竞合、牵连犯（不文的）的科刑上的一罪〔4〕。

作为相当于科刑上的一罪的程序法上的一罪的处理，是以一次性的程序实行追诉和处罚的。因此，确定对作为科刑上的一罪的关系的罪的一个（譬如说，一次性地爆炸杀害 A 与 B 的情形下，对 A 的杀人罪、入侵 C 的住所抢劫了 D 的财物的情形下的住居入侵罪）起诉的有罪或者无罪的判决时，全体涉及一事不再理的效力，不能再对其他的部分（譬如说，对 B 的杀人罪、对 D 的抢劫罪）起诉有罪（参照《刑法》第 39 条）。

通常存在与相当于合并罪关系的 A 罪和 B 罪分别与 C 罪牵连的关系时，C 罪成为一个"纽带"，作为牵连犯成为科刑上的一罪。譬如说，入侵住宅，杀害了入住者三人时，住宅入侵作为"纽带"，将牵连作为整体犯成为科刑上

---

〔1〕 反对的是，虫明满《包括性一罪》载于《刑法基本讲座》（第 4 卷），1992 年，第 302 页（虫明満「包括的一罪」『刑法基本講座第 4 巻』、1992 年、302 頁以下）。
〔2〕 譬如说，内田《概要中卷》，第 642 页以下；小林充《刑法》（第 2 版），2003 年，第 152 页以下（小林充『刑法「第 2 版」、2003 年』、2003 年、152 頁以下）；野村《总论》，第 451 页；前田《总论》，第 477 页；山中《总论 II》，第 911 页。
〔3〕 将混合的包括性的一罪解释成为科刑上一罪的，是只木诚《罪数论的研究》，2004 年，第 163 页（只木誠『罪数論の研究』、2004 年、163 頁以下）。
〔4〕 另外，东京地判平 15.1.22 判夕 1129 号，第 265 页的案件中，认为尾随罪规制法违反罪与伪计业务妨碍罪有混合的包括性一罪的关系。

的一罪。发生这种事态的称为纽带现象。关于这种情形的适正处罚刑,是将 A 罪和 B 罪作为合并罪,A 罪和 C 罪、B 罪和 C 罪分别作为牵连犯的处断刑的三个刑相比较,通过根据加重刑做出处断刑[1]。

---

[1] 明确得出这种结论的是:中野次雄《刑事法与裁判的诸问题》,1987 年,第 114 页以下(中野次雄『刑事法と裁判の諸問題』、1987 年、114 頁以下)。